KB194402

서양문화사의 이해

서양문화사의 이해

초판 1쇄 발행 2009년 3월 2일
초판 3쇄 발행 2022년 10월 20일

공 저 ┃ 김형곤 · 강미숙
펴낸이 ┃ 윤관백
제 작 ┃ 김지학
편 집 ┃ 이경남 · 장인자 · 김민희
표 지 ┃ 정안태
교정 · 교열 ┃ 김은혜 · 이수정
펴낸곳 ┃
제 본 ┃ 대명제책
등 록 ┃ 제5-77호(1998. 11. 4)
주 소 ┃ 서울시 양천구 남부순환로48길 1, 1층
전 화 ┃ 02)718-6252/6257
팩 스 ┃ 02)718-6253
E-mail ┃ sunin72@chol.com

정가 ┃ 23,000원
ISBN 978-89-5933-153-6 93920

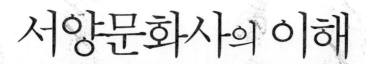

서양문화사의 이해

김형곤 · 강미숙

선인

머리말

　15세기 말 이후 '지리상의 발견'을 통해 전 세계로 팽창하게 된 유럽인들은 기존 지역과 새로 발견한 지역을 구분해야만 했고, 그렇게 해서 등장한 개념이 '동쪽에 대응하는 서쪽'이라는 뜻의 '서양(the West)'이다.

　이러한 서양의 지리적 경계는 고대 이래의 역사전개와 더불어 계속 확장되어왔다. 우선, 오리엔트 문명으로부터 영향을 받아 성립된 그리스, 로마 중심의 서양 고대세계는 지중해를 중심으로 한 남부 유럽 및 그 인근지역에 불과했지만, 476년 서로마의 몰락 이후 수립된 서양 중세세계는 서서히 유럽의 전 영역으로 확산되었다. 더욱이 중세 말의 위기에 직면한 유럽인들은 '탈유럽'이라는 과감한 모험에 성공하여 대서양을 지나 태평양에 진출해 아메리카를 '발견'하는 한편, 인도양으로 나와서는 인도와 중국에까지 도달했다. 17세기 이후에는 러시아 역시 서양문명권으로 편입되었고 그에 따른 결과로서 이후 서양 세계는 대서양 및 태평양 유역의 유럽과 아메리카 및 아시아에 인접한 러시아까지도 포함하면서 전 지구적 차원의 정치·경제·군사·문화적 차원의 시스템을 주도적으로 구축해왔다. 특히 산업화 및 제국주의 시대 이후로는 적극적인 식민활동을 통해 아시아 및 아프리카 지역으로 진출해 직접적인 지배를 꾀했고, 이러한 과정에서 초래된 1, 2차 세계대전은 이후 영국을 중심으로 한 유럽의 중요성을 감소시키며 북아메리카의 미국과 소련이 냉전 구도하에 세계패권을 장악케 하는 결과를 가져오기도 했다.

이렇게 끊임없이 팽창해 온 서양 세계는, 20세기 후반 소련 및 동유럽 사회주의의 붕괴에도 불구하고 오늘날에도 여전히 전 세계적으로 영향력을 행사하고 있으며 우리가 소속된 아시아 지역 역시도 그 영향권하에 있다 할 것이다. 이러한 상황에서 서양의 역사와 문화에 대한 이해는 당연히 요구되는 것이라 아니할 수 없다.

따라서 이 책은 인류 최초의 문명인 오리엔트 문명부터 2차 세계대전까지 서양의 역사와 문화에 대한 개괄적 이해에 도움을 주고자 쓰여진 것이다. 역사라는 것이 서로 내적·외적 관계를 맺으며 살아온 인간집단의 기록으로서 거기에는 성공과 영광의 이야기가 있는가 하면 실패와 몰락의 이야기도 있음을 상기할 때, 서양의 역사와 문화를 다룬 이 책을 통해 우리는 역사가 주는 진리를 교훈 삼아 우리의 현재를 반성하고 더 나은 미래를 위한 실천방법을 모색해 볼 수 있을 것이다. 아울러 세계화 시대 세계인의 한 일원으로 현대 서양이 탄생하기까지의 과정을 이해함으로써 그 속에서 우리의 위상 및 나아갈 바를 생각해 볼 수도 있을 것이다.

역사와 문화에 대한 책들이 독자들로부터 다소 외면되고 있는 환경에서도 이 책의 출판을 맡아 준 도서출판 선인에 감사드린다.

차례
CONTENTS

차례 CONTENTS

제1장

문명의 빛은 오리엔트로부터

1. 이집트 문명

일찍이 인류가 문명단계로의 가장 빠른 발전을 보여준 곳은 오리엔트(orient) 지역이었다. 고대 로마인들이 "해 뜨는 동방"이라는 의미로 지칭한 이 지역은 오늘날의 중동 지역으로, 고대 이집트 왕국의 후예인 이집트, 바빌로니아 왕국의 후신인 이라크, 페르시아 제국을 계승한 이란, 알파벳을 발명한 페니키아의 계승자 레바논 같은 석유수출국기구(OPEC)의 주축이 되는 나라들이 모여있는 곳이기도 하다. 또한 이곳은 중국의 황하, 인도의 인더스 강 유역과 더불어 인류의 가장 오래된 문명의 발상지이자 세계 4대 종교 중 유대교, 기독교, 이슬람교가 탄생한 지역이기도 하다.

그중 이집트와, 현재 이라크에 위치한 메소포타미아는 오리엔트 문명권의 가장 대표적인 지역이라 할 수 있다. 나일강과 티그리스·유프라테스 강에서 보듯, 일찍이 이 두 지역에서는 매년 홍수가 일어났는데, 이러한 조건하에서 농사를 지으며 생존하기위해서는 무엇보다도 범람하는 강을 다스려야만 하는 것이 최우선 과제였다. 따라서 이 지역에서는 관개치수의 중요성이 증대될 수밖에 없었는데, 관개치수는 거대한 조직과 엄격한 중앙통제를 요구하는 바, 이는 자연히 한 통치자에게 모든 권력을 집중시키는 전제정치의 출현을 가져왔다. 따라서 오리엔트 지역에서 통치자는 '신의 아들', 또는 '신의 대리자' 로서 절대적인 권력을 소유했고 이러한 배경하에서 통치자는 자신의 지배의 정통성을 주장하며 피지배자에게 절대적 복종을 강제하게 되는데, 여기에서 통치자를 정점으로 한 피라미드식 사회구조인 '오리엔트적 전제정치' 의 모델이 형성되었다.

　이러한 오리엔트 문명으로부터 고대 그리스, 로마인들은 많은 것을 이어받아 자신들의 문명을 발전시켰으니, 그 점을 의식하여 고대 로마인들이 "문명의 빛은 오리엔트에서부터" 비추기 시작했다고 말한 것은 아닐까.

❙이집트는 나일강의 선물❙

　기원전 5세기 그리스의 역사가 헤로도토스(Herodotos, 기원전 484~430)는 이집트 문명을 가리켜 '나일강의 선물' 이라 했다. 이 말 속에서 우리는 정기적으로 범람하는 나일강의 기계적인 규칙성을 떠올릴 수 있다. 사하라를 가로질러 이집트의 남쪽에서 북쪽으로 흘러가는 나일강은 1970년대 초 현대기술문명의 도움으로 아스완 댐이 완공되기 전까지만 하더라도 매년 6월에서 11월에 걸쳐 정기적으로 범람하던 강이었다. 강의 범람 이후에는 강물이 가져다 준 비옥한 토양위에서 곡물재배와 수확이 매년 똑같이 이루어질 수 있었다.

　이러한 나일강의 정기적 범람은 그야말로 고대 이집트인들에게 장기적으로는 축복이었다고 할 수 있다. 나일강은 또한 이집트인들에게 각종 어류를 제공하여 그들의 미각을 돋워주었고 강물의 흐름이 남쪽에서 북쪽으로 흘렀던 것과 달리 강가의 바람은 북쪽에서 남쪽으로 불었기 때문에 교통로이자 상업로서의 역할도 할 수 있었다. 이러한 강물에 뗏목과 배를 띄웠던 이집트 인들은 점차 범선을 발명했고 노와 돛으로 추진되는 배를 타고 나라의 끝에서 끝까지 여행할 수 있었다. 좀 더 큰 배들이 건조되자 용감한 선원들은 해도에 표시되지 않은 지중해로까지 모험적인 항해도 할 수 있었다.

또한 나일강의 범람시기를 예측하고자 했던 이집트인들의 노력은 1년이 365일로 이루어진 세계 최초의 달력을 만들어내게 하였다. 이집트인들은 1년을 12개월로, 각 월을 30일로 나누었고 그해의 끝에는 5일간의 축제일을 추가하였다. 기원전 4236년에 이 달력이 발명되었다고 하니 이 연대야말로 사상 최초의 정확한 연대가 되는 것이다.

이집트인들은 달의 구별을 숫자로 표시했지만 해(年)에는 숫자를 달지 않는 대신 그해에 일어난 가장 큰 사건의 이름을 따라 그해의 이름을 붙였다. 더욱이 나일강을 중심으로 한 이집트의 지형은 북쪽은 지중해, 동쪽은 홍해, 남쪽과 서쪽은 각각 산악과 사막이라는 자연적인 지형물로 둘러싸인 '폐쇄적'인 지형으로서 이는 고대 이집트가 '개방적' 지형구조의 메소포타미아 지역과 달리 상대적으로 외부세력의 위협과 침입이 적어 정착적인 농경을 바탕으로 오랫동안 국가통일 및 독자적인 사회를 유지할 수 있었던 원동력이라 할 수 있다.

▌역사 개관 ▌

나일강의 정기적인 범람은 고대 이집트인들로 하여금 단순한 씨족과 부족 단위를 능가하는 인간의 가장 중요한 발명 중의 하나인 국가를 창조하도록 하였다. 즉, 매년 6월경부터 범람하는 강물은 이익을 주기도 했지만 때로는 인명 피해를 내기도 하였다. 강물은 혼자서는 통제할 수가 없었다. 그러나 사람들이 힘을 합쳐 일할 때 누군가가 계획과 지휘를 담당해야 했다. 강 유역의 여러 곳에서 지역 지도자는 각기 치수와 관개사업의 책임자로 군림하였다. 얼마 후에 그들은 진정한 지배자들이 되어 백성들을 다스리고 그 대가로 곡물이나 다른 산물을 받아냈다. 이것이 최초의 조세였다. 대부분의 학자들은 이처럼 물을 다스리는 일로부터 인간사회의 계급분화가 이루어졌다고 보고 있다.

시간이 흐르면서 나일강 일대에서는 강력한 지역 지배자들이 출현하여 약한 이웃 지방을 병합하였고 마침내 이집트는 2대 지역으로 통합되었다. 하나는 비옥한 삼각주와 강의 북부지역을 포함하는 '하 이집트'이고 다른 하나는 강의 남부지대를 따라 높은 지역을 포함하는 '상 이집트'였다.

기원전 4300년경 하 이집트의 왕이 군대를 남쪽으로 몰아 상 이집트를 정복하였다. 정확한 이름은 알 수 없으나 그가 이룩한 두 왕국의 통일은 고대 이집트의 제1차 통일로 알려져 있다. 이 나라의 수도는 헬리오폴리스(Heliopolis)였는데 삼각주의 여러 지류가 나누어지는 지점에 위치해 있었다. 이러한 1차 통일 시대부터 이집트 문명은 번영하였다. 특히 제1차 통일시대에 큰 발전을 보인 것은 농업분야였다. 지금까지 분리되어 있던 많은 군소 관개수로체제를 하나로 통합하여 대단위 관개체제를 구축했던 것이다. 보다 중요한 것은 쟁기의 발명이었다. 이전의 농부는 호미로 땅을 파야만 했기 때문에 조그만 땅를 경작하는 데도 오랜 시간의 중노동을 필요로 하였다. 그러나 쟁기를 사용함으로써 그들은 작업량을 4배나 증가시킬 수 있었고 그 결과 이집트의 식량은 대규모로 증가하였다.

하지만 수세기가 지나자 제1차 통일왕국은 약화되어 이집트는 다시 상 이집트와 하 이집트의 두 왕국으로 나뉘었다. 그러다가 기원전 3360년경 상 이집트의 메네스(Menes)왕이 하 이집트를 정복하고 다시 이집트를 통일하여 멤피스(Memphis)를 수도로 삼음으로써 제2차 통일시대에 접어들게 되었다. 이 시대에 이르러 이집트인들은 그들의 문명을 더욱 발전시켰다. 그들은 그림문자라고도 하는 상형문자를 발명하여 사용하였다. 또한 동광이 시나이 반도 근처에서 발견됨에 따라 청동으로 만든 도구들이 돌 대신 주로 사용되었다. 지중해를 무대로 원거리를 항해하였던 이집트 선박들은 당시 독자적인 문명을 이룩하고 있던 크레타의 여러 섬 주민들과 활기찬 교역활동을 벌였고 얼마 후 그들은 유럽의 남부 해안지대까지 탐험하였다. 그 결과, 페니키아의 비블로스항 같은 먼 곳으로부터는 목재가 수입되어 주택건축과 가구제작에 사용되기도 하였다. 의학에서는 내과와 외과적 분야에서 중요한 발전을 이룩하였다. 그리고 중앙권력은 점점 강력해져서 드디어 파라오(Pharaoh)라고 하는 지배자가 절대 권력을 소유하고 국가와 백성을 지배하게 되었다. 파라오 밑에는 일단의 관료가 등장하여 법과 조세업무를 담당하였다. 종교를 관장하는 승려들은 관료들과 제휴하여 권력을 유지하면서 관료들과 비슷한 사회계층을 형성하였다. 그 밑으로는 소귀족, 토지소유농민, 자유민, 그리고 노비가 있었다. 이집트의 여성들이 같은 사회계급의 남성들과 동등한 권리를 소유하고 있었던 것은 특기할 만한 일이다.

이집트 지배자들의 위력은 일명 피라미드 시대(기원전 2950년~2450년)에 그 절정에 달하였다. 그러나 이 시대의 끝 무렵 파라오의 권력은 쇠약해지고 국가의 지배세력으로 등장한 귀족들이 국정을 장악하게 되었으니 귀족들이 통치하던 이 시대를 고대 이집트의 봉건시대라고 부른다. 파라오는 계속 존재했지만 이름뿐이었고 실권은 미약하여 이 시대에 그다지 특기할 만한 지배자는 거의 없었던 것으로 보인다. 그럼에도 불구하고 세소스트리스 3세(Sesostris Ⅲ)는 주목할 만한 인물이다. 그는 소수 병력으로 남쪽 누비아(Nubia)를 정복함으로써 이집트 국경을 확장시켰다. 이곳에서 이집트의 과학자들은 나일강의 수위를 면밀히 기록함으로써 이용가능한 농업용수의 양을 미리 알아낼 수 있었다. 이러한 지식은 농부들의 수확량으로부터 산출할 수 있는 세액을 정부가 계산해 내는 데 도움을 주었다.

기원전 1800년 직후 이집트의 봉건시대는 끝이 났다. 당시 서남아시아로부터 말을 타고 침략해 온 호전적인 힉소스족(Hyksos)에게 정복당했던 것이다. 힉소스족은 히브리인들처럼 셈족에 속했고 이집트인들과는 달리 유목민들이었다. 이집트 문명에 비해 보잘것 없었다고는 하지만 그들은 당시 이집트에는 아직 알려지지 않았던 말과 전차를 가지고 있었다. '후진' 문명의 힉소스가 '선진' 문명의 이집트를 상대로 단시일 내에 승리할 수 있었던 것은 바로 이 말과 전차 때문이었다. 힉소스는 이집트를 약 200여 년간 지배하였다. 그들은 삼각주에 위치한 아바리스 군기지로부터 정복사업을 벌여 동으로는 유프라테스 강과 남으로는 나일강 상류 지역에 이르기까지 그들의 영토를 확장시켰다.

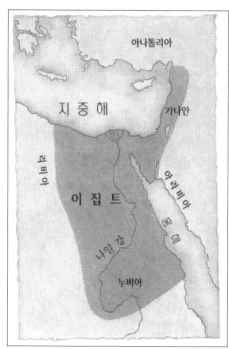

▲ 고대 이집트의 영토

이러한 힉소스의 침입을 물리치고 이집트를 부흥시킬 수 있었던 계기는 기원전 1580년경 이집트 남부지방에서 일어난 반란이었다. 당시 반란의 지도자는 테베(Thebes) 출신인 아모세(Ahmose)와 카모세(Kamose)였는데, 이 두 사람의 영도 아래 이집트인들은 힉소스를 격퇴하여 이집트에서 축출하였던 것이다. 그럼으로써 수도를 테베에 둔 새로운 정부가 등장했고 새로운 파라오의 왕통이 확립되어 이집트를 지배하였다. 따라서 이집트는 새로운 왕국의 시대로 접어들게 되었다. 왕국의 첫 파라오는 아모세였는데, 그는 왕위를 아들인 아멘호텝 1세(Amenhotep I)에게 물려주었고 아멘호텝이 단기간 통치한 후 사망하자 왕위는 매부인 투트모세 1세(Thutmose I)에게 넘어 갔다. 투트모세는 계속 힉소스를 쳐서 유프라테스까지 세력을 확장하였다. 투트모세의 아들인 투트모세 2세는 왕위에 등극하자 곧 사망했기 때문에 왕위는 강한 용기를 가진 그의 누이 하트셉수트(Hatshepsut)에게 넘어갔다. 이집트에 최초로 여왕이 등장하였던 것이다. 하트셉수트는 자신의 지위를 강화하기 위해 대중 앞에 설 때에는 갑옷을 입고 가짜 수염을 달기도 하였다고 한다. 여왕은 대규모 탐험대를 조직하여 멀리 홍해를 건너 남쪽의 푼트(Punt)라는 곳까지 탐험하였다. 그 결과 그곳의 값진 열대산물들이 이집트로 수입될 수가 있었다. 또한 여왕치세 기간 중 테베 가까이 있는 웅대한 카르낙(Karnak) 사원을 위시하여 많은 대규모 건축물들이 조성되었다.

하트셉수트의 남편 투트모세 3세는 여왕이 실권을 장악하고 있는 동안에는 볼품없는 존재였으나 여왕이 사망하자 이집트의 지배자가 되었다. 그는 파라오로서 먼저 이집트의 모든 건물과 기념비에서 여왕의 이름을 제거하였고 전쟁을 통해 이집트 왕국의 국토를 북동쪽 멀리까지 확장시켰다. 이러한 투트모세 3세의 군사적 업적은 대단히 찬란했기 때문에 그는 종종 "고대 이집트의 나폴레옹"으로 불리워지기도 한다.

투트모세 3세 이후 백여 년간 왕국은 강력한 지배자들 밑에서 강성과 평화를 누리는 가운데 아멘호텝 4세(Amenhotep IV)가 즉위하였다. 그의 관심은 아톤(Aton)이라고 하는 유일한 태양신을 모시는 데 있었다. 그는 이집트에 새로운 종교를 수립하고자 예전 종교의 사원 및 승려들과 결별하고 수도를 테베에서 아케타톤(Akhetaton)으로 옮겼다. 또한 그는 자신의 이름도 "아톤의 정령"이라는 의미의 이크나톤(Ikhnaton)으로 개명하였다. 이처럼 국가를 통치하는 데 있어 그는 종교개혁에만 관심을 기울이고 국정은 소홀히 하였다. 자연적으로 원거리의 영토들은 이집트의 지배로부터 벗어나 소아시아에서 새로 흥기한 히타이트(Hittites) 왕국의 통제하에 들어가고 말았다. 또한 히브리인들이 팔레스티나 지방의 이집트 영토를 정복해 버렸기 때문에 이크나톤의 사망 당시 이집트의 국력은 상당히 위축되었다.

　이크나톤의 뒤를 이어 사위인 투탕카톤(Tutankhton)이 파라오가 되었다. 그는 장인의 이상을 실현시키려고 노력했으나 강력한 테베의 승려들에게 대항할 만한 힘이 없었다. 얼마 후 그는 압력에 밀려 새 수도인 아케타톤을 포기하고 기존의 종교를 다시 회복시키지 않으면 안되었다. 또한 그는 자신의 이름도 투탕카몬(Tutankhamon)으로 개명해야만 했다. 그는 결국 파라오가 된 지 얼마 지나지 않아 음모를 꾸민 승려들에 의해 독살당했으며 호렘합(Horomhob)이란 장군이 대신 파라오가 되었다.

▲ 투탕카몬의 황금 마스크

　이크나톤이 사망한 후 60여 년이 지나 이집트는 과거의 영광을 되찾기 위한 마지막 노력을 기울였는데, 그 주인공은 람세스 2세(Ramses Ⅱ)였다. 야심적인 파라오였던 그는 히타이트 왕국을 공격했으나 싸움은 쉽게 승부가 나지 않았다. 16년간에 걸친 치열한 전쟁으로 쌍방은 기진맥진해져 결국 람세스 2세와 히타이트 왕은 평화조약을 체결하였다. 유태인의 대지도자인 모세(Moses)

가 이집트 포로생활로부터 그의 민족을 이끌어냈던 시기가 람세스 왕에서 그의 아들 메르네프타(Merneptah)왕 치세로 이어지는 시기였다.

히타이트와의 조약에 따라 이집트 왕국은 600여 년간 평온 상태를 유지하였다. 그러나 기원전 772년에 누비아(Nubians)인들의 이집트 정복으로 인하여 파라오의 직위가 흑인 지배자의 수중에 떨어지게 됨으로써 사실상 이집트의 독립 시대는 끝나고 말았다. 더욱이 기원전 670년에는 아시리아(Assyria)의 왕 에사르하돈(Esarhaddon)이 이집트를 병합했으며 그 후에는 페르시아, 마케도니아, 로마가 이집트를 차례로 정복하였다. 그리고 마침내 기원전 30년 클레오파트라를 끝으로 고대 이집트는 막을 내리게 되었다.

┃종교관┃

이집트 역사의 초기에는 잡다한 종교가 존재하였다. 이집트에는 여러 신들이 있었는데 우리가 생각할 수 있듯이 가장 중요한 신들은 백성들의 일상 생활에 큰 영향을 주는 해(日)와 강(江)의 신이었다. 태양신은 라(Ra), 아몬(Amon) 또는 아몬-라(Amon-Ra)였으며, 나일강 신은 오시리스(Osiris)였다. 오시리스와 그의 처 이시스(Isis)는 장신의 미남과 미녀로서 회화나 조각으로 구현돼 있는 반면 많은 중소 신들은 괴이한 모습을 하고 있다. 어머니의 신인 하터(Hathor)는 암소의 머리를 지녔고 사랑의 여신인 바스트(Bast)는 고양이 머리를 갖고 있었다. 오시리스와 이시스의 아들인 호루스(Horus)는 독수리 머리를, 명계의 신인 아누비스(Anubis)는 늑대의 머리를 하고 있었다. 신들을 연상케 하는 이 동물들은 신성시되었기 때문에 인간들은 이들에게 해를 가하지 못하였다. 이런 의미에서 이집트인들의 종교관은 모든 사물에 신이 존재한다고 믿는 일종의 범신론(pantheism)이었다. 또한 이집트인들은 스스로의 능력에 따라 여러 신을 믿은 다신교적 신앙(polytheism)을 가지고 있었다.

고대 이집트에서는 강력한 승려집단이 종교를 관장하였는데, 점차 그들은 오직 승려들의 조력과 예배의식을 통해서만 파라다이스에 갈 수 있음을 확신시킴으로써 백성들의 생활을 지배하였다. 또한 그들은 파라오에게 태양신의 아들임을 자각시키고 자신들을 제관으로 삼게 함으로써 국정에 있어서도 강력한 영향력을 행사하였다.

이집트 종교의 핵심은 사후의 생에 대한 신앙인 내세관에서 드러나는데, 사람이 죽으면 카(Ka)라고 하는 영혼이 육체를 떠나 서쪽으로의 길고도 위험한 여행길을 떠난다고 생각하였다. 여행 중 많은 괴물들과 악마들을 접하게 되는데 이때 적절한 성구와 신조를 암송하지 않으면 카는 그들에게 잡혀 없어지게 된다고 믿었다. 이러한 성구와 신조는 승려들에 의해 『사자의 서(Book of the Dead)』에 기재되었고 그 내용 중 일부는 무덤의 벽이나 관, 또는 미라를 집어넣는 케이스 등에 새겨지기도 하였다.

이집트인들은 카가 서쪽으로 떠났다가 다시 육체로 돌아올 수도 있다고 믿었다. 그런 까닭에 사체를 잘 보전해서 카를 받아들일 수 있는 좋은 조건을 만드는 일이 중요하였다. 수세기가 흐르는 동안 이집트의 승려들은 사체 보전방법을 다양하게 개발해 냈다. 그 방법으로 그들은 뇌, 심장, 창자를 빼내어 항아리 속에 보관하고 사체는 향료나 방부제 처리를 한 다음 아마천으로 잘 감아 미라(mummy) 케이스 속에 모셨다. 많은 경우에 석조로 된 외관이 있었다. 그래서 관, 사체, 항아리, 그리고 다른 세계에서 사용할 귀중품들이 무덤 속에 안치되었다. 이 사체와 귀중품들은 도난과 맹수의 위험을 피하기 위해 튼튼하고 안전한 장소에 보관되었다. 그러나 죽은 후의 생을 위해 영원할 것으로 믿었던 이집트의 미라는 중세 때부터 하나의 상품이 되었다. 사람들은 미라 가루(mumia)를 만들어 최음제로 이용하였고 귀족들은 미라를 감고 있는 아마천을 벗기는 파티를 즐기곤 했기 때문이다.

내세를 위한 이집트인들의 미라는 피라미드나 그 밖의 분묘 속에 안치되었는데, 사실 이집트인들이 최초에 건축한 무덤은 관을 묻고 그 위에 돌무더기를 쌓아 놓은 것에 지나지 않았다. 이후 관이 안치된 곳에 벽돌을 쌓았고 시간이 더 지나서는 석탄암이 벽돌을 대신하였다. 분묘 축조사상 가장 발달한 무덤은 기원전 2950년 조세르(Zoser)라는 파라오의 치세 때 나타났다. 조세르의 최고 고문이자 과학자인 임호텝(Imhotep)이라는 사람은 일련의 테러스로 위쪽으로 경사진 벽을 가진 대규모 석조분묘를 고안해냈다. 그것이 바로 석조건축사상 최고의 전형이라고 하는 '피라미드(pyramid)'이다.

조세르의 뒤를 이은 파라오들은 자신들을 위해 더욱 큰 피라미드를 건축케 하였다. 기원전 2885년에는 파라오 케오프스(Cheops)의 시신을 모시기 위한 최대 규모의 피라미드가 건축되었다. 이 거대한 피라미드는 높이 500피트

▲ 피라미드

에 기부 일면이 750피트에 달하였다.

　　그리고 케오프스의 아들인 카프레(Khafre)는 자신을 기리고자 거대하게 움크린 형태의 돌로 자신의 두상을 가진 사자를 조각케 하였다. 결국 피라미드가 보이는 곳에 설치된 웅대한 스핑크스(Sphinx)를 통해 약 5000년 전에 사망한 파라오 카프레에 대한 불멸의 기억이 남게 되었다.

2. 메소포타미아 문명

┃에리두┃

　오늘날 중동지방으로 알려진 곳에서 또 다른 문명이 탄생하였다. 그것은 바로 넓은 계곡을 형성하고 있으면서 그 흐름이 걸프만으로 이어지는 티그리스강(Tigris)과 유프라테스강(Euphrates) 유역의 메소포타미아(Mesopotamia) 문명이다. '두 강 사이에 있는 땅'을 의미하는 메소포타미아는 티그리스강과 유프라테스강 사이의 비옥한 토지를 지칭한다. 오늘날 이 지역의 대부분은 이라크의 영토에 속한다.

　티그리스-유프라테스강 일대의 남단은 비옥한 지역이었으나 대부분 광활한 사막과 접해 있는 개방된 곳으로서 주민의 대부분은 유목민이었다. 이러한 지형적 특성으로 인하여 이 지역은 외부 세력으로부터 쉽게 공격을 받고 자주 정복당하였다. 따라서 이집트의 역사가 지속적인 단일민족의 역사였다면 메소포타미아의 그것은 서로 다른 여러 민족들의 투쟁사였다고 할 수 있다.

전설에 따르면 메소포타미아 지역의 "모든 땅은 바다였다. 그 다음 에리두 (Eridu)가 건설되었다"고 한다. 그런데 이 전설의 많은 부분이 사실로 판명되었다. 즉, 티그리스강과 유프라테스강의 물에 포함된 대량의 흙과 모래가 조금씩 페르시아만의 북단을 채워서 새로운 땅이 형성되었는데, 기원전 5000년경 이곳에 에리두라고 하는 도시가 건설되었다. 과학자들은 고대 에리두 자리를 파들어가면서 18개나 되는 도시들의 흔적을 발견하였다. 이러한 사실은 도시가 폐허가 될 때마다 그 위에 새로운 도시가 18차례나 건설되었다는 것을 시사해 준다. 그러니까 가장 낮은 곳에 있는 도시가 원래의 에리두시로서 아마도 이 도시는 세계에서 가장 오래전에 건설된 도시였을 것으로 추측된다.

에리두시를 처음 건설한 사람들이 누구인지는 알 수 없다. 그러나 그들의

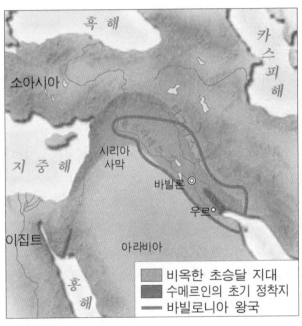

▲ 메소포타미아

무덤 속에서 나온 토기들을 보면 저 멀리 시리아 북부에 살던 유랑민들과 관련이 있었음을 알 수 있다. 대부분 석기로 된 도구와 무기를 사용했던 그들은 종종 청동기를 사용하기도 했는데, 이는 에리두 시민들이 이집트인들보다 앞서 금속을 사용했을 가능성을 보여주는 것이다. 또한 그들은 원시적인 법률도 사용한 것으로 알려지고 있다.

▮수메르▮

기원전 4000년경에 수메르(Sumerians)라 불리는 민족이 티그리스강과 유프라테스강의 평탄하고 비옥한 남단에 여러 도시를 건설하였다. 수메르인들이 세운 도시 중 하나가 고대 에리두시 자리였는데 이들은 셈족도 백인종도 아니었다. 아마도 이들은 열대 기후의 영향을 받아 얼굴색은 검지만 백인계에 속하는 인도인들과 밀접한 관계가 있는 것으로 보인다.

수메르인은 문명 발전상 이집트인보다 크게 뒤떨어지지는 않았던 것 같다. 그들 역시 관개체제를 이룩하고 풍부한 농작물을 재배했으며 가축을 사육하였다. 또한 그들은 잘 만든 청동기를 사용했으며 점토판에 새겨진 쐐기 모양의 글자인 설형문자를 개발하였다. 그들은 또한 조잡하나마 태음력을 사용했으며 60진법을 발명하였다. 그들은 이것으로 시간을 표시하고 원에 대한 개념을 파악하였는데 이 지역에서는 지금도 이를 이용하고 있다. 이들에겐 건축용 석재가 없었으나 진흙으로 벽돌을 만들어서 거대한 사원과 건물들을 건축하였다. 수메르인에게는 은을 사용하는 화폐제도도 있었다. 그들의 종교는 대기의 정령인 엔릴(Enlil)을 신앙하는 데 핵심을 두었으며 최고의 승려직은 파테스(Patesi)라고 부르는 도시의 왕이 겸하였다.

그러나 수메르인들은 단일한 중앙정부를 갖지 못했으며 도시들 간에는 자주 싸움이 벌어졌다. 기원전 2900년에서 기원전 2500년 사이 이집트의 파라오들이 나일강 옆에 피라미드를 건축하는 동안 수메르의 우르(Ur), 라가슈(Lagash), 키슈(Kish) 등 여러 도시들은 서로 우위를 차지하려고 투쟁하였다.

▮아카드▮

수메르 도시들이 서로 싸우고 있는 동안 그들의 운명을 좌우하는 중대 사건이 발생하였다. 사막지대로부터 대규모의 셈계(Semitic) 부족들이 들어와 이전에 수메르인들이 장악했던 티그리스강과 유프라테스강 사이의 북부 지역에 정착하였다. 이 야생적인 부족들은 잘 훈련된 수메르의 여러 도시의 전투 부대에 비해 적수가 되지 못하였다. 따라서 처음 몇 차례에 걸친 접전에서는 쉽사리 수메르인들에게 패전했으나 점차 셈족의 세력은 강화되고 수메르인의 국력은 약화되었다. 결국 셈족은 북부에 위치한 수메르의 몇몇 도시를 정복하여 아카드(Akkad)라고 하는 그들 자체의 도시를 건설하였다. 기원전 2500년경에는 유능한 지도자가 등장하여 부족들을 통합하고 나아가 수메르의 모든 도시를 점령하였는데 그가 곧 사르곤 1세(Sargon I)로서 셈족의 첫 번째 대지배자가 되었다.

사르곤 1세와 그의 손자 나람 신(Naram Sin)은 티그리스강과 유프라테스강 일대의 최북부를 제외한 모든 지역을 포함하는 셈계의 대제국을 건설하고 그 세력을 지중해까지 뻗쳤다. 수메르인의 문명은 사라지지 않고 정복자들에게 전달되었다. 정복자들은 이전의 생활방식을 바꾸고 도시 주민들이 되었다. 이에 수메르 문화는 가일층 풍성해졌다. 그것은 셈족이 수메르인보다 조각과 미술에서 더 우수한 능력을 보였기 때문이었다.

이 지역에서 셈족은 약 200년간 우위를 지켰으나 수메르인이 다시 위력을 회복하기 시작하였다. 그러나 그들은 셈족을 넘어뜨리는 대신 셈족과 협력 체제를 구축하여 강력한 수메르와 아카드 왕국을 건설하였다. 기원전 2300년에서 기원전 2050년까지 수메르와 아카드 왕국은 가장 강력한 국가로 군림하였다.

▌아모리▐

유프라테스강 서부에 살던 다른 셈족인 아모리인(Amorites)들은 아카드를 정복했고 동시에 동쪽에서 온 엘람족(Elamites)은 수메르를 점령하였다. 이제 유프라테스강 일대에는 바빌론(Babylon)을 수도로 한 새로운 아모리 왕국이 확립되었다. 이 왕국은 수도 이름을 따라 바빌로니아라고 하였다.

기원전 1948년 아모리의 6대 왕이 즉위할 무렵 바빌로니아는 수메르와 아카드의 문화를 기반으로 고도의 문명을 이룩하였다. 건축에서는 아치의 도입 등 괄목할 만한 발전을 보였고 종교에서는 하늘의 신인 마르두크(Marduk)와 사랑의 여신인 이슈타르(Ishtar)를 포함하여 여러 신을 신봉하는 새로운 종교가 등장함으로써 엔릴(Enlil)을 숭배하는 기존의 신앙을 대신하였다. 바빌론은 이제 화려하고 발달된 도시로 변화하였다.

▲ 함무라비 왕

특히 6대 왕 함무라비(Hammurabi)는 현명하고 공평무사한 지배자로 국력을 증강시키고 국민들을 공정하게 다스린 왕이었다. 그는 대법전을 편찬하여 왕국 내의 모든 사람들에게 이를 적용시켰는데 오늘날의 기준으로 보면 가혹하고 황당한 조문도 있다. 그러나 무법이 판치던 당시 기준에서 보면 이는 국왕의 배려였다고 할 수 있다. 이렇게 법률이 발달될 수 있었던 배경에는 왕의 배려와 능력이 있었지만 그것은 사회·경제적 필요성에 기인한 것이기도 했다. 지리적으로 동서 문화의 요충지였던 이곳은 무역과 상업활동에서 발생할 수 있는 분쟁거리를 중재해 주어야 하는 입장이었고, 잦은 외적의 침입으로 일관성이 부족한 국가정책을 바로 잡아줄 필요도 있었기 때문이었다.

▲ 함무라비 법전

함무라비 법전은 1901년 페르시아지방 탐험대장 드 몰간(De Morgan)이 발견했는데 민법, 상법, 형법 등의 내용이 총 282개조로 이루어져 있다. 이 법전은 각 법조문의 내용보다는 그것이 가지고 있는 성격면에서 매우 흥미롭다. 이 법전은 보복주의, 준사형주의(準私刑主義), 법 앞에서의 불평등 원칙, 고의와 우발의 무차별성, 법률의 원시성, 처벌의 가혹성, 남성 우월성 등의 성격을 가지고 있다. 더욱 흥미로운 것은 오늘날에도 이라크 북부의 베두인족 사이에는 일종의 죄인 판별법으로서 혐의자들에게 달군 인두를 핥게 하여 상처가 난 사람을 범인으로 지목하는 방법이 시행되고 있는데, 이는 함무라비 법의 영향이 남아있는 것이라 할 수 있다.

▮카시트▮

기원전 1900년경에 동북부의 산악지대로부터 여러 소집단으로 이루어진 거친 종족들이 티그리스강과 유프라테스강 일대로 이주하여 아모리인이 건설한 도시에 정착하였는데, 그들이 바로 카시트족(Kassites)이다. 이들은 역사상 처음 보는 말을 이곳에 들여왔다. 이 말은 힉소스가 이집트를 침공할 때 선보였던 말보다 백여 년 앞서 출현한 것이었다. 아모리인들은 카시트인들을 축출하기 위해 필사적인 투쟁을 벌이지 않았다. 그들은 카시트인들이 지배세력으로 군림하는 것을 억제하는 것만으로 만족했던 것 같다. 이러한 상태가 오랫동안 유지되었으나 기원전 1750년경 예기치 않은 사건이 일어나 아모리인들은 몰락의 길로 가게 되었다. 소아시아에서 온 히타이트인들이 바빌론을 급습하여 점령하고 약탈하였던 것이다. 전격적인 공격 후 히타이트인들은 곧 철수하였지만 이 기간 동안 카시트가 일어나 지배권을 장악하였고 아모리 왕국은 끝이 났다.

▮아시리아▮

한편 티그리스강과 유프라테스강 북부지역에는 또 다른 문명이 형성되었다. 이곳에는 셈계와 수메르계가 혼합된 강력한 부족들이 도시와 왕국을 건설하였다. 이들의 도시와 왕국, 그리고 주신은 모두 아수르(Assur)라는 동일한 명칭을 지니고 있었고 주민들은 아시리아인(Assyrians)이었다. 기원전 1810년경 이들은 아모리인들로부터 독립하였다.

처음 아시리아 왕국은 별로 두각을 나타내지 못하였다. 그들의 관습과 활동의 대부분은 이미 전시대에 이루어졌던 문명을 그대로 답습한 것이었기 때문에 인류문화 발전에 기여한 점은 많지 않다. 그러나 그들의 조각술은 뛰어나 생동감이 넘치는 동물의 조각과 전투장면을 묘사한 조각술은 상당한 수준이었다.

아시리아가 번영할 무렵은 히타이트와 이집트가 장기간에 걸친 혈전을 벌이고 있을 때였으므로 그들이 국력을 확장하기에는 좋은 기회였다. 이집트와 히타이트 왕국이 모두 기진맥진한 틈을 타서 아시리아는 주변의 군소 국가들을 정복하였다. 이것이 장차 군사적 대국으로 성장하는 첫 단계가 되었던 것이다. 아시리아는 나아가 군마를 도입하고 전차와 철제무기의 사용으로 그 용맹을 떨쳤다. 철제무기는 히타이트가 처음 사용했는데 이는 당시 대부분의 국가들이 사용하고 있던 청동으로 만든 무기에 비해 월등히 우수하였다.

고대 세계가 아시리아의 위력을 인식하게 된 시기는 기원전 880년경이었다. 이때 아시리아의 왕 아수르–나시르팔 2세(Assur-Nasirpal II)는 국토를 조직적으로 확장하기 시작하였다. 아수르–나시르팔은 잔혹하고 교활한 전사군주였다. 그가 거느린 군대는 막강했고 그에게 반항하는 모든 세력은 무자비하게 학살되었다. 당시 아시리아라는 이름만 들어도 공포에 떨 정도였다. 바빌론의 카시트는 아수르–나시르팔과 싸우는 국가들에 두 번씩이나 구원병을 파견했으나 두 번 모두 패전하였다.

아수르–나시르팔 왕의 사후 백여 년간 아시리아는 주변 정복 사업을 중지하였다. 아수르–나시르팔의 후계자들은 다른 나라를 정복하고자 하는 욕망이 부족했던 것 같다. 기원전 745년에는 풀(Pul)이라는 장군의 지도로 아시리아군은 카시트로부터 바빌론을 빼앗고 시리아의 대도시인 다마스커스를 점령하였다. 그 후 아시리아의 정복사업은 또 다른 유능하고 호전적인 지도자에 의해 계속되었는데, 그중 한 사람이 사르곤 2세(Sargon II)이다. 그는 기원전 722년 장군 출신으로 왕이 되었다. 사르곤 2세 치하에 아시리아는 고대 세계에서 진정한 강대국이 되었다. 왕은 시리아의 반란을 진압하고 팔레스티나를 정복했으며 유태인의 12지파 중 10지파를 포로로 끌고 갔다. 이제 아시리아 왕국의 국경은 티그리스강과 유프라테스강 이북으로부터 동남쪽으로 거의 페르시아만에 이르고 서남쪽으로는 이집트 국경에까지 확대되었다. 사르곤 2세는 두르-샤루킨이라는 화려한 새 도시를 건설하였다. 그는 중앙집권적이고 능률적인 정부를 조직하고 그것을 강화해 나갔다.

사르곤 2세의 아들인 센나케립(Sennacherib)은 국토를 더욱 확장시킬 뜻을 품었지만 그에겐 행운이 돌아오지 않았다. 처음에 그의 병력은 소아시아와 페니키아의 몇몇 해안 도시들을 점령하고 팔레스티나를 휩쓸었으나 이집트를 공략하던 중 국경지대에 창궐한 전염병으로 수천의 병사가 궤멸당하자 그는 살아남은 병사들과 함께 철수할 수밖에 없었다. 그가 남긴 유일한 업적은 그에 대해 반란을 일으킨 바빌론 시를 점령하고 그것을 무자비하게 파괴시킨 일 뿐이었다. 아시리아에 귀환한 그는 니네베 시를 선택하여 수도로 삼았다.

그는 자신이 가장 사랑하는 아들인 에사르하돈(Esarhaddon)을 왕위계승자로 삼았다. 이 사실은 다른 두 왕자를 격분시켰고 결국 그는 아들에 의해 살해되었다. 그러나 에사르하돈은 재빨리 그의 형제들의 반란을 진압하였다. 그는 병사들을 이끌고 서남쪽으로 진군하여 이집트를 공략하고 병합했으며 바빌론 시를 재건하고 이를 아시리아의 수도로 삼았다.

에사르하돈의 아들인 아수르바니팔(Assurbanipal)은 니네베로 행정부를 옮겨서 그곳을 다시 수도로 삼았다. 이곳에 그는 대규모의 도서관을 세웠는데 이는 고대 세계에 출현한 도서관 중 하나였다. 그는 정복사업은 거의 벌이지 않고 반란을 진압하는 정도로 만족했으며 미술과 건축을 장려하는 등 문화면에서 업적을 남겼다.

고대 세계 전체가 두려워하던 강력한 아시리아가 멸망한다는 것은 불가능한 것처럼 보였다. 그러나 아수르바니팔이 사망한 지 14년 만인 기원전 612년에 아시리아는 멸망의 길로 접어들었다. 사실상 아시리아는 보기보다 그렇게 강력한 국가는 아니었다. 군인들 중 대다수가 농민, 상인, 외국인들이었던 관계로 얼마 후에는 식량공급이 줄어들고 국가의 상업도 점차 외국인들의 수중에 들어갔기 때문에 군인들은 옛날의 그 열렬했던 애국심을 많이 상실하였다. 결국 동부의 메디아군과 남부의 칼데아군의 연합공격으로 기원전 612년 니네베 시는 함락되었다.

▌칼데아▐

아시리아 왕국을 무너뜨리는 데 협력한 칼데아인(Chaldeans)은 페르시아만의 북단지역에서 온 셈계의 유목민들이었다. 그들은 나보폴라사르(Nabopolassar)왕의 지도아래 니네베 시를 파괴하기 4년 전인 기원전 616년에 아시리아로부터 바빌론 시를 탈취하였다. 그들은 니네베 시를 정복한 후 독립을 되찾은 이집트를 제외하고 아시리아가 지배했던 모든 영토들을 정복하여 신바빌로니아를 건설하였다.

특히 2대 왕인 네부카드네자르(Nebuchadnozzar) 치세에 칼데아는 최대의 전성기를 누렸다. 공정하고 유능한 통치자였던 네부카드네자르는 자기의 왕국을 강건하게 조직하여 잘 운영하였다. 그가 생존해 있는 한 칼데아는 이웃국가들인 이집트, 메디아, 페르시아와 평화를 유지하면서 번영할 수 있었다. 이전의 티그리스강과 유프라테스강 유역의 수메르와 셈계의 문명들은 흡수되어 칼데아 문명의 새로운 기반이 되었다. 수도 바빌론은 대규모로 성장하여 동시대에 가장 중요하고 큰 도시가 되었으며 상업, 공업, 미술, 건축, 문학, 과학 등이 크게 발전하였다. 특히 천문학의 발달은 괄목할 만한 것인데, 오늘날의 천문학자들도 칼데아인들이 작성한 별들의 운행도를 참고하고 있다.

▲ 네부카드네자르

메소포타미아 지역을 지배한 신바빌로니아의 권위에 도전하는 세력은 거의 없었다. 그러나 유다왕국의 유태인들은 그 권위를 인정할 수 없었다. 그들은 끊임없이 도전을 하다가 기원전 596년과 기원전 587년에 칼데아인들의 지배에 대해 본격적인 반기를 들었다. 그러나 두 차례의 반란 모두 네부카드네자르에 의해 신속히 진압되었다. 이때 많은 지식인들이 포함된 약 3만 5천 이상의 유태인들이 포로가 되어 바빌론으로 끌려갔다. 이를 기원전 586년의 '바빌론 유수(Babylonian Captivity)' 라고 한다.

이 바빌론 유수 기간에 인류 역사상 중요한 일이 이루어졌다. 바로 구약성경이 탄생한 것이다. 유일신을 추구하던 유태인들은 다신교 문화권인 바빌론에 잡혀와 생활하면서 정체성의 혼란을 겪었다. 이에 유태인들은 그동안 구전으로만 내려오던 자신들의 역사와 믿음체계를 글로 남기게 되었는데 그것이 구약성경인 것이다.

네부카드네자르가 사망한 후 6년 뒤에 나보니두스(Nabonidus)가 칼데아의 지배자로 군림하였다. 그는 선량한 사람이었지만 칼데아인들에게는 최악의 왕이었다. 그의 최대 관심사는 수도 바빌론의 땅 속에 묻혀 있는 고대 유물들을 발굴해 내는 일이었다. 그는 또한 종교개혁을 시도했고 그 결과 강력한 바빌론 승려들의 반감을 샀다. 결국 국가의 통치권은 놀기 좋아하는 왕자인 벨샤자르(Belshazzar)의 수중으로 넘어갔다.

그러나 벨샤자르는 권력을 장악한 지 얼마 되지 않아 페르시아의 왕인 키루스(Cyrus)의 위협을 받게 되었다. 국가 방위를 위해 그는 이집트, 소아시아 지방의 리디아(Lydia), 스파르타(Sparta)시와 동맹을 맺었는데, 그것은 현명치 못한 처사였다. 키루스는 재빨리 손을 써서 리디아의 왕 크로에수스(Croesus)를 패전시키고 바빌론으로 진격하였다. 불만에 차있던 승려들의 선동하에 바빌론 시의 주민들은 국가를 옹호하지 않았기 때문에 키루스는 힘들이지 않고 바빌론 시를 점령하였다. 이에 칼데아인의 신바빌로니아는 기원전 538년에 멸망하고 말았다.

┃ 메디아와 페르시아 ┃

인도-유럽어족에 속하는 메디아인(Medes)과 페르시아인(Persians)은 티그리스강과 유프라테스강 유역의 동부 평야지대에 정착하였다. 이 지역은 원래 엘람인(Elamites)이 차지하고 있었지만 아시리아의 공격으로 국력이 쇠약해져 있었기 때문에 자연히 새로운 인도-유럽어족의 침략을 받고는 크게 저항하지 못하였다.

메디아인과 페르시아인들은 거의 동일한 종족이다. 기원전 700년경 메디아는 정부를 구성하고 엑바타나를 수도로 정하고 성장하였다. 약 100년이 지나면서 그들은 칼데아의 왕 나보폴라사르와 제휴하여 아시리아 왕국을 멸망시킬 정도로 힘이 성장했으며 페르시아 부족들은 메디아 정부의 평화스런 통치를 받았다.

메디아 왕국에는 기원전 570년경에 태어난 짜라투스트라(Zarathustra, 그리스 명은 [Zoroaster])라는 예언자가 살았다. 그는 기존의 종교를 능가하는 새로운 고등종교를 체계화했는데, 그것은 젠다 아베스타(Zend-Avesta)라는 경전으로 구체화되었다. 조로아스터는 이원적인 종교관을 수립하였다. 선의 신인 아후라마즈다(Ahuramazda)와 악의 신인 아리만(Ahrimas)이 각각 군소의 신들을 거느리고 있는데 모든 사람은 선의 신을 믿건 악의 신을 믿건 자유였다. 이 두 신은 죽은 후에 심판을 받고 생전에 행한 만큼 상이나 벌을 받게 되어 있었다. 그러나 시간이 흐르면서 인간 세계를 두고 두 신이 서로 다투다가 궁극적으로 선의 신이 불의 힘(밝음)을 빌어 승리를 한다는 윤리적 개념이 수립되었다. 아후라마즈다의 조력자인 광명의 신 미트라(Mithra)의 지위가 상승하였고 별도로 미트라교가 탄생하게 되었다. 후에 크리스트교, 이슬람교, 중국의 배화교 등은 이 조르아스터교의 관념과 많은 부분이 비슷하였다.

메디아인들에게 포교가 어려운 것을 깨달은 조로아스터는 남부로 가서 페르시아인들에게 전도하였다. 이곳에서 그는 페르시아의 한 부족의 왕인 키루스(Cyrus)의 공조와 보호를 받았다. 키루스는 조로아스터의 교훈을 이용하여 그의 부족민을 통합했고 점차 산재해 있던 메디아인들에 대항하기 위한 공동전선을 구축하였다.

기원전 549년에 키루스는 메디아 왕으로부터 통치권을 빼앗았다. 그는 정부를 파사르가데시로 옮겼다. 이제 메디아의 왕좌를 페르시아인이 차지했기 때문에 그 후 왕국은 페르시아로 불리게 되었다. 키루스는 유능한 군사 지도자였고 그가 조직한 군대는 강력하였다. 그것은 왕을 비롯한 많은 부하들이 궁수였고 기마병이었으며 그들 모두 전차를 잘 이용할 수 있었기 때문이었다. 그는 리디아, 칼데아, 이집트, 스파르타의 연합군과 싸워 승전하였다. 그는 리디아와 칼데아를 이내 정복하였고 다른 두 동맹국을 근접하지 못하게 하였다. 페르시아 지도자들은 키루스에게 이미 점령한 풍요롭고 화려한 바빌론으로 천도할 것을 촉구했지만 왕은 "조용한 나라가 조용한 국민을 만든다"고 말하면서 이를 거부하였다.

키루스의 뒤를 잇는 캄비세스(Cambyses)는 부친의 정복사업을 이어갔다. 기

▲ 다리우스

원전 525년에 그는 이집트를 정복함으로써 페르시아 제국을 최대로 확대시켰다. 역사상 일개 국가가 이렇게 광대한 영토를 다스린 일은 일찍이 없었다.

그 다음 지배자인 다리우스(Darius)왕은 계속된 정복사업을 통해 오리엔트 지방을 완전히 통일하여 대제국을 수립하였다. 그는 자신을 수장으로 하는 일인통치체제를 확립하였다. 그는 이집트와 바빌로니아의 왕을 겸하고 왕국을 사트러피(satrapy)라고 부르는 20개의 주로 분할하여 각 주에는 사트럽(satrap)이라고 부르는 총독을 두어 다스리게 하였다. 그는 20개 주의 주민들에게 금전이나 농산물로 공물을 바치게 했으며 병역의무도 부과하였다. 다리우스는 바빌론, 수사(Susa), 페르세폴리스(Persepolis)에 궁전을 건축하였고 도시와 도시를 연결하는 약 1,600마일의 왕도를 건설했으며 요충지마다 우편제도를 마련하여 제국을 통일적이고 조직적으로 통치하였다. 그는 지배력을 강화하기 위해 중앙 관리들을 각처로 파견하여 왕의 뜻대로 행정질서가 잡혀있는지를 점검케 하였다. 이들은 일종의 암행어사와 같은 순찰사로 '왕의 눈과 귀' 역할을 하였다.

다리우스는 친절하고 지적인 사람이었다. 수많은 백성들은 개인적인 주권은 거의 없었지만 왕으로부터 상당히 공정한 대우를 받았다. 그는 또한 국가의 문화진흥을 위해 노력을 아끼지 않았다. 그는 전국적으로 새로운 도로를 건설했고 새로운 종류의 곡물들을 도입하여 재배했으며 인도에서 수입된 닭을 포함한 새로운 가축 사육도 장려하였다. 이집트와 칼데아에 의해 발달된 천문학은 그대로 보존되었고 이집트식 역법이 도입되어 사용되었다. 또한 수메르인의 설형문자를 개조하여 단순화시킨 문자가 페르시아 언어에 적용되었다. 나아가 그는 이집트의 의학지식을 토대로 여러 도시에 대규모의 병원과 의학교를 설립하였다.

3. 동부 지중해 연안의 국가들

소아시아, 시리아, 팔레스타인 등 동부 지중해 연안 일대의 문화는 메소포타미아와 이집트 양대 문명의 영향하에 발전하고 있었다. 특히 비옥한 초승달 지대의 서쪽 뿔에 해당하는 시리아, 팔레스타인 지방은 군사·교통상의 요지였는데, 동부 지중해 연안의 여러 나라들 중 특히 문화사적으로 크게 이바지한 것이 히브리, 페니키아, 히타이트이다.

▍히브리▍

유태인들의 성경은 히브리인들에 관하여 많은 기록을 남기고 있다. 성경에 따르면, 히브리인들은 고대 민족들 중에서 가장 위대한 민족이고 그 외의 이집트인, 아시리아인, 칼데아인 등은 별로 중요하지 않은 민족으로 취급되고 있다.

그러나 히브리인들의 인류사회에 대한 공헌은 바로 이 성경과 연관이 있는데, 히브리인들은 유일하고 전능한 신에 대한 관념을 확립시켰다. 이러한 관념은 처음부터 존재한 것이 아니라 히브리의 역사와 함께 발전되었다. 히브리인들은 야훼(Yahveh)라고 하는 부족신을 신앙하였다. 야훼는 그의 선민인 히브리인들을 옹호해 주는 전쟁과 복수의 신이었다. 역사가 진행되면서 대선지자 엘리야(Elijah), 아모스(Amos), 이사야(Isaiah), 예레미야(Jeremiah)의 끈질긴 노력으로 지리적으로 편협하고 호전적인 야훼의 신앙은 모든 인류를 사랑하는 여호와 하느님에 대한 신앙으로 변화 · 발전하였다.

성경에 의하면 히브리 국가는 우르 사람인 아브라함(Abraham)이 건설했는데 그는 추종자들을 거느리고 새로운 고향을 찾아 사막을 방황했던 것으로 알려져있다. 이 사실은 기원전 2100년경에 발생하였다. 그 다음 7세기 동안 히브리인들은 방황하는 유목민으로 생활하였다. 기원전 1400년경 히브리인들은 팔레스티나 지방을 떠돌기 시작하였다. 이곳에는 이미 가나안인이라고 부르는 또 다른 셈족이 살고 있었다. 가나안인들은 성벽을 두른 도시 안에 거주했고 티그리스강과 유프라테스강의 주민들과 교역하며 그들로부터 설형문자를 배워 사용하기도 하였다. 그들의 종교 의식 중 끔찍한 부분은 살아있는 아기를 불의 신인 몰로크(Moloch)에게 제물로 바치는 일이었다. 오랫동안 히브리인들은 초라하지만 천막을 치고 살았고 가나안인들과 서로 평화롭게 지냈다. 히브리인들은 가나안인들로부터 많은 것을 배우고 또 흡수하였다. 그러나 때때로 히브리인들은 약한 가나안 도시를 공격해 점령하기도 하였다.

얼마 지나지 않아 많은 히브리인들이 이집트로 이주하였다. 그러나 그들은 그곳에서 노예로 전락하고 말았다. 기원전 1255년경 대지도자 모세(Moses)가 불행한 유태인들을 해방시켰다. 모세는 파라오 세티 1세(Seti I)의 공주에 의해 양육되었다. 전설에 의하면 공주가 나일강에서 바구니 속의 유아 모세를 발견했다고 한다. 또한 모세는 공주의 아들이고 아버지는 히브리인이었다는 말도 있다. 모세라는 이름은 '아들'을 뜻하는 이집트 말에서 유래한다. 모세는 포로생활을 하던 히브리인들을 이집트에서 구원해 냈고 얼마 후에 그들은 팔레스티나 지방에 있던 같은 동족들을 만날 수 있었다.

그러는 과정에서 유능한 군사 지도자인 여호수아(Joshua)의 지도 아래 히브리인들은 가나안인의 여러 도시들을 점령하였다. 가장 유명한 도시는 여리고 시였다. 이 무렵 북부에 살던 많은 히브리인들은 점진적으로 가나안인들처럼 도시 거주민들이 되어 갔다. 반면 땅이 비옥하지 않은 남부에 살던 사람들은 여전히 방황하는 유목민 생활을 벗어나지 못하였다.

기원전 1040년경 히브리 부족들은 연합 히브리 왕국을 세웠고 사울(Saul)이 초대 왕이 되었다. 사울은 원래 남부의 목동 출신이었다. 당시 크레타 섬과 에게해의 여러 섬으로부터 이주하여 살면서 상당히 발달된 문화를 가진 필리스틴인(Philistine, 블레셋)들이 새로운 적으로 부각되고 있었기 때문에 히브리인들의 통일은 절대적으로 요청되고 있었다. 이 필리스틴인들은 그리스인들의 침공으로 본국인 크레타 섬에서 쫓겨나 팔레스티나 지방으로 이주하여 정착할 생각이었다. 사울은 필리스틴인과 싸워 대승하기도 했지만 후에는 고전을 면치 못했고 결국 전사하고 말았다.

사울의 후계자는 다윗(David)으로 그는 필리스틴인의 강력한 무사 골리앗(Goliath)을 상대하여 승리하였다. 다윗은 나라에는 명실공히 수도가 있어야할 필요성을 느껴 가나안의 요새인 예루살렘을 빼앗고 그곳을 수도로 삼았다. 그는 필리스틴인과도 싸워 승전하였다. 다윗은 무사, 시인, 음악가로서도 명성이 높아 성경의 아름다운 시편이 바로 그의 작품인 것으로 전해진다. 그는 예루살렘에 대성당을 건축할 계획이었지만 그의 치세엔 실현되지 못했다.

다윗의 아들 솔로몬(Solomon)은 수도 예루살렘을 강건하게 건설하였다. 성벽 내에 그는 부친이 꿈꿨던 대성당을 건축했고 자신을 위하여 사치스런 궁전도 세웠다. 그러나 이 사업은 비용이 많이 들어 국민에게 중세를 부과함으로써 반감을 샀다. 결국 그가 사망하자 히브리 왕국은 곧 양분되고 말았다. 북부의 10부족들은 풍성한 곡식과 큰 도시들로 이름난 이스라엘(Israel) 왕국을 세웠고 남부의 2부족은 국민들 대부분이 목자들인 가난하고 조그만 유다 왕국을 건설하였다. 이 두 나라 사이엔 대부분 종교적인 문제로 심한 논쟁이 끊일 날이 없었기 때문에 두 나라는 재결합이 어려웠다.

기원전 722년에 강성한 아시리아인들은 북부의 이스라엘 왕국을 휩쓸어 여러 부족들을 포로로 잡아갔다. 기원전 586년에는 네브카드네자르가 이끄는 칼데아 군병들에 의해 많은 히브리인들이 바빌론에 포로로 끌려가 48년 동안 유수 생활을 하다가 페르시아의 키루스 왕이 칼데아 왕국을 멸하자 해방되었다.

이후 유다 왕국은 로마의 지배를 받았다. 그러나 유일신에 기초한 종교적 신념은 히브리인들로 하여금 강대국 로마에 굴복하지 않고 끊임없는 반란을 기도하게 하였다. 이와 같은 히브리인들의 끈질긴 반항은 카이사르와 아우구스투스 등의 특수성을 인정하는 로마의 유대정책에 큰 변화를 가져왔다. 서기 70년에 로마의 황제였던 티투스(Titus)는 거의 3년 이상을 저항하는 히브리인들의 수도 예루살렘을 철저하게 파괴하였다. 티투스는 말썽 많은 히브리인들을 한곳에 모여 살지 못하도록 이들을 로마제국 내의 여러 곳으로 강제 분산시키는 정책을 실시하였다(민족분산, Diaspora). 이때부터 1948년 이스라엘 공화국이 탄생할 때까지 히브리인들의 국가는 존재할 수 없었다.

▌페니키아▐

인류문명이 이집트와 메소포타미아 지역에 생성되고 있을 때 셈계의 사막 유목민들인 페니키아인(Phoneicians)들이 레바논 산맥을 넘어 팔레스티나 북부인 지중해 동쪽 끝 해안에 정착하였다. 그들은 문화적으로 여러 가지 장점을 지니고 있었지만 종교적으로는 납득하기 어려운 면도 지니고 있었다. 그들은 풍년의 신인 바알(Baals)에게 처음 낳은 가축과 아이(신생아)를 제물로 바치는 악습을 가지고 있었다.

페니키아인은 지중해의 거센 파도의 도전을 받아들였다. 그들은 이집트인들처럼 뗏목과 조잡한 배를 사용해 보았다. 그러나 이집트인들과는 달리 잔잔한 강물 위에서 배를 띄운 것이 아니고 험악한 바다 물결에 도전했던 것이다. 그 결과 그들은 고대 세계에서 가장 유능한 선원들이 되어 지중해를 건너 여러 나라들과 교역하였다. 레바논 산악지대에서 벌채한 목재와 염료가 페니키아 항구를 떠나 지중해의 여러 연안 국가들에 운송되었다.

페니키아인은 교역활동을 통하여 상품뿐만 아니라 외국의 많은 습관과 지식을 함께 수입하여 문명을 이룩했고 그들의 상선이 다니는 곳마다 그들의 문화가 전파되었다. 또한 페니키아인은 상형문자 및 설형문자 체계보다 더 우수한 문자를 개발해냈는데, 그것이 바로 알파벳의 시초이다. 진정한 의미에서 최초의 알파벳인 이 새로운 문자는 그들이 교역한 많은 원거리 국가들에 전파되어 이후 그리스 문자 및 로마 문자의 모태가 되었다.

그들은 상업 이익이 많은 곳에는 식민지를 건설하거나 무역소를 설치하였다. 실제로 몇몇 무역소는 중요한 도시로 선정되기도 하였다. 이렇게 성장한 도시로 아프리카 북부해안 카르타고(Carthage)와 유럽 남부 해안의 마르세유(Marseilles)를 들 수 있다.

사실 어떤 의미에서 페니키아는 하나의 국가로 보기가 힘들다. 왜냐하면 페니키아에는 중앙정부가 없었기 때문이다. 해안지대를 따라 페니키아인들은 각각 자체의 정부와 지도자를 가진 많은 강력한 상업도시들을 건설하였다. 가장 중요한 도시들은 티레(Tyre), 시돈(Sidon), 비블로스(Byblos) 등을 들 수 있다. 그들은 외침의 위협이 있을 때는 도시들의 힘을 규합했고 평화 시에는 서로 간섭 없이 지냈다.

페니키아는 종종 외세의 지배를 받았다. 기원전 1500년경 페니키아는 이집트에게 정복되었으며 그 후엔 아시리아, 칼데아, 페르시아, 마케도니아, 로마 제국의 지배를 받았다. 특히 페니키아인들이 건설한 식민도시 카르타고는 로마가 이탈리아 반도를 통일하고 지중해로 진출할 때 제일 처음으로 대적하였다. 그러나 페니키아인들은 그 누가 자기들을 지배하건 상업을 계속했고 여러 제국들의 해군병사들을 수송해 주기도 하였다.

▌히타이트▐

기원전 2500년경엔 동부 아시아로부터 일단의 무리가 소아시아로 들어와 아나톨리아인들의 본거지를 점령하였다. 이들이 곧 히타이트인들이다. 소아시아로 이주한 히타이트인들은 그들 자체의 문명은 발전시키지 못했으나 발달된 이웃 민족들의 문화를 곧 흡수할 수 있었다. 그들은 점토판에 쓰는 설형문자를 채택하여 이를 언어로 사용하였다. 그들의 문학은 티그리스강과 유프라테스강 유역의 수메르인과 셈계 민족들의 문학을 모방하였다. 그들의 법률과 행정체계 역시 이웃 나라들의 그것을 답습하였다. 그들의 종교는 많은 신들을 대상으로 했는데 가장 중요한 신은 땅의 신(Earth-Mother)과 태양신이었다.

얼마 후에 히타이트인들은 몇 가지 독자적인 발전을 보였다. 그들은 사상 최초로 철제 도구와 무기를 사용하여 큰 이익을 보았다. 그들은 또한 처음으로 주화를 사용하기도 하였다. 그들은 건축 면에서도 육중한 아치를 나타내는 등 독창성을 보였고 작가들은 사상 처음으로 저작물에 자신의 이름을 기재하였다.

히타이트는 기원전 1750년경 무르실(Mursil)왕 때 바빌론 시를 공략하였다.

이 공략은 단순한 약탈을 위한 공격이었지만 결과적으로는 함무라비 왕 시대에 번영했던 아모리 왕국의 몰락을 가져왔다. 카시트인들은 이 기회를 포착하여 아모리인들이 지배했던 영토를 되찾았던 것이다.

그 후 히타이트는 기원전 1400년경 수필룰류마(Suppilulyuma)라는 강력하고 지적인 왕에 의해 번성하였다. 그는 많은 이웃 나라들을 정복하였다. 하지만 말기에 이집트와 대립하여 두 나라 사이에는 전쟁을 앞둔 불화 상태가 계속되었다. 전쟁은 수필룰류마의 손자인 하투실(Hattusil) 치세에 일어났다. 당시 이집트는 호전적인 람세스 2세가 지배하고 있었다. 히타이트와 이집트가 맞붙은 이 전쟁의 승부는 나지 않았지만 쌍방의 손실은 너무나 컸고 결국 이 틈에 아시리아가 번영하여 고대 세계를 지배하게 되었다.

제2장

그리스 세계와 그 문화

1. 에게 문명

| 슐리만과 에반스 |

에게 문명은 크레타섬, 그리스의 펠로폰네소스 반도에 있는 미케네와 티린스, 메세니아에 있는 피로스 및 소아시아 쪽의 트로이를 잇는 삼각형으로 형성된 해양문명으로, 그 발달 순서에 따라 크게 크레타 문명(미노아 문명)과 미케네 문명으로 나누어진다. 오리엔트 문화를 그리스로 전달하는 일종의 교량역할을 했

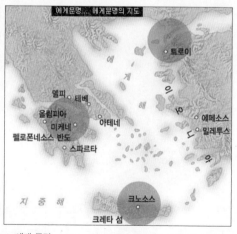

▲ 에게 문명

던 에게 문명은, 사실 19세기까지만 하더라도 신화나 전설차원에서만 언급되던 것이었다. 이것을 하나의 역사적 사실로 입증해내는 데 기여한 인물이 19세기 말 독일의 아마추어 고고학자였던 하인리히 슐리만(Heinrich Schiemann)과 영국의 고고학자인 아더 에반스(Sir Arthur Evans)이다.

그중 하인리히 슐리만은 대단히 주목할 만한 인물이다. 즉, 인류문명에 큰 영향을 미친 위대한 발명이나 발견, 혹은 학문의 역사를 두루 살피다 보면 우리는 뜻밖의 진실과 만나게 되는데, 그것은 비전문가, 다시말해 아마추어들이 빼놓을 수 없는 큰 역할을 담당해왔다는 사실이다. 이러한 '위대한 아마추어' 들 중 첫손가락으로 꼽을 만한 전설적 인물이 슐리만이다. 슐리만은 북부 독일에서 가난한 목사의 아들로 태어났는데, 그의 아버지는 어린 아들에게 신화와 전설, 동화 같은 것을 곧잘 들려주었다고 한다. 그러한 이야기들 중 특히 어린 슐리만의 마음을 사로잡은 것은 트로이 전쟁과 거기에 나오는 뭇 영웅들의 모험담이었다. 그런데 일곱 살이 되던 1829년 크리스마스 때 슐리만은 아버지로부터 트로이 전쟁에 관한 책 한 권을 선물받았는데, 그 책에

▲ 아가멤논의 황금 마스크

는 훗날 로마 건국의 시조가 되는 아이네이아스가 아들의 손을 잡고 아버지를 등에 업은 채 불타고 있는 트로이 성을 빠져나오는 그림도 들어있었다. 책 속에 그려진 트로이의 거대한 성벽과 성문을 본 슐리만은 고대 그리스 시인인 호머(Homer)의 서사시들을 있는 그대로의 사실로 믿어 의심치 않았다. 그러나 슐리만 당시 사람들이 생각하기에 트로이는 전설상의 도시이며 호머의 서사

시에 나오는 사건들은 가공의 영웅들을 내세워 꾸며놓은 이야기에 불과한 것이었다. 그러나 트로이를 역사적 사실로 믿어 의심치 않았던 슐리만은 확고한 신념을 가지고 트로이를 찾아낼 결심을 하였다. 그 후 그는 위대한 아마추어답게 오로지 순수한 열정을 가지고 자신의 믿음을 향해 돌진했다. 14세 때 식품점 점원으로 취직해 돈을 벌기 시작한 그는 서른 살 때는 미국 대통령(프랭클린 피어스)의 영접을 받는 대상인이 되어 있었고 모국어인 독일어를 포함해 12개 나라의 언어를 유창하게 구사하기도 했다. 그리고 1863년 그는 연구에 전념하기 위해 사업에서 은퇴한 후 몇 년간의 답사를 거친 다음 1871년 오늘날의 터키 남부지방에서 트로이를 발굴하기 위한 첫 삽을 떴다. 그리고 1873년 그는 트로이 유적을 발견했고 1876년에는 그리스로 건너가 미케네의 성곽과 원형묘를 발견해냄으로써 미케네 문명의 역사적 사실을 입증해보였다. 특히 웅대한 미케네의 성곽과 황금보물 등으로 가득찬 원형묘에서는 정교하게 만든 많은 금제품들이 출토되었는데, 그중 가장 눈길을 끄는 것은 무려 10kg이 넘는 갖가지 황금제품들이었다. 이후의 연구조사결과 미케네인들은 이집트에서 수입된 금으로 황금 잔, 황금 마스크, 황금 꽃, 황금 칼, 황금 갑옷 등을 만들었던 것으로 드러났는데, 슐리만의 발굴을 통해 '황금으로 가득채워진 미케네'라는 호머의 싯구가 단순히 시인의 상상에서 나온 표현만은 아니었음이 밝혀진 것이다.

이러한 슐리만의 발굴에 자극받았던 이가 영국 옥스퍼드 대학출신의 전문 고고학자인 아더 에반스(Arthur Evans)이다. 그는 1900년대 들어와 미케네와 티린스의 유적을 답사하고 크레타 섬으로 건너가 전설에 나오는 크놋소스의 유적을 발굴하였다. 이 두 사람의 노력으로 우리는 트로이 전쟁의 역사적 사실성을 확인하게 되었을 뿐만 아니라 그리스의 폴리스 문명 이전에 지중해 동쪽의 에게해 부근에서 상당히 발달한 청동기 문명이 성립되어 있었다는 것을 알 수 있게 되었다.

▌크레타 문명(미노아 문명) ▌

에게해는 그리스와 소아시아 사이에 놓인 바다로 이곳에는 크고 작은 많은 섬들이 분포해있다. 이곳은 기후가 온화하고 어류가 풍부했기 때문에 사람들이 살기에 매우 적합한 곳이었다.

기원전 3000년경, 선진문명인 이집트의 영향으로 에게해의 여러 섬들 중 가장 번성을 한 곳이 크레타 섬이다. 크레타인들은 에게해 인근의 여러 섬에 사는 종족들의 한 분파였다. 그들은 생활력과 지능이 높아 이집트와의 문화 접촉이 있은 뒤 얼마 지나지 않아 찬란한 문명을 이룩하였다. 나아가 그들은 이집트 문명뿐만 아니라 소아시아, 메소포타미아 문명도 상당히 흡수하여 발전하였다.

그러나 크레타인들은 이집트와 메소포타미아 문명과 달리 종교적인 성격보다 인간적인 성격의 문명을 발달시켰다. 그들은 대지의 여신을 섬겨 종교성이 없지는 않았지만 종교를 관장하는 사람들은 이집트와 메소포타미아와 같은 정치적·경제적 권한이 없었다. 크레타인들은 대단히 심미적이어서 우아한 화병, 아름다운 모자이크, 그리고 생동감 넘치는 조각품을 만들어 사용하였다. 당시 문명을 이룬 주변 여러 나라들의 예술작품이 경직되고 형식적이었던 데 반해 그들은 매우 자유롭고 독창적인 디자인을 구사하였다. 그들에게도 왕이 존재했지만 왕에게 절대 권력은 허용되지 않았다. 그들은 유사시엔 용감한 투사들이었지만 애써 이웃 나라들을 정복하지 않았다. 그들은 스포츠를 즐겼는데, 그것은 힘겨루기를 한다거나 잔인성을 내포한 경기가 아니라 어디까지나 인간의 움직이는 동작을 예술적으로 묘사하는 데 중점을 둔 것이었다. 또한 다른 문명과 달리 크레타 여인들은 상당한 존경을 받았고 그 사회적 지위가 남성과 동등하였다.

크레타인들은 고대인들 중에서 의상과 생활양식이 가장 앞서 있었다. 그들은 해상활동을 활발히 전개하여 지중해를 주 무대로 삼아 활동했으며 금과 상아로 당시 세계에서 가장 아름다운 물건들을 만들어냈다. 그들은 또한 그들 나름의 문자를 개발해 사용했는데 아직 학자들은 이를 해석하지 못하고 있다.

전설에 의하면 크레타 섬에서 미노스(Minos)라는 왕이 크놋소스(Cnossus)와 페스터스(Phaestus)에 궁전을 건축하고 해군을 처음 창설하였다고 한다. 전설에는 미노스라는 이름이 빈번히 등장한다. 따라서 이 이름은 한 사람의 이름이 아니고 왕들의 일반적인 호칭이 아니었나 추측된다. 미노스왕은 한 번 들어가면 쉽게 빠져 나올 수 없는 미궁을 건축한 사람으로 알려져 있다.

기원전 1600년경부터 약 2백 년간 크레타인들은 문화의 전성기를 누렸다. 그들은 크놋소스를 중심으로 크레타 섬뿐만 아니라 에게해의 여러 섬과 그리스와 소아시아 일부 지역을 포함한 넓은 영역을 관할하였다. 크레타 섬의 소위 "해양의 왕들"은 육지의 다른 문명과 달리 성벽이 필요하지 않았다. 심지어 수도인 크놋소스조차도 성벽이 없었다. 그들은 외세의 침략을 허용치 않는 막강한 해군력과 성벽 없이 적군과 접전하는 기술을 연마한 육군을 가지고 있었다.

전성시대에 크레타인들은 매우 즐거운 인생을 누렸던

▲ 크놋소스 궁전

것 같다. 그들은 농업, 상업, 공업, 어업에 종사하면서 옥외 스포츠인 권투, 소(牛) 타기, 주사위 놀이 등 여러 가지 게임들을 즐겼다. 주택은 우아한 열주를 지니고 넓은 안마당이 있는 매혹적인 집이었다. 부유한 어떤 집에서는 하수시설을 갖춘 욕탕을 사용하기까지 하였다. 남성들의 복장은 비교적 단순했지만 여성들은 20세기 초의 여성 의상과 흡사한 보디스 조끼(bodice)와 주름치마를 착용하였다. 기후가 온화하고 음식이 풍부했던 이곳은 사람들이 생활하기에 매우 적합하였다.

그러나 크레타 문명은 기원전 15세기경 그리스 본토에 거주하는 미케네인들의 침입으로 멸망하는데, 그것을 추정케하는 근거는 크놋소스 발굴 시 발견된 B형 선문자가 새겨진 많은 석판들이다. B형 선문자는 그리스어의 초기 형태로 미케네 지방에서 사용했다고 알려짐에 따라 크레타가 미케네의 침입으로 멸망했을 것으로 짐작하는 것이다.

▎미케네 문명 ▎

미케네인들은 기원전 2000년경 그리스 본토에 침입해온 인도유럽어족계로 초기 형태의 그리스어를 구사했다. 이들은 그리스 본토의 원주민 문화와 크레타 문명을 접하는 가운데 자신들의 전사적 성격을 그대로 유지하는 호전적인 성격을 보여주었다. 미케네인들은 중부 그리스와 펠로폰네소스 반도에 여러 작은 왕국들을 세웠는데, 그중 미케네가 가장 강력하였기 때문에 그 이름을 따 이 문명을 미케네 문명이라 부른다. 이들은 기원전 1500년경 이후에게해의 지배세력이 되었고 1400년 무렵에는 크레타 섬에 대한 지배권까지 장악하며 기원전 1300년경 절정에 달했다. 호머의 서사시인 『일리아드(Iliad)』에 나오는 '황금의 미케네'라는 표현은 그것을 보여주는 것으로 일찍이 슐리만은 미케네 성곽과 황금보물 등으로 가득찬 원형묘를 발견함으로써 그것을 증명해보였다. 시인의 표현인 '황금'으로 상징되는 당시 미케네 부의 원천은 에게해 일대의 교역활동이라 할 수 있는데, 이들이 트로이가 점하고 있던 소아시아 서부해안으로의 진출을 시도하는 과정에서 기원전 13세기 중엽에 벌이게 된 전쟁이 트로이 전쟁이다. 무역권을 둘러싼 일종의 '경제전쟁'이었던 트로이 전쟁에서 미케네 중심의 그리스는 트로이를 물리치고 승리했다.

▲ 호머 흉상

그러나 전쟁 이후 미케네의 국력은 전반적으로 쇠퇴하다 기원전 1200년부터 그리스 반도로 남하하기 시작한 새로운 그리스인의 일파인 도리아인들의 침입으로 기원전 1100년 종말을 고했다. 그리고 이 도리아인의 후손이 펠로폰네소스 반도에 정착해 폴리스 스파르타를 건설할 때까지 그리스 세계는 암흑시대로 들어간다.

2. 폴리스의 성립

▌왕정시대 ▌

에게 문명이 절정에 달했을 때 북쪽으로부터 또 다른 종족들이 그리스 반도로 이주해 내려왔다. 스스로를 헬레네스(Hellenes)라 부르고 이민족을 바르바로이(Barbaroi)라 불렀던 그들은 바로 그리스인이다. 이들은 아케아인(Achaeans), 도리아인(Dorians), 에올리아인(Aeolians), 이오니아인(Ionians)의 이름에서 보듯 동일한 종족은 아니었던 것 같다. 그러나 그들은 대체로 여러 부족을 기본단위로 부락을 이루고 살면서 중요함이 덜한 작은 일은 현명한 노인들로 구성된 아레오파구스(areopagus)회의에서 토의를 거친 후 결정했고, 전쟁을 비롯한 중대사는 무기를 다룰 줄 아는 모든 자유민으로 구성된 민회에서 처리하였다. 그러는 과정에서 유력자가 생겨났고 그가 왕이 되었다.

이주한 그리스인들은 농경을 주로 하였으나 점차 목축업과 수공업에도 종사하였다. 따라서 그들은 양 떼나 소 떼를 따라다니며 방황할 필요가 없었다.

그들은 영구적으로 거주할 주택을 건축했고 읍과 도시를 건설하였다. 그들이 건설한 도시를 폴리스(Polis, 도시국가)라고 하는데 그것은 성벽으로 둘러싸인 중심부와 주변의 전원지역으로 나뉘어진 일종의 국가였다. 폴리스의 정치와 경제의 중심으로 중앙에 아크로폴리스(Acropolis)라는 바위 언덕이 있었고 그곳에 도시국가의 수호신을 모신 신전을 건축해 비상시 최후의 거점으로 삼았다. 아크로폴리스 아래 건물들 사이에는 시장, 정치를 비롯한 공공활동 장소, 시민들의 사교의 장인 아고라(Agora)라는 광장이 있었다. 도시국가마다 왕이 있었는데 왕과 장로회는 각종 소송사건을 광장에서 재판하였다. 재판에서 다룬 대부분의 사건은 농사와 직결되는 토지 소유권에 관한 문제였다.

▮ 귀족과두정시대 ▮

도시국가들의 힘이 점차 증가함에 따라 유력한 귀족들이 득세했고 상대적으로 왕의 권력은 약화되었다. 대체로 기원전 750년경까지 여러 도시국가의 귀족들은 왕들을 밀어내고 정권을 장악하였다. 예컨대, 아테네의 왕은 종교지도자로서의 지위만 유지했을 뿐 전쟁시 군사지휘권은 1인의 귀족에게 넘어갔고 평화시 통치권 역시 아르콘(Archon)에게 주어졌다.

귀족들이 득세를 하자 평민들은 국정운영 전반에서 배제되었다. 귀족들은 아레오파구스회의 등 중요기관들을 차지하고 자신들에게만 유리한 법률들을 통과시켜 일반 농민, 도시근로자를 비롯한 평민들의 권리가 크게 무시되었다. 많은 농민들은 그들의 토지를 저당잡히는 수밖에 없었다. 그러나 채무 이행이 안 될 경우 농민들은 토지를 빼앗기고 빈민이 되어 귀족들의 노비가 되는 경우가 허다해졌다. 귀족들의 이와 같은 독점과 압제를 견디지 못한 많은 평민들이 당시 지중해 세계의 도처에 건설되고 있던 그리스 식민지로 탈주하였다.

키프로스, 이탈리아, 시칠리아, 스페인 등지에서 그리스의 이주민들을 받아들였다. 심지어 흑해지역의 폰투스에는 많은 그리스 농민들이 이주하여 그곳을 세계의 곡창지대로 만들어 놓기도 하였다.

그리스 식민지로 도망쳐온 사람들은 대부분 원주민들로부터 고도의 기술을 배워 훌륭한 도기, 청동기, 의류 등을 제작하고 판매하여 윤택한 생활을 하였다. 그리하여 이들은 그리스 식민지에서 상공업 세력으로 성장하였다. 또한 노동력이 부족할 때는 노예를 사용했기 때문에 얼마 후 노예노동이 보편화되었다. 이들에 의해 개량 제작된 대상선들이 그리스 본국과 해상교역을 했으며 상품교환을 원활하게 하기 위해 은화가 주조되어 사용되었다. 당시 표준적인 그리스 주화는 드라크마(drachma)였다. 귀족정치 시대의 이와 같은 일련의 경제적인 변화를 일컬어 '그리스의 산업혁명'이라고 부른다.

▌참주정치시대 ▌

이러한 상공업 세력의 성장으로 귀족들의 권세는 자연히 약화되었다. 더욱이 하층민 출신이 많았던 부유해진 상인들 대부분은 귀족들과 달리 하층민들을 착취하지 않고 정당한 임금을 지급하였기 때문에 그리스에서 평민들의 영향력은 더욱 커졌다.

이러한 사회경제적 변화와 더불어 평민들의 영향력이 확대된 데는 상공업 계층으로 성공한 사람들에 의해 무기가 양산되어 평민들도 쉽게 무기를 구입할 수 있게 되었다는 것이 중요하다. 또한 전법도 개선되어 종전의 귀족적인 개인 무기는 사라지고 방패를 앞에 두고 어깨를 나란히 해 집단적으로 무기를 사용해 싸우는 것이 일반화되었다. 평민을 중심으로 이루어진 중장보병(hoplite) 밀집대(phalanx)가 그것이다.

이렇게 귀족들과 평민들이 서로 세력다툼을 하는 혼란을 틈타 등장한 지도자가 소위 참주(tyrant)였다. 그들은 합법적으로 권력을 소유한 자들은 아니었으나 평민들의 옹호자임을 자처하며 평민들을 괴롭히던 악폐를 제거하기도 했다. 예를 들어 코린트시의 참주였던 페리안더(Periander)는 강압적인 방법을 사용하여 평민을 귀족들의 압제로부터 보호하고 교육, 문화, 공익사업 등을 보호하고 육성하였다.

아테네에서 최초로 등장한 참주는 기원전 624년에 권력을 찬탈한 드라콘(Dracon)이었다. 그는 아테네에 성문법이 없어 귀족들이 평민들에게 부당한 처사를 자행해 왔다는 것을 인식하고 이를 시정하기 위해 성문법을 제정하여 실시하였다. 그러나 드라콘의 법률은 너무나 가혹하여 어떤 사람은 이 법률을 가리켜 잉크 대신 피로 쓰여졌다고 혹평하기도 하였다. 결국 그것은 부채로 인한 자유 상실을 규정함으로써 사태를 더욱 어렵게 만들었다.

드라콘 이후 기원전 594년에 아르콘으로 선출되었지만 사실상의 또 다른 참주인 솔론(Solon)이 아테네의 지배권을 장악하였다. 그는 아테네 귀족과 평민들의 애국심을 이용하여 권좌에 앉을 수 있었다. 즉, 아테네의 이웃 메가라

▲ 솔론

시가 아테네의 소유였던 살라미스섬을 빼앗아가 아테네 시민들이 분개했을 때 살라미스 탈환의 공을 세운 인물이 바로 솔론이었다. 정권을 잡은 솔론은 필요한 개혁을 단행함으로써 드라콘의 가혹한 법률을 완화하였다. 그리하여 부당한 처우를 받았다고 느끼는 시민들은 시민들로 구성된 배심원들에게 제소할 수 있는 권리를 부여받았다. 또한 솔론은 농민들과 상인들의 권익을 옹호해 주는 많은 법

률을 제정하였다. 귀족들이 좌우하는 부당한 재판도 폐지되었고 저당권 설정, 부채 등을 무효화함으로써 고리채에 허덕이는 농민들을 구제해 주는 가운데 부채로 인한 노예제도도 폐지되었다. 또한 토지소유의 한도를 정해 귀족들의 토지소유를 제한하였다. 정치적으로는 시민을 재산소유에 따라 대지주귀족, 중소귀족인 기사, 중장보병의 도시민이 중심인 농민, 노동자의 4계층으로 구분하여 각기 정치참여의 비중을 달리하였다. 이는 시민들의 국정참여를 어느 정도 보장해 주는 것이었지만 사실상 고위직은 귀족들의 전유물이었다는 것을 보여주는 것이다. 이것이 바로 솔론의 금권정치(Timocracy)이다.

솔론이 살라미스를 탈환하는 과정에서 군사 지도자였던 페이시스트라토스(Peisistratos)가 기원전 561년 가난한 농민층을 중심으로 하는 평민의 지지를 얻어 참주가 되었다. 그는 귀족세력에 밀려 일시적으로 아테네에서 추방되었으나 기원전 540년에 다시 귀환하여 무력으로 아테네를 점령하고 성벽을 파괴하였다. 그가 아테네의 성벽을 파괴한 것은 만약 자신이 다시 추방될 경우 아테네를 재점령하는 데 장애물이 될 것이었기 때문이었다. 정권을 잡은 페이시스트라토스는 반대하는 귀족들을 추방하고 귀족들의 토지를 빈농에게 재분배하였다. 또한 그는 상공업을 장려하고 은광을 개발하였으며 시민의 세금부담을 감소시켰다. 대외적으로 그는 트라키아 지역을 점령하여 그곳을 아테네의 값진 소유지로 만들었다. 페이시스트라토스는 솔론이 제정한 법률을 폐지하지 않고 계속 시행했기 때문에 시민들에게 그의 인기는 상당히 높았다. 이에 한 걸음 더 나아가 그는 시민들에게 일종의 편안한 놀이문화를 제공해준다는 명분으로 지방에서 행해지고 있었던 술의 신 디오니소스(Dionysus)를 기리는 종교축제를 아테네 시에 도입시켰다. 그러나 이 축제는 자신의 강제집권에 대한 시민들의 불만을 완화시키기 위한 일종의 인기융화책 내지 국민우민화 정책의 성격을 내포하고 있었다.

페이시스트라토스를 이어 참주가 된 아들 히피아스(Hippias)와 히파르코스

(Hiparchus)는 폭군정책으로 민심을 잃어 인기가 없었다. 그들은 아버지를 이어 아테네의 통치권을 장악하려 시도했지만 히파르코스는 암살당하였고 히피아스는 국외로 강제 추방당하였다.

히피아스가 추방된 뒤 클레이스테네스(Kleisthenes)라고 하는 귀족이 평민의 지지를 받아 권력을 장악하였다. 그러나 클레이스테네스는 이전의 참주들과 달리 노예와 거류외국인을 제외한 모든 시민들에게 평등한 참정권을 부여하면서 시민들의 복지 향상을 위해 노력하였다. 그는 시민들의 참정권 부여를 위해 촌락단위의 행정구역을 마련했는데 이것이 바로 참정권이 인정되는 최소단위이자 민주주의의 출발이라 할 수 있는 '데모스(demos)' 이다. 또한 클레이스테네스는 도편추방제(Ostracism)로 알려진 독특한 제도를 창안해 실시하였다. 민회에서 참주가 될 위험인물로 생각되는 자의 이름을 조개껍질이나 돌에 적게 하여 6,000표 이상을 획득한 사람을 10년간 국외로 추방하도록 했던 이 제도는 일종의 민주주의를 보완하는 제도로 오늘날의 관점에서 보면 탄핵소추권과 비슷하다고 하겠다. 그러나 도편추방제는 실시 초기에는 본래의 목적에 상당히 부합했으나 시간이 흐르면서 변질되어 정적을 물리치는 방법으로 악용되었다.

▲ 도편추방 돌

3. 페르시아 전쟁과 아테네 민주정치

| 페르시아 전쟁 |

페르시아 전쟁은 사상 최초로 동서 문명간에 벌어진 전쟁으로 민주적인 그리스와 동방의 전제적인 페르시아가 소아시아 지방의 패권을 놓고 벌이게 된 싸움으로 시작되었다.

일찍이 소아시아 지방에 건설된 그리스 식민도시들은 경제적으로 번영을 누리고 있었으나 폴리스 고유의 한계점을 극복하지는 못하였다. 즉, 그들은 정치적 유대를 형성하여 그리스라는 하나의 국가로 발전하지 못하고 대립과 분쟁을 일삼아 언제나 이민족의 침략을 받을 수 있는 상태에 있었다. 그러므로 기원전 546년 소아시아의 강대국으로 성장하고 있던 리디아를 격파한 페르시아에게 있어 이러한 그리스 식민도시들을 굴복시키는 것은 어려운 일이 아니었다.

그런데 사실 페르시아의 키루스 왕과 그의 아들 캄비세스(Cambyses)왕 치세에 그리스 식민도시들은 동방적 전제정치와 그들의 간섭에 대해 불만을 품고 있었지만 표출은 하지 않았다. 그러나 기원전 499~494년 사이 그리스인들은 페르시아 다리우스(Darius)왕에 대해 반란을 일으켰다. 이때 그리스 본토의 도시국가인 아테네와 에레트리아는 소아시아에 구원병을 파견하였다. 그러나 다리우스의 병력은 그리스군을 압도했고 최초로 반란을 일으켰던 밀레투스의 시민들은 반란의 대가로 멀리 떨어진 티그리스 강어귀로 강제이주 당하였다. 그러나 다리우스는 그에 만족하지 않고 반란군을 도와준 아테네와 에레트리아를 침공하기 위해 기원전 492년 마르도니우스(Mardonius) 장군이 지휘하는 대원정대를 그리스 본토로 파병하였다. 그러나 페르시아 군은 그리스에 상륙하기도 전에 트라키아인(Thracians)들의 기습공격을 받아 큰 손실을 입고 함대의 일부는 폭풍을 만나 침몰하였기 때문에 일단 철수할 수밖에 없었다.

그러나 다리우스는 계속해서 사신들을 그리스에 보내 항복할 것을 강요하였다. 이에 몇몇 도시국가들은 항복을 약속했으나 아테네와 스파르타는 페르시아의 사신들을 즉결 처형시켰다. 격분한 다리우스는 기원전 490년 강력한 원정대를 또다시 파병하여 에레트리아를 함락하고 그곳 시민들을 모두 페르시아에 노예로 끌고 가기도 했다. 또한 페르시아 군은 당시 페르시아에 망명 와있던 히피아스의 권고를 받아 아테네에서 그리 멀지 않은 마라톤에 상륙하였다. 아테네는 가능한 병력을 총동원해 침략에 맞섰고 다른 도시국가들과 연합군을 형성하여 공동투쟁을 이끌었다. 그러나 플라타에로부터는 소수의 구원병이 왔지만 아테네 이상의 강력한 도시국가인 스파르타는 종교적 이유에서 구원병 파견을 지연시키고 있었다. 따라서 소규모의 아테네와 플라타에군은 마라톤에서 두 배 이상의 병력을 가진 페르시아 군을 맞아 싸워야 했다.

며칠 동안 그리스 군과 페르시아 군은 마라톤에서 마주보기만 하고 실제 전투는 하지 않았다. 그리스인들에겐 선공이 불필요했던 것이다. 드디어 페르시아 군은 아테네로 진군하기 시작하였다. 그리스군 사령관인 밀티아데스(Miltiades)

장군은 이 순간을 기다리고 있었다. 중하층민으로 구성되고 견고성과 기동성을 동시에 갖춘 '달리는 중장보병(running hoplite)'의 그리스 군은 페르시아 군을 맹공격했고 이에 당황한 페르시아 군은 배로 도망가지 않을 수 없었다.

승리를 한 그리스인들은 192명의 전사자를 한곳에 매장하고 아테네로 향하였다. 당시 전하는 바에 따르면, 피디피데스(Phidippides)라는 한 병사가 이 승전의 소식을 아테네 시민들에게 속히 전하기 위해 달려갔다고 한다. 그는 아테네 시장거리에 비틀거리며 나타나 "빅토리"라고 외치며 쓰러졌는데, 그가 마라톤에서 아테네까지 달려온 거리는 26마일(42.195km)이었다고 한다. 페르시아 함대는 재빨리 아테네로 달려가 이를 점령하려 했으나 아테네 군은 먼저 도착하여 아테네의 방비를 튼튼히 하고 있었다. 결국 페르시아 군은 그리스 정복을 포기하고 본국으로 돌아가고 말았다.

마라톤 전쟁 후 페르시아는 다시 전쟁을 준비하는 데 10년의 세월을 소요했다. 다리우스의 아들 크세르크세스(Xerxes)왕은 기원전 480년 아버지의 뒤를 이어 다시 그리스를 공격하였다. 그는 당시 최대 규모의 육군과 해군을 조직했는데, 해군의 대부분은 페니키아의 전선과 해군으로 편성된 것이었다. 페르시아 대군은 그리스 본토로 향했고 카르타고도 페르시아에 동조하여 군을 파견하였다.

그동안 아테네는 또다시 있을 페르시아의 침략에 대처하기 위해 착실한 준비를 갖추고 있었다. 유능한 지도자 테미스토클레스(Themistocles)의 권고로 아테네는 소규모이기는 하지만 매우 능률적인 해군을 양성해 놓고 있었다. 이번에는 스파르타에서도 레오니다스(Leonidas)왕의 영도 아래 소수의 육군을 보내오기도 하였다. 그러나 아테네에 파견된 레오니다스는 서북방 지역에 있는 테르모필레에서 적군을 맞아 용감히 싸웠으나 많은 병사들과 함께 전사하고 말았다.

테르모필레 전투에서 승리한 페르시아 군은 아테네로 통하는 길을 따라

▲ 마라톤 전쟁 상상도

진군하였다. 아테네의 성벽은 페이시스트라토스가 손상시킨 이래 한 번도 복구되지 않은 채 방치되어 있었다. 이때 아테네 시민들은 모두 살라미스섬으로 피신했기 때문에 페르시아 군은 쉽사리 아테네를 점령하고 건물들을 불태웠다. 그러나 테미스토클레스는 그의 특유한 지략을 구사하여 살라미스 전투에서 페르시아 함대를 대파하였다. 더구나 페르시아 함대 중 일부는 소아시아 출신 그리스인 포로들에 의해 조종되고 있었는데 이들이 오히려 그리스 함대의 편을 들어 페르시아 군을 공격하자 낙심한 크레르크세스 왕은 남은 함대를 이끌고 본국으로 귀환할 수밖에 없었다. 또한 페르시아에 협력하여 그리스 식민지 시칠리아섬을 공격했던 카르타고군은 처음에는 승리를 하는 것처럼 보였으나 결국은 패전하였다. 시라쿠사시의 독재관 겔론(Gelon)은 카르타고 군을 배후에서 공격하여 이들을 격퇴시켰다.

페르시아와 카르타고에 대한 그리스의 승리는 역사상 의의가 매우 크다.

만약 이 전투에서 그리스가 패하였다면 동방과 아프리카의 문화가 그대로 유럽 지역에 유입되어 유럽인들의 생활방식은 지금의 그것과는 매우 다른 방향으로 발전했을 것이며 서양사도 다르게 진행되었을 것이다. 또한 페르시아 전쟁에서 그리스의 승리는 인류로 하여금 소중한 민주주의와 자유, 그리고 찬란한 고전문명을 최초로 경험하게 한 것이다.

▎아테네 민주정치 ▎

페르시아 전쟁이 끝나자 그리스는 문화의 황금시대로 접어들게 되는데, 그 한가운데 그리스의 지식과 예술의 중심지인 아테네가 있었다. 우선 페르시아 전쟁에서 승리하는 데 절대적인 공헌을 한 중산하층민의 영향력이 커지면서 민회의 권한이 강화되었다. 귀족정의 상징이었던 아르콘 직은 아테네의 모든 시민에게 개방되었으며 선출방식도 추첨으로 바뀌었다. 또한 아테네 시민들은 추첨을 통해 선발된 배심원으로서 재판에도 참여했다. 아테네의 민주정치시대가 열린 것이다. 그러나 사실 아르콘 직이 모든 시민에게 개방되었다고는 하지만, 자격을 구비한 귀족들 중 엄격한 심사를 거쳐 선출된 군사지휘관 만큼은 여전히 부유하고 유서깊은 가문의 전유물이었다.

아테네의 많은 지도자들은 전후 복구를 위해 노력하였다. 테미스토클레스는 아테네 주위에 강력한 성벽을 축조하고 아테네의 항구 구실을 하고 있던 피라에우스항을 요새화하였다. 아리스테이데스(Arisrides)는 해안지대 여러 도시국가의 해군력을 규합한 델로스 동맹(Delian League) 체제를 결성하는 데 주력하였다. 키몬(Cimon)은 소아시아에서 일련의 소탕전을 감행하여 페르시아 해군 잔병을 완전히 축출하였다. 그러나 아테네 시민들은 보다 많은 면에서 자신들의 영향력을 확대하고자 하였다. 그리하여 시민들을 국정참여의 한 축으로 생각하지 않았던 테미스토클레스는 정적들에 의해 반역죄로 기소되어 도편추방을 당해 페르시아로 망명하였다. 키몬 역시 스파르타에 대해 우호정책을 써오다가 그것이 실패하는 바람에 도편추방되었다. 이어 급진적인 민주주의자였던 에피알테스(Ephialtes)는 귀족들의 영향력을 대폭 축소시키는 정책을 펼쳤지만 원인을 알 수 없는 암살을 당하였다.

기원전 457년에 아테네의 군사지휘관이며 대지도자인 페리클레스(Pericles)가 실권을 장악했다. 기원전 457~429년에 걸친 페리클레스의 치세는 그리스의 황금시대였다. 이전에 폐허가 되었던 아테네 시는 새롭고 더 큰 도시로 건설되었다. 페르시아 전쟁에서 승리한 아테네는 형식은 동맹이지만 사실은 속주인 다른 도시국가들로부터 많은 공납금을 받아 국고를 채웠다. 제국이 되어버린 아테네는 시민들에게 물질적 풍요뿐만 아니라 일상을 마치고 돌아와 누릴수 있는 정신적 오락도 제공해주었다. 뿐만 아니라 페리클레스는 각종 운동경기와 시합, 제사 등 시민들의 일상적 욕구를 충족시켜 주었으며 국가를 위해 목숨을 바친 자의 아내와 아이들을 위한 특별한 배려도 해주었다.

▲ 페리클레스

특히 페리클레스가 지도자로 있는 동안 아테네는 시민권을 가진 성년 남자 전원이 참석할 수 있는 민회의 권한이 강화되어 국정전반에 걸쳐 직접민주정치체제를 형성하였다. 그러나 아테네의 민주정치는 오늘날의 입장에서 보면 상당한 제한사항을 가지고 있었다. 예컨대 페리클레스는 부모가 아테네 시민인 경우에만 시민권을 부여하였다. 말하자면 3만 명에 달하는 외국인, 20만 명에 달하는 노예와 여성들에게는 참정권이 없었다. 이는 아테네 민주정치가 국가에 대한 책임과 의무를 가진 '시민의 확대 재생산'이 이루어지지 않은 체제였음을 말해주는 것이다. 다시 말하면 시민의 수가 한정된 가운데 민주주의를 실시한 초기에는 저마다 능력 있는 시민들이 국정운영에 책임을 다했지만 시간이 지나면서 그 수가 줄어들자 국가발전에 한계를 초래하게 되었던 것이다.

그러나 비록 한계는 있지만 아테네 민주정치는 시민의 정치능력에 대한 평등한 신뢰가 보장된 체제로 인류가 문명을 만든 이래 최초로 경험했던 소중한 것이라 할 수 있다. 인류는 아테네 민주정치가 사라진 후 18세기 말에 가서야 미국에서 다시 민주정치의 싹을 경험하게 된다.

4. 펠로폰네소스 전쟁과 폴리스 세계의 몰락

▌펠로폰네소스 전쟁▐

경제적 부와 정치적 안정을 누리게 된 아테네인들이 희망찬 미래를 바라보는 동안 스파르타인들은 그들의 장래에 대해 불안해지는 마음을 감출 수 없었다. 스파르타는 활기에 넘치는 아테네와는 대조적이었다. 스파르타인들은 태어나면서부터 강한 전사로 생활하도록 교육과 훈련을 받은 상무적인 시민들이었다. 그들에게는 사상이나 철학, 문화발전, 생활수준의 향상 같은 것이 필요치 않았다. 스파르타에서의 교육은 말하는 것이 별로 필요가 없었다. 교육은 비록 문답식으로 이루어졌으나 묻는 것도 대답하는 것도 간단하게 해야만 했다. 예컨데 스파르타 지역은 라코니아(Laconia) 지역이었는데, 이 말은 오늘날 '간결한' 혹은 '말수가 적은' 뜻을 가진 'laconic'의 어원이 되고 있다. 스파르타인들은 지배계급의 자부심을 가지고 '고귀한 노예'로 살아야 했다. 그들의 가혹한 훈련과 국가에 대한 봉사에 개인의 희생은 당연한 것이었다.

펠로폰네소스 동맹의 맹주 역할을 하던 이러한 스파르타가 그리스와 지중해의 일부에서 패권을 장악한 아테네를 불만의 눈초리로 바라보는 가운데 두도시국가의 갈등이 시작되었다. 사실, 전쟁의 출발은 아테네와 인근 두 도시국가인 에기나와 코린트 사이의 상업적 경쟁관계에서 비롯되었다. 아테네인들은 이웃에 있는 조그마한 메가라를 보호하고 있었는데 에기나와 코린트가 메가라를 위협하자 아테네는 에기나를 무력으로 정복하고 아테네 해군을 이용하여 코린트를 봉쇄해 버렸던 것이다. 아테네가 풍부한 재정과 막강한 병력을 자랑하며 이러한 군사행동을 하는 동안 이집트가 페르시아에 대해 반란을 일으켰다. 아테네는 이집트에 200척의 함대를 파견하여 이집트의 독립전쟁을 도와주었지만 아테네의 군사행동은 실패로 돌아갔다. 아테네 함대가 멤피스 근처에서 적의 함정에 빠져 피할 길이 없게 되자 그들은 스스로 자신들의 함대에 불을 지를 수밖에 없었던 것이다.

함대의 위력을 상실한 페리클레스는 불안을 느낀 나머지 델로스 동맹의 금고를 아테네로 옮김으로써 여러 동맹 도시국가들을 아테네에 대한 납세의 무자로 전락시켰다. 스파르타는 아테네의 세력이 더 이상 증대되는 것을 용납할 수 없었다. 그러던 차에 아테네의 해군력이 약화되었으니 스파르타에게는 다시없는 좋은 기회였다. 스파르타는 자신들의 우호국이자 펠로폰네소스 동맹의 핵심인 코린트에 대한 아테네의 봉쇄를 구실로 마침내 아테네에게 선전포고를 하였다.

전쟁은 오랫동안 지속되었다. 상황에 따라 여러 도시국가들은 양국과의 동맹관계를 수시로 바꾸었다. 중간에 아테네는 페르시아와 별도로 싸우기도 하였다. 드디어 기원전 445년 아테네와 스파르타는 평화조약을 체결하였고 그에 따라 아테네는 전쟁 중 정복했던 모든 영토의 소유권을 포기하기로 하였다. 이 전쟁으로 아테네는 극도로 쇠약해졌다.

그러나 조약의 유효기간은 30년으로 되어 있었으나 14년밖에 지속되지

맵의 범례:
- 스파르타와 동맹국
- 아테네와 동맹국
- 중립국

지도 안 지명: 트라케, 마케도니아, 타소스, 에피루스, 칼키디키, 트로이, 아나톨리아, 테살리아, 코르키라, 에우보이아, 레스보스, 페르시아제국, 보이오티아, 아카이아, 사모스, 케팔리니아, 코린스, 아테네, 자킨토스, 아르고스, 낙소스, 펠레폰네소스, 스파르타, 밀로스, 로도스, 크레타

▲ 고대 그리스

않았다. 아테네는 스파르타와의 전쟁에서 패배한 것을 인정할 수가 없었다. 결국 아테네는 또다시 스파르타를 자극하는 행동을 하게 되었다. 즉, 코르키라와 코린트가 전쟁을 하게 되었는데 아테네가 코르키라를 옹호하였던 것이다. 스파르타는 이 행위가 조약위반이라고 단정하여 아테네와 또다시 전쟁을 불사하였다. 이번에도 여러 도시국가들은 아테네 또는 스파르타 편을 들었다. 그러나 기원전 429년 아테네에 치명적인 전염병인 흑사병이 돌아 많은 시민들이 죽고 페리클레스도 이 병으로 사망하였다. 결국 기원전 421년에 아테네와 스파르타는 50년 동안의 평화를 약속하는 평화조약을 체결하였다.

그러나 3년 후 또다시 전쟁이 일어났다. 이번에는 스파르타가 아티카 지방을 철저히 유린하여 아테네인들의 식량생산을 불가능하게 만들었다. 또한

스파르타의 함대는 에고스포타미 전투에서 아테네 해군을 격파하였다. 이에
힘을 얻은 스파르타군은 아테네 시로 진격했으며 스파르타 해군은 피라에우
스를 봉쇄하였다. 그 결과 아테네 성벽 내에 있던 수많은 아테네인들에게 식
량공급이 중단되었기 때문에 기원전 404년 아테네는 항복하고 말았다.

아테네의 패전 원인들 중에는 아테네가 너무 지나치게 민주적이었다는 사
실을 배제할 수 없다. 모든 결정을 민주적인 일반투표에 의거했기 때문에 알
키비아데스(Alcibiades)와 같은 아테네의 유능한 장군도 전쟁기간 중 투표에 의
해 권력을 상실하게 되었다. 즉, 기원전 415년 아테네인들은 스파르타를 공
략하기 위해 알키비아데스를 중심으로 200척의 함선을 만들어 시칠리아 섬
으로 대원정을 나섰다. 그러나 원정길에 오른 알키비아데스를 두고 민회에서
는 그의 정적들이 사소한 일을 트집잡아 민중을 선동해 그를 규탄하였다. 결
국 지휘관의 자리에서 물러난 알키비아데스는 스파르타로 망명하여 아테네
의 대원정의 내용과 전략을 스파르타에게 넘겨주었다. 아테네의 시칠리아 대
원정은 기원전 413년에 실패로 끝났으나 또다시 스파르타와 전쟁을 치러 기
원전 406년에는 일시적으로 승리하였다. 그러나 아테네로 귀향하는 길에 폭
풍우를 만나 다수의 수병이 익사하자 민회에서 그 책임을 물어 6명의 장군을
집단 처형시켜 버렸다.

이후 또다시 전쟁이 일어났지만 군대를 지휘할 장군이 없었고 아테네는
스파르타에게 패배하게 되었다. 역사가 투키디데스(Thucydides)는 이 사건을 두
고 "아테네 민주정치가 부른 최대의 참사"라 하였다. 전쟁의 패배로 아테네
는 스파르타가 파견한 30인의 참주에 의해 지배되었다. 스파르타가 조종하
는 30명의 참주시대에 아테네의 시대정신은 혼란 속에 빠져버렸고, 아테네
인들은 페리클레스 시절의 현명한 가치관을 완전히 상실해 버렸다. 스파르타
의 30인 참주정에 대한 이러한 경험은 아테네 민주정이 회복된 기원전 399
년 소크라테스(Socrates)의 처형을 초래했는데, 소피스트(sophist)들과 달리 보편

적 진리를 주장하며 가장 완벽한 아테네인의 전형을 보여준 소크라테스의 처형은 아테네 민주주의가 행한 복수였다.

▮폴리스 세계의 몰락▮

스파르타는 그리스 반도에서 최고의 권력국가가 되었으나 그 어색한 영도자적 지위는 오랫동안 유지되기 힘들었다. 아테네는 30인의 참주가 지배했으나 포악한 참주들의

▲ 투키디데스

행정은 너무나 부패하여 정권은 곧 다른 온건한 단체에게 넘어 갔다. 이러한 과두정치체제는 다른 피정복도시들에서도 실시되었다. 마치 스파르타의 목표는 200여 년 전 귀족정치시대로의 복귀에 있는 것처럼 보였다.

얼마 지나지 않아 스파르타는 페르시아와의 전쟁에 휩싸였다. 소아시아의 그리스 식민도시들이 또다시 페르시아의 군주와 불화를 겪게 되었을 때 스파르타가 이들 식민도시들을 원조했기 때문이다. 이것이 발단이 되어 스파르타와 페르시아는 13년간 전화에 휘말려 들었다. 아테네, 테베, 코린트, 아르고스는 숙적인 스파르타를 약화시키기 위해 페르시아를 도왔다. 위험을 느낀 스파르타는 기원전 387년 페르시아와 평화조약을 맺었다. 그 결과 소아시아의 그리스 식민도시들은 페르시아의 지배를 받게 되었고 전 그리스는 스파르타의 지배를 벗어날 수 없게 되었다.

그러나 스파르타의 통치는 계속될 수 없었다. 테베의 지도자 펠로피다스

(Pelopidas)의 지도 아래 테베인들은 스파르타의 장교들을 암살하고 주둔병들을 테베시에서 추방하였는데, 이것이 발단이 되어 테베와 스파르타는 18년 동안 싸웠다. 기원전 362년 테베의 명장 에파미논다스(Epaminondas)는 만티네이아(Mantineia) 전투에서 스파르타의 40년이 넘는 군국주의적 전제통치를 종식시켰다. 이제 그리스 여러 도시에는 평화가 도래했으나 이미 빛나는 미래를 기약할 힘과 기회는 사라져 버린 후였다.

모든 도시국가가 그런 것은 아니지만 그리스 도시국가들이 길지 않은 시기에 번영을 누리고 쇠퇴하게 된 데에는 다음 세 가지의 원초적인 비극적 요인이 있었다. 첫째 결과주의이다. 그리스, 특히 아테네는 최고와 최초에 대한 집단 히스테리 속에 번영한 도시국가였다. 소크라테스는 이를 맹목적으로 용인하는 거대한 침묵의 카르텔을 깬 사람이었다. 둘째 완벽주의이다. 그리스의 시민권은 아버지와 어머니 모두 그리스인일 때에만 주어졌다는 사실이다. 이는 시민의 수에 있어 확대 재생산이 이루어지지 않음을 의미하는 것이다. 셋째 일종의 지역감정이다. 수많은 도시국가로 구성되어 민족 상호 간에 불신과 적대감이 존재하였다는 사실이다.

하지만 이러한 비극적 요인에도 불구하고 그리스는 인류사회에 무한한 영광을 남겨주었다. 그것은 제한적이기는 하지만 인류 최초의 자유정신(eleutheria)과 신의 세계를 벗어나 인간사회를 다룬 인문학(Humanism)과 탐구정신이 구현된 세계의 영광이었다.

5. 그리스 문화

그리스 문화는 오리엔트의 영향을 받았으나 그 성격과 유형에 있어 오리엔트와는 근본적으로 다른 독자적인 문화를 창조하여 오늘날 서양문화의 원천이 되었다. 그것은 그리스인들이 폴리스라는 시민공동체를 형성하여 독특하고 자유로운 환경을 건설한 결과라고 할 수 있다.

그리스 문화는 조화와 균형의 강조, 인간적 · 합리적 · 현실적인 특징을 가지고 있다. 예컨대 그리스 종교에서 우리는 인간적이고 현실적인 특징을 가장 잘 볼 수 있다. 그

▲ 델포이 신탁소 유적

리스 신들은 인간을 이상향으로 보았고 신은 인간의 생활을 결정하는 것이 아니라 단지 보호하는 입장에 있었다. 따라서 그리스 신들의 세계에는 선행의 기준이 없으며 사제나 성서도 없다. 그리스인들이 믿는 신들은 도덕적인 생활을 하지 않았다. 다만 신들은 인간들보다 더 크고 힘이 센 존재로 여겨졌을 뿐이다. 또한 신들은 인간과 마찬가지로 애증의 감정과 강한 질투심을 가진 존재이기도 했다. 인간과 크게 다른 점은 신들은 불멸의 존재라는 점이었다. 이를 신인동형설(anthrpomorphism)이라고 한다. 신들은 올림포스 산에 거주하면서 자주 속세로 내려와 인간들과 섞이기도 하고 때로는 전쟁에도 개입하여 그들이 애호하는 측에 편들어 직접 싸워 주기도 하였다. 신들에게는 정의감이 없었던 것이다.[1] 시간이 지나면서 그리스의 종교는 흥미 있는 종교적 축제로 발전하였다. 기원전 776년에 시작하여 4년에 한 번씩 그리스의 운동가, 시인, 극작가들이 올림피아(Olympia)에 모여 신들의 영광을 위해 일련의 체육행사를 벌였다. 경기에서 일등한 사람은 금메달 대신 월계관을 쓰고 대대적인 환영을 받았다. 올림픽 게임이 열리게 되는 4년마다의 기간은 그리스인들이 연대를 산출해 내는 데 이용되었다. 이 4년의 기간을 올림피아드

---

1) 올림포스 산의 12신은 다음과 같다. (괄호 안은 로마시대의 명칭)
 - Jeus(Jupiter) : 번갯불과 정의의 신으로 하늘을 다스리는 최고의 신
 - Hera(Juno) : 혼인문제를 다스리는 신으로 제우스의 아내
 - Poseidon(Neptune) : 바다를 다스리는 신으로 제우스의 동생
 - Hades(Pluto) : 죽은 자의 세계를 다스리는 신으로 제우스의 동생
        (산 자의 세계는 Jeus, Poseidon, Hades가 공동으로 다스림)
 - Athena(Minerva) : 학문과 예술의 세계를 다스리는 신으로 제우스의 딸이며 아테네의 수호신
 - Apollo(Apollo) : 예언의 신으로 영원한 젊음을 상징하며 태양의 신
 - Artemis(Diana) : 청소년의 수호신으로 달의 신이며 아폴로의 누이동생
 - Aphrodite(Venus) : 미와 사랑의 여신
 - Hephaestus(Vulcan) : 물건을 제조하는 대장간의 신으로 제우스의 아들
 - Hermes(Mercury) : 제우스의 사자로 교통과 상업의 신
 - Ares(Mars) : 군대의 신
 - Hestia(Vesta) : 가족을 보살피는 여신

▲ 고대 그리스의 레슬링 하는 모습

(Olympiad)라고 불렀는데 각 올림피아드에는 각종 경기에서 우승한 선수들의 이름이 붙어 있었다.

그리스인들의 합리성은 그들의 철학에 잘 녹아 있다. 그들은 자유롭게 사색하고 탐구하며 합리적으로 인간의 본질이 무엇인가에 접근하고자 하였다. 초기에 그리스인들은 우주를 형성하고 있는 만물의 근원(arche)이 무엇인가를 탐구하고자 했다. 그들은 철학의 주요 대상을 자연으로 삼았던 것이다. 그런데 기원전 5세기경 페르시아 전쟁, 아테네 민주정치, 펠로폰네소스 전쟁 등을 치루면서 소피스트(Sophists)라는 새로운 철학자들이 나타났다. 이들은 철학의 대상을 자연에서 인간으로 바꿈으로써 능력과 성공이 중시되며 변화하는 상황에 적합한 교양과 지식, 시대정신, 정치기술 등을 익히고 교육하였다. 소피스트를 대표하는 프로타고라스(Protagoras)는 심지어 "인간은 만물의 척도다"라고 하였다. 그는 우주의 중심인 인간은 모든 사물의 중간에 존재한다고 보았다. 따라서 그는 보편적 진리를 인정하지 않았으며 특히 기존의 종교나 윤리를 의심하였다. 소피스트들은 시대가 요구하는 정신과 지식에 몰두하며 자신의 자식들이 출세하기를 간절히 바라는 부모들에 의해 주로 웅변술과 수사학을 가르치는 과외교사로 각광을 받았다.

▲ 독배를 마시는 소크라테스

그러나 아테네 사회를 지배하고 있었던 소피스트들의 이러한 의심과 상대적 진리 탐구에 대해 우려하며 이를 시정하고자 노력한 사람이 있었다. 기존 사회의 거대한 침묵의 카르텔을 깨고 보편적 진리와 실재하는 도덕을 찾고자 노력한 그 사람은 바로 소크라테스였다. 소크라테스는 현란한 수사학과 웅변술로 자신을 변호하는 소피스트들이 모르는 것이 없다고 주장하는 것에 대해 진정한 자기성찰이야말로 시민들이 추구해야 할 길이라고 주장하였다. 그는 끊임없는 대화와 토론으로 시민들에게 고대 사회 최고의 정신적 레크리에이션을 제공했으며 이를 통해 진정한 진리를 터득하고자 노력하였다. 그는 모든 것을 다 안다고 주장하며 현란한 말솜씨로 자신을 대변하던 소피스트들을 향해 "너 자신을 알라(Know thyself)"고 외쳤다. 이 말 속에는 '자신에 대해서 알라' 는 단순한 뜻이 아닌 보다 깊은 의미가 숨어 있다. 바로 자신이 얼마나 무지한가를 모르는 그 자체를 알라는 이중적인 역설적 표현이다. 그러나 소크라테스의 이러한 방식은 당시 아테네를 지배하고 있던 소피스트들의 미움을 샀고 결국 그들의 모함 속에 그는 독배를 받아야만 했다.

그리스의 정신적 레크리에이션은 주로 공동체의 선을 구현하고자 한 철학에만 국한된 것이 아니었다. 소크라테스의 제자인 플라톤의 이데아론과 아리스토텔레스의 정치학·형이상학·윤리학·논리학 등은 고대 세계의 찬란한

문화유산이다. 또한 그리스의 합리적 탐구
정신은 히포크라테스(Hippocrates)의 예에서 보
듯, 오리엔트의 주술적이고 마술적인 의학
지식을 탈피하고 질병의 정확성과 객관성을
확보한 임상적 관찰로 의학발달을 가져오게
했다.

오리엔트의 단순한 연대기를 넘어서는
진정한 의미에서의 역사서술도 이루어졌는
데 '역사학의 아버지' 헤로도토스(Herodotos)
는 페르시아 전쟁을 주제로 『역사(History)』를
서술하였다. 그는 전쟁의 배경을 두루 살피
면서 페르시아 전쟁을 두 문명인 전제와 자

▲ 히포크라테스

유의 투쟁으로 보았다. 헤로도토스는 각종 보고나 이야기를 검증하지 않고
기록했다는 비판을 받고 있으나 이러한 비판은 문명사적인 배경과 유래를 폭
넓게 고찰한 그의 공로에 희석되곤 한다. 또한 투키디데스는 펠로폰네소스
전쟁을 주제로 『역사(History)』를 서술하였다. 그는 직접 보고 듣고 수집한 자료
를 검토하여 정확성을 확인한 다음 기록하였다. 이런 의미에서 투키디데스가
진정한 의미의 역사서술의 시조라고 할 수 있으나 그의 책은 그리스인들 간
의 싸움인 펠로폰네소스 전쟁에 한정되어 있다.

그리스인의 정신적 레크리에이션은 문학에서도 나타났다. 호머의 『일리
아드(Iliad)』와 『오딧세이(Odyssey)』는 트로이 전쟁을 주제로 한 서사시로 고전의
진수를 보여주고 있다. 그리스의 전성기였던 기원전 5세기에는 3대 비극작가
로 알려진 인물들이 활동하였다. 아이스퀼로스(Aeschylus)는 신에 대한 혹독한
도전의 결과를 다룬 『결박된 프로메테우스(Prometeus Bound)』와 트로이 전쟁의
또 다른 영웅인 아가멤논 집안의 비극적 집안사를 다룬 『오레스테스(the

▲ 헤로도토스

Oresteia)』 3부작으로 유명하다. 소포클레스는 비극인 『안티고네(Antigone)』와 『오이디푸스 왕(Oedipus the King)』으로 유명하다. 전자는 안티고네가 도시국가 테베를 지배하고 있는 숙부이자 참주가 내린 부당한 명령을 거부하여 양심에 따라 죽게 되는 내용이다. 후자는 아버지를 죽이고 어머니와 결혼한 오이디푸스의 운명적 인생을 다룬 것이다. 에우리피데스(Euripides)는 의붓아들 히폴리투스를 취하려 하였으나 이를 거부하자 그를 모함하여 죽게 하고 자신도 자살하는 한 여인의 욕정을 다룬 『히폴리투스(Hippolytus)』와 모든 것을 다 바쳐 남편을 출세시켰지만 그 남편으로부터 버림받은 한 여인이 복수심으로 자식을 죽이는 내용을 다룬 『메데아(Medea)』로 유명하다. 한편 비극뿐만 아니라 아리스토파네스(Aristophanes)와 같은 희극작가는 『구름(the Clouds)』에서 소크라테스를 야유하며 당시의 사상과 인간의 영원한 취약성을 풍자하였다. 이들의 작품들은 주로 디오니소스 축제 때 신에 대한 제사의 의미로 연극과 합창 무대에서 공연되었다. 이를 통해 그리스인들은 또 하나의 생활의 즐거움을 만끽할 수 있었다. 오늘날에도 이들 작품들은 우리들에게 너무나 익숙한 것들이며 이들이 다룬 주제는 우리들이 살고 있는 현대 인간사회에도 반영되는 직접적인 내용들이다.

▲ 아리스토파네스

마지막으로 아테네의 건축가들은 조화와 균형이 강조된 많은 아름다운 신전들을 건축했는데, 특히 피디아스(Phidias)의 아테나 여신상 및 파르테논 신전은 그리스 건축의 정수라 할 수 있다.

　이러한 그리스 문화는 인간을 우주의 중심으로 보는 인간중심주의, 인간의 본질을 알고자 철학과 자연과학을 발전시킨 합리주의, 조화와 균형, 완벽주의 등의 성격을 가지고 있다.

6. 알렉산더와 헬레니즘

▌필립 2세▐

펠로폰네소스 전쟁으로 그리스 세계가 분열을 거듭하고 있을 무렵, 변방인 그리스 북부지역에서는 마케도니아 왕국이 흥기하고 있었다. 당시 그리스인들의 기준에서 보았을 때 마케도니아인들은 야만인들(Barbarian)이었는데, 그들 대부분은 양을 키우는 목자나 농사를 짓는 농민들이었다. 그들은 아테네를 비롯한 그리스인들처럼 세련되지는 않았으나 그리스인들이 잃어버린 민족적 활력을 갖고 있었다. 이러한 마케도니아의 국력이 급신장되었던 계기는 필립 2세(Philip II)에게서 찾아진다.

기원전 360년 마케도니아의 왕으로 필립 2세가 등장하였다. 그는 3년간 테베에 인질로 억류되어 있을 때 군인이자 정치가인 에파미논다스(Epaminondas)가 그의 새로운 병력을 훈련시키는 장면을 예의 관찰했고 아테네의 천부적 웅변가인 이소크라테스(Isocrates)가 그리스 여러 도시국가의 단결을 외치는 연설문도 읽어 보았다. 이후 위대한 비전을 가지고 권좌에 오른 그는 먼저 강력한 육군을 일으키고 에게해 북부 트라키아의 일부를 병합함으로써 아테네와의 충돌을 초래했다. 당시 위험에 직면했던 아테네의 이소크라테스는 범헬라주의(Pan-Hellenism)를 내세워 화친 평화정책을 외쳤고 데모스테네스(Demosthenes)는 배척주의를 내세워 여러 도시의 공동방위를 역설하였다.

결국 마케도니아의 영토 확장 노력은 아테네를 맹주로 하는 그리스 동맹군들과의 대전으로 발전하였다. 기원전 338년 카이로네아(Chaeronea) 전투에서 그리스군에게 결정적 패배를 안긴 필립 2세는 그리스 전체의 핵심 군주가 되어 코린트에서 범헬라 동맹을 결성하였다. 이 회의에는 스파르타를 제외한 모든 그리스 도시국가의 대표들이 참가했는데 여기서 필립 2세는 범헬라 동맹의 최고 영도자로 선출되었다. 이 동맹의 목적은 페르시아 정복에 있었다. 필립은 헬라 동맹시들에게 자치권을 허용하고 이민권장정책을 쓰는 등 융화정책을 펴나갔다. 그러나 필립 2세는 기원전 336년에 암살되고 왕위는 그의 아들 알렉산더(Alexander)가 계승하였다.

┃알렉산더 대왕 ┃

알렉산더는 20세에 왕위에 즉위하였다. 그는 즉위한 지 얼마되지 않아 테베가 반란을 일으켰을 때 다른 폴리스들에 대한 본보기 차원에서 반역도시를 철저히 파괴하였다. 이때 알렉산더는 핀다르의 주택만은 파괴시키지 않고 보존했는데 그것은 왕이 핀다르의 작품을 존중하고 있었기 때문이었다. 이에 그리스인들은 대왕의 교훈을 이해했고 다시는 반란을 일으키지 않았다고 한다.

기원전 334년 알렉산더는 아버지가 꿈꾸었던 페르시아 정복사업을 개시하였다. 그는 헬레스폰트를 지나 그라니쿠스 전투에서 동방의 패권자 페르시

▲ 알렉산더

아군을 크게 무찔렀다. 이 패전으로 자극받은 페르시아의 다리우스 3세(Darius
III)는 대군을 이끌고 알렉산더가 이끄는 파죽지세의 마케도니아군을 상대로
싸웠다. 그러나 연전연패한 다리우스는 도망을 갔고 왕비와 공주들은 알렉산
더의 포로로 잡혔다. 다급해진 다리우스는 평화를 조건으로 페르시아 영토의
약 절반이 넘는 유프라테스강 서부 전역과 자신의 딸을 알렉산더에게 제안하
였으나 알렉산더는 이를 거절하였다. 알렉산더의 부하 장군들은 이러한 다리
우스의 제의를 수락할 것을 권고했지만 사실 알렉산더의 꿈은 보다 큰 곳에
있었다. 즉, 그리스가 폴리스라는 지역적·인종적 한계에 머물렀다면 알렉산
더의 꿈은 코스모폴리탄적인 세계를 건설하는 데 있었다.

　그 다음 2년간 알렉산더는 페르시아의 국력을 약화시키면서 나머지 영토
를 점령하는 데 힘을 기울였다. 그는 지중해 동쪽 해안을 따라 페르시아 함대
의 기지로 사용되고 있던 고대 페니키아의 도시들을 차례로 점령하였다. 이
어 그는 페르시아 제국의 영토인 이집트를 정복하고 이방인은 파라오가 될

스키타이

초기의 영역
제국의 최대 영역
알렉산더의 원정로
알렉산드리아

마케도니아
펠라
흑 해
카스피해

리디아
에페수스
이수스
유프라테스
가우가멜라
마라칸다
(사마르칸트)
박트라
박트리아

지 중 해
알렉산드리아
티루스
수사
파르티아
인더스 강

프톨레마이오스 조
(이집트)
페르세폴리스
마우리아
왕조

홍 해

페르시아 만

▲ 알렉산더 제국의 판도

수 없다는 조건을 깨면서까지 스스로 파라오로 등극하였으며 그곳에 자신의
영예를 기리기 위하여 알렉산드리아(Alexandria)라는 새로운 도시를 건설하였
다. 알렉산더가 동방으로의 대대적인 원정을 하기에 앞서 이집트를 먼저 공
략한 것은 전략적인 면에서 후방을 튼튼히 하고자 하는 의도에서였다.

알렉산더의 동방원정 중 최대 전투는 기원전 331년 페르시아와의 아르벨
라 전투였다. 알렉산더는 단 3만 6천의 병사로 20만이 넘는 다리우스의 대군
을 물리쳤다. 몇 달 후 다리우스 3세는 그의 부하에게 살해되었고 여기서 페
르시아 정복사업은 완료된 셈이었다. 그러나 알렉산더는 고향으로 돌아가지
않고 페르시아 국경을 넘어 원정을 계속하였다. 실망한 몇몇 장군들은 반역
을 모의하였다가 처형당하였다.

동서문명의 융합을 시도하였던 알렉산더는 서남아시아에 있는 박트리아
(Bactria)에 들어가 그곳의 공주인 록사나(Roxana)와 결혼하고 동방 군주의 의상
과 생활풍습을 따르기도 했다. 또한 그는 부하들에게도 이방인과의 결혼을

장려했고 점령지의 통치권을 인정하였다.

원정을 그만두자는 부하들의 요구를 뿌리치고 그는 기수를 남쪽으로 돌려 인더스강을 건너 인도로 진입해 히다스페스 전투에서 인도군을 패전시켰다. 나아가 그는 인도의 소규모 군주들을 마케도니아의 봉신으로 삼았다. 그는 당시 인도에서 번영하고 있던 난다(Nanda)제국을 정복하고자 했으나 군부의 반란과 자신의 부상으로 이를 취소하였다.

하지만 동방원정을 끝내고 마케도니아로 돌아오던 중 페르시아의 대도시 수사에 도착한 대왕은 세상을 놀라게 하는 계획을 발표하였다. 그는 당시에 알려진 세계는 거의 다 정복한 셈이었다. 알렉산더는 부하들 앞에서 "이제는 내 나라 네 나라 할 것 없이 모두 하나의 나라이다. 마케도니아인, 그리스인,

▲ 아리스토텔레스로부터 가르침을 배우는 알렉산더

페르시아인 모두가 평등하다"는 사해동포주의를 선언하였다. 따라서 이민족 간의 통혼이 장려되고 알렉산더 자신도 모범을 보여 두 사람의 아내를 더 맞아들였는데, 그중 한 사람은 다리우스 3세의 장녀였다. 그의 부하들도 페르시아 신부들을 맞아들였다. 이러한 정책을 통해 알렉산더는 서방 그리스와 동방 페르시아의 좋은 점들을 융합하는 새로운 문명을 이룩하려 하였다. 오늘날 우리는 이것을 헬레니즘 문명(Hellenism)이라고 부른다.

알렉산더는 원정시 군대뿐만 아니라 반드시 과학자들과 학자들을 대동하고 다녔다. 예를 들어 이집트를 정복하는 과정에서 알렉산더는 과학자들로 하여금 나일강의 범람 원인을 규명토록 했고 점령지 해안 지대를 탐사하도록 하였다. 그는 또한 진기한 식물이나 동물을 채취하는 대로 스승인 아리스토텔레스에게 보내 의문점을 문의하기도 하였다.

그런데 기원전 323년 알렉산더는 돌연 사망하였다. 33세의 일기로 말라리아에 걸려 병사한 것이었다. 그는 계승자를 지정하지 않고 다만 "최강자에게"라는 말만 전했을 뿐이었다. 자연히 알렉산더가 죽은 후 제국은 대혼란에 빠졌다. 결국 제국은 저마다 정통성을 주장하는 군대의 장군들에 의해 3분되어 마케도니아 지역에는 안티고노스(Antigonos)왕조, 서아시아 전역에는 셀류커스(Selucus) 왕조, 이집트 지역에는 프톨레미(Ptolemy) 왕조가 성립되었다. 인도에서는 찬드라굽타(Chandragupta)라는 대힌두교 지도자가 셀류커스군을 무찌르고 인도 북부에 광대한 새 힌두 제국을 건설하는 데 성공하였다.

그러나 계속되는 전쟁으로 알렉산더가 공들여 이룩했던 제국은 점차 무너져 가기 시작하였다. 제국이 3분된 후 초기에 안티고노스 2세는 그의 영토 내에 침입한 갈리아인을 몰아내면서 그리스 반도의 대부분을 그의 지배하에 두었으며 셀류커스 왕국과 제휴하여 이집트의 프톨레미 왕국의 함대를 격파하기도 하였다. 그러나 프톨레미 왕국 자체는 정복되지 않았다. 하지만 동방의 이러한 내분은 서방 이탈리아 반도의 작은 도시국가로 출발한 로마의 성장을 인식하지 못하였다.

▎헬레니즘 시대의 문화 ▎

헬레니즘 시대란 알렉산더가 병사한 기원전 323년부터 이집트의 프톨레미 왕조가 로마에게 정복된 기원전 31년까지, 즉 그리스 문화가 오리엔트로 전파되어나간 3세기간을 말하는데, 이 시기를 통해 그리스 문화는 과거의 폴리스 문화에서 탈피, 지중해의 국제적인 문화로 발전할 수 있었다.

그런데 사실, 그리스 땅(Hellas, 헬라스)에 사는 민족(헬라족)의 생각하는 방식과 그 문화를 일컫는 말인 헬레니즘(Hellenism)이라는 용어는 19세기 제국주의를 배경으로 하는 것이다. 즉, 19세기 중반 이전까지 유럽중심의 역사가들은 고대 지중해 세계에서의 마케도니아의 역할 및 영향에 관해 별다른 중요성을 부여하지 않았고 헬레니즘 문화 역시 역사주류에서 이탈한 '주변문화'로 파악하는 것이 일반적이었다. 하지만 프로이센의 역사가였던 드로이젠(Droysen, 1808~1884)은 1830년에서 1840년 '유럽과 아시아의 통합'을 제시하며 저술한 일련의 역사책들에서 알렉산더를 '새로운 시대'의 창조자로 자리매김하며 알렉산더 이후의 시대를 "인류역사상 가장 깊은 의의를 지닌 시대"라고 평가했다. 그러면서 그는 알렉산더 이후 3세기 동안 이어진 시대의 문화에 대해 '헬레니즘'이라는 호칭을 처음 적용했던 것이다.

이러한 헬레니즘 시대의 문화는 동방문화와 서방문화가 융합된 성격의 문화라는 것 이외에 종래의 폐쇄적인 폴리스를 초월한 개방적인 세계 시민주의와 보편성이 강조된 것으로, 공동체보다 개인의 행복을 추구하는 개인주의적 경향을 특징으로 한다.

헬레니즘 시대에는 지중해 세계와 동방세계가 하나의 거대한 교역활동시장으로 개방되었다. 페르시아를 비롯한 동방 점령지의 막대한 금은보화는 이 지역의 경제를 활발하게 함으로써 제조업, 수공업, 상공업 등의 발달을 가져왔다. 이러한 경제활동의 거점으로서 대도시가 번영하였는데 알렉산더가 세운 이집트의 알렉산드리아는 한때 50만에서 100만의 인구가 활동한 대도시로 성장하였다. 소아시아 지방의 에페소스, 터키 흑해연안의 비잔티움, 에게해 지역의 로도스와 델로스섬, 티그리스 강변의 셀류키아, 안티오크 등이 헬레니즘 시대에 발달한 대표적인 도시들이다. 이들 도시에는 잘 정비된 도로, 공공건물, 공원, 박물관, 도서관 등이 갖추어져 있어 헬레니즘 시대의 문화를 가늠하게 해준다. 특히 알렉산드리아 도서관에는 고대 인류지식의 보고로서 70만 권 이상의 도서가 소장되어 있었는데 후에 클레오파트라와 프톨레마이오스 13세의 권력투쟁기에 불타 없어졌다고 한다.

헬레니즘 문화에서 독특한 영역을 구축하고 있는 부분은 철학이다. 헬레니즘 시대 철학은 동서문화의 융합과정(전쟁)은 물론이고 그 후 계속된 무질서의 증가로 안정된 사회를 갈구하였던 당시인들의 바람을 담고 있다. 즉, 현실적으로 전혀 안정이 불가능했던 시민들은 정신과 영혼의 자유와 안정을 찾아 공동체 폴리스의 복리가 아닌 개인의 선에 보다 큰 관심을 가지고서 인간의 궁극적인 목적인 행복을 찾는 데 노력하였다. 이들 철학 중 대표적인 것이 기원전 300년경에 등장한 에피쿠로스 철학과 스토아 철학이다.

에피쿠로스 철학은 에피쿠로스(Epicurus)에 의해 시작되었는데 그는 최고의 선은 쾌락(pleasure)이라 규정하였다. 그러나 그가 추구한 쾌락에는 방종에서 오는 쾌락이나 육체적 쾌락은 포함되어 있지 않았다. 에피쿠로스의 쾌락의 본질은 건전한 명상, 만족감, 원숙한 성찰 등의 '정신적 쾌락'이었다. 이러한 정신적 쾌락은 신체적 고통, 세속적 욕망, 두려움 등으로부터 벗어나는 일종의 무관심의 상태(ataraxia)에서 달성될 수 있는 것이었다. 에피쿠로스 철학은 인간의 궁극적인 두려움의 대상인 죽음에 대해 "죽으면 육체가 썩어 없어지는 것과 마찬가지로 정신마저 분해되어 사라진다"고 생각하고 진정한 정신적 쾌락을 강조하였다. 그러나 로마시대에 이르러 에피쿠로스 철학의 본질은 흔들리게 된다. 세속적 성공은 물론 사회적 책무에는 무관심한 채 단순한 향락사회로 치닫고 있을 때 에피쿠로스파의 철학시인 루크레티우스(Lucretius, 기원전 99~55)는 『사물과 본성에 관하여(De rerum nature)』라는 책에서 "먹고 마시고 즐겁게 지내자. 내일 죽을 것이기 때문에……."라는 모토를 내걸었다. 그 후부터 에피쿠로스 철학은 로마의 정치적 영향력 아래 그리스적인 정신적 쾌락보다 로마적인 육체적 쾌락이 우선시 되는 철학으로 전파되었다. 이러한 에피쿠로스 이름에서 '게걸스레 먹는 향락주의자', '식도락가' 라는 의미인 'epicure' 가 유래하였다.

스토아 철학은 아테네의 제노(Zeno, 기원전 336~264)에 의해 시작되었다. 그는 최고의 선은 마음의 평정에 있다고 보고, 이는 모든 욕심으로부터 해방되어야 얻을 수 있는 것이라 생각하였다. 즉, 격정적인 감정이나 욕망, 세속적 성공, 소유에 대한 집착 등을 버리는 순간 마음의 평정을 얻을 수 있다는 것이다. 말하자면 스토아 철학에서 '자유' 라는 단어가 구체화되었는데 그리스 폴리스 시대에는 단순한 '소수의 시민적 자유' 였다가 헬레니즘 시대에는 '보편적인 도덕적 자유' 로 확대되었다. 스토아 철학자들은 보편적 자유는 인간의 '이성' 에 의해 얻어질 수 있는 것으로 보았다. 스토아 철학은 로마에 큰 영향을 미쳤는데, 이성의 강조로 인해 로마법 사상에 자연법 개념이 스며들게 되었다. 스토아 철학의 자유에 대한 갈구가 어느 정도였는지는 그 선구적 사상이라 할 수 있는 견유파(Cynics)의 주장을 보면 알 수 있다. 알렉산더 대왕의 부탁을 물리치고 통나무 속에서도 만족과 마음의 평정을 얻은 견유파의 대가 디오게네스(Diogenes)는 "현명한 사람은 소유의 무용함을 알며 자족한다"고 말하였는데, 그들이 즐겨 암송한 시는 다음과 같다.

나를 봐라.

나는 집도, 도시도, 재산도, 노예도 없다.

나는 땅 위에서 잔다.

나는 아내도, 아이들도 없다.

내가 부족한 것이 무엇인가?

나는 고통도, 두려움도 없지 않느냐?

나는 자유롭지 않느냐?

인류 최초로 과학기술이 크게 발전된 것은 헬레니즘 시대 또 하나의 위대한 성과이다. 헬레니즘 시대에 과학이 크게 발전할 수 있었던 데에는 알렉산더와 상층 지배자들이 과학기술의 발전을 위해 상당한 재정적 지원을 하였다

▲ 비너스상

는 것, 그리스의 학문과 이집트를 비롯한 새로운 정복지역의 과학적 지식이 융합됨으로써 새로운 지적 탐구가 이루어진 것, 그리고 무엇보다 무질서하고 안정되지 못한 현실 속에서 그에 대한 해결책을 강구한 것 등 다양한 이유를 생각해 볼 수 있다.

우선 천문학에서는 "헬레니즘 시대의 코페르니쿠스"로 불리는 아리스타르코스(Aristarchus)가 유명하다. 그는 지구와 여러 다른 행성들이 태양 주위를 회전한다고 추론하였다. 그러나 이 주장은 무시되었는데 그것은 인간과 지구가 우주의 중심이라는 그리스

의 전통적 믿음에 위배되었기 때문이다. 히파르코스(Hipparchus, 기원전 160~125)는 일식과 월식을 예측하였고 달의 직경 및 달과 지구 사이의 거리를 계산해 냈다. 이들 헬레니즘 시대 천재들의 독창적 지식은 로마시대에 들어와 그 질적인 면에 있어 상당히 떨어졌다. 그러나 기원후 2세기경 알렉산드리아에 살고 있던 프톨레마이오스(Ptolemy)는 자신의 책 『알마게스트(Almagest)』에서 선배들의 이론을 체계적으로 종합하였다. 그러나 그는 독창적인 지식을 체계화하지 못했고 결국 중세 천년 동안 우주에 관한 잘못된 지식을 전달하게 만든 장본인이 되었다. 즉, 그는 모든 천체는 지구 주위를 회전한다는 이론을 내세웠다.

기하학도 크게 발전하였다. 아르키메데스(Archimedes)는 부력의 법칙, 비중의 법칙, 지렛대, 도르래, 나사의 원리, 선박용 스크루, 볼록렌즈 등을 발명하였다.

▲ 라오콘상

의학에서는 헤로필로스(Herophilus)가 유명한데 그는 최초로 인체를 해부한 해부학자였다. 그는 뇌의 각 부분의 기능상의 차이점을 알아냈고, 맥박의 중요성을 인식하여 질병진단에 이용하였다.

헬레니즘 시대의 문화로 빼놓을 수 없는 또 하나는 미술분야이다. 이 시대의 미술에서는 정신과 육체적 균형, 휴머니즘, 절제라는 폴리스적 관념이 사라지고 오로지 육체적 현실의 모든 면을 강조하는 사실주의, 감각주의, 관능주의가 주류를 이루었다. 라오콘상이나 밀로의 비너스 등에서 보듯, 이 시대의 끝없는 전쟁과 내란의 격렬함이 예술세계에서도 그대로 반영되었다고 볼 수 있다.

제3장

로마

1. 로마의 건국과 공화정의 발달

┃로마의 건국┃

그리스 세계의 폴리스들이 각축을 벌이고 있을 때, 이탈리아 반도에서는 또 다른 문명이 발전하고 있었다. 이탈리아는 그리스 보다 훨씬 크고 지리적 환경도 좋았다. 아펜닌 산맥은 이탈리아 반도를 길게 타고 내려와 넓은 서부지역과 좁은 동부지역으로 갈라놓았는데 특히 정착과 농경에는 넓은 서부지역이 적합하였다. 북부에는 유럽과 이탈리아를 차단하는 자연의 벽인 알프스 산맥이 가로 놓여 있어 이민족으로부터 자연적인 방어가 이루어졌다.

기원전 2000년경 이탈리아 북부에 호상생활자들이 이주해 와 포강 유역 일대에 그들 특유의 호상가옥을 짓고 살았다. 이 무렵 호상생활자들은 신석기 시대의 마제석기 사용을 중단하고 동과 청동을 사용하기 시작하였다. 호상생활자들이 북이탈리아에 이주해 들어오고 한참 지난 후 인도·유럽어족의 일단이 반도에 들어와 각처로 퍼져 나갔다. 이들이 곧 이탈리아인들이었다. 그들 역시 동과 청동을 사용했고 문화는 단순하였다. 트로이 전쟁과 관련된 전승에 의하면 이들은 트로이가 그리스군의 10년에 걸친 공격으로 파괴된 후 이탈리아로 이주하였다고 한다. 트로이의 왕 프리아모스(Priamos)의 사위인 아이네이아스(Aeneas)가 일족을 거느리고 트로이를 탈출하여 살다가 기원전 753년 그 후손인 로물루스(Romulus)가 로마시를 건국하였다고 한다.

얼마 후 평화로운 이탈리아 반도에 소아시아 계통의 에트루리아인 (Etruscans)이 들어왔고 기원전 1200년 이후부터 그들의 정착지가 이탈리아 서해안 등지에 나타났다. 이들은 단순한 농민들이 아니었고 말(馬), 전차, 아치를 포함한 발전된 건축기술, 미신적인 점술, 페니키아의 알파벳, 신비스런 언어를 사용했으며 얼마 후에는 티베르강 북쪽 넓은 지역에서 주인행세를 하며 강력한 성벽을 두른 도시들을 건립하였다.

기원전 845년경 또 다른 강한 이웃 민족이 이탈리아 부근에 이주해 왔다. 즉, 이탈리아 가까이 있는 북아프리카 해안에 페니키아인들이 카르타고라는 식민지를 건설한 것이다. 해양민족으로 알려진 페니키아인들은 시실리섬의 서부에 또 다른 식민시들을 건설함으로써 이탈리아에 더욱 접근해 왔다.

그리스인들도 이탈리아 식민에 한몫 거들었다. 기원전 800년 이후 그리스인들은 이탈리아와 시실리 동부에 식민을 시작하였다. 그들은 이탈리아 남부지역을 대그리스(Great Greece)라고 불렀는데 시실리의 식민시 중 가장 중요한 도시는 시라큐스였다.

호상생활자들과 이탈리아인들은 너무 미약하였다. 그들은 에트루리아인들과 그리스인들이 이 땅을 차지하기 위해 각축전을 벌이는 것을 바라다보는 수밖에 별 도리가 없었다. 결국 기원전 750년경 에트루리아인들은 이탈리아인들의 도시인 로마를 탈취하였다. 한동안 로마는 에트루리아의 왕이 지배했고 이 기간동안 로마는 더욱 중요한 도시로 발전하였다.

기원전 6세기 말, 로마에서 이탈리아 주민들이 반란을 일으켜 에트루리아

▲ 로마 건국신화 상징물

의 지배층을 쫓아내어 로마는 다시 이탈리아인의 도시가 되었다. 그러나 아직 이탈리아인들은 주변의 여러 국가에 대적할 힘이 부족하였다. 하지만 다행히도 에트루리아, 카르타고, 그리스는 서로 경쟁하고 싸웠기 때문에 이 가운데에서 이탈리아는 자연적으로 이익을 보았다.

오랫동안 투쟁한 끝에 결국 그리스가 패자로 등장하였다. 그렇다고 그들이 반도를 완전히 정복할 수는 없었다. 그들은 본국에서도 그랬지만 특히 원거리에 떨어져 있는 이탈리아 반도에서는 단결력이 더욱 부족했던 것이다. 그리스 식민지인 시라큐스의 참주 디오니시우스(Dionysius)는 이탈리아 남부와 시실리 대부분을 포함하는 그리스 왕국을 건설하였다. 그는 플라톤에게 이상적인 정부를 창조하는 데 협력해 줄 것을 청하기도 했으나 반세기도 지나기 전에 그의 왕국은 무너지고 말았다.

공화정의 발달

이탈리아인들 중 라틴인(Latins)으로 불리는 사람들이 좀 더 끈질기고 용감한 민족이었다. 기원전 6세기 말 에트루리아의 지배층을 쫓아낸 것은 바로 이 라틴인들이었다.

에트루리아의 왕들이 쫓겨나자 로마에는 공화국이 건설되었다. 공화국 내에는 귀족(patrician)과 대부분 자영농민들인 평민(plebeian)과 노예의 3대 계급이 존재하였다. 귀족들은 군인들 중에서 2인의 집정관(consul)을 뽑아 왕의 권력을 대신했고 전쟁시에는 1인의 독재관(dictator)을 선출하여 전권을 위임하였다. 로마사회에는 독특한 신분구조가 존재했는데 그것은 보호자(patronus)와 피보호자(clientes)가 신의로 맺은 가부장적 가족단위이다. 또한 300인의 귀족들로 구성된 원로원은 입법기관이었는데, 주로 정무관직을 지낸 사람들로 구성된 공화정의 최고 권력기구로 국정전반에 걸친 '원로원의 최종권고(senatus ultimatum consulta)'로 막강한 힘을 발휘하였다. 아직 성문법이 없기 때문에 귀족들은 자신들에게 유리한 대로 법률을 해석하였다.

점차 평민들은 그들의 위치를 자각하게 되었는데, 그것은 평민들은 귀족 대신 밭에서 노동하고 유사시엔 병력을 담당한다는 점이었다. 기원전 494년 평민으로 구성된 로마군은 로마 근교인 성산에 집결하여 평민들에게도 정당한 권리를 부여해 줄 것을 요구하며 위협하였다. 여기서 귀족들은 평민들에게 민회의 설치와 2인의 호민관(tribune) 선출권을 부여하였다. 호민관은 집정관과 원로원에서 많은 법률에 대해 거부권(veto)을 행사할 수 있는 권한이 있었다. 시간이 흐르면서 호민관의 수는 10인으로 증가하였다.

기원전 451년에는 12개의 동판에 기록된 성문법이 등장했는데 이른바 12표법이다. 이제는 귀족들이 자의적으로 법률을 뜯어고치거나 해석할 수 없게 되었다.

그러나 아직 귀족과 평민 사이에는 평등이 존재하지 않았다. 하지만 평민의 지위가 점점 향상되어 이 두 계급을 평등하게 만드는 여러 법률이 만들어져 귀족과 평민 간의 통혼이 가능하게 되기도 하였다. 기원전 367년에는 리키니우스(Licinius)법이 제정되어 집정관 중 1명은 평민 중에서 선출할 수 있게 되었고 평민들도 토지소유권을 얻을 수 있게 되었다. 이 법의 가장 중요한 점은 소멸해 가는 자영농민들을 보호하기 위해 귀족들이 토지를 점유하는 상한선을 정해 둔 것이다. 이에 따라 귀족들은 500유게라(jugera, 약 125만 ㎡)까지만 토지를 겸병할 수 있었는데 이는 잘 지켜지지 않았다. 기원전 287년에는 호르텐시우스(Hortensius)법에 따라 평민회의 결의가 원로원의 승인 없이 국가에 대해 구속력을 갖게 되었다. 이제 귀족과 평민의 구별이 없어졌고 그 대신 부자와 가난한 자로 구분되었다.

2. 지중해 세계의 정복과
공화정의 위기

┃포에니 전쟁┃

　로마가 이탈리아 반도의 패자로 군림하여 가는 동안 페니키아인들이 세운 식민 도시국가인 카르타고(Carthago)는 지중해에서 가장 부강한 나라로 성장하고 있었다. 오늘날 아프리카의 튀니지 부근에 위치한 카르타고는 막강한 해군국이 되어 그 함대와 상선대가 서지중해를 주름잡고 있었다. 그들의 문화는 본국 페니키아로부터 이식되어 동방적인 색채가 농후하였다. 카르타고에는 왕이나 원로원이 없었고 100인의 부유한 상인단이 국정의 대부분을 다스렸다.

　육군을 주력으로 하고 있던 로마인들은 카르타고에 비해 항해에 능숙하지 못하였다. 그들은 처음에 소규모의 해군을 두었지만 육군의 실력은 당대 최고였다. 그들의 최대부대 단위는 군단으로 1군단은 4,500명의 병사들로 구성되어 있었다. 로마인의 주무기는 검과 창이었지만 활과 화살도 사용되었다. 이들은 마케도니아인들처럼 무장병들의 방진전법을 써서 적을 압도하였다.

두 나라는 모두 강국이었고 이질적이었으며 또 서로 가까이 있었기 때문에 오랫동안 평화롭게 지낸다는 것은 매우 힘든 문제였다. 따라서 포에니 전쟁(Punic War, 기원전 264~146)은 이탈리아 반도를 통일하고 지중해로의 영토를 확대하고자 한 로마의 팽창정책에서 빚어진 필연적인 결과였다.

제1차 충돌은 기원전 264년에 발생하였다. 전쟁의 발단은 시실리의 두 도시인 메시나와 시라큐스 사이에 충돌이 발생했을 때 카르타고는 메시나를, 로마는 시라큐스를 도와준 데에 있었다. 초기에 로마는 함대를 파견하여 해전을 감행하였다. 그러나 해군력이 절대적으로 부족했던 로마는 수차례에 걸친 전투에도 불구하고 대부분 패배하였다. 하지만 로마군이 해전에서 끝까지 버틸 수 있었던 것은 일종의 건널판(Corvus)을 발명하여 사용했기 때문인데 그것은 적선에 접근했을 때 적선을 끌어 당겨 로마함대와 연결되도록 하여 상대방 갑판에 진입할 수 있는 까마귀 부리모양을 하고 있었다. 로마인들은 단념하지 않고 시민들이 모금한 방위성금으로 새로운 함대를 건조하였다. 이 함대는 카룰루스(Carulus)의 지휘 아래 카르타고의 해군을 격파했고 결국 평화조약이 체결되어 카르타고는 시실리에 대한 모든 권리를 포기하고 로마에 거액의 배상금을 지불하였다. 로마는 이탈리아 반도에서와 달리 많은 피를 흘려 얻은 서부 시실리를 동맹시나 자치시로 삼지 않고 속주(provincia)로 삼았는데 이것은 로마 최초의 속주였다. 로마가 시실리를 자유가 허용되지 않는 속주로 삼은 것은 국가안보상의 이유도 있었지만 보다 근본적인 이유는 이곳이 아프리카 북부, 이집트와 더불어 당시 지중해 세계의 최대 곡창지대여서 로마로서는 식량의 안전보장을 위해 반드시 필요했기 때문이었다. 시실리 동부는 로마의 동맹국인 시라큐스의 영토가 되게 했는데 이는 카르타고와의 관계에서 완충지대를 확보하고자 한 고도의 전략이었고 또 하나는 로마가 해군력을 기르기 위한 시간을 벌기 위함이었다. 이 전쟁에서 로마는 비록 인명과 재산의 막대한 손실을 입었지만 장차 지중해를 지배할 발판을 마련하였다.

1차 전쟁은 평화조약으로 끝났지만 실제적으로는 장기간의 휴전조약에 불과하였다. 그동안 로마는 코르시카와 사르디니아를 정복하고 발호하는 갈리아인들을 쳐서 이탈리아 북부 알프스 산맥 남단인 포강(Po) 유역 일대를 점령했고 카르타고는 스페인을 점령하여 은 등의 자원과 인력을 획득하였다. 기원전 219년 카르타고의 명장 한니발(Hannibal)은 전쟁 준비를 완료하였다. 그러나 카르타고 정부에서 전쟁을 원치 않을 수도 있다는 판단하에 그는 미

▲ 한니발

리 선수를 써서 당시 로마의 보호를 받고 있던 스페인의 사군툼(Saguntum)시를 공략하여 파괴하였다. 또한 한니발은 로마와 맺은 몇 가지 조약을 위반했고 이에 분개한 로마인들은 카르타고에 선전포고를 하고 북아프리카의 카르타고 본토를 공격할 준비를 갖추었다. 그러나 한니발은 그들에게 틈을 주지 않고 민첩하게 행동을 개시하였는데, 그것은 상상을 불허하는 것이었다. 즉, 그는 추운 겨울 코끼리 부대를 이끌고 론강(Rhone)을 건너 알프스 산을 넘어 이탈리아 북부로 진격해 왔던 것이다. 한니발은 트라시메네(Trasimene)전투에서 크게 승리하였다. 이에 로마의 파비우스(Fabius)가 국가비상시 전권을 갖는 독재관이 되어 전열을 정비하고 위기에 처한 국가를 구하기 위해 노력하였다. 파비우스는 한니발과 전면전을 벌여서는 승산이 없다는 것을 알고 카르타고 군을 따라다니며 괴롭히기만 하였다. 파비우스의 뒤를 이어 바로(Varro)가 새 군사지도자로 피선되었다. 그는 칸네(Cannae)에서 한니발을 만나 싸웠으나 역시 패배하였다. 이 전투에서 로마는 전사자 2만 5천 명, 포로 1만 명, 부상자

약 4만 명 이상의 손실을 입었기 때문에 절망할 수밖에 없었다. 연전연승을 한 한니발은 로마의 동맹이 깨질 것으로 생각하였으나 사실은 그렇지 않았다. 또한 칸네 전투에서 패한 로마군은 아테네와 같이 단순한 전투에 패한 것에 대해 책임을 지지 않아도 되었다. 비록 전투에는 패했지만 로마에게는 궁극적인 전쟁에서 승리하기 위한 로마인들의 시민정신이 있었다. 다시 한 번 전열을 갖춘 로마군은 한니발을 상대로 직접 전투를 하는 대신에 카르타고 본국과 한니발의 후방인 스페인을 공략하였다. 결국 카르타고 정부는 한니발에게 적절한 지원군을 파병할 수가 없었다. 지원이 끊긴 한니발은 악전고투하였다. 더구나 로마에는 스키피오(Scipio, Africanus)라는 명장이 출현하여 대대적인 아프리카 원정을 감행하였다. 15년 만에 한니발은 본국으로 송환되었고 일단 한니발과 스키피오는 평화조약을 맺었지만 협상은 곧 실패로 끝났다. 결국 카르타고 근처에 있는 자마(Zama)에서 대전투가 벌어졌고 로마가 대승하였다. 기원전 202년에 로마의 일방적인 조건을 수락하는 평화조약이 체결되었다. 그 결과 스페인과 지중해 여러 섬이 로마에게 넘어갔고 고액의 배상금이 로마에 지불되었다. 또한 카르타고의 전함은 10척만 남기고 모두 파괴되었다. 그리고 카르타고는 로마의 승낙 없이는 타국과 전쟁을 하지 않겠다는 서약까지 해야만 하였다.

그러나 카르타고가 항복한 후에도 로마인들은 한니발을 두려워하였다. 로마인들은 한니발이 카르타고를 재건하려고 하는 시도에 마음이 놓이지 않았다. 얼마 후 로마인들은 한니발을 그들에게 인도해 줄 것을 요구하였다. 한니발은 외국으로 피신해 다녔지만 결국 붙잡히게 되자 독배를 마시고 스스로 자살하였다. 그 후 여러 차례 로마는 카르타고와 싸워 승전하였다. 마케도니아의 필립 5세는 로마와의 조약을 무시하고 한니발을 도와주었다는 이유로 로마의 침공을 받았다. 3년 후 마케도니아는 로마에게 대패했고 그리스는 마케도니아의 지배에서 해방되었다. 또다시 몇 차례의 전투를 통해 마케도니아와 그리스는 로마 제국에 병합되고 말았다.

기원전 149년에 3차전이 개시되었다. 카르타고는 그동안 불리한 조약에도 불구하고 착실하게 번영과 국력을 회복했었다. 로마의 정치가 카토(Cato)는 매사에 "카르타고는 멸망시켜야 한다"고 외쳤었다. 마침 카르타고는 누미디아(Numidia)로부터 선공을 받아 이들을 물리치기 위해 싸웠으나 로마 원로원은 이를 조약위반으로 단정하고 아프리카에 병력을 파견하였다. 카르타고는 무기와 함대를 모두 로마에게 넘겨주고 평화를 구했으나 로마는 카르타고 자체의 파괴를 원했

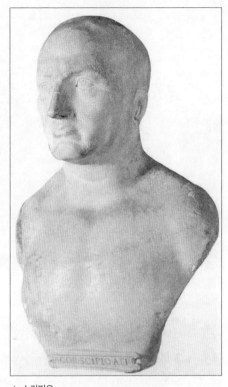

▲ 스키피오

기 때문에 카르타고인들은 비장한 최후의 결전을 단행해야만 하였다. 그들은 성문을 군게 닫고 수비태세를 취하였다. 그러나 그들에겐 무기가 없었으므로 집안에 있는 모든 쇠붙이를 모아 무기제조를 도왔다. 카르타고인들은 필사적으로 싸웠기 때문에 로마군은 성을 쳐부수는 데 3년이나 걸렸다. 그들은 도시를 방화하고 살아남은 주민들은 전부 노예로 팔아버렸다. 그리고 땅에는 소금을 뿌려 풀 한 포기 자랄 수 없게 하였다. 말하자면 기록 말살형이 내려진 것이다.

▎공화정의 위기와 군인정치 ▎

▲ 검투사

공화정은 권력이 집단으로부터 나왔다는 데 의의가 있다. 그러나 포에니 전쟁의 결과는 로마 공화정의 기본 정신을 와해시켰다. 전쟁이 끝나자 로마는 크게 번영했으며 군사적으로도 대제국의 토대가 마련되었다. 시실리와 다른 속주들로부터 각종 곡물과 특산물이 로마로 쏟아져 들어왔다. 그러나 속주민들에게는 무거운 세금을 부과하여 로마의 부유층은 더욱 부유해졌다. 이때 징세청부업자(publicani)의 횡포는 대단하였다. 로마인들은 예전의 단순하고 소박했던 생활을 떠나 사치와 안락한 생활에 도취되었다. 반면 가난한 시민들은 더욱 빈곤하게 되었다. 부유층이 노예들을 사용했기 때문에 가난한 시민들은 일터를 잃게 된 것이었다. 또한 많은 자영농민들은 귀족들의 대토지(Latifundium)겸병과 싼 가격의 곡물 유입 등으로 몰락하지 않을 수가 없었다. 특히 사회적으로 새로운 사회계급이 탄생했는데 그들은 바로 유력한 평민이 스스로 무장하여 귀족세력 이상의 신분으로 성장한 신흥 기사층(equites)이었다. 시간이 흐르면서 이들과 기존 귀족과의 권력투쟁이 심화되었다. 또한 로마 사회에는 새로운 여러 가지 사우나 시설 및 오락이 등장하였다. 죽을 때까지 사투를 벌였던 검투사(gladiator)경기와 전차경주 등은 그 좋은 예였다. 이제 로마인들은 건전한 시민

공동체 정신을 상실하고 물질만능의 시대를 즐겼던 것이다. 편안함과 잔인함을 즐김으로써 로마의 부자들은 쾌감을 느꼈고 빈자들은 우울함을 달랬다. 대체적으로 공화정 말기부터 시작되는 이와 같은 로마의 스포츠는 세 가지의 의미를 내포하고 있다. 축소판 전투, 선거 운동용, 그리고 로마라는 대(大) 우산 아래 '빵과 서커스(bread and circuses)'의 의미이다. 이 시대를 두고 시오노 나미는 『로마인 이야기』에서 "승자의 혼미"로 묘사하였다.

그러나 자영농민의 몰락으로 혼미해 가는 공화정을 다시 살리고자하는 개혁의 노력이 있었다. 기원전 133년 호민관으로 선출된 티베리우스 그라쿠스(Tiberius Gracchus)는 부의 불평등한 분배에 분개하고 평민회를 통해 토지의 재분배를 실시하여 빈민층을 돕고자 하였다. 그는 과거 토지소유의 상한선을 규정한 리키니우스법을 부활시키고자 하였다. 그러나 그의 노력은 원로원의 반대에 부딪혔고 유혈 폭동이 일어나 티베리우스는 살해되었다. 몇 년이 지나 동생 가이우스 그라쿠스(Gaius Gracchus)가 호민관이 되었다. 그는 특권계급의 권한을 줄이고 억눌린 층의 권한을 증대시키기 위한 통치기구의 재조직을 구축하여 부정한 총독들을 재판하는 법원을 설치하고 모든 이탈리아 동맹국에 로마 시민권을 부여하려고 노력하였다. 그러나 가이우스 역시 귀족들의 반대에 부딪혀 피살되고 말았다.

이제 공화정은 더욱 혼미상태로 빠져들었다. 원로원을 비롯한 귀족들과 관리들의 부정부패는 날로 심해졌다. 이런 상황에 북아프리카에 있는 누미디아에서 분쟁이 발생하였다.

▲ 그라쿠스 형제

왕자 세 명이 왕위를 놓고 서로 다투었는데, 그중 유구르타(Jugurtha)왕자가 원로원에 뇌물을 주고 로마의 도움을 얻으려 하였다. 그러나 유구르타는 한 도시를 점령해서 많은 이탈리아인들을 처형했기 때문에 원로원은 그에게 선전포고를 하지 않을 수 없게 되었다. 여러 번 로마병이 파견되었으나 사령관들이 번번이 뇌물을 받고 주저앉았기 때문에 유구르타를 징벌할 수가 없었다. 드디어 로마의 평민회는 마리우스(Marius)라는 평민출신의 군인을 택해 이 일을 처리하도록 위임하였다. 마리우스는 신속히 오만한 왕자와 그 부하들을 쳐부수고 다시 로마 영내로 들어온 중앙유럽의 킴부리족(Cimbri)과 튜톤족(Teuton)을 물리치는 등 무공을 세웠다. 이 공로로 그는 집정관으로 선출되었다. 말하자면 국가의 과도기적 혼란 상태에서 대부분 그러하듯 군인층이 등장하게 되었다.

얼마 후 라틴인이 아닌 이탈리아인들이 로마 시민권을 부여받지 못하자 이탈리카(Italica)라는 별도의 공화정을 세웠다. 이탈리카와 로마는 전쟁에 돌입하였다. 이 전쟁에서 마리우스와 젊은 원로원이자 장군 출신인 술라(Sulla)는 혁혁한 전공을 세웠다. 이탈리카는 패전했으나 평화가 회복되었을 때 이들에게도 로마 시민권이 부여되었다.

기원전 88년에 또 다른 전쟁이 벌어졌다. 바로 흑해지방에 있는 폰투스(Pontus)와의 전쟁이었다. 평민회에서는 마리우스를, 원로원은 술라를 추천하여 군대 지휘권을 부여하려 하였다. 술라는 로마로 진격하여 무력으로 로마를 점령했고 마리우스는 도피하였다. 평민회는 원로원의 권위를 인정하도록 강요받았고 술라는 폰투스로 군대를 거느리고 떠났다. 술라가 떠나 있는 동안 로마에는 다시 분쟁이 발생하였다. 원로원은 새로 시민권을 얻은 이탈리아인들이 하류층을 옹호하는 법안을 통과시키려 하자 군인들을 풀어 이들을 학살하였다. 이 소식을 들은 마리우스는 망명 생활에서 돌아와 많은 원로원 의원과 귀족들을 학살함으로써 유혈의 복수를 감행하였다. 그리고 그는 다시 집정관으로 피선되었으나 임기를 채우지 못하고 사망하였다.

곧이어 술라는 폰투스에서 승리하고 돌아오면서 로마를 다시 무력으로 탈취하고 스스로 독재관이 되었다. 그는 매일 공포의 살생부인 처형대상자들의 명단을 써서 공개적으로 고시하였는데, 거기에는 카이사르(Caesar)의 이름도 들어있었다. 술라는 평민회와 호민관의 세력을 누르고 원로원의 권한을 강화하였다. 그러나 술라는 이 일을 완수하였다고 느끼고는 관직을 떠났다.

술라가 하야한 후 로마는 기원전 73년에서 72년 사이에 네 번에 걸친 전쟁을 치르게 되었다. 첫 번째 전쟁은 스페인에 독립국을 세운 전 로마의 정치가 세르토리우스(Seritorius)를 타도하기 위한 것이었고 두 번째의 것은 지중해에 출몰하는 해적을 소탕하기 위한 것이었다. 세 번째의 것은 스파르타쿠스(Spartacus)를 중심으로 하는 검투사들의 반란을 진압하는 일이었으며 네 번째의 것은 다시 힘을 회복한 폰투스를 평정하는 것이었다. 로마의 지도자들은 이 네 가지 문제를 잘 처리해야 할 책임이 있었다.

▲ 카이사르

폼페이우스(Pompeyus)는 군대를 이끌고 스페인으로 진격하여 정복하였고 다시 해적 소탕전을 벌여 이들을 전멸시켰다. 그동안에 크라수스(Crassus)라는 부유한 지도자는 검투사들의 반란을 진압하여 공을 세웠다. 다시 폼페이우스는 소아시아 전투에서 승리하고 시리아와 팔레스티나를 로마에 병합하였다.

폼페이우스는 소아시아로 출정하기에 앞서 술라가 제거해 버렸던 평민들의 권익을 몇 가지 회복시켜 주었다. 그가 원정을 나가 있는 동안 크라수스와 카이사르(Caesar) 등 몇몇 로마의 지도자들은 폼페이우스의 인기가 날로 높아가는 데 두려움을 느끼고 있었다. 폼페이우스는 기원전 60년에 로마로 돌아왔다. 곧 그들 세 사람 사이에 타협이 성립되어 제1차 삼두정치가 시작되었다. 카이사르는 집정관으로 선출되었고 그 다음 해에는 갈리아 지방에 로마군 사령관으로 출전하였다. 카이사르는 갈리아 지방에서 계속 승전하여 무공을 세웠고 또한 게르만과 영국을 침공하여 로마 시민들로부터 많은 인기를 얻었다. 크라수스는 전공을 세우기 위해 메소포타미아 지역의 파르티아(Parthians)군과 싸우다가 전사하였다. 폼페이우스는 인기가 높아져 가는 카이사르를 견제하기 위해 원로원과 제휴하여 카이사르를 로마로 소환하는 원로원의 최종권고를 내리게 하였다. 카이사르는 이에 불응하여 기원전 49년 자신의 부대를 이끌고 루비콘(Rubicon)강을 건너 로마로 진격하였다. 공화정에 대한 군사 쿠데타의 전형이었다.

카이사르의 행동은 곧 로마의 내전으로 발전하였다. 그는 스페인에 파병된 폼페이우스의 군대를 격파하고 이탈

▲ 폼페이우스

리아 반도의 작은 적들을 소탕하면서 그리스로 달려가 파르살로스(Pharsalus) 전투를 통해 폼페이우스와 그의 병졸들을 무찔렀다. 폼페이우스는 이집트로 피신했으나 프톨레마이오스 13세의 한 신하에게 살해되고 말았다. 폼페이우스를 추격해 이집트에 온 카이사르는 프톨레마이오스 13세의 누이 클레오파트라와 사랑에 빠졌는데, 당시 클레오파트라는 동생과 이집트 환관들에 의해 추방당한 상태였다. 카이사르는 프톨레마이오스 13세를 폐위시키고 클레오파트라를 이집트의 여왕으로 삼았으며 동시에 이집트를 로마의 지배하에 두었다. 저항하던 프톨레마이오스 세력이 도망가면서 불을 질러 인류의 고귀한 문화유산으로 70만 권 이상의 귀중한 도서를 소유한 것으로 알려진 알렉산드리아의 도서관이 불타없어졌다.

카이사르는 그 후에도 수차에 걸친 전쟁을 통해 더욱 빛나는 전공을 쌓았는데 그중 흥미로운 것은 싸워보지도 않고 단지 카이사르가 나타남으로 인해 승리한 전쟁이었다. 그것은 다시 일어난 파로살로스 지방에서의 반란인데 카이사르는 여기에서의 승리를 "왔노라, 보았노라, 이겼노라(VENI, VIDI, VICI)"라는 단 세 마디로 원로원에 통보하였다. 이로써 카이사르는 이탈리아 본토는 물론 갈리아 지방과 북아프리카와 스페인에 대한 지배권을 확립하였다. 그가 본국으로 돌아와 종신 독재관에 등극함으로써 로마 공화정은 종말을 고하였다. 그는 일련의 사회개혁을 단행하여 특권, 부정, 무능 등을 일소시키며 평민회의 권익을 옹호하기 위한 조치들을 취하였다.

그러나 기원전 44년 3월 15일 카이사르는 공화주의자들인 브루투스(Brutus) 일당에게 살해되었다. 당시 로마를 방문하고 있던 클레오파트라는 케사리온(Cesarion)이란 아들과 함께 로마를 탈출하여 이집트로 돌아갔다. 카이사르 사후 다시 내전이 시작되었지만 결국 모두 정리되고 3인의 유력자가 출현하였다. 제2차 삼두정치가 성립되어 카이사르의 후계자로 지명된 18세의 조카 옥타비아누스(Octavianus), 카이사르의 부하였던 안토니우스(Aantonius), 정치가 레

▲ 안토니우스

피두스(Lepidus)가 실권을 장악한 것이다. 옥타비아누스와 안토니우스는 기원전 42년 트라키아지방의 필리피(Philippi) 전투에서 브루투스와 카시우스(Cassius)의 군대를 격퇴했다.

필리피 전투 이후 3인은 로마 세계를 3분하였다. 레피두스는 아프리카 북부를, 안토니우스는 지중해 동부지역을, 옥타비아누스는 이탈리아와 지중해 서부지역을 차지하였다. 안토니우스는 이집트에 사령부를 두고 알렉산드리아에 있는 궁전에서 클레오파트라와 사랑을 나누었다. 얼마 후 레피두스와 옥타비아누스는 시실리의 영유권을 놓고 싸움을 벌였는데 옥타비아누스가 시실리뿐만 아니라 아프리카 북부지역까지 병합해버렸다. 안토니우스는 클레오파트라에게 빠져 로마에 속한 영토의 일부를 여왕에게 선사했고 로마에 있는 본부인과 이혼하고 클레오파트라와 혼인할 계획이었다. 그런데 안토니우스의 부인은 다름 아닌 옥타비아누스의 누이였다. 결국 두 사람 사이에는 치열한 전쟁이 벌어졌다. 결정적인 전투인 악티움(Acrium) 해전에서 옥타비아누스의 함대는 안토니우스와 클레오파트라의 연합함대를 철저히 격파하였다. 안토니우스와 클레오파트라는 알렉산드리아로 도주했지

▲ 클레오파트라의 죽음

만 결국 두 사람 모두 자결하였다. 이제 옥타비아누스는 로마 세계의 유일한 주인이 되었다. 그가 첫 번째로 취한 행동은 클레오파트라가 낳은 네 아들(맏아들은 카이사르의 아들이고 나머지 세 아들은 안토니우스의 아들들이었음)을 살해하는 일이었다.

▲ 악티움 해전

3. 제정의 성립과 로마의 평화

로마로 돌아온 옥타비아누스는 통치기구 재조직에 착수하였다. 그는 자신이 왕이라는 느낌을 타인들에게 주지 않기 위해 세심한 주의를 기울이면서 진정한 권한은 원로원에 속해 있고 자신은 원로원의 뜻을 실행에 옮길 뿐이라고 주장하였다. 옥타비아누스는 카이사르가 축소시킨 원로원의 권한을 원상회복시켜 주었다. 이러한 정치형태를 시민들 중 제1시민으로서의 통치를 하는 '원수정(principatum)'이라 부른다. 이에 감동한 원로원은 기원전 27년 옥타비아누스에게 '존엄한 자'라는 뜻인 '아우구스투스(Augustus)'라는 새로운 칭호를 헌사하였다. 동시에 그는 개선장군에게 주어지는 칭호인 임페라토르(Imperator)를 취했는데 여기에서 황제(emperor)가 유래되었다.

아우구스투스는 아름다운 원로원 건물을 비롯해서 많은 웅대한 건물들을 로마에 건축하였다. 그는 국세조사를 통해 납세자 명단을 작성했고 철저한 재산평가를 통해 새로운 종류의 세목을 다수 책정하여 재정을 튼튼히 하였다. 그는 로마뿐만 아니라 지방사업을 위해서도 힘썼다. 원거리에 있는 로마

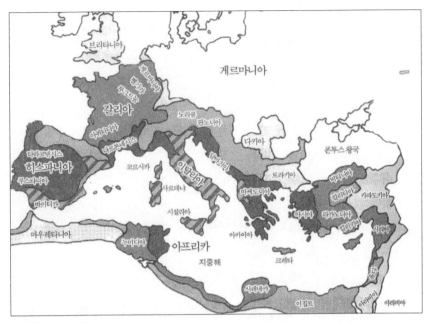

▲ 제정기 로마의 판도

의 영토들도 다뉴브, 라인, 유프라테스 강을 따라 구축한 방어선의 확립으로 안정이 보장되었다. 또한 아우구스투스는 도로, 항만, 수로 등의 사회간접자본을 건설하여 '피 흘리지 않는 자연지리와의 전쟁'에서 승리함으로써 약 200년간 지속된 '로마의 평화(Pax-Romana)'의 서막을 알렸다. 그러나 그가 이룩한 새로운 체제는 비록 지중해 세계에 평화와 질서를 가져오게 했지만 그것은 진정한 의미의 평화가 아니라 어디까지나 힘의 논리에 입각한 것이었다.

　로마는 이제 대제국으로 성장했지만 로마시민들은 귀중한 것을 잃었다. 즉, 그들은 정치적 발언권을 상실했고 따라서 국가에 대한 애국심도 많이 희박해졌다. 이제 로마 공화국은 사라지고 절대 군주국과 같은 로마제국과 전제적인 황제가 등장하였다. 로마제정은 아우구스투스로부터 시작하여 약 470여 년간 계속되었다. 제정기 동안에 84명의 황제가 등장하였고 어떤 황제는 성공한 황제로 어떤 황제는 실패한 황제로 존재하였다.

초대황제 아우구스투스를 이어 후처의 자식인 티베리우스가 2대 황제가 되었지만 그는 친위대장 등의 음모로 카프리 섬에서 은거하며 통치를 하였다. 그 뒤를 이은 클라우디우스 황제는 영국을 정복하고 국내적으로 행정권을 강화하는 정책을 펼쳤다. 그러나 세 번째 부인인 멧살리나(Messalina)가 정부와 짜고 그를 죽이려 해 결국 조카이자 두 번의 결혼 경험이 있는 아그리피나(Agrippine)를 네 번째 부인으로 맞아들였다. 그러나 아그리피나는 전 남편의 아들인 네로를 황제직에 앉히기 위해 클라우디우스 황제를 독살하였다.

네로 황제는 허영심이 많고 자부심이 강한 비대한 사나이였다. 그는 스스로를 위대한 시인이며 음악가라고 생각하였다. 그는 또

▲ 아우구스투스

한 성질이 포악하여 스승인 세네카(Seneca)와 어머니, 왕비인 옥타비아(Octavia)를 살해한 것으로 전해진다. 이러한 네로 시대에 로마시내의 많은 부분이 불에 탔다. 로마를 새로 건축하기 위하여 네로가 고의로 방화하였다는 설도 있

는데 그는 방화의 책임을 기독교인들에게 돌려 많은 사람들이 체포되어 맹수들에게 찢김을 당하였다.[2] 결국 네로는 반란에 직면하여 자살했는데 그가 최후로 남긴 말은 "과연 위대한 예술가가 죽고 마는구나!" 하는 탄식조의 외침이었다.

네로 황제의 뒤를 이어 유명무실한 3인의 황제가 등장했는데 이들의 통치기간은 모두 합쳐 2년에 불과하였다. 그 다음에 플라비아누스가(Flabianus)의 황제들 3인이 등장했는데 3인의 재위기간은 총 27년이었다. 그중 유능한 장군 출신의 베스파시아누스(Vespasianus) 황제는 약 5만 이상을 수용하는 거대한 원형경기장(colosseum)을 완성하였다. 또한 그는 70년에 끝까지 저항하는 유태인의 반란을 진압, 예루살렘을 파괴하고 강제로 유태인들을 분산시켰는데 이것이 민족분산(diaspora)이다. 79년에는 베수비우스(Vesuvius) 화산이 폭발해 로마의 폼페이(Pompeii)와 헤르클라네움(Herculaneum)의 두 도시가 화산재 속으로 사라졌다.

플라비아누스가 황제들의 뒤를 이어 '오현제시대'가 도래하였다. 오현제시대는 로마제국 최전성기로서, 유능한 인물을 양자로 입양해 제위를 잇게 하는 '양자계승'에 의해 5명의 '현명한' 황제들이 로마황제가 되었던 시대이다. 선정을 베풀며 오현제 시대의 서막을 올린 인물은 네르바(Nerva)이다. 도미티아누스 황제 사후 원로원에 의해 황제로 추대된 네르바는 친자식이 없었기 때문에 당시 황제 직을 수행할 수 있는 가장 유능한 사람을 양자로 삼아 후계자로 양성했다. 그는 황제란 국가를 적으로부터 지키는 '국가안보'의 능력과 시민들을 굶주리지 않고 먹여살릴 수 있는 '식량안보'의 능력이 있어야 한다고 생각하였다. 자질로 풀이되는 능력과 더불어 피로 상징되는 정통성이 황제의 기본 조건인데, 그는 후자의 경우 양자로 선택을 함으로써 이 문제를 충

---

2) 당시 베드로 역시 로마를 탈출하여 도망하다가 예수를 만나 "주여 어디로 가시나이까(Que vadis, Domine)"라고 물었는데, 예수의 "로마에 가서 십자가에 못 박히련다"라는 대답에 로마로 돌아와 붙잡혀 십자가에 거꾸로 못 박혀 죽었다.

족시켰다. 이러한 기준에 입각해 그는 게르마니아 총독이었던 트라야누스(Trajanus)를 후계자로 지명하였다. 로마의 국경을 최대로 확대시켰던 트라야누스는 107년 다뉴브강 북부에 있는 다키아를 정복하여 로마의 속주로 만들었다. 그는 또한 아르메니아, 메소포타미아, 아시리아, 아라비아의 일부를 로마에 병합시켰다. 그러나 후계자 하드리아누스(Hadrianus)는 이전 황제들의 팽창 정책을 포기하고 다키아와 시나이 반도만을 보유하였다. 그는 영토는 알맞게 소유해야 효과적으로 보호할 수 있다는 신념하에 브리타니아에 영구적인 '하드리아누스 장벽'을 세웠다. 그의 뒤를 이은 후계자는 안토니우스 피우스(Antonius Pius)이다. 그는 주로 공정한 재판제도 도입과 국가재정의 안정정책에 힘을 쏟았다. 그를 이어 등장한 오현제의 마지막 황제 마르쿠스 아우렐리우스(Marcus Aurelius)는 스토아학파의 '철인황제'로 알려졌다. 그는 유명한 「명상록(Meditations)」을 남겼는데 당시 로마의 정세는 게르만족의 침입과 페르시아인의 침입 등으로 혼란스러웠기 때문에 그는 철학적 명상에만 만족하며 지낼 수 없었다.

황제가 된 후 거의 대부분의 시간을 로마의 국경을 수비하는 데 보낸 마르쿠스 아우렐리우스는 다른 현명한 황제들과 달리 코모두스(Comodus)라는 친아들을 두었다. 역사가 에드워드 기번(Edward Gibbon)은 2세기부터 1453년 동로마 제국의 멸망에 이르기까지 로마 역사를 다룬 『로마 제국 쇠망사(The History of the Decline and Fall of the Roman Empire)』에서 로마 멸망의 서막을 코모두스 시대로 보고 있다. 친자식이라는 정통성에는 충족이 되었지만 능력이라는 또 하나의 핵심적인 황제의 조건에 미달되었던 코모두스는 스스로의 한계를 극복하지 못하고 로마를 몰락의 서막으로 몰아간 것으로 평가된 것이다.

오현제시대가 지나가자 대부분 신통치 않은 22인의 황제가 출현하였다. 이들은 로마에 주둔해있던 근위군의 조력을 얻어 지배자로 군림하기도 하였다. 때로는 근위대장이 황제직을 판매하기까지 하였다. 그래서 소위 "병영 황제"들 중에는 재위기간이 일 년도 안되어 쫓겨난 황제들도 있었다. 그러던 중 284년에 디오클레티아누스(Diocletianus)황제가 즉위하였다. 그는 동양의 전제 군주(Dominatum)와 같이 행동하면서 자신을 경배하고 제물을 바칠 것을 강요하였다. 또한 그는 제국의 효율적인 통치를 위해 소아시아의 니코메디아로 정부를 옮기고 이탈리아 밀라노에도 동등한 황제를 두었다. 이 두 황제는 아우구스투스라는 새로운 칭호를 가졌고 그 밑에는 카이사르라는 부제를 두었다.

서기 311년에 콘스탄티누스 황제가 즉위하였다. 이후 그는 다른 아우구스투스와 제국 전체에 대한 지배권을 놓고 싸워 승리함으로써 로마제국의 유일한 통치자가 되었다. 특히 그는 313년에 이미 로마사회에 깊숙이 뿌리를 내린 기독교를 공인했으며 얼마 후 국교로 만들었다. 나아가 그는 325년 니케아에서 대종교회의를 주재하고 기독교 신조들에 관한 논쟁들을 해결하였다. 5년 후 그는 고도인 비잔티움으로 천도했고 자신의 이름을 따서 이 도시를 콘스탄티노플(Constantinople)로 개명하였다.

콘스탄티누스 대제가 죽은 후 제국은 다시 분리되었다. 그러다가 394년에 테오도시우스(Theodosius)황제가 즉위하여 일인정치를 했지만 다시 395년에 그의 두 아들에게 제국이 분할됨으로써 제국은 영구히 분리되고 말았다.

4. 로마의 몰락과 그 원인

　카이사르 시대부터 로마는 라인강 동부와 다뉴브강 북부의 게르만인들에 대한 정복을 시도하여 일시적으로 성공하기도 했지만 맹렬한 게르만인들의 압력에 밀려 다시 철수하곤 하였다. 그러나 오현제시대 이후 수많은 게르만족들이 로마를 향하여 남으로 이동하였다. 프랑크족(Franks), 반달족(Vandals), 서고트족(Visigoths), 동고트족(Ostrogoths) 등이 로마의 국경으로 밀려들었다. 게르만족의 이동 뒤에는 그들보다 훨씬 잔인하고 호전적인 훈족(Huns)이 밀려들었기 때문에 그들의 이동은 더욱 가속도가 붙었다. 급기야 378년에 동로마 제국의 아우구스투스였던 발렌스(Valens)는 서고트족으로 하여금 다뉴브강을 넘어 로마 영내로 들어와 거주하는 것을 허가하였다. 로마인들이 이들을 지배하려 하자 서고트인들은 무기를 들고 반격하였고 아드리아노플 전투에서 로마병을 격파하였다. 이 전투에서 발렌스 자신도 전사하여 로마의 군사적 위신은 큰 손상을 입었다. 그러나 게르만족들은 이 승리로 더욱 기승을 부렸다.

　황제 테오도시우스는 고트족을 저지했지만 그들의 이동은 일시적이었고 곧 그들과 우호관계를 맺었다. 황제는 반달족과도 우호관계를 맺고 그의 조카딸을 반달족의 수령인 스틸리코(Stilico)에게 상납하기까지 하였다. 테오도시우스가 죽은 후 게르만족들의 침략행위는 더욱 증가하였다. 서고트족의 지도자인 알라릭(Alaric)은 발칸 반도를 공략했고 아테네를 점령하기까지 했으나 스틸리코가 지휘하는 로마·반달연합군에게 다시 쫓겨났다. 그러나 알라릭은 서로마 제국으로 방향을 돌렸다. 동로마 황제는 서로마를 도와주기 위해 스틸리코를 파견했으나 서로마 황제는 스틸리코를 시기하여 그를 살해하였다. 이에 알라릭과 서고트인들은 서로마를 성공적으로 침입하여 서기 410년에 로마군단을 크게 격파하였다.

서로마 제국이 점차 쇠약해지는 모습을 보이자 게르만족들은 한때 다스렸던 영토 내에서 자유로이 이동하였다. 서고트족은 이탈리아를 떠나 갈리아와 스페인 지방을 약탈했고 반달족도 스페인에 진입하였다가 북아프리카와 지중해를 건너 이탈리아로 들어가 455년에는 로마시를 공격하였다. 이때 반달족의 약탈이 너무나 심해 소위 격심한 야만적 파괴행위라는 의미의 반달리즘(Vandalism)이라는 용어가 만들어졌다. 앵글족(Angles), 색슨족(Saxons), 유트족(Jutes)은 독일 북부와 스칸디나비아 반도로부터 영국으로 건너가 그곳을 정복하였다. 그 다음 공포스런 아틸라(Attila)의 지휘 아래 훈족이 몰려왔다. 처음에는 위세가 대단했지만 로마와 서고트의 연합군은 칼론전투에서 그들을 무찔렀다. 훈족은 남쪽으로 방향을 돌려 이탈리아를 침공했으나 이곳에서 아틸라는 사망하였다. 이에 전의를 상실한 훈족은 이탈리아에서 철수하여 동쪽으로 사라지고 말았다. 이제 또다시 서고트족은 이탈리아로 이동해 왔다. 그들의 새 지도자인 오토아케르(Odoacer)는 476년 마지막 황제 로물루스 아우구스투스(Romulus Augustus)를 폐위시켜 서로마 제국을 멸망시키고 스스로 왕좌에 앉았다.

이로써 지상제국 로마는 멸망하였다. 로마는 왜 멸망했는가? 분명 로마는 게르만족의 침입으로 인해 멸망하였다. 하지만 기번을 비롯한 많은 역사가들의 연구에서 드러나듯, 로마 멸망의 근본 요인은 '로마가 하루아침에 이루어진 것이 아닌 것과 마찬가지로, 하루아침에 망한 것이 아니었다' 라는 점에서 생각해봐야 할 것이다.

대부분의 학자들은 우선, 로마가 분명 법을 중시한 국가였음에도 불구하고 후계제도에 대한 명확한 법 규정이 없었음을 지적한다. 때문에 오현제시대에는 느슨한 형태의 양자제도가 지켜졌지만 그 후에는 황제권의 정통성이 모호하게 적용되었다는 것이다. 둘째로 제국 말기로 오면서 시민들의 정치참여의 길이 막혀 시민 대다수가 비정치인이었다는 점이다. 결국 시민들은 국가에 대한 충성심은 고사하고 무관심과 무비판으로 침묵하는 사람들로 전락했던 것이다. 셋째로 로마인들은 경제적인 생산방법을 망각하였다는 점이다. 즉, 로마인들은 대부분의 노동을 노예에게 맡기고 속주로부터 수입된 값싼 곡물에 의존하면서 건전한 경제활동을 거의 하지 않았다는 것이다.[3]

---

3) 2002년 모리스 버만(Morris Berman)은 『미국문화의 몰락(The Twilight of American Culture)』에서 로마 멸망의 원인을 다음 세 가지로 요약하고 있다. 첫째, 지도층의 갈등과 분란에 따른 로마 중산층의 몰락, 둘째, 공화정과 제정 초기 효율적으로 운영되었던 사회보장제도의 붕괴에 따른 정부의 사회문제 해결능력의 부재, 셋째, 사회문제에 대한 지식인의 무관심과 지식적 성찰의 부재.

5. 로마 문화 및 로마의 현대적 의미

| 로마 문화 |

　그리스인이 정신적 레크리에이션에 만족을 하였다면, 로마인은 물질적 레크리에이션에 만족하였다. 로마인들은 그리스인과 달리 사색적이거나 예술적인 민족은 아니었다. 로마 초기의 시민들은 대부분 단순하고 근면한 자영농민들이었다. 그들은 스스로 농사를 지으며 공화국을 건설하였고 이웃 나라를 정복해 로마화하는 데 전력투구했기 때문에 예술이나 철학을 발전시킬 여가가 없었다. 그래서 로마 초기의 문화는 대부분 에트루리아인의 문화를 빌려오거나 모방한 것이었다. 특히 문화적으로 뛰어났던 동부 지중해의 그리스를 정복한 이후에는 그에 매료된 로마인들이 앞다투어 그리스 문화를 모방하였다. 로마의 장군들은 다투어 정복지로부터 그리스의 미술작품들을 로마에 반입했고 그리스의 많은 예술가와 장인들이 로마에 노예로 끌려 왔다. 그 결과 로마 문화는 점점 그리스 문화를 닮아갔고 로마의 신전, 경기장, 극장,

기타 공공건물들은 그리스의 그것들과 흡사한 형태를 띠게 되었다.

얼마 후에 로마에는 유명한 문인들이 등장하였다. 키케로(Cicero)는 웅변과 산문의 대가였고, 호라티우스(Horatius)는 아우구스투스 당시 로마의 생활을 묘사한 명쾌한 시인이었다. 베르길리우스(Virgil)는 라틴족을 일으킨 전설적인 트로이의 무사 아이네이아스의 무용담을 서사시로 표현한 대가였고 오비디우스(Ovid)는 수많은 연가를 포함하여 아름답고 감동적인 노래와 시를 남겼다. 역사가 리비우스(Livy)는 건국 이래 로마의 역사를 서술하였다. 이들에 의해 로마의 문학은 황금시대를 맞이하였다.

또한 로마인들은 몇 가지 분야에서 고대세계의 다른 민족들보다 훨씬 앞서 있었는데 이러한 분야는 오늘날의 생활에서도 너무나 유용하고 필수적인 것들이다. 로마인들은 여러 이민족들을 정복하였지만 외교와 군사 분야를 제외하고 그들을 공평하고 평화롭게 다스리는 데 천부적인 재질이 있었다. 그들은 도로건설에도 탁월한 재능을 보여 돌로 포장된 넓고 견고한 도로들이 로마의 속주까지 뻗쳐 있어 로마의 군단, 말, 전차, 짐차, 우편물 등이 쉽게 통행할 수 있었다. 또한 거대한 수로가 건설되어 로마 등 여러 도시에 신선한 물이 공급되었다.

로마의 종교는 그리스로부터 직수입된 것이었지만 공화정 말기에 오면 그리스의 신화는 불신당하였고 오히려 페르시아의 빛의 신인 미트라교(Mithra), 이집트의 풍요의 신 이시스(Isis) 신앙 같은 종교가 유행하였다. 그런데 초대 황제 아우구스투스 치하에서 세계종교사상 가장 획기적인 사건이 발생하였다. 예수(Jesus)라는 성인이 팔레스티나 지방 베들레헴에서 탄생한 것이었다. 성인이 된 예수는 새로운 종교사상인 천국개념을 전파하였다. 그는 만민평등, 믿음, 사랑, 용서와 평화를 통한 리더십을 가르쳤다. 그의 말씀을 들은 사람들은 그가 히브리인들이 고대해 마지않았던 구세주인 것을 확신하였다. 그의 명성이 높아지자 그는 열렬한 추종자들과 가혹한 적들을 동시에 얻었다. 예수가 33세

되던 해에 그를 반대하던 자들은 당시 팔레스티나 지방 남부 유태의 총독인 빌라도의 동의를 얻어 예수를 십자가형에 처하였다. 예수는 죽었지만 그의 제자들은 계속 예수의 교훈을 전파하여 로마 세계의 많은 사람들이 기독교인이 되었다. 처음에는 하층민들이 대부분이었으나 얼마 후에는 상하 구별 없이 많은 사람들이 신자가 되었다.

제정 초기부터 기독교는 심한 박해를 받았지만 곧 로마세계에서 무시하지 못할 중요한 세력으로 성장하였다. 300년 이상 기독교는 온갖 박해와 순교의 역사를 치러야 했지만, 마침내 서기 313년 밀라노 칙령을 통해 공인되기에 이르렀던 것이다. 그런데 순교의 역사가 지나가자 논쟁의 시대가 도래하였다. 예수의 교훈에 관한 해석상의 여러 이론이 발생한 것이었다. 교회의 지도자들은 대종교회의를 소집하여 교리상의 여러 문제를 토의해 정설로 결정된 것을 불변의 교리로 삼고 파기된 견해는 이교로 취급하였다. 이교도적인 신앙을 고집하는 자들은 교회에서 추방되거나 사형을 당하였다.

교리의 해석 차이로 많은 크고 작은 종교집단이 형성되었으나 그들은 수적으로 보나 중요성으로 보나 대수롭지 않은 존재들이었다. 결국 종교회의의 결정을 따르고 성 바울(St. Paul)과 성 어거스틴(St. Augustine) 같은 위대한 기독교 지도자들의 신앙을 받아들인 대규모의 기독교인단을 가리켜 가톨릭교회라 부르게 되었는데 형용사인 '가톨릭'의 뜻은 '범세계적인' 종교를 의미한다.

가톨릭교회가 성장하고 발전함에 따라 교회는 수도승과 교구신부로부터 고위성직자인 주교(bishop)에 이르기까지 일단의 성직자층을 형성하였다. 그 중 가장 강력한 교회 지배자는 교황으로 알려진 로마의 주교와 콘스탄티노플의 주교였다.

▮ 로마의 현대적 의미 ▮

로마는 서양사에 대한 이해의 핵심일 뿐만 아니라 세계화 시대 현대사회를 이해하는 데 있어서도 필수 불가결하다. 왜냐하면 로마는 기원전 8세기에서 5세기까지 존속했지만 제2로마인 동로마 제국에 의해 15세기까지 연장되었고, 이는 다시 레닌에 의해 제3로마로 부활했으며 오늘날 제4로마로 등장한 세력이 미국으로 인정되고 있기 때문이다.

오늘날 우리에게 알려져 있는 '모든 길은 로마로 통한다', '로마에 가면 로마법을 따르라', '로마는 하루아침에 이루어진 것이 아니다' 등의 로마관련 격언들은 로마가 로마사 그 자체로만 의의가 있는 것이 아니라 현대 사회에까지 미치고 있는 로마의 영향력을 보여주는 것이다. 이런 의미에서 근대 역사학의 아버지인 레오폴드 랑케(Leopold von Ranke)는 "모든 고대사는 많은 개울이 호수로 흘러들어가듯이 로마의 역사로 흘러들어갔고 모든 근대사는 다시 로마로부터 흘러나왔다"고 술회하고 있다.

그렇다면 다른 고대 국가들과 달리 로마가 1000년 이상의 역사를 자랑하며 오늘날에도 그 유산을 남겨놓게 된 데는 어떤 다양한 이유가 있을까?

첫째, 로마는 다른 나라에 비해 우수한 군 조직을 가지고 있었다. 대부분의 다른 고대국가들이 용병을 주력군으로 하고 있었던 반면에 로마는 중간계급이라 할 수 있는 시민군이 주력군이었다. 그들은 평시에는 농사를 짓고 납세의 의무를 다하다가 전시에는 군인으로 병역의 의무를 다했던 것이다.

둘째, 로마는 인류 최초의 사회간접자본의 중요성을 인식하고 이를 국가발전에 적극 활용하였다. 로마인들은 국가형성의 안정기에 접어들자 일상생활에 절대적으로 필요한 소금을 찾아가는 길인 '비아 살라리아(Via-Salaria)'를 만들었는데 이 길은 로마에서 그들의 고향이라고 할 수 있는 트로이까지 연결된 길이다. 그 후 로마인들은 이탈리아 반도를 관통하는 고속도로인 '아피아(Appia)'도로를 완비하여 국가발전과 통치의 기본으로 삼았다. 로마인들은 도로, 교량, 수도를 비롯, 공중목욕탕, 병원, 우체국, 심지어 공중 화장실에 이르기까지 사회간접자본을 충분히 확충하였던 것이다.

셋째, 로마는 대외팽창을 하면서 점령국가에 대한 통일된 통치술이 아닌 다양한 형태의 통치술을 보여주었다. '나누어 통치하라(Divide and Rule)'는 방법이 그것인데, 이는 점령지에 대해 각기 조건을 달리하는 개별적 조약으로, 군사권과 외교권만 로마가 가지고 나머지는 자치를 허용하거나 동맹을 맺는 방법이었다. 이것은 초기 라틴인들끼리 동맹을 맺는 라틴동맹에서 점차 이민족까지 동맹자로 끌어들이는 로마 동맹으로 발전하였는데 역사학자 토인비(Toynbee)는 이를 두고 "정치건축의 걸작"이라고 하였다.

넷째, 시민정책의 합리화이다. 로마는 무산자와 빈민을 새로운 정복지에 이주시켜 납세와 병역의 의무를 질 수 있는 자영농민으로 성장시킴으로써 로마시의 확대는 물론 로마 시민층의 증대 효과를 가져왔다.

다섯째, 로마의 개방주의적 문화수용이다. 로마는 국가안보에 위협이 되지 않는 한 개방주의적인 태도를 가지고 외교정책과 외래문화를 수용했다. 사실 로마인들은 지적인 면에 있어서

▲ 카라칼라의 목욕탕

는 그리스인들로부터 철학과 자연과학, 역사, 시, 연극 등을 배웠다. 그리고 전투방법은 주로 갈리아인에게서, 과학기술은 주로 에트루리아인에게서, 항해술과 상업행위 등 경제적인 면은 카르타고인에게서, 종교적인 면은 유대인에게서 배웠다. 이러한 개방적인 문화수용의 태도 덕분에 로마는 이전의 고대 문화를 종합하여 로마만의 새로운 문화를 탄생시켰던 것이다.

제4장

중세

1. 프랑크 왕국

▌게르만족의 이동과 프랑크 왕국 ▌

전통적인 시대구분법에 따르면, 게르만족의 대이동기인 5세기부터 기존 질서가 붕괴되며 새로운 시대가 시작되는데 이를 중세라 한다. 중세 초 서유럽 사회는 서로 분리되어 존재하던 '문명'과 '야만'이 대결을 벌여 한쪽이 승리해 만들어진 것이 아니라 오히려 수세기 동안에 걸쳐 게르만 세계와 로마 세계가 서로 접촉하며 영향을 주고받는 가운데 만들어 낸 산물이라 할 수 있다.

북해와 발트해에 이르는 강과 해변가에서 농업과 목축업에 종사하며 살던 게르만 사회는 일찍이 로마의 게르만 지원 정책에 따라 점점 로마화되어 갔는데, 4세기 중엽까지만 하더라도 로마와 게르만 세계는 어느 정도의 균형을 유지하고 있었다. 그러나 중앙아시아의 기마유목민인 훈족의 이동은 게르만족의 대이동을 초래하여 로마 세계 내에 게르만 왕국들의 수립으로 이어졌다. 이는 '정치적 실체'로서의 서로마 제국의 종말을 의미하는 것이기도 하였다.

게르만 왕국들이 수립된 후인 500년경 서유럽 세계의 정치적 분포는 대체로 다음과 같이 분류할 수 있을 것이다. 우선 앵글로 색슨족은 5세기 중반에 잉글랜드 해협을 건너 영국에 대한 지배권을 확보했고 프랑크족은 현재의 네덜란드, 벨기에인 갈리아(Gallia) 북부를 거점으로 파리 근방 및 라인강 동쪽 지방에 프랑크 왕국을 건설했다. 반면 서고트족은 프랑크 왕국의 남쪽에 거점을 마련, 프랑스의 남반부와 스페인의 대부분을 지배했고 반달족은 종전 로마제국의 영토였던 북부 아프리카를 지배했으며 동고트족 같은 경우 이탈리아를 지배했다.

　이들 게르만 왕국들 중 다른 왕국들을 제압해 유럽을 지배하게 된 것이 프랑크 왕국이다. 즉, 프랑크 왕국은 중세 초 서유럽에서 다른 왕국들과 달리 국가적으로 성공했다 할 수 있는데, 이러한 프랑크 왕국의 국가적 성공 요인으로는 다음과 같은 것을 생각해 볼 수 있다. 우선, 프랑크족은 지리적인 면에서 이점을 누릴 수 있었다. 즉, 프랑크족은 유럽의 중심지이면서 가장 비옥한 땅을 차지했는데, 중세의 문명수준에서 볼 때 북유럽이나 동유럽의 기후와 풍토는 농경에 적절치 못했지만, 프랑크 왕국은 농경에 적절한 땅과 기후를 자랑할 수 있었던 것이다. 둘째, 역사가들은 프랑크족이 성공한 최대의 원인을 프랑크족의 정통 기독교(아타나시우스파)로의 개종에서 찾기도 한다. 481년 프랑크 왕국의 왕이 되었던 클로비스(Clovis)는 496년 아내의 영향을 받아 정통 기독교로 개종했고 얼마 후에는 그의 신하와 백성들이 모두 그의 모범을 따랐다. 당시 다른 게르만 왕국 거의 모두가 삼위일체를 부정하고 로마교회로부터 이단시되고 있던 아리우스파 기독교였으므로 클로비스의 행동은 정치적으로 엄청난 모험이었을 것이다. 그러나 이러한 모험은 성공적이었다. 프랑크 왕국은 로마의 문화적 전통뿐만 아니라 종교적 전통까지 이어받으면서 로마문명의 적통으로 떠올랐고 당시 세속적인 권력을 지니기 시작한 로마 교황과 돈독한 관계를 유지할 수 있었기 때문이다. 아마도 프랑크 왕국이, 단명했던 다른 게르만 왕국에 비해 오래 존속하며 서유럽 세계의 중심이 될 수 있었던 것도 이 점에 기인하지 않을까. 마지막으로 프랑크족은 다른 게르만 족들과는 달리 자신들의 본성 내지 기질인 게르만족 특유의 용맹성과 단결을 잃지 않았다. 그들은 원거주지인 라인강 유역을 발판으로 네덜란드, 벨기에 등의 저지대와 오늘날의 프랑스로 남하하였는데, 다른 게르만족들이 자신들의 본거지를 완전히 벗어나 수천, 수만 킬로미터를 이동함으로써 힘을 낭비하고, 이동하고 정착하는 과정에서 보다 중요한 자신들의 본성을 상실했음을 고려할 때 프랑크족의 성공비결은 로마적 요소와 게르만적 요소의 적절한 조합이라 할 수 있을 것이다.

일찍이 카이사르가 로마문화를 이식시켰던 갈리아 지방에서 이렇게 뿌리를 내리게 된 프랑크족은 서로마 제국의 빈 공간을 대신하였다. 그러나 511년 클로비스의 죽음과 함께 왕국의 영토는 프랑크족의 관습에 따라 그의 네 아들에게 분할되어 네 개의 소왕국으로 분열, 대립하였다. 이후 메로빙 왕조가 지속되었던 2세기 반에 걸쳐 프랑크 왕국이 하나의 권력 아래 통합되었던 시기는 단 72년에 불과했다. 클로비스는 아버지 메로비스(Merovis)의 이름을 딴 메로빙 왕조의 시조로서 강력한 왕이었으나 그의 후손들은 나약하였다. 그들은 소위 "할 일 없는 왕들(do-nothing-Kings)"로 알려져 있었다. 이러한 상황 아래 왕을 대신해 나라를 다스려 줄 인재가 필요했다. 여기에 궁재가 등장하여 나라의 실권을 장악했다. 궁재 중의 한 사람인 피핀(Pepin)은 687년 분열된 프랑크 왕국을 통일하였다. 그는 "프랑크 왕국의 제2대 창설자"로 불리워진다.

그런데 711년 이슬람교도들이 스페인을 공략하여 서고트 왕국을 전복시켰다. 그리고 그들은 피레네 산맥을 넘어 프랑크 왕국으로 쳐들어왔다. 서유럽 기독교 문명 전체의 위기였다. 그러한 상황에서 구원자로 등장한 인물이 피핀의 아들로서 궁재직을 세습한 칼 마르텔이었다. 732년 그는 프랑크군을 규합하여 투르에서 이슬람군을 맞아 싸웠다. 이 전투에서 이슬람교도들은 그들의 정복사상 최초의 패전을 경험했다. 투르 전투에서의 승리를 통해 칼 마르텔은 절대적 권위를 확보했다. 더욱이 역사적 의미에서 볼 때, 칼 마르텔이 투르 전투에서의 승리를 통해 구해낸 것은 단지 프랑크 왕국만이 아니라 서유럽 기독교 문명권 전체였다. 이러한 상황에서 누가 가장 좋아했을까? 아마도 로마 교황이었을 것이다. 프랑크 왕국의 개창자 클로비스는 로마가톨릭으로 개종해서 로마교황에게 힘을 보태주었는데 이제는 칼 마르텔이 이슬람의 침입으로부터 서유럽 기독교 세계를 구했으니 프랑크 왕국은 로마교황에게 호의적인 존재였다. 따라서 칼 마르텔은 일등공신의 위치를 넘어 프랑크 왕국의 새로운 왕으로 등극하는 데 정치적으로나 종교적으로 아무런 문제가 없었다. 그러나 칼 마르텔은 '보잘것없는' 프랑크 왕국의 왕이 되기보다는 유력한 궁재로 남는 편이 더 낫다고 여겼던 것 같다. 따라서 왕좌는 여전히 무능한 메로빙 왕조의 왕들이 차지하고 있었다.

하지만 칼 마르텔의 아들인 소 피핀(Pepin the Short)은 프랑크 왕국의 새로운 왕이 되기를 원하였다. 이를 달성키 위해 그는 로마 가톨릭 교회의 영도자인 교황의 권위를 확보하고자 노력하였다. 당시 교황은 곤경에 빠져 있었다.[4] 롬바르드족(Lombards)이 이탈리아를 침략하여 로마를 제외한 전 지역을 점령하고 있었기 때문이었다. 로마는 오래 버틸 수 없었다. 롬바르드족은 기독교를 믿고 있었으나 정통은 아니었다. 상황을 파악한 소 피핀은 로마로 달려가 교황을 알현하고 자신의 문제를 내놓았다. 교황은 "실권을 장악한 자가 왕으로 불리는 것이 마땅하다"고 소 피핀을 고무하였다. 로마에서 돌아온 소 피핀은 마

---

4) 당시 로마교황이 당면하고 있었던 문제는 롬바르드족의 침입과 더불어 정교일치체제를 유지하고 있는 비잔틴 제국의 레오 3세가 내린 성상금지문제(Iconoclasm)였다. 로마교황은 '무식한' 게르만족들을 개종시키기 위해서는 성상숭배가 필요했고 더욱이 비잔틴 제국의 간섭에서 벗어나 로마교회의 독립을 위해서는 비잔틴 제국의 명령을 거부해야 했던 것이다. 이는 결국 프랑크 왕국의 힘을 필요로 했으며 프랑크 왕국의 소 피핀 역시 새로운 왕조에 대한 교황의 승인을 필요로 했다. 로마교황의 성상금지 반대는 동서교회의 분리를 더욱 고착화시키는 계기가 되었다.

지막 메로빙가의 왕을 폐위시키고 자신이 프랑크 왕국의 왕이 되었다. 이어 그는 롬바르드족을 물리치고 빼앗은 땅인 라벤나를 비롯한 중부 이탈리아를 교황에게 기증하였는데, 이는 1870년까지 계속된 교황령(Papal State)의 시초였다.

▌찰스 대제와 카롤링거 르네상스▐

소 피핀과 그의 후손들은 카롤링 왕조의 군주들이었다. 그들 중 가장 위대한 왕은 소 피핀의 아들인 찰스 대제(Charles the Great;Charlemagne)이다. 장신이고 민첩하며 친절한데다 용맹하였던 그는 정력적인 야심가였다. 즉위 초부터 시작된 원정을 통해 그는 9세기 초 '광대한' 제국을 형성했다. 당시 프랑크 왕국의 영토는 이베리아 반도, 브리타니아, 덴마크, 시실리 및 남부 이탈리아를

▲ 프랑크 왕국의 판도

제외한 유럽의 대부분에 해당하는 지역으로, 120만 제곱킬로미터에 1,500~1,800만의 인구를 헤아렸다.

그리고 마침내 800년 12월 25일 찰스 대제는 유럽의 최강자가 되었다. 교황은 예전 로마 황제들이 교황과 손을 잡고 공동사업을 펴 나갔던 행복한 시대를 다시 회복할 계획을 세웠다. 마침 찰스 대제가 로마에 있는 베드로 성당에서 예배를 보고 있을 때 교황은 서로마 제국의 왕관을 찰스 대제의 머리 위에 슬쩍 얹어 놓으면서 "로마의 위대하고 선량한 황제"라고 찬양하였다. 여하튼 그는 로마 황제의 관과 칭호를 받았으므로 프랑크 왕국은 이론적으로나마 새로운 로마 제국이 된 것이다. 말하자면 게르만족들의 공식적인 로마화가 시작된 것이었다.

황제가 된 찰스 대제는 통치력을 강화하였다. 그는 절대군주로서 모든 법률을 스스로 제정했으며 법률의 공정성을 예의 주시하고 법원을 설립하여 법률관리의 공정성 여부를 관찰하였다. 그는 귀족들을 선발하여 지방행정을 맡기고 이들을 살피기 위해 황제의 밀사로 순찰사인 미시 도미니키(misi dominci)를 지방에 파견하여 그곳의 상황을 황제에게 보고토록 하였다. 또한 찰스 대제는 프랑크 왕국의 학문과 교육을 부흥시키기 위한 개혁을 폈는데, 그를 가리켜 '카롤링거 르네상스(Carolingian Renaissance)'라 한다. 카롤링거 르네상스는 일차적으로는 성직자의 도덕적·지적 수준을 높이기 위한 교육개혁이고 이차적으로는 속인들을 위한 것이었다. 찰스 대제의 의도는 야만적인 프랑크인들을 로마문화에 적응시키고 특히 성직자의 교양을 높이기 위해 정확한 라틴어를 가르치려는 것이었다. 그러나 그러한 개혁을 실현하기에 프랑크 세계는 문화적으로 황폐한 상태였다. 따라서 고대의 전통을 잘 보존하고 있거나 동화된 지역들인 이탈리아, 스페인, 영국 등지로부터 학자들을 초빙해야만 했는데, 그중 찰스 대제에게 가장 많은 영감을 준 사람이 영국 앵글로 색슨족 출신의 알퀸(Alcuin, 735~804)이다. 프랑크 왕국의 각 수도원 및 교회에 부속학교가 설립되었고 수도에는 젊은 성직자와 귀족들을 양성하기 위한 왕립학교가 설립되어 라틴어 부흥을 기초로 한 교육 부흥이 이루어졌다. 이러한 교육 부흥에 힘입어 고전연구와 문학이 부활했고 9세기 중엽에는 유럽 전 지역에 고전문학과 교부들의 저작을 이해할 수 있는 지식인 집단이 형성되었으며 수도사들은 노동의 의무를 책을 필사하는 것으로 대체했다. 더욱이 필사본의 대규모 양산과 더불어 글자체의 개선도 이루어졌는데, 코르비 수도원에서 개발된 '카롤링 소문자체'는 오늘날 소문자체의 기원이 된다.

▌프랑크 왕국의 분열 및 와해 ▌

그러나 찰스 대제의 제국은 크고 강했으나 오래 지속되지는 않았다. 814년 찰스 대제가 사망함에 따라 그의 후손들은 끝없는 영토분쟁을 벌였고 결국 843년의 베르뎅 조약과 870년의 메르센 조약을 거치며 제국은 서프랑크, 중프랑크, 동프랑크로 3분되었다. 서프랑크, 중프랑크, 동프랑크는 각각 현재의 프랑스, 이탈리아, 독일의 지역적 기원이 되는데, 이탈리아(875년), 동프랑크(911년), 서프랑크(987년) 순으로 카롤링 왕조의 법통이 단절되며 동프랑크는 10세기 오토 1세에 의해 신성로마제국으로, 서프랑크는 987년 수립된 카페 왕조가 14세기까지 아주 미약하게 버텨나가며, 중프랑크의 이탈리아는 카롤링 왕조가 단절된 이후 수없이 분열되어 통일을 이루지 못한 채 19세기까지 가게 된다. 그러나 이 3개의 프랑크는 하나라는 인식이 남아있었고 특히 신성로마제국(동프랑크)은 옛 로마의 영토를 통일할 책임이 있다며 로마와 찰스 대제의 후계자임을 자처하며 끊임없이 이탈리아 및 기타 지역의 통일을 추구하고자 하는데 이는 결국 프랑크 왕국의 지원자였던 교황과의 피할 수 없는 싸움이 시작됨을 의미하는 것이라 할 수 있다.

그런데 프랑크 왕국이 분열하며 내부적 혼란을 겪고 있을 때, 여러 이민족들 또한 프랑크 왕국을 침입하며 혼란을 가중시켰다. 즉, 중앙의 통제권이 붕괴된 가운데 북쪽에서는 노르만족이, 동쪽에서는 마자르족이, 남쪽에서는 이슬람 세력이 서유럽을 위협하며 혼란과 무질서가 가중되는 가운데 '지방분권적 봉건사회의 형성'이라는 새로운 지각변동이 예고되고 있었다.

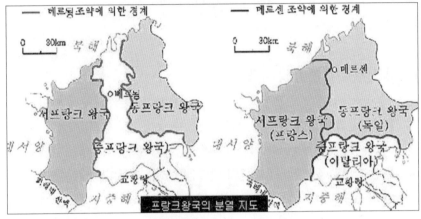

▲ 베르뎅 조약과 메르센 조약에 의한 프랑크 왕국의 분열

2. 비잔틴 제국(동로마 제국)

비잔틴 제국이라는 이름은 동로마 제국의 수도 콘스탄티노플의 전신인 비잔티움에서 유래되었다. 사실, 비잔틴 제국의 시작을 알려주는 정확한 연대는 알 수 없다. 하지만 굳이 그 시작점을 찾는다면 콘스탄티누스 황제 시대로 거슬러 올라갈 수 있을 것이다. 즉, 3세기 말 로마제국은 여러 혼란과 군부의 집권으로 약화되고 있었고 이러한 상황을 타개하고자 디오클레티아누스 황제는 제국을 분할통치하는 일종의 '4분 통치'를 시행했다. 이러한 시스템은 한동안 계속되다가 콘스탄티누스 황제에 의해 다시 로마 제국이 통일되기도 하였다. 그러나 330년 콘스탄티누스 황제는 제국의 수도를 로마에서 비잔티움으로 옮겨갔고 그에 따라 비잔티움은 콘스탄티노플로 명명되었다. 이는 로마제국의 중심이 동방, 즉 비잔티움으로 이동했음을 의미하는 것으로 비잔틴 제국의 형성에 있어서 중요한 의미를 띠는 것이라 할 수 있다.

콘스탄티노플을 수도로 한 비잔틴 제국은 황제가 교회를 동시에 지배하는 정교일치의 황제교황주의(Caesaropapism) 사회로서 1453년 오스만 투르크(Osman

Turks)에게 멸망할 때까지 약 1000년간 존속하면서 서유럽의 프랑크 왕국, 아라비아의 이슬람 제국과 더불어 중세 사회를 구성한 중요세력이 되었다. 특히 서유럽의 프랑크 왕국이 이민족의 거듭된 침입 속에 지방분권적인 봉건체제가 보편화되어간 반면, 비잔틴 제국은 서로마의 멸망 이후에도 한동안 로마 제국 계승자로서의 위치를 지켜나갔다.

비잔틴 제국의 세력이 크게 팽창하여 '제2의 로마'라 할 정도로 옛 로마의 영광을 회복하고 문화를 크게 진흥시킨 것은 527년 즉위한 유스티니아누스(Justinianus) 황제였다. 그는 '잠자지 않는 황제'라는 칭호를 얻을 만큼 근면하고 훌륭한 교육을 받은 인물로서 그의 소망은 제국의 위력과 영광을 회복하고 행정체제를 개선하고 강화시키는 것이었다. 그러나 그는 결단력 면에서 부족했는데, 이러한 결점은 다행스럽게도 그의 아내인 테오도라(Theodora)의 강인하고 직선적인 성격에 의해 보완될 수 있었다. 그래서 국가 중대사는 거의 대부분 아내의 의견이 크게 반영되어 공동으로 결정되었다. 사실 테오도라는 천한 직업을 가진 여자로서 당시 비잔틴 제국의 국법은 귀족과 천민 간의 혼인을 금지하고 있었으나 황제는 법을 폐기하고 결혼했던 것인데 결과는 오히려 좋았던 것이다.

▲ 유스티니아누스 법전

    과거 로마제국의 통일과 번영을 회복시키고자 했던 유스티니아누스는 영토확장을 위해 서로마가 한때 지배했던 영토를 다시 정복할 기회를 노리고 있었다. 그는 벨리사리우스(Belisarius) 같은 유능한 장군으로 하여금 북아프리카의 반달족, 이탈리아의 동고트족을 정복하고 서고트족으로부터는 스페인의 남동부를 탈환하였으며 시실리 및 이탈리아 남부를 병합하도록 하여 옛 로마의 영광을 회복하였다.

    로마제국의 영광을 회복하기 위한 유스티니아누스 황제의 시도는 내정면에서 기존의 로마법을 집대성한 법전의 편찬으로도 나타났다. 이 법전의 기초는 트리보니아누스(Tribonianus)를 비롯한 16인의 법률학자들에 의해 마련되었는데, 그들은 로마 공화정 이래의 법률 및 판례, 칙령 등을 체계적으로 집대성하였던 것이다. 이 법전은 근대 유럽의 법률 및 정치학설의 형성에 지대한 영향을 끼쳤으며 오늘날까지도 여러 국가들의 법률에 많은 영향을 주고 있다.

    또한 유스티니아누스는 콘스탄티노플의 권위를 높이고자 성 소피아 성당을 건립했는데, 이는 순수한 로마식 건축공법에서 벗어나 거대한 돔(dome) 양식과 모자이크 벽화 같은 동방식 건축의 모습을 가미한 것이었다. 성 소피아 성당은 바로 비잔틴 건축의 정수를 보여주는 것이라 할 수 있다.

    그러나 유스티니아누스 황제의 많은 업적에도 불구하고 그의 사후 비잔틴 제국은 급속도로 쇠퇴해져 갔다. 지방 귀족의 발호, 빈번한 당쟁과 내란, 영토의 상실, 국가 재정의 궁핍 속에 백성들은 중과세에 허덕였고 정부에 반대하는 자들은 귀, 손가락 등이 잘리는 잔인한 형벌을 받기도 했다. 당시 시력을 잃게 하는 것도 형벌 중의 하나였는데, 한때 유스티니아누스와 테오도라 역시 벨리사리우스를 두려워하고 시기한 나머지 그의 두 눈을 뽑아 버리기까지 했었다. 그로부터 2세기 후에 이레네(Irene) 여왕은 통치권을 유지하고자 자신의 아들을 장님으로 만들기도 하였다. 이런 상태에서 백성들의 충성심과 애국심을 기대한다는 것은 힘든 일이었다.

하지만 이러한 약화에도 불구하고 비잔틴 제국은 쉽사리 멸망하지는 않았다. 가장 큰 이유는 제국의 수도인 콘스탄티노플의 유리한 지리·경제적 조건에 있었다. 콘스탄티노플은 아시아와 유럽을 가르는 해협에 위치한 동서무역의 중심지로서 국가에 풍성한 자금원이 되었다. 특히 제국의 심장부가 발칸과 소아시아 양쪽에 위치하고 있다는 것은 어느 한쪽을 상실해도 다른 쪽이 지탱될 수 있다는 점에서 크나큰 지리적 이점으로 작용했다. 중세 최대의 도시로서 콘스탄티노플이 게르만족의 침입으로부터 보호되면서 이른바 실크로드의 서쪽에 자리잡은 상공업의 중심지로 번영할 수 있었던 것은 바로 이러한 배경에서였다. 또한 콘스탄티노플은 성벽과 수로로 매우 잘 방어되고 있었고 포위를 당했을 때에는 수로를 통해 식량공급이 가능하였다. 이러한 이점들로 인하여 비잔틴 제국은 1453년 오스만 투르크에게 멸망할 때까지 존속할 수 있었던 것이다.

▲ 11세기 초 비잔틴 제국의 판도

3. 이슬람 세계

　서유럽 세계 및 비잔틴 제국과 더불어 서양 중세를 형성했던 또 다른 세력
은 아라비아의 이슬람 문화권이었다. 이슬람 세력은 7~8세기에 급속도로 팽
창하여 유럽과 아시아에 걸쳐 대 제국을 건설하고 이슬람 문화권을 형성함으
로써 지중해를 사이에 두고 유럽 기독교 문화권과 대립하였다.

　이집트와 메소포타미아 사이에 위치한 아라비아 지역에는 오래전부터 사
막의 유목민인 아랍(Arabs)인들이 말과 낙타를 기르며 살고 있었다. 사실 대부
분 사막지역인데다 열대성 기후를 가지고 있던 이곳은 정착 생활과 문명 발생
에 용이한 지역은 아니었다. 또한 정치적으로 이 지역의 부족들 간에는 사산
조 페르시아와 비잔틴 제국의 대립 속에서 분열과 반목이 끊이지 않고 있었
다. 그러나 사산조 페르시아와 비잔틴 제국의 전쟁으로 페르시아와 시리아에
이르는 동서 교역로가 두절되자 그를 대신하여 인도양에서 홍해, 이집트, 팔
레스타인, 유럽으로 통하는 교통로가 이용되었다. 그로써 홍해 연안의 메카,
메디나 같은 도시들은 동서 해양 교통의 요충지로 번영하며 많은 부를 축적할

수 있었다. 특히 메카(Mecca)는 오래전부터 순례자들이 찾아오는 성지로서 대부분의 아랍인들은 이곳의 카아바(Kaaba) 신전에서 흑석을 비롯한 많은 우상을 숭배하고 있었다.

　이러한 아라비아 반도에 이슬람교라는 새로운 종교를 일으켜 분열된 민족을 통합하여 강대한 통일국가를 세운 것은 마호메트(Mahomet)였다. 마호메트는 577년 메카에서 출생하였다. 그 당시 아라비아는 여러 부족들 간의 싸움으로 민심이 이반되고 온갖 미신이 유행하였으며 상업적 이익을 독점하는 거상들과 달리 일반대중은 거상들의 착취와 가난에 허덕이는 등 빈부의 차가 심화되고 있었다. 어려서 부모를 잃고 목동 노릇을 해야 했던 마호메트 역시 낙타를 몰아주는 일로 생계를 유지하였다. 그는 교육을 받을 기회가 없었기 때문에 문맹을 면치 못하였다. 그러나 우연한 기회에 메카의 부유한 미망인이었던 하디자의 재산관리인으로 고용되어 대상활동을 하면서 각지를 돌아다녔다. 이러한 여행 중 그는 팔레스타인이나 시리아 등지에서 접

▲ 마호메트의 기도

하게 된 유대교와 기독교의 교리에 정통할 수 있었는데 이것이 그의 종교사상을 구체화하는 데 큰 영향을 미쳤다. 후에 마호메트는 부유한 여주인인 하디자와 결혼하였고 민중구제의 염원을 품고 메카 교외의 산속에 들어가 동굴생활을 하며 단식과 명상을 통해 진리를 깨닫고자 하였는데, 40세가 되던 해인 610년 그가 유일신 알라의 계시로 창시한 종교가 이슬람교이다. 그는 명상 중 황홀상태에서 대천사 가브리엘이 "알라의 뜻에 따르라"고 지시하는 소리를 들었다고 한다. 이때부터 그는 알라의 뜻에 순종한다는 이슬람(Islam)을 외치기 시작했다.

초기에 그는 이슬람교를 가족들에게 설교했고 그 다음은 친구들에게 전도하였다. 그리고 나서 그는 용감하게 대중들 앞에서 설교하기 시작하였다. 그러나 마호메트는 기성종교인 카아바의 사제들의 핍박을 받고 신변이 위험해지자 622년 메디나(Medina)로 도주하였다. 이 사건은 헤지라(Hegira), 즉 '성천(聖遷)'으로 알려졌는데 그 의미는 선지자의 도망을 뜻한다. 헤지라가 발생한 서기 622년은 이슬람 기원의 원년이다. 메디나의 주민들은 마호메트를 환영했고 많은 사람들이 그의 추종자가 되었다. 메디나에서 마호메트는 알라에 봉사하는 종교단체를 만들어 포교에 힘썼고 그로써 이슬람교는 급속도로 성장했다. 메디나의 정치와 종교 모두를 장악한 마호메트는 630년 성전(Jihad)의 이름으로 메카를 공격해 카아바 신전을 정화, 모든 우상과 사교를 몰아내고 오직 유일신 알라만을 숭배하도록 했다. 계속하여 그는 성전을 통한 이슬람의 전파에 힘써 632년 사망할 때까지 거의 모든 아라비아 반도를 통일했다.

마호메트는 다니는 곳마다 설교했고 그의 추종자들이 그를 기록하였는데, 그것이 이슬람교의 경전인 코란(Coran)이 되었다. 코란에 따르면, 우선 신도들은 유일신 알라와 그의 예언자인 마호메트를 인정해야만 하였다. 마호메트보다 먼저 출현했던 예언자로는 아브라함, 모세, 예수를 들고 있는데 마호메트는 마지막이자 최고의 예언자라고 자칭하였다. 또한 신도들은 다섯 가지

의무를 이행하도록 되어 있었다. 우선 신도들은 "알라 이외에 다른 신은 없으며 마호메트는 그의 대변자다"라는 말을 큰 소리로 선포해야 했고 매일 다섯 번 메카를 향해 무릎을 꿇고 기도해야 했다. 이슬람 력으로 9월에는 금식해야 했으며 빈자에게는 적선을 베풀어야 했다. 마지막으로 신도는 일생에 한 번은 메카를 순례토록 권장되었다. 코란에는 또한 몇 가지 엄격한 금지사항이 기재되어 있다. 즉 진실한 마호메트 교도들은 돼지고기, 우상숭배, 도박, 술을 금해야 했다. 또한 부모를 공경하고 과부와 고아를 보호해야 했다. 그런데 일부다처제가 허용된 것은 특기할 만하다. 신도는 성전(Jihad)에 참가해야 했고 이 전쟁에서 사망한 자는 미녀가 많은 화려한 파라다이스로 가게 된다고 하였다. 이러한 이슬람교는 단순하고 직선적인 종교라고 볼 수 있다. 요컨대 이슬람교는 단순한 미덕과 강력한 정서를 강조하여 아랍인들의 성격상 큰 호소력을 지닌 종교였다.

마호메트는 서기 632년 메디나에서 사망하였다. 그러나 마호메트가 시작했던 정복사업은 더욱 힘차게 수행되었다. 이슬람교도들은 적은 수의 병력으로 시리아, 팔레스티나, 이집트, 페르시아, 소아시아의 일부를 정복했고 얼마 후에는 인도 서북부, 키프로스 섬을 병합하였다. 이러한 극적인 성공은 오직 그들의 열렬한 신앙심에 의해 가능했던 것 같다. 711년에는 아프리카 북부전역이 이슬람교도들의 수중에 들어갔다. 얼마 후에는 스페인도 점령했고 다시 피레네 산맥을 넘어 갈리아 지방으로 들어가다가 732년 투르 전투에서 프랑크 왕국의 궁재인 칼 마르텔(Karl Martel)이 이끄는 군대와 접전하여 처음으로 패전하였다.

마호메트 사후 이슬람 제국에서는 칼리프(Caliph)란 명칭을 가진 아부 베크르(Abu Bekr)가 등장하여 실권을 장악하였다. 그 다음 칼리프는 오마르(Omar)였고 그 뒤에는 마호메트의 두 사위인 오트만(Othman)과 알리(Ali)가 계승하였다. 칼리프는 '계승자'를 뜻한다. 이 4인의 칼리프들은 이슬람 세계를 분할하지 않고 전체적으로 통치했기 때문에 정통 칼리프들로 알려져 있다. 그들의 수도는 메디나였다.

그런데 661년 알리가 사망하면서 정권 장악을 위한 분쟁이 일어났다. 무려 89년 동안 시리아의 한 가문이 칼리프 직을 독점하였는데 이 당시 수도는 다마스쿠스였다. 그러나 시리아인들의 지배는 750년에 끝나고 스페인을 제외한 이슬람 세계는 다른 가문의 세력 아래로 들어갔으며 수도도 바그다드로 옮겨졌다. 바그다드의 칼리프 중 하룬 알 라쉬드(Harun Al-Rashid)는 아라비아 불후의 문학작품인 『아라비안 나이트(Arabian Nights)』로 유명하다. 얼마 후 바그다드 칼리프들의 통제력이 약화되어 제국의 통일이 무너졌지만 여러 국가들은 여전히 이슬람 종교의 기치 아래 단결되어 있었다.

비록 이슬람교도들은 검으로 포교했다는 비난을 듣기도 했으나 사실 7·8세기의 이슬람교도들은 당시 가장 문화가 발달된 민족이었다. 당시 서유럽인들은 무지와 야만상태에 빠져 있었던 반면 이슬람교도들은 의학, 수학, 농업, 천문학 분야에서 놀라운 발전을 보이고 있었다. 예컨대 의학분야에서 그들은 안질, 홍역, 마마 등에 대한 의학지식을 체계화하고 있었다. 또한 아라비아 수학의 개발과 대수학의 발전, 영(zero)의 개념 등은 이들의 공헌이었다. 카이로, 바그다드, 코르도바에는 훌륭한 대학들이 창설되었다. 아라비아의 가죽, 비단, 강철 제품들은 세계에서 가장 우수하였다. 오늘날에도 아라비아의 가죽제품은 세계 최고의 상품으로 유통되고 있다. 이들의 지리와 항해에 관한 지식은 유럽보다 가장 앞서 있었고 이븐 바투타(Ibn Battuta)와 같은 대여행가도 활동하였다. 문학으로는 아라비안 나이트, 루바이야트(Ruvaiyat) 등 아름다운 산문과 시 작품들이 남아있다. 미술에는 원형지붕과 종루를 가진 이슬람 사원건축인 모스크(mosque)와 식물의 잎과 꽃을 아름답게 엮어 놓은 아라베스크(arabesque) 무늬가 유명하다. 또한 음악에서는 탬버린, 기타 등의 악기가 만들어져 사용되었으며 팡파르(fanfare)와 같은 음악 용어는 아라비아에서 유래된 것이다.

4. 봉건제도와 교회 세력의 성장

▌봉건제도▐

강력한 중앙정부를 형성하고 있었던 로마시대에는 로마제국과 로마군인들의 보호로 로마시민은 물론 원거리의 속주민까지 안전보장과 생계를 두려워할 필요가 없었다. 그러나 제국 말기 중앙정부의 지방에 대한 통치권의 부재는 크게는 게르만족을 비롯한 적의 침략에 대해 지방의 안전보장과 식량안보를 책임질 수 없었고 작게는 도로와 수로, 우편시설, 의료 등 공공시설에 대해 지원하지 못하는 중앙정부에 대한 불신으로 이어져 여러 지방 세력들은 서서히 지방분권적 사회를 형성해 나가고 있었다. 그리하여 비잔틴 제국의 동유럽과 달리 5세기에 몰락한 서유럽 안전의 책임은 새로운 정복자인 게르만족, 특히 프랑크 왕국에게 돌아갔다. 그러나 찰스 대제의 사망 이후 프랑크 왕국이 분열되어 와해되자 자유인이지만 토지소유자인 사람들은 절망적인 상태에 빠졌다. 왜냐하면 중앙의 통치권이 미치지 않는 지역을 중심으로 노르만족을 비롯한 수많은 약탈자들이 침략해 약탈, 방화, 살인 행위를 자행했기 때문에 사람들은 그 어떤 강력한 자에게 보호를 요청하지 않을 수 없게 되었다.

이러한 상황에서 자신의 안전과 생계에 위협을 느낀 지방 세력들이 유력한 자에게 몸을 위탁하면서 일정한 정치적·군사적·사회적 관계가 형성되는 현상이 나타났는데, 그것이 곧 봉건제도이다. 따라서 로마의 은대지 제도와 게르만족의 종사제를 기원으로 하여 중세 유럽사회의 근본적인 생활구조가 되었던 봉건제도는 하나의 특정 제도라기보다 그 관계가 중복되는 일련의 거대한 사적인 계약관계였다. 사람들은 유력자에게 그들의 토지와 재물과 각종 서비스를 제공하면서 충성서약(homage)을 하는 대신 보호를 확약받는 것이 하나의 습관처럼 되어 갔다. 이때 유력자는 주군(lord)이 되고 약자는 봉신(vassal)이 되었는데 그러한 관계의 매개체인 토지를 봉토(fief)라고 불렀다. 주군은 봉신의 재산을 소유했으나 곡물과 서비스를 제공받는 조건으로 재산 사용권을 원래 소유주들에게 부여하였다. 주군은 유료 방앗간, 포도주 제조기 등을 차려 놓고 주민들의 이용을 권장하였다.

이러한 개인적인 계약관계는 결국 유럽사회에 분명한 사회계층 구조를 만들어냈다. 그중 최상층 세력은 강력하고 부유한 귀족들로 이들은 각기 성 또는 대저택을 비롯한 사병 등을 소유하고 있었다. 어떤 경우 특히 강력한 주군은 자기 밑에 주위의 모든 귀족들을 봉신으로 거느리는 경우도 있었다. 이러한 대귀족은 보통 왕이란 칭호를 보유하였다. 이론상으로 그는 모든 토지를 소유하고 그의 봉신들에게 토지를 분배해 주고 또다시 그 봉신들은 자신들의 밑에 있는 봉신들에게 땅을 분배해 주었다. 따라서 대부분의 귀족들은 주군이며 동시에 봉신으로서 바로 이들 귀족들이 중세 전사층인 기사(chevalier)들이다. 이렇게 봉토를 매개로 이루어진 주군과 봉신 간의 계약관계하에서 주군은 봉신에게 봉토를 부여해 봉신의 생계 보장 및 봉신에 대한 법적·군사적 보호를 약속했고 봉신은 주군에 대한 군사적 봉사 및 조언·부조의 의무를 이행해야 했다. 이러한 봉건제도의 기본구조는 왕을 정점으로 하는 일련의 '재분봉 과정'을 거쳐 하급기사에까지 연결되는 피라미드형 구조로서 중세 사회의 상부구조를 구성하였다. 따라서 권력이 분산될 수밖에 없었던 봉건제 도하에서는 당연히 강력한 지배세력이 형성될 수 없었다. 모든 봉신들은 각각 자신의 주군에게만 충성하면 그만이었기 때문이다. 이러한 점에서 봉건제의 특징은 쌍무적인 계약관계이자 두 당사자들만의 사적인 계약관계라 할 수 있다.

▎장원제도▎

주종관계로 형성된 봉건제도는 대체로 토지를 매개로 이루어졌는데, 토지를 중심으로 한 중세사회 생활의 최소 단위이며 자급자족의 공동체를 장원(manor)이라 한다. 이러한 장원은 토지를 소유한 봉건영주와 농노와의 관계를 규정하는 것이다.

장원에서 농노들은 권리가 거의 없었다. 그들은 피땀 흘려 일한 대가로 겨우 생명을 유지하였다. 그들이 사는 집은 짚으로 지붕을 만든 형편없는 것이었다. 그들이 생산한 곡물은 대부분 토지 사용세로 상납되었다. 거기에다 영주의 직영지까지 경작해 주어야 할 의무가 있었으며 영주의 허가 없이는 사는 곳을 떠날 수도 없었다. 또한 영주의 딸이 결혼을 하거나 영주 자신이 적군의 포로가 되었을 때는 농노들이 금전을 각출하여 부조금 또는 몸값을 지불해야만 했다. 만약 농노의 딸이 출가하여 타 지역으로 이사를 가는 경우, 해당 농노는 노동력 상실세를 납부해야 했다. 영주의 비위를 건드린 농노는 가혹한 처벌을 받았다. 또한 농노들의 무지를 이용한 영주의 횡포도 적지 않앗다. 이러한 것을 '경제외적 강제(經濟外的 强制)'라고 한다. 이것은 매여 살 수밖에 없는 토지라는 경제적인 것 때문에 경제외적인 것마저 강제 당한다는 것을 의미한다. 요컨대 "뿔없는 소"라는 표현처럼 농노들은 수고와 무지와 고난의 생활만을 영위해야 했기 때문에 인간이라기보다는 차라리 가축과도 같은 생활을 하고 있었다고 보아야 할 것이다.

반면 기사라는 전사계급이자 지배계급인 귀족들은 노동과는 상관없이 인생을 최대로 즐겼다. 그들은 어려서부터 무술과 사냥을 익혔다. 즉, 귀족의 아들은 7세가 되면 부모를 떠나 아버지 주군의 저택으로 가 주군이나 주군 마나님의 시동(page) 노릇을 하면서 귀족의 예법을 배우고 주군의 시중을 들었다.

▲ 사랑의 기사도

14세 무렵 그는 종사(squire)가 되어 기마와 무기 다루는 법을 익히고 직접 전쟁터에 나가기도 하였다. 그리고 20세를 전후하여 그는 무기와 갑옷을 받고 전신목욕을 한 후 제단 앞에 꿇어앉아 기도하며 밤을 새우면 마침내 귀족이나 왕이 등장하여 그의 어깨를 칼로 두드리며 기사를 선포함으로써 "써어(Sir)"라는 타이틀과 더불어 완전한 기사가 되었다.

기사들은 기사도를 지켜야만 했다. 기사도란 기독교의 영향으로 생겨난 기사들의 생활양식이자 윤리체계로서 기사로서 보여야 할 명예롭고 예의바른 행동을 말한다. 기사도에 따라 그들은 정직, 명예, 공정한 싸움, 숙녀존중 등을 실천해야 했는데, 숙녀(ladies)에는 농노의 아내나 딸들은 해당되지 않았다. 일반적으로 이러한 기사도가 있었지만 중세 기사들 대부분은 무법자들처럼 가혹행위를 자행하는 경우도 많았다.

▲ 사랑의 기사도

▌교회세력의 성장 ▌

봉건제도와 더불어 중세사회를 특징짓는 또 하나의 요소는 로마 가톨릭 교회라 할 수 있다. 교회는 교황, 대주교, 주교, 본당신부로 구성되어 중세 사회구성원들과 단단히 연결되어 있었는데, 성직자들은 주종제의 봉건피라미드에 편입되어 있던 봉건영주이기도 했다. 더욱이 교회는 칠성사에 의해 사람들의 일상생활을 간섭하기도 했는데, 중세인들은 태어나서 죽을 때까지 교회로부터 자유로울 수 없었다. 또한 중세교회와 수도원은 당시 학문과 교육의 중심을 이루기도 하였다. 하지만 중세 초만 하더라도 교회의 독자적인 권위는 확립되어 있지 못했다. 그러한 이유들 중 하나로 성직자들의 세속화 경향을 들 수 있는데, 예컨대 이탈리아 지배가문들이 관여하여 로마교황을 선출한다든지, 지방 성직자나 수도원장들 역시 그 지역의 세속군주나 봉건귀족들에 의하여 임명되는 상황이었다. 또한 황제나 국왕이 주교 서임시 세속지배자가 신의 대리인으로 성직자를 서임한다는 명분이 부각되었는데 이러한 서임은 교회성직자와 수도원장들이 세속지배자의 종신이 됨을 의미하였다. 성직자 서임과 성직 수행과정에서 나타난 이러한 세속화 경향은 성직자의 저질화와 부패를 초래하기도 했는데, 교황 요하네스 12세의 사례에서처럼 성직자의 축첩 및 성직매매 등은 그 한 예라 할 수 있을 것이다.

이러한 교회의 세속화와 타락에 대해 문제를 제기한 것은 10세기경 클뤼니(Cluny)수도원 같은 유럽의 수도원들이었다. 즉, 10세기경 전반적인 유럽의 안정을 배경으로 일어난 수도원 운동과정에서 교회는 세속지배자들에 의한 성직자의 선출을 교회 타락현상의 근본원인으로 제기하며 서임권 투쟁을 전개하였다. 이러한 군주와 교황간의 서임권 투쟁은 교황 그레고리 7세와 신성로마제국 황제 하인리히 4세의 대립 속에 교황의 황제파문이라는 카놋사의 굴욕(1077년)을 초래했고 결국 1122년 보름스 협약으로 주교서임권은 교회가 갖고 주교는 왕에게 종신으로서의 서약을 하기로 타협하였다. 하지만 이는 중세사회에서 세속권에 대한 교권의 신장을 보여주는 것이라 할 수 있다.

따라서 로마 가톨릭교회는 중세 봉건사회에서 매우 중요한 역할을 하였다. 교황으로부터 주교들에 이르기까지 그들은 대토지 소유자들이었고 많은 봉신들을 거느리고 있었다. 그들 중 일부는 노련한 기사들로 유사시엔 다른 주군들처럼 무기를 들고 전쟁터로 향하였다. 그러나 성직자들은 일반 기사들과 달리 야만적인 전투방법을 점차적으로 제거하는 데 공헌하였다. 11세기경 성직자들은 "하느님의 휴전(Truce of God)"이란 제도를 만들어 냈는데 그에 따르면 전쟁 중이라도 매주 수요일 저녁부터 월요일 아침까지는 전투행위를 금지하게 되어 있었다. 또한 주요한 축제일에도 전쟁은 중지되어야 했다. 따라서 이 하나님의 휴전으로 중세의 전투는 일 년 중 80일 동안만 할 수 있었고 사흘 이상 계속해서 싸울 수가 없었다. 뿐만 아니라 "하나님의 평화(Peace of God)"라고 하여 여자,

상인, 농민, 성직자 등 비전투원에 대한 공격을 금지하였다.

고위 성직자들은 그들의 봉신들로부터 받아들이는 조세 이외에도 교회 자체에서 받아들이는 세수가 컸다. 10분의 1세는 귀족과 농노를 불문하고 누구나 납부해야 했다. 이러한 재원을 근거로 교회는 거대한 사업을 수행해 나갈 수 있었던 것이다.

성직자들의 가장 값진 공헌은 교구 신부들과 수도승들이 이룩하였다고 할 수 있는데, 고위 성직자들과 달리 이들은 농노들의 일상생활을 접하는 가운데 벅찬 노동과 가난 속에 살기는 하였지만 종교적인 업무 외에도 오래된 원고를 복사하거나 문서를 보관하는 일을 하였다. 이러한 일들은 후대에 귀중한 자료들을 전해 주는 계기가 되었다. 또한 이들은 교육을 많이 받았기 때문에 무지한 백성들의 교화에도 크게 이바지하였다.

이처럼 중세사회는 정치, 경제, 사회, 문화 등 거의 모든 인간이 사는 구조 속에 봉건적 요소가 지배하고 있었다. 이러한 봉건적 요소는 중세가 끝난 다음에도 수백 년 동안 지속되어 유럽사회의 여러 면을 규정하였다.

5. 도시의 발달

▎도시의 성장과 도시민 ▎

10세기에서 11세기에 이르는 동안 서유럽 사회는 전반적인 안정세를 보이기 시작했다. 즉, 9~10세기에 있었던 노르만족, 마자르족, 이슬람족들의 침입이 점차 약화되고 장원제도를 바탕으로 한 봉건제도도 안정되면서 농업생산력 및 인구가 증가했고 그에 따라 개척과 개간사업 역시도 활발히 진행되었다. 또한 규모는 작지만 잉여생산물의 처리를 위해 지방단위의 시장이 출현하였는데 그러한 교역의 중심지로 발달하기 시작한 것이 도시이다. 이러한 도시의 발달은 중세 사회의 역동성을 보여주는 대표적인 사례이다.

중세도시의 성장 요인에는 여러 가지가 있다. 우선 로마시대 이래의 도시적 전통을 들 수 있다. 서유럽에는 로마시대의 도시가 그대로 남아 있는 경우가 많았는데 런던, 쾰른, 요크, 엑스터 등이 그러하다. 그러나 사실 이들 도시에 사는 사람들은 도시생활을 제대로 영위하지 못하였다. 수도, 하수도, 도로 등은 사용하지 않아 황폐해졌고 큰 건물들은 채석장처럼 되어 사람들은 이곳에서 석재를 빼어다가 소규모의 실질적인 건물들을 건축하였다. 조그마한 봉건집단이 이들 도시 내에서 생활했으나 도시 행정기구 같은 것은 아예 존재하지 않았다.

또한 영주들의 성곽과 요새를 중심으로 도시가 성장하였는데 켄트, 부르주, 막데부르크, 브리스톨 등이 대표된다. 즉, 중세 농노들의 빈약한 생활필수품은 주군의 영내에 사는 다른 봉신들이 공급해 주었다. 가령 제화공이 없어 구두를 구입할 수 없게 된 경우를 생각해보자. 이런 때에 우연히 외부에서 들어온 제화공이 있다면 그는 구두를 만들어 농노들의 수요를 충족시켜 줄 수가 있었다. 그러나 그는 공적으로는 이곳 주군의 봉신이 아니었기 때문에 주군의 지배를 받지 않는 독립 상인이 될 수 있었다. 얼마 후에 이 마을은 여러 가지 업종의 독립 상인들을 필요로 하게 되고 서서히 마을에 등장한 여러 상점들이 발전하여 도시가 되었다. 영주들의 성곽이나 요새를 군사적 요충지라는 의미의 "borough, burg, bourg"라고 불렀고 이곳에 사는 자유민을 "burgess, burgher, bourgeois"로 불렀다. 이들은 단순한 요새의 방위자에서 도시민이란 의미로 확대 통용되었다.

또한 명승지 등으로 교통이 발달한 지리적 요충지도 도시로 발전할 수 있었다. 주로 항구나 강변, 그리고 고갯길 길목(mountain pass) 등에 도시가 성장했는데 옥스퍼드, 케임브리지, 뤼벡 등이 이에 속한다. 예를 들어 어느 지역이 특히 경치가 좋다면 그곳을 찾는 여행자가 많아질 것이고 자연히 그곳에는 손님들의 요구에 부응하기 위한 상점, 여관 등이 설치되어 차차 도시로 성장할 수 있었다. 이와 더불어 상업의 부활, 국제무역의 증대 등으로 항구 도시들이 발전했는데 베네치아, 제노아, 피사 등이 이에 속한다.

십자군 원정 이후 여러 도시들은 봉건 영주나 국왕 혹은 교황 등으로부터 스스로의 독립을 얻으려고 투쟁하였다. 특히 점차적인 인구 증가와 더불어 도시민들은 주군의 도시 소유권을 부정하기 시작하였다. 도시들이 독립을 획득하는 방법에는 여러 가지가 있었다. 예를 들어 많은 주군들은 십자군원정에 참가할 때 자기 영내의 도시 상인들로부터 거액의 전쟁 비용을 차용했었다. 그런데 주군이 전장에서 돌아왔을 때 빚을 탕감할 길이 없으면 도시에 자치권을 부여함으로써 빚을 상쇄하기도 하였다. 또 다른 경우 도시민들은 직접 주군으로부터 독립을 매입하기도 하였다. 어떤 경우엔 독립을 얻기 위해 직접 무기를 들고 싸우기까지 하였다.

일단 자유를 획득한 도시는 놀라운 속도로 발전하고 번영하였다. 상인들은 도시에 구름처럼 모여들어 상품을 서로 교환하였다. 농노라고 해도 일단 장원에서 도망쳐 나와 도시에 들어가 1년 1일을 살면 시민권이 부여되는 관례가 있었기 때문에 도시의 인구는 더욱 증가하였다. 따라서 당시 "도시의 공기가 자유를 만든다(Stadtluft macht frei)"는 말이 유행하였다. 도시민들은 강력하고 독립적이며 자신만만한 태도를 지닌 도시 행정책임자로 시장 등의 관리를 선출했는데 이는 국민정치로 향하는 장족의 발전이었다.

▌동일직업조합▐

자유도시의 주체는 여러 상인들과 수공업자들이었다. 처음에 이들은 완전히 독립되어 있었기 때문에 다른 상인이나 수공업자들의 이익을 무시하며 상품을 제조하고 판매하였다. 그러나 상인들은 이 극단적인 독립성이 불리한 결과를 낳는다는 것을 깨달았다. 예를 들어 인기 업종에 사람들이 너무 많이 몰려 서로 치열한 경쟁을 했기 때문에 큰 이익을 볼 수 없는 경우도 있었다. 또한 소규모 업자들은 형편없는 상품을 제조하여 고객들에게 속여 팔기가 일쑤였다. 따라서 반드시 어떤 규제가 필요하였다.

그리하여 얼마 후 중요 업종들이 질서를 유지하기 위하여 각각 동일직업 조합(guilds)을 결성하였다. 동일직업조합은 같은 직종에 종사하는 장인들의 협력단체였다. 이를테면 목공조합, 제화공조합, 금은방조합 등 수많은 조합들이 형성되었다. 각 길드에는 선임된 직원들이 근무했고 길드마다 법규를 만들어 조합원들의 영업행위를 규제하였다. 길드제도에 의하면 숙련공만이 공장을 차릴 수 있었다. 점포 수는 도시의 인구와 상품 수요에 따라 달랐다. 길드의 허가를 받지 않고는 아무도 공장을 열 수 없었다. 만약 이를 어겼을 경우에는 회원자격이 박탈되었을 뿐만 아니라 구타를 비롯한 심한 공격을 당하였다.

숙련공이 되려면 일정한 절차를 밟아야만 했는데 우선 어린 소년시절에 원하는 작업장에 들어가 견습공(apprentice)으로 일을 해야 했다. 견습공 시절에는 보수가 없었고 숙식만 제공받았다. 견습기간이 지나면 직인(journeyman)이 되었다. 직인이 되면 임금을 받았으나 대부분 공장주인 숙련공(master) 밑에서 일을 해야만 하였다. 직인은 대체로 23세를 전후하여 반드시 결혼을 하고 난 후 숙련공으로서의 기술과 상술을 마스터할 수 있었고 그런 다음 자신의 공장설치 허가신청서를 길드에 제출할 수 있었다. 이 신청서와 함께 그는 심혈을 기울여 만든 걸작품(masterpiece)을 만들어 길드의 심사를 받았다. 길드에서는 상품의 제조기술, 성실성, 공장의 수요관계들을 살펴 직인에게 숙련공으로서 작업장을 차릴 수 있는 권리를 부여하였다.

시간이 지나면서 길드는 상업의 세부적인 것에 이르기까지 통제하였는데 임금, 작업시간, 견습공과 직인의 수가 엄격하게 규제되었다. 각종 공장들이 발전하자 길드제도는 봉건제도 이상으로 민중의 생활에 영향을 끼쳤다.

중세의 도시들은 현대나 고대적 기준으로 볼 때 결코 유쾌한 장소는 못 되었다. 주택들은 도시 성벽 내에 들어와 보호를 받기 위하여 촘촘히 들어서 있었다. 도로는 좁고 어두웠으며, 포장이 되어 있지 않고 인도는 따로 없었다. 하수도 시설이 없는 관계로 오물처리가 제대로 되지 않아 심한 악취가 풍겨오기도 했다. 또한 집안은 물론 공공시설에도 화장실이 따로 설치되지 않았는데 서구 유럽사회의 이러한 모습은 산업혁명기까지 이어진다. 식수는 우물물을 사용했는데 매우 불결하였다. 이는 당시 사람들의 수명이 짧았던 원인을 어느 정도 짐작할 수 있는 부분이다.

이렇게 중세도시들은 별로 즐거운 장소는 되지 못하였으나 다른 한편으로는 대성당의 모습을 통해 가장 뚜렷하고 아름다운 모습을 보여주기도 했다. 또한 도시에는 시가를 내려다보며 지켜주는 성이 있어 유사시 최후의 거점이 되었다. 따라서 중세도시는 그 나름의 훌륭한 역할을 했는데 우선 도시들은 자유민의 터전이었다. 그들은 도시의 명예를 존중했고 함께 싸우고 함께 일하면서 공동의 이익을 추구하였다. 이러한 도시에 대한 애호심은 이후 국가주의적 감정으로 발전해 간 것으로 생각된다.

자유로운 도시가 성장하면서 도시들은 서로 간의 동맹체를 형성하여 다양한 상업 활동에 있어 이익을 독점하였다. 이탈리아의 롬바르디아 동맹과 독일지방의 한자동맹(the Hanseatic League)이 유명하다. 비스비, 뤼벡, 함부르크, 브레멘 등 여러 항구도시들의 연합체인 이 도시동맹은 단순히 회원도시들의 상선과 상행위를 보호하자는 필요성에서 창조된 경제연합체였다. 따라서 이는 근대적인 국민주의적 감정이 포함된 것은 아니었고 얼마 후 이 체제는 사라지고 말았다.

6. 십자군 운동

▌십자군의 동기 ▌

이슬람 문명은 아라비아인들과 무어인들을 중심으로 성장하였다. 이들은 이슬람교를 서남아시아, 북아프리카, 스페인에 전파했으나 칼 마르텔에게 패전함으로써 서유럽으로의 전파는 이루어지지 못하였다. 이러한 팽창주의가 진정되자 그들은 비교적 조용하고 평화스런 신도들이 되어 있었다. 그들은 팔레스티나의 성지를 점유하고 있었으나 기독교 순례자들이 이곳에 찾아오는 것을 간섭하지는 않았다. 이 당시 이슬람교도들은 이제 겨우 야만적 단계를 벗어난 유럽인들보다 훨씬 개명되어 있었고 덜 호전적이었던 것이다. 하지만 11세기경 이슬람교도들은 오히려 수세적인 입장에 처해 있었다. 당시 그들은 이탈리아의 여러 도서인 코르시카, 시실리, 사르데냐 등에서 기독교세력에 의해 쫓겨났고 스페인에서는 차츰차츰 영토를 빼앗기고 있던 처지였다.

그런데 상황이 돌변하였다. 아시아 내륙지방으로부터 광포하고 호전적인 셀주크 터키인(Seljuk Turks)이 새로운 이슬람적 정열을 가지고 나타나 비호전적인 아라비아인들을 쳐부수고 그들의 영토를 점령하여 새로운 이슬람 터키 왕국을 건설하였다. 기독교 순례자들은 이전과 달리 셀주크 터키인으로부터 학대와 탄압을 받았고 결국 이슬람 세력에 대한 유럽인들의 분노는 점차 증대하기 시작하였다.

이러한 상황 아래 이슬람 세력과 보다 가까이 위치하고 있던 동로마 제국의 황제 알렉시우스(Alexius)는 로마 교황 우르반 2세(Urban II)에게 도움을 요청하였다. 이슬람교도들이 콘스탄티노플을 포위공격하고 있었기 때문이다. 이곳은 유럽으로 들어가는 관문으로 경제적 중요성이 한층 높은 곳이었다. 이에 비잔틴 교회에 대한 로마교회의 우위를 확보할 좋은 기회라 생각한 교황은 위기에 직면하여 자신이 취할 태도를 분명히 하였다. 그는 기독교를 전파할 좋은 기회가 도래한 것을 느꼈고 숙적인 이슬람교도들을 타도하여 기독교 순례자들을 안심시키고 이를 계기로 교황 자신이 만왕의 왕으로 군림하겠다는 야망을 불태웠다.

1095년 클레로몽에서 대종교회의가 개최되었다. 이곳에서 교황 우르반 2세는 이슬람교도들을 타도하는 성전(聖戰)인 대십자군 원정의 필요성을 역설하였는데 회의에 참가한 유럽의 군주를 비롯한 여러 고위 성직자들은 이구동성으로 "하느님이 그것을 원하신다(Deus vult)"라고 외쳤다. 이때 유럽 방방곡곡을 다니며 십자군 원정에 대해 선전할 사신들이 등장하였다. 그들 중 가장 유명했던 사람은 은둔자 피터(Peter the Hermit)라는 수도승이었는데, 그는 성지순례 과정에서 셀주크 터키인들에게 학대받았던 고통스런 경험담을 다니는 곳곳마다 역설하여 청중들로 하여금 분개심을 일으켜 십자군에 참가하도록 자극하였다.

중세는 열광적인 종교의 시대였다. 따라서 종교적 동기는 성전이라는 구실로 많은 사람들을 이끌었다. 물론 다른 목적을 가지고 십자군에 참가한 자들도 많았다. 10세기 후반부터 11세기에 걸친 농업 생산력의 증대와 인구의 증가 등은 유럽을 새로운 활기와 정력으로 넘쳐나게 하였다. 따라서 유럽의 비좁은 곳에서 토지도 변변히 소유하지 못한 사람들은 이슬람 국가를 쳐부수고 대토지를 소유해 보겠다는 꿈을 갖고 있었다. 또한 모험가들은 십자군 원정이 약탈을 통해 부를 축적할 수 있는 좋은 기회가 될 것이라고 믿었다. 이탈리아의 상인들은 터키인들이 점유한 곳에서 거래하기가 곤란한 것을 알고 기꺼이 그들의 상선을 십자군에 제공하여 장차 동부 지중해연안 항구들의 제패권을 얻게 될 것을 기대하였다. 동로마의 알렉시우스 황제는 서유럽 십자군의 도움을 받아 자신이 잃었던 소아시아의 영토를 탈환하겠다는 야망을 품고 있었다. 이와 같이 십자군 원정에는 많은 동기들이 작용하고 있었다.

▌제1차 십자군 ▐

제1차 십자군 원정은 두 번의 원정으로 구분된다. 첫 번째 원정은 민중 십자군이라고도 하는데 이들은 출정을 오래 기다릴 수 없었던 성급한 광신주의자들로 구성되어 있었다. 이들의 지휘관은 은둔자 피터와 무일푼의 월터(Walter the Penniless)라 하는 가난한 기사가 맡았다. 무기와 장비가 보잘것없었던 이들은 성역의 위치도 모르고 있었다. 이들은 기독교 국가들을 통과하면서 온갖 약탈과 강도행위를 일삼았고 성지에 도착하기도 전에 헝가리인과 불가리아인에 의해 대부분 학살되고 말았다.

두 번째 원정은 왕자의 십자군(Crusade of the Princes)이라고 하는데 이들은 잘 조직된 군인들이었다. 이 십자군은 10인의 대귀족들이 지휘했고 병력은 20만 명에 달하였다. 1096년 이들은 콘스탄티노플로 진격하였다. 알레시우스 황제는 이러한 대규모의 십자군을 예상하지 못했기 때문에 혹시 이들이 콘스탄티노플을 정복하지 않을까 근심하였다. 이를 피하기 위해 황제는 지휘관들에게 황제에 대한 충성을 서약케 했고 이들이 점령하는 토지에 대해서는 황제 자신이 주군이 될 것임을 확인했다.

이들 십자군은 소아시아로 진격하여 니케아(Nicaea)와 안티옥(Antioch)을 점령하였다. 이들이 안티옥을 점령하자마자 대규모의 터키군이 나타나 도시 안에 있는 십자군들을 포위하였다. 사태는 절망적이었다. 이때 한 병사가 십자가 상의 예수를 찔렀던 창을 발견하였다. 물론 그 성스러운 창은 병사의 신앙에 입각했던 것으로 조작된 것이었다. 분명히 십자군들은 성스러운 창을 소유하고 있는 한 패전할 이유가 없었던 것이다. 이 뜻밖의 성스러운 물건을 발견한 십자군들은 도시를 뚫고 나와 터키군을 철저히 격파할 수 있었다. 이들은 예루살렘으로 진격하여 1099년에 그곳에 도달하였다. 예루살렘에는 셀주크 터키인들로부터 도시를 탈환한 아라비아인들이 진을 치고 있었다. 치열한 전투 끝에 십자군은 예루살렘을 점령했고 많은 이슬람교도들이 학살되었다. 승전한 십자군들은 예루살렘 성도에서 무릎을 꿇고 감사의 기도를 올릴 수 있었다.

성지를 탈환한 십자군들은 그곳이 다시는 이교도들의 수중에 들어가지 않도록 튼튼히 방비하였다. 그들은 이미 니케아에서 안티옥에 이르는 지역에 에데사 공국을 건립하고 주군으로는 볼드윈(Baldwin)을 옹립하였다. 예루살렘에는 예루살렘 왕국이라는 더욱 발전된 국가가 창설되고 고드프리(Godfrey)라고 하는 프랑스 귀족이 첫 지배자가 되었다. 고드프리는 왕의 칭호를 거부했는데 그것은 예수가 고난당하고 죽은 성도를 기독교인 왕이 다스린다는 것은 옳지 않다고 믿었기 때문이다. 대신 그는 "성묘의 수호자(Defender of the Holy Sepulcher)"란 칭호를 취하였다. 일 년 뒤 그가 사망하자 동생으로 그를 계승한 볼드윈은 주저 없이 "예루살렘 왕"의 칭호를 취하였다. 이 새로운 왕국과 그의 부속 국가들을 보호하기 위해 병원기사단(Knights Hospitaler)과 성당기사단이 창설되었다.

이러한 제1차 원정의 승전 원인들 중 하나는 이슬람교도들의 통일성 결여에 있었다. 아라비아인들과 터키인들은 단결하기가 힘들었던 것이다. 그러나 점차 기독교인들 사이에서도 반목이 나타났고 그 틈을 타 터키인들은 1144년 에데사 공국을 공격해 탈환하였다.

▍다른 십자군 ▍

에데사 공국의 상실은 서유럽에 일대 충격을 주어 제2차 십자군 원정이 단행되었다. 지휘관들은 프랑스의 루이 7세와 신성로마제국의 콘라트 3세였다. 그러나 2차 원정은 완전한 실패작이었다. 길잡이들의 배반으로 콘라트 황제의 십자군은 사막지대를 헤매다가 이슬람교도들의 기습공격으로 수많은 병사들이 전사했고, 루이 7세의 십자군도 모함에 빠져 어려움을 겪었다. 그러나 이들이 천신만고 끝에 성지에 도달했을 때 그곳의 의심 많은 기독교인들은 새로 도착한 십자군들을 환영하지 않았다. 따라서 이들 십자군은 사기를 잃고 다마스커스를 공격했으나 실패하고 아무 성과도 없이 유럽으로 되돌아가고 말았다.

경쟁의식으로 인하여 성지 기독교인들 사이의 분열이 점점 심해지자 이슬람교도들은 유능한 이집트 출신의 장군 살라딘(Saladin)의 영도 아래 단결하였다. 살라딘이 교도들을 규합하여 1187년 예루살렘과 팔레스티나 전역을 탈

▲ 살라딘

환함으로써 십자군의 애쓴 보람은 무위로 돌아가고 말았다.

또다시 서유럽 세계는 흥분으로 들끓었고 1189년에는 제3차 십자군이 결성되었다. 이번에는 신성로마제국의 프리드리히 바바로사(Frederick Barbarrossa) 황제, 영국의 리처드 1세(Richard Ⅰ), 프랑스의 필립 2세가 영도하였다. 바바로사는 먼저 출병했지만 부하들에게 도강시범을 보이다가 익사했기 때문에 그의 군대 대부분은 성지에 도달하지도 못하고 본국으로 돌아가고 말았다. 필립 2세는 1190년 아크레시를 포위 공격하는 등 실제로 이슬람교도들과 싸워 승리했으나 의미는 크지 않았다. 1191년 리처드 1세는 그의 군대와 함께 조금 늦게 도착하였다. 그는 도중에 키프로스 섬을 정복했고 다른 지역에서는 약탈 등 재미를 보느라고 연착했던 것이다.

당시 프랑스와 영국은 의심과 증오속에 갈등관계에 있었기 때문에 두 나라 군대는 마지못해 연합하여 이슬람교도들과 싸웠다. 그들이 공격한 아크레시는 함락되었으나 전리품을 놓고 분쟁이 발생하자 그에 분격한 필립 2세는 본국으로 돌아가고 말았다. 리처드 1세는 그곳에 머물면서 이슬람교도들과 싸워 십자군의 위용을 떨치려고 하였으나 1192년 동생 존(John)이 왕위를 탈취하려는 음모를 꾸미고 있다는 소식을 전해 듣고 이슬람 지도자와 조약을 체결하고 말았다. 그 결과 기독교인들은 팔레스티나 연안지대의 작은 지역을 얻었고 이후 기독교 순례자들은 자유롭게 성지를 여행할 수 있게 되었을 뿐이었다. 리처드는 곧 영국으로 향했으나 도중에 독일에 억류되었다가 13개월만에야 풀려났다. 3차 원정도 이와 같이 불명예스럽게 끝나고 말았다.

1202년 정력적인 교황 인노센트 3세(Innocent Ⅲ)는 4차 원정을 일으켰다. 그의 선동적 연설에 의해 프랑스의 많은 기사들이 베네치아에 집결하였다. 그들은 해로를 통해 성지에 갈 생각이었다. 그러나 불행히도 이 기사단에게는 군비가 턱없이 부족하였다. 당시 베네치아의 총독 단돌로(Dandolo)는 십자군에게 수송을 책임지는 대신 그만한 대가를 약속받았다. 즉 아드리아해 부근에 자라(Zara)라는 기독교인 도시가 있었는데 상업도시였던 이곳은 베네치아와 경쟁관계에 있었기 때문에 만약 십자군이 자라시를 점령하여 이를 베네치아 정부에 넘겨주면 그것으로 십자군의 수송비를 탕감하겠다는 것이었다. 이에 출동한 십자군은 약속을 이행하였다. 그러나 단돌로의 욕심은 여기서 그치지 않았다. 그는 십자군 기사들을 충동질해 콘스탄티노플을 공략하여 값진 물건들을 약탈케 하였고 이곳의 주군으로 군림하였다.

결국 4차 원정에서 십자군의 정력과 야망은 완전히 소멸되었다. 일부는 콘스탄티노플에 남고 또 일부는 유럽으로 돌아갔다. 이슬람교도들과 싸우러 성지로 향한 사람은 하나도 없었다. 1261년 동로마인들은 콘스탄티노플을 다시 탈환하였지만 그동안 베네치아는 무역을 독점하여 막대한 부를 쌓을 수 있었다.

이와 같이 제4차 십자군 원정은 불명예 중의 불명예였다. 그런데 이 불명예를 씻어내는 방법은 순수한 소년들이 십자군이 되어 어른들이 저지른 죄를 대속하는 길밖에 없다고 믿는 이들이 있었다. 프랑스의 스티븐(Stephen)과 독일의 니콜라스(Nichilas)가 그들이었다. 그들은 유럽을 순회하며 소년 십자군을 역설하였다. 드디어 1212년 유럽 각처에서 많은 소년들이 남쪽으로 밀려내려왔다. 그러나 이들 중 수백 명이 알프스를 넘다가 죽었다. 지중해에 도달했을 때에 살아남은 소년들은 모세 시대 이스라엘인들이 홍해를 건넜던 것처럼 하나님의 도움으로 지중해의 물결이 갈라지고 바다 길이 트여 이 길로 무난히 성지까지 진군할 수 있으리라고 믿었다. 그러나 기적은 일어나지 않았다. 대신 탐욕적인 상인들이 나타나 그들을 성지로 태워다 주겠다는 제의를 하였다. 결국 소년들은 이집트에 끌려가 이슬람교도들에게 노예로 팔려버렸고 그들 중 극소수만이 고향에 돌아와 부모를 상봉할 수 있었다. 비극적인 소년십자군은 여기서 끝났다.

그 후 계속하여 십자군 원정이 수행되었다. 1291년 신성로마제국 황제 프리드리히 2세(Frederick II)가 잠시 동안 예루살렘을 탈환하기도 했으나 15년 뒤 이슬람교도들에게 다시 빼앗기고 말았다.

비록 십자군 원정 그 자체는 실패하였으나 역사적으로 볼 때 이를 과소평가 할 수는 없다. 중세를 통해 가장 중요한 사건 중 하나였던 그것은 유럽인들을 잠에서 깨어나게 하는 각성제 역할을 하였다. 십자군 시대 이전 유럽인들은 한 번도 비좁은 유럽 세계를 떠나 다른 광대한 세계로 나가 본 일이 없었다. 그러나 십자군들은 원거리를 여행하여 새로운 여러 가지 문물을 보고 익힐 수 있었다. 또한 새로운 사상과 진기한 물건들이 유럽으로 유입되었고 동방무역에 대한 관심도 증대되었다. 이러한 의미에서 십자군 원정은 유럽인들로 하여금 중세를 벗어나 새로운 시대로 도약케 하는 선구적 계기가 되었다고 할 수 있다.

7. 중세 말의 유럽

▌백년전쟁과 프랑스의 국민주의 ▌

봉건제도와 장원제도로 구성되어 있는 봉건사회는 서양 중세를 가장 잘 상징하는 말이다. 중세인들은 누구나 주군에게 충성을 맹세하였다. 봉건사회에서 다른 주군을 섬기는 사람은 실제로 이방인과 다름이 없었다. 주군들 간에 분쟁이 발생하면 봉신들 사이에서도 전쟁이 벌어졌다. 이러한 이유 때문에 봉건체제하에서는 국민이나 민족개념은 존재하기 어려웠다. 일반적으로 국민주의란 같은 언어를 사용하고 같은 역사를 나누며 같은 이상과 습관을 가진 사람들을 하나로 묶는 애국적인 감정을 의미하는데, 이러한 국민주의가 나타나기 시작한 것은 중세 말 프랑스와 영국의 백년전쟁에서였다.

13세기 초엽 프랑스의 필립 2세는 영국 존왕의 군대를 쳐부수고 정복왕 윌리엄 시대 이래로 영국이 보유하고 있던 프랑스 내 영토의 대부분을 탈환해 버렸다. 그럼에도 존왕은 프랑스에 일부의 영토를 보유하고 있었는데 이

▲ 백년전쟁

로 인하여 존왕은 프랑스 국왕 필립 2세를 그의 주군으로서 인정해야만 했다. 그 후부터 영국의 왕들은 프랑스에 영토를 가지고 있는 한 그 대가로 프랑스 왕들을 그들의 주군으로 섬기지 않으면 안되었다.

1327년 에드워드 3세가 영국왕으로 즉위하였다. 그는 프랑스왕의 봉신 노릇을 하는 것에 대해 달가워하지 않았다. 그러던 차에 프랑스의 카페왕조가 단절되는 순간이 왔다. 그래서 그는 어머니가 미남왕 필립 4세의 딸이라는 사실을 내세워 자신이 프랑스 왕위에 올라야 한다고 주장하였다. 그러나 자신의 주장이 묵살되고 다른 프랑스의 왕조인 발루아 왕가가 개시되자 그는 분개하였다. 에드워드 3세는 당장 실력행사를 하지 않고 때를 기다렸다. 1337년 양모생산으로 유명한 플랑드르 지방은 프랑스보다 모직물 공업이 발달한 영국과 더욱 친밀하게 지내고 있었다. 이런 상황에서 임금노동자들이 반란을 일으켰고 플랑드로 백작이 이를 해결하지 못하자 프랑스가 이를 빌미로 이 지역을 지배하려 하였다. 이에 즉시 영국은 플랑드르와 제휴하여 프랑스와 전쟁을 하게 되었는데, 이 전쟁을 백년전쟁(Hundred Years' War)이라 한다. 백년전쟁은 중간에 짧은 휴전기간이 있었으나 1337년에서 1453년까지 116년 동안이나 지속되었다. 이 기간 중 양국에는 각각 5명의 왕들이 등장했고 적어도 3대 이상의 시민들이 교체되었다. 전쟁이 프랑스에서 수행됐기 때문에 프랑스 국민들은 큰 타격을 받았고 당시 군인들은 숙식을 스스로 해결해야 했기 때문에 약탈과 살인, 방화가 자행되었다.

전쟁 초에는 영국군이 계속 승전하였다. 영국군은 사기와 전법에 있어 프랑스보다 우월하였다. 크레시(Crécy), 푸아티에(Poiters), 아쟁쿠르(Agincourt) 전투에서 영국군들은 장궁을 이용해 프랑스의 중무장 기사들을 크게 무찔렀다. 이제는 갑옷을 입은 기사들이 무익하게 되었다. 1415년 아쟁쿠르 전투 이후 영국의 승리는 거의 확실시되어 당시 영국왕 헨리 5세는 프랑스 왕위를 겸할 준비를 하고 있었다. 나아가 영국군은 프랑스 북부 전역을 점령하고 있었다. 장기간 굴욕적인 패전을 경험한 프랑스 군인들의 사기는 극히 저하되어 있었다. 급기야 1420년 프랑스의 샤를르 6세는 패전을 인정하고 트로와에서 강화를 맺게 되었으며 영국의 헨리 5세가 프랑스 왕의 계승자가 되었다.

헨리 5세는 프랑스 국토의 정복을 계속하여 르와르강 이북의 땅을 완전히 장악했으나 1422년에 갑자기 죽고 말았다. 그리고 프랑스의 샤를르 6세 역시 몇 주일 후에 사망하였다. 그 결과 영국의 헨리 6세에게 영국과 프랑스의 왕위가 돌아가게 되었다. 이에 따라 프랑스는 점령군인 영국과 결탁한 부르고

류 가 중심의 북프랑스와 르와르 강 남쪽으로 양분되었다. 프랑스의 샤를르 7세는 남프랑스를 기반으로 아르마냑파(Armagnac)의 지지를 받고 있었는데 이때 프랑스인의 국민적 감정은 애국심으로 발전되어 갔다. 그러나 샤를르 7세는 용단력이 부족하여 정세를 관망하고 있을 뿐이었다. 이러한 정세 아래 1428년 영국군은 아르마냑파의 본거지인 오를레앙을 포위하였다.

이때 나약한 샤를르 7세를 대신하여 프랑스 국민들의 애국심을 한데 모아 군의 선두에서 역사적 반격을 일으킨 사람이 바로 잔다르크(Jeanne d' Arc)였다. 농가 출신 소녀인 잔다르크는 학문은 몰랐으나 예리한 상식과 기지에 넘치는 언변, 뛰어난 설득력을 지녔고 특히 하느님에게 선택되었다는 사명감이 넘쳐흘렀다. 잔다르크의 출현과 그에 의한 오를레앙의 구출은 전 프랑스를 흥분케 하였다. 그 후 잔다르크는 파리 변두리에서 습격대를 지휘하던 중 포로가 되어 영국군에 넘겨져 1431년 루앙에서 화형에 처해졌지만 이미 프랑스군의 사기는 충천하여 1436년에는 파리를 회복하고 이후 영국군의 진지를 하나하나 점령하여 1444년에는 우월한 입장에서 일단 휴전이 성립되었다.

▲ 잔다르크 초상

1449년 다시 전쟁이 벌어지자 샤를르는 영국군을 도처에서 격파하여 1453년에는 칼레만을 남겨 놓고 영국의 거점을 모조리 빼앗아 드디어 백년전쟁의 종지부를 찍었다.

샤를르 7세가 진정한 국민적인 왕으로서

프랑스의 재건에 힘쓰기 시작한 것은 백년전쟁의 말기였는데 이 짧은 기간 동안 프랑스의 국력은 급속도로 회복되었고 동시에 왕권도 강화되었다. 백년전쟁을 승리로 이끈 배후에는 시민계급의 역할이 컸는데, 특히 유력한 상인들은 봉건영주의 간섭을 배제하고 그들의 경제활동을 확장시키기 위해서도 왕권 강화를 필요로 했고 그보다 앞서 영국군을 내쫓기 위해서도 왕권 강화를 필요로 하였다. 이에 상인들은 영국군을 내쫓기 위해 국왕에게 재정적 원조를 하였는데 샤를르 7세도 그들을 우대하는 가운데 그들의 힘을 빌려 국토부흥에 힘을 썼다. 특히 주목할 만한 점은 샤를르가 대상업자본가인 자크 쾨르(Jacques Coeur)를 재무장관에 임명하여 국가재정을 정비케 했다는 것이다. 또한 삼부회도 승전한 왕에게 충성을 다하여 왕권은 명실상부하게 튼튼해졌다. 나아가 샤를르는 봉건적인 군제를 정비하여 보병과 포병을 주력으로 하는 상비군을 용병으로 편성하여 국방력을 강화하였다. 사실 샤를르 7세는 구국의 공로자인 잔다르크의 화형을 방관할 정도로 냉혹하고 시기심이 많은 인물이었으나 그 당시 높아졌던 애국적 국민의식에 편승하여 중앙집권을 강화함으로써 이후 프랑스 절대왕정의 길을 닦아 놓았다.

샤를르 7세를 계승한 루이 11세는 프랑스 절대왕정을 확고부동한 터전 위에 올려놓았다. 그는 거의 1세기 동안 왕가를 위협해 오던 부르고뉴 가의 세력을 제압하였다. 그 과정을 보면 1465년 부르고뉴 공작을 중심으로 수많은 영주들이 단결하여 루이 11세에게 도전하였는데 왕은 한때 양보했지만 계략을 꾸며 영주들을 부르고뉴로부터 이탈시키고 마침내 부르고뉴 가를 고립시켰다. 그는 나아가 브르타뉴 지방만 남기고 프랑스의 다른 영주들의 땅인 앙주와 프로방스도 왕령으로 만들었다.

루이 11세는 중세적인 왕에서 벗어나 근대적인 전제군주로서의 모든 능력을 가지고 프랑스 절대주의의 기틀을 더욱 다졌다. 루이 11세를 계승한 샤를르 8세와 그의 누이 안느(Anne)는 아버지의 유업을 계승하였다. 샤를르 8세는

남아 있는 영주의 땅인 브르타뉴의 여인과 결혼하여 싸움을 하지 않고 자연
적으로 국왕의 땅이 되도록 하였다. 이에 더욱 높아진 국민의식을 토대로
프랑스는 서서히 근대 국가의 모습을 갖추어가고 있었다.

▎영국의 국민주의 ▎

1066년 정복왕 윌리엄의 영국 정복은 영국을 단일국가로 형성시키는 데
큰 공헌을 하였다. 이미 영국의 여러 군소 세력은 하나의 왕에게 충성을 약속
했지만 윌리엄이 등장하기 전까지 대귀족들은 독립심을 강하게 나타내 서로
단결하여 왕에게는 형식적인 충성을 나타냈다. 윌리엄은 이런 상태를 바꾸어
갔다. 그는 막강한 군사력으로 전 국토를 왕의 재산으로 만들어 충성스런 추
종자에게 분배하고 저항하는 귀족들의 세력을 약화시킴으로써 왕권을 한층
강화시켰다.

윌리엄 이후 헨리 1세와 헨리 2세는 법률시행, 재판법 개정, 충성스런 부
하에게 행정권을 대폭 이임하는 등으로 국가의 기반을 더욱 다져나갔다. 헨
리 2세 이전만 하더라도 재판은 잔인하고 미신적인 습관을 따라 행해졌었다.
잘못을 저지르고 피소된 사람은 고문에 의한 재판을 받아야 했다. 고문에 의
한 재판 방법 중 하나는 피고에게 뜨거운 쇠붙이를 손으로 집게 하는 것이었
다. 만약 화상이 빨리 치유되면 그는 하느님이 그를 보호한다는 이유로 무죄
판결을 받았고 만약 치유가 늦어지면 유죄판결을 받아야 했다. 이는 함무라
비 법에 나타난 재판법과 매우 유사하다. 그리고 중대한 분쟁 중에 있는 두
사람은 서로 결투를 해서 끝장을 내야 했는데 그들은 갑옷을 입고 말을 탄 채
한 사람이 죽을 때까지 싸워야 했다. 하나님이 옳은 자를 돕는다는 근거에서
이러한 결투 재판법이 시행된 것이다. 헨리 2세는 이러한 야만적인 재판법을

폐지하고 배심원제를 채택하여 비행으로 기소된 자들을 심리하고 재판을 받아야 할 자들만 선정하여 재판관에게 보냈다.

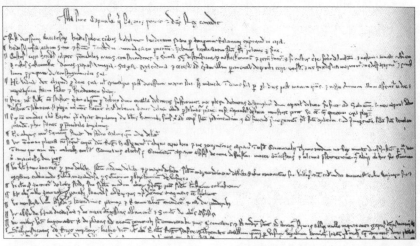

▲ 대헌장

헨리의 아들 리처드 1세(Richard I)는 재위기간의 거의 대부분을 외국에서의 전쟁으로 보낸 왕이었다. 헨리의 또 다른 아들인 존왕은 무능하였다. 그는 장자상속제하에서 작위를 받지 못한 상태로 본국에 머물면서 형 리처드가 십자군에 출정한 틈을 타 왕위에 올라 여러 가지 불공평한 중과세를 과하여 백성을 괴롭혔다. 그러나 1215년 영국의 귀족들은 힘을 규합하여 존왕을 위협하고 대헌장(The Magna Charta)에 서명토록 강요하였는데, 그 내용은 앞으로 왕은 법을 준수하고 백성들의 권리를 존중하겠다는 것이었다. 이는 단순히 귀족들의 권리를 보호한다는 의도로 만들어졌지만 궁극적으로는 인간 개인의 권리를 위한 일대초석이 되었다.

존왕의 아들인 헨리 3세도 무능한 정치로 인하여 귀족들의 반란에 직면했다. 귀족들은 왕을 폐위시키고 일 년 동안 귀족들 스스로가 국가를 운영하였다. 귀족들 중 시몽 드 몽포르(Simon de Montfort)는 귀족평의회에 영국의 각 주로부터 선출된 2인의 기사와 각 도시로부터 선출된 2인의 시민대표를 참석하도록 하였다. 이 새롭고 큰 대의기관에 팔러먼트(Parliament)라는 이름이 부여되었다. 헨리 3세가 왕좌에 복귀했을 때 팔러먼트, 즉 의회는 왕의 행정을 도왔다. 이로 인하여 영국 국민들이 최초로 그들의 정부에 발언할 수 있는 계기가 마련되었다.

헨리 3세의 아들 에드워드 1세는 영국을 위해 많은 일을 하였다. 그의 공로 중 하나는 웨일즈의 정복이었다. 이곳은 앵글족, 색슨족, 노르만인 조차도 완전히 정복하지 못했던 지역이다. 웨일즈를 정복한 에드워드는 주민들을 공평하게 다스릴 것을 약속하고 그의 어린 아들에게 "웨일즈의 왕자(Prince of Wales)"란 타이틀을 수여하였다. 그 이후로 영국 왕들의 맏아들에게는 웨일즈의 왕자란 타이틀이 주어지게 되었다. 에드워드는 스코틀랜드를 정복하려고 힘썼지만 처음에는 평민 출신의 윌리엄 월리스(William Wallace)와 후에는 로버트 브루스(Robert Bruce)의 필사적인 저항을 받고 포기하였다.

에드워드 1세는 법률과 행정면에서 더욱 빛나는 공적을 남겼다. 그는 특수사건을 처리하기 위하여 새로운 많은 법정을 설치했고 처음으로 영국의 법전을 만들어냈다. 단일한 통일적인 법규로, 과거의 봉건적인 법률과 지방 관습들을 대체하였던 이 법전은 후에 미국의 헌법을 제정하는 데 기초가 되기도 하였다. 에드워드는 또한 의회를 개선하여 귀족과 고위성직자들로 구성된 상원과 서민들의 대표들로 구성된 하원으로 구분하였다. 이 의회는 1295년 '모범의회(Model Parliament)'로 출범하였다.

이후 여섯 명의 왕이 통치하는 동안 영국 의회는 점차 권력과 영향력을 획득하였다. 왕권이 약하거나 다른 어떤 이유로 왕권을 행사할 수 없을 때에는 의회가 이를 대신하였다. 1399년까지 의회는 막강한 실력단체로 성장하여 여섯 왕 중 세번 째 왕인 리처드 2세가 폐위되고 다른 왕이 선출되기도 하였다.

프랑스에서도 그랬지만 백년전쟁은 영국민의 국민주의와 국가주의 정신을 드높였다. 크레시, 푸아티에, 아쟁쿠르 전투에서 승리한 군인들은 중무장한 기사들이 아니라 영국 서민층으로 구성된, 갑옷도 입지 않은 궁수들이었다. 헨리 5세의 영도 아래 감행된 아쟁쿠르 전투는 특히 그러했다. 이 승리로 영국민들은 드높은 애국심을 느꼈던 것이다.

그러나 백년전쟁 기간 중에 무서운 사건이 발생하였는데 이 사건은 역설적으로 영국인의 생활조건을 개선시켰다. 즉 흑사병(Black Death)이 영국 등 여러 나라를 휩쓸며 수많은 인명을 앗아 갔다. 영국인의 약 3분의 1이 이 병으로 사망했고 특히 농민들의 노동력이 부족해지는 사태가 발생하였다. 살아남은 농민들은 이전에 받던 임금보다 훨씬 많은 금액을 요구할 수 있게 되었다. 이때부터 영국 노동자들의 생활수준은 향상되었다.

백년전쟁이 끝나고 2년 뒤인 1455년에 영국은 또 다른 전란에 휩싸였다. 이번 전쟁은 소위 장미전쟁(Wars of the Roses)이라고 하는 내란으로 영국의 대가문인 요크가(York)와 랭카스터가(Lancaster)의 왕위쟁탈전이었다. 장미전쟁이라고 해서 어떤 낭만적인 색채가 있는 것이 아니고 다만 요크가의 상징이 흰 장미였고 랭카스터가의 상징이 붉은 장미였다는 것에 지나지 않는다. 문제의 발단은 요크가의 공작 리처드가 랭카스터가 출신인 헨리 6세의 왕위를 요구한 데서 비롯하였다. 1460년 리처드는 전사하였으나 후에 요크가의 또 다른 리처드는 1483년 12세의 에드워드 5세를 폐위시키고 자신이 리처드 3세로서 왕위에 올랐다. 리처드가 전왕 에드워드와 그의 동생을 살해하며 전쟁이 발발하였고 리처드 3세는 보즈워스(Boswoth)전쟁에서 전사하였다. 갈등이 계속되었지만 헨리 튜더(Henry Tudor)가 왕위에 오르면서 평화시대가 찾아왔다. 그는 헨리 7세로 즉위했고 요크가의 엘리자베스와 결혼함으로써 분쟁을 해결하였다. 이러한 30년 동안의 전란으로 영국의 대귀족들은 많이 사망했기 때문에 영국의 봉건체제는 거의 붕괴되어 갔고 영주들의 세력도 급속히 약화되어 갔다.

따라서 1485년 이후 평화를 맞은 영국은 순조롭게 근대적인 국가체제를 향해 나아갈 수 있었다. 순수한 애국심과 국민주의가 등장하여 사회 각층에 퍼져 나갔고 서서히 봉건체제가 붕괴된 그 자리에는 절대왕정이 지배하는 근대적인 국민정부가 들어섰다.

▌다른 나라의 국민주의 ▌

일반적으로 프랑스와 영국을 제외한 유럽의 국가주의 내지 국민주의는 서서히 불완전하게 발전하였다. 단, 스위스는 예외였다. 스위스인들은 단일한 조상을 가진 국민들이 아니었다. 이들은 이탈리아인, 프랑스인, 독일인 등으로 혼합되어 있었다. 공용어가 없었던 그들은 프랑스어, 독일어, 이탈리아어를 사용하였다. 그러나 스위스인들의 한 가지 공통점은 산악지대에 대한 애호심과 자유에 대한 타오르는 갈망이었다. 신성로마제국의 황제들이 그들을 지배하려고 했을 때 강한 군사적 재능을 가진 스위스 산악인들은 용감히 싸워 이들을 물리쳤다. 그리하여 1499년에 합스부르크 왕가는 공식적으로 스위스의 독립을 부여할 수밖에 없었다. 얼마 후에 스위스는 13개 주로 구성된 강인한 국민국가로 발전하였다. 스위스 국민들의 용감성과 애국심은 널리 알려져 유럽의 국가들은 이곳을 침범할 생각을 하지 않았다.

독일, 이탈리아, 러시아, 폴란드 등 국가들에서는 진정한 국민주의의 발전이 매우 느리게 진행되었다. 신성로마제국은 수많은 군소 군주국과 제후국에 대하여 느슨한 권위를 유지했고 이론상 이탈리아를 지배하였다. 따라서 제국 내에는 국민주의가 태동하기가 매우 어려웠으며 설사 그러한 기운이 있다고 해도 미비할 수밖에 없었다.

동유럽에서는 봉건체제가 오랫동안 계속되었다. 러시아, 폴란드 등 다른 동유럽의 여러 나라의 왕족들과 귀족들은 교육을 거의 받지 못했고 일반서민들은 너무나 무식해 영국과 프랑스 등지에서 일기 시작한 국민주의 사상을 받아들일 능력이 없었다. 이들에게 말로써 지식을 전해주었던 자들은 변화를 배척하는 봉건적 지배층으로 그들은 변화 자체를 달가워하지 않았다. 따라서 구조적으로 앞으로 수세기를 더 기다려서야 국민주의적 감정이 꿈틀거리게 되어 있었다.

이탈리아는 이론적으로는 신성로마제국의 일부였고 황제의 지배를 받았다. 교회의 수장인 교황은 이론상 당시 이탈리아에 상당한 영향력을 행사할 수 있었다. 그러나 실제로는 황제도 교황도 중세 말의 이탈리아를 크게 좌우하지 못하였다. 이곳에는 중앙집권적인 권력이 없었다. 자연히 지방분권적인 권력난립과 그로 인한 무정부 상태와 혼란이 지속되었다. 심지어 황제파(Ghibellines)와 교황파(Guelfs)로 나뉘어 끊임없는 투쟁이 벌어지기도 했다. 이탈리아에는 대부분 독립된 많은 도시들이 있었다. 그것들은 고대 그리스의 폴리스처럼 조그만 도시국가의 형태를 취하고 있었다. 도시들은 서로 끊임없는 경쟁을 했고 강한 도시는 주위의 약한 도시들을 병합하여 조그만 국가의 형태를 취하였다.

이탈리아의 이러한 도시국가들은 십자군 원정 이후 발전한 동방과의 무역으로 크게 이익을 얻었다. 그들은 상업을 통해 얻은 부를 이용해서 콘도티에리(Condottieri)라고 부르는 용병을 사용하기도 하였다. 결국 부유한 가문이 도시의 공화정을 무너뜨리고 세습적인 전제정치를 수립하였다. 대도시 밀라노는 처음에 거부인 비스콘티가(Visconti)가 후에는 그들의 친척인 비스콘티스가(Viscontis)가, 지배하였다. 피렌체는 공화국으로 남아 있었으나 부유한 은행가 집안인 메디치가(Medici)가 간접적으로 지배하는 형태였다. 베네치아는 이론상 공화국이었지만 실권은 일단의 부유한 가문들이 장악하고 있었다.

8세기 피핀이 교황에게 기증했던 교황령은 어떤 때는 교황의 지배를, 어떤

▲ 마키아벨리

▲ 『군주론』(1150년판)

때는 유력한 가문의 지배를 받았다. 15 세기 말엽 교황령은 교황 알렉산더 6세의 강력한 통치 밑에 통일되었고 후에 교황의 친척인 체자레 보르지아(C. Borgia)가 오랫동안 그곳을 통치하였는데, 그는 마키아벨리(N. Machiavelli)의 『군주론(Principe)』의 표본이 된 사람이기도 하다.

만투아, 페라라, 시에나 같은 조그만 국가들은 독립 공화국으로 남아 있었다. 이탈리아 반도 남단에는 나폴리 왕국이 있었는데 이곳에는 오래전부터 봉건제도가 유지되어 왔다. 이와 같이 이탈리아 어느 지역에서도 진정한 국민주의의 흔적은 찾아보기 힘들었다.

8. 중세 문화

┃ 중세 교회 ┃

중세 유럽은 그리스·로마의 고대 유산과 게르만적 요소가 함께 공존한 문화였다. 교회는 이 두 요인을 통합하여 지배하면서 중세 유럽사회를 하나의 기독교 왕국(One Christendum)으로 만들었다. 국가, 민족, 국민 등의 근대 국가의 모습이 등장하기 전의 봉건적 중세 사회를 보편적인 힘을 가진 가톨릭 교회가 지배하였던 것이다. 그리하여 중세인들은 태어나서 죽을 때까지 교회에 의해 좌우되었다.

교회는 점차 조직, 교리, 의식 등을 통해 세속적 권위를 능가했는데 십자군 운동은 교회의 힘이 최상에 도달한 경우였다. 중세 사회를 지배하는 세력은 두 세력으로 하나는 국왕을 비롯한 귀족으로 세속적 지배세력이고 다른 하나는 교회의 성직자들로 정신적 지배세력들이었다. 하지만 중세를 통해 성직자들은 정신세계뿐만 아니라 세속세계까지 지배하는 경우가 많았다. 그러나 십자군 이후 유럽사회에 근대 국가의 면모가 나타나고 국왕의 권한이 강화되면서 보편교회의 힘은 약화되기 시작했다.

오늘날 한 개인이 태어나면 국가와의 불가분의 관계에 있듯이 중세인은 교회에 소속되어 생로병사가 결정되었다. 따라서 중세 유럽인들에게 가톨릭 신앙은 선택이 아니라 필수였다. 이런 상황에서 종교적 생활을 관장하는 교회와 교회의 직책을 담당하는 성직자의 권한이 강화된 것은 당연한 일이었다.

모든 것이 마찬가지이지만 권한을 강화하기 위한 핵심은 제도화를 하는 것인데, 중세 가톨릭교회 역시 다양한 제도화를 통해 그 권한을 강화했다. 교회의 중요 목적은 영혼이 구원되어 천국으로 가는 것을 도와주는 데 있다. 교회는 이러한 목적을 달성하기 위해서는 교회가 주관하는 일곱 가지 성사를 통해서만 가능하다는 제도를 만들어 냈는데, 일곱 가지 성사란, 영세·견진·성체·고해·혼배·신품·병자성사를 말한다. 이러한 일곱 가지의 성사를 통해 구원을 받는 것이 중세인들에게는 대단히 중요했고, 따라서 이 성사를 하지 못하게 하는 것은 대단히 심한 처벌이었다.

중세 가톨릭교회는 바로 이러한 권한을 가지고 있었는데 그중 세속에 영향이 미치는 다음 세 가지가 중요하다.

첫째, 파문(excommunication)이다. 이것은 교회의 교리나 성직자의 명령을 어기는 사람(개인)에게 내려지는 일종의 교회활동금지 명령이다. 파문은 주로 고위 성직자나 교황이 선포하는 것인데 일단 파문을 당한 사람은 다른 이들과의 왕래도 금지되었다.

둘째, 금령(interdict)이다. 만약 군주와 봉건제후가 로마 가톨릭의 교리와 교황과 성직자의 명령을 어겼을 경우 교회는 그 영지 전역에 걸쳐 금령을 내릴 수 있다. 금령이 내려진 지역에서는 다른 모든 사람들도 성사활동에 참여할 수 없었기 때문에 매우 효과적이었다.

셋째, 종교재판소(inquisition)이다. 유럽 자체의 종교적 교리의 통일을 위해 가톨릭교회가 운영한 이것은 이단으로 혐의를 받은 사람을 심문하는 곳이다. 만약 당사자가 이단을 고백하고 포기를 맹세하면 순종의 의미로 받아들여졌고, 이단을 고백하지 않으면 고문을 받고 이단자로 세속당국에 넘겨져 화형에 처해지게 된다. 예컨대 백년전쟁 당시 종교재판에 회부된 잔다르크는 마녀임을 의심받고 이단으로서의 심한 고문을 당한 후 화형에 처해졌다.

▌중세대학▐

서양 중세에는 세 가지 힘이 정립되어 유지되었는데, 황제, 교황, 학문이 그것이다. 봉건사회 속에서 황제와 교황은 학문을 통해 중세의 주인이 되기 위해 많은 투쟁을 하였다. 중세 초기 학문의 중심지는 수도원과 교회의 부속학교였다. 그러나 도시가 발달하고 세속적인 지식에 대한 수요가 늘어나자 수도원과 교회에서의 단순한 학문으로는 턱없이 부족했다. 학문에 대한 늘어나는 수요는 대학이라는 인류의 고귀한 문화유산을 낳게 했다.

사회경제적 측면에서 중세 대학이 탄생하게 된 배경으로는, 먼저 상공업의 발달을 지적할 수 있다. 도시문화의 확장으로 여러 가지 민법과 상법 분쟁이 속출하고 이를 해결하기 위한 법 전문가에 대한 수요가 급증했다. 그리하여 이탈리아의 볼로냐 대학은 법학을 중심으로 성장하였는데 셰익스피어의 소설 『베니스의 상인』은 볼로냐 대학이 만들어지는 시대를 배경으로 하고 있다. 둘째, 11세기 무렵 교황권과 황제권의 세력 다툼은 제각기 새로운 일꾼을 필요로 했다. 교황은 로마 교황청의 교권 확장을 위해 노력을 했고 그 결과 파리대학이 신학을 중심으로 발전하였다. 황제는 새로운 국민국가로의 형성에 따라 관료들을 필요로 하였는데 이러한 배경하에 하이델베르크 대학은 철학을 중심으로, 프라하 대학은 문학과 교양과목을 중심으로 성장하였다. 셋

▲ 볼로냐 대학 강의 모습

째, 도시끼리의 경쟁이 심화되고 부르주아 계층의 이익을 대변하면서 대학설립이 증가했는데 주로 독일 지방과 이탈리아의 대학들이 이에 해당한다. 하지만 중세 대학은 이러한 사회경제적인 요인보다는 학문 그 자체에 대한 인류의 욕구에서 비롯되었다는 주장도 강하다.

중세 대학은 오늘날의 종합 대학의 의미는 아니었다. 그러나 시간이 지나면서 대학의 개념이 구체화되었다. 초기에 대학은 사숙(私塾, studium generale)으로 유명한 학자들의 개인 공부방의 개념이었다. 학문에 대한 수요가 증가하고 학생들의 수가 늘어나면서 다양한 사숙이 유행했으며 학생들은 사숙 선택의 자유가 있었다. 특히 사숙들 간에 경쟁이 발생하면서 사숙과 학생, 교수들은 조합형성을 통해 자신들의 이익을 대변하였다.

이러한 대학의 조합을 우니베르시타스(universitas)라고 했는데 이것은 학문 연구와는 관계없이 단체 및 조합

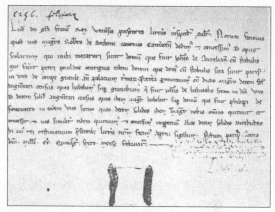
▲ 소르본대학 설립 허가장

의 의미로 사숙 주체들의 이익을 대변하였다. 프랑스 파리대학에는 교수조합이 강하였다. 반면, 이탈리아의 볼로냐 대학은 학생조합이 강하였다. 대학의 조합은 교황권과 황제권에 대해 학문권의 독자성을 유지하는 데 하나의 큰 힘이 되었다. 하비타(Habita)는 독일의 프리드리히 1세가 1158년 볼로냐 대학에 다니고 있는 독일계 학생들에 대한 안전을 보장하는 보호증서로 학생조합의 요구로 만들어진 것이다. 이는 학생과 시민 사이에서 분쟁이 발생했을 때 도시나 교회에 의한 재판이 아니라 학교 내에서 재판을 받도록 했으며 학생에게는 세금과 병역 등의 면제를 보장한다는 것이었다. 또한 조합을 통하여 볼로냐 대학 학생들은 교수에게,

- 교수는 학생의 허가 없이 휴강하지 말라.
- 만일 시외로 나갈 필요가 있다면 학생에게 담보를 제공하라.
- 교수는 수업 시간을 엄수하라.
- 교수는 강의를 어물쩍 넘기지 말라.

－ 강의는 포괄적이어야 한다.

　등을 요구하였다.
　중세 대학의 개념에는 오늘날 단과대학의 개념인 칼리지(college)가 포함되어
있었다. 일반적으로 중세 학생들에게 있어 가장 큰 문제는 숙소와 식비, 그리고
학비였다. 이를 해결하기 위해 기부자가 필요했고 이는 대학 내 기숙사 설립의
기원이 되었다. 그 예로 파리대학 신학부 학생들을 위해 부유한 상인이었던 로
베르 드 소르봉(Robert de Sorbon)이 1257년 기숙사를 기증했는데 이것이 오늘날 소
르본(Sorbonne) 대학의 출발이었다. 또한 1304년 나바르(Navarre)대학 법학부
학생들을 위한 기숙사가 만들어졌다. 이러한 칼리지는 주로 단일학문을 중심으

▲ 소르본 대학의 신학강의

로 형성되었는데 이 때문에 오늘날 단과대학이라는 개념이 확립된 것으로 보인다. 초기에 가난한 학생들을 위한 기숙사로부터 출발했지만 학문의 힘을 필요로 하는 주체들 간의 경쟁이 심화되면서부터 칼리지는 관용적 어용성 내지 반동적 성격이 강하게 나타나 학생들의 자격기준이 엄격하게 되는 경우가 많았다.

중세 대학의 교과과정은 크게 교양과정과 전문학부로 구분되었다. 교양과정(liberal arts)에서는 당시 교양인으로 살아가는 데 필요한 내용들로 3교과인 문법, 수사학, 논리학을 이수했다. 이 과정은 주로 인문학적 소양을 기르는 과정으로 약 3년 혹은 4년이 걸렸고 과정을 마치면 문학사(bachelor of arts)를 취득해 3교과를 가르칠 수 있는 자격을 부여받았다. 이어 4교과로 산수, 기하학, 천문학, 음악과 같은 중세시대가 요구하는 교양이자 실용학문을 배웠다. 이는 주로 5년 내지 6년이 걸렸는데 과정을 마치면 문학석사(master of arts)를 취득해 7교과를 가르칠 수 있는 자격을 부여받았다. 이어 전문 학부를 선택하는데 중세 대학의 가장 중심이 되었던 학부는 신학부, 법학부, 의학부였다. 이 과정은 사람에 따라 차이가 있었으나 대체로 평균 8년 이상이 걸렸다고 한다. 박사(Magister)학위를 받기란 무척 어려웠는데 법학과 의학은 34세 이상이 되어야 했으며 신학은 53세 이상이 되어야 했고 특히 결혼을 한 사람에게 기회가 주어졌다. 이러한 기본조건 이외에 보다 어려운 관문은 12시간의 공개발표를 해야 했으며 심사위원들의 엄격한 면접시험(Oral Defense)을 거쳐야만 했다. 이 과정을 모두 마친 사람에게는 '교수면허증(licentia docendi)'이 주어졌는데 대학에서 교수가 생산되었다는 것은 대학의 자치권 획득에 기여하였다. 중세 대학의 강의방법은 주로 강의(lectio)와 토론(disputatio)이었는데, 여기에서의 핵심은 질 높은 질의와 응답이었다.

중세 대학생의 생활은 한마디로 자유분방한 낭만 그 자체였다. 편력학생이 대부분이었던 학생들은 입학과 퇴학의 자유, 교수 선택의 자유 등을 누렸다. 자유로운 학생들은 자연적으로 반교회적, 초국가적, 농업 기피적, 향락적인 성격이 강한 생활을 하였다. 그들은 필사본을 대행하거나 장례식과 합창대에 참석하는 아르바이트를 했으며 가끔은 남의 책을 도둑질하는 경우도 있었는데, 이는 인쇄술이 발명되기 전 책 값이 매우 비쌌기 때문이었다.

비록 봉건사회에서 탄생했지만 중세대학은 봉건성을 가지고 있지 않았다. 중세 대학은 독립정신을 유지하였다. 세속권과 교회권이 여러 가지 호의를 베풀었지만 대학은 결코 여기에 아부하지 않고 독자의 길을 갔다. 이는 학생과 교수의 일치단결의 결과였다. 또한 중세 대학은 자유정신을 유지하였다. 대학에서 이루어지는 가르침의 자유, 수업의 자유, 토론의 자유 등은 학문의 자유를 더욱 빛나게 하였다. 중세 대학은 낭만정신도 살아 있었다. 다수의 학생들은 학생신분을 오랫동안 유지하였다. 중세 대학은 선구자적인 정신이 살아 있었는데 이것은 하나의 전통이 되어 현대의 대학에서도 지속되었다. 중세 대학과 대학인은 역사발전의 주체자로 구세계관을 깨는 신세계관의 보고였다. 최초로 지동설을 주장한 파리대학의 니콜라스 오레스무, 역시 지동설을 주장한 크라카우 대학의 코페르니쿠스(Copernicus), 실험에 바탕을 둔 경험론을 강조한 옥스퍼드 대학의 베이컨, 교회의 개혁을 주장한 옥스퍼드의 위클리프(WiCliff), 종교개혁을 주장한 비텐베르크 대학의 루터(Luther) 등은 그 시대의 선구자들이었다. 대학인들은 현실에 만족하지 않고 다가올 시대의 공기를 호흡하며 신세기의 도래를 위해 살았다. 오늘의 학생은 내일의 주인이었다.

이러한 중세 대학은 중세의 세 가지 보편적 힘의 하나로 독자적인 힘을 유지하였고, 봉건적인 중세 1000년 중 근대적인 성격을 보여주었다. 무엇보다 오늘날 대학의 기원으로서 중세 대학은 인류의 위대한 유산이었다. 고대에도 대학과 같은 것이 있었지만 그것에는 고정된 커리큘럼, 학위제도, 조직적 교수, 건물 등이 없었다. 중세 대학은 학문의 중요성을 인류에게 전달해 주었다. 1460년 4월 26일 독일의 프라이부르크 대학 개교시 초대학장인 홈멜(Hummel)은 대학을 두고 "지혜는 자신에게 집을 지었다"고 말했다.

제5장

근대 문화의 태동

1. 르네상스

▌이탈리아 르네상스▐

　프랑스어로 '재생' 또는 '부활'을 뜻하는 르네상스(Renaissance)는 일반적으로 14~16세기에 걸쳐 고전문화의 부흥을 중심으로 전개된 일련의 변화로 '중세에서 근대로의 이행기'라는 시대적 의미를 지니고 있다. 또한 한때 르네상스는 '중세'를 '암흑의 시대'로 인식하는 것에 대비되는 감각으로 사용했던 용어이기도 했다. 르네상스는 그리스, 로마라는 고전고대에서 새로운 사회의 영감을 찾고자 했던 이탈리아 지식인들을 중심으로 예술분야에서 뚜렷이 나타나 이후 북서 유럽으로 확산되었다. 르네상스가 이탈리아에서 가장 먼저 시작된 데에는 다음과 같은 이유를 생각해 볼 수 있다. 우선 문화적·역사적 조건의 전제라는 측면에서 이탈리아는 천년 제국 로마 문화의 중심지로서 그 전통과 분위기에 익숙한 곳이었다. 때문에 이탈리아는 중세 동안에도 고대 로마의 도시전통이 비교적 잘 계승되어 왔던 곳이고 그러한 점에서 유럽의 어느 지역보다도 먼저 도시활동이 활성화되어 중세 봉건제도 형성이 가장 미약했던 곳이었다. 도시와 농촌의 구분이 프랑스나 독일의 경우처럼 확연하지 않았고 십자군 운동을 통해 축적된 부는 이탈리아 도시를 정치·경제·문화의 중심지로 부각시켰던 것이다. 두 번째로 이탈리아는 지리적으로 비잔틴 제국과 이슬람, 북서유럽과 접촉할 수 있는 유리한 입장에 있어서 그들과의 지식문화 교류가 자연스럽게 이루어질 수 있었다. 특히 15세기에는 비잔틴 제국으로부터의 고전유입과 학자들의 내왕이 빈번했다. 또한 정치적으로 신성로마제국의 위협을 성공적으로 피할 수 있었던 이탈리아 도시국가들은 나름의 독자적인 창의적 자치권을 행사할 수 있었다. 그 같은 분위기에서 군사독재자들이나 메디치 가(Medici Family)와 같은 상인출신들로 이루어진 새로운 귀족계층이 등장했는데, 이들은 경쟁적으로 이탈리아 예술의 대 후원자가 되었다.

초기 르네상스의 가장 두드러진 특징은 고대문화에 대한 우상과 같은 숭배라 할 수 있다. 인문주의자(Humanist)들은 내세 중심적인 중세문화를 거부하면서 지금까지 이교문화로 취급해왔던 고대문화에서 현세적 삶의 참다운 모습을 발견하고자 했다. 그들은 인간존재의 정당성이 종교에 의해 이루어지지 않더라도 그 자체만으로도 존재가치가 충분히 있다고 믿는 인간중심사상을 갖고 있었고 영혼에서보다 인간의 육체와 마음에 더 많은 관심을 갖게 되었다. 그래서 그들 스스로를 인문주의자라고 불렀다. 인문주의자들은 인간 삶의 즐거운 국면과 자기발전에 관해 주의를 환기시키고 모든 중세적 권위에 분개했다. 따라서 '인간중심적'인 그리스, 로마문화가 부활된 르네상스에 의해 신중심의, 내세지향적 중세가 극복되고 인간과 세계가 재발견되었으니 이 시기의 사조를 휴머니즘(Humanism)이라 한다. 중세의 음담패설을 문학화시킨 보카치오(Boccaccio,1313~1375)라든지 인간의 아름다움과 힘을 사실적으로 표현하고자 했던 조각과 회화는 그를 잘 보여준다 할 수 있다. 특히 중세의 화가나 조각가들이 교회와 같은 종교적 건물을 장식하기 위한 예술로써 종교적 정서를 불러일으키려 한 데 반해 르네상스 예술가들은 자연과 인간을 보다 사실적이고 심미적으로 묘사하며 때로는 인간 본성을 숨김없이 묘사하거나 인간 육체를 아름답게 묘사하고자 하였다. 예컨대 르네상스 화가들은 성모 마리아의 인간적 미를 가능한 강조하고자 가난한 목수의 아내를 부르주아적 귀족부인으로 묘사하기도 하였다. 하지만 르네상스는 중세 동안 사람들의 생활을 지배해온 낡은 질서와 가치관이 무너진 새로운 질서와 가치관의 시대이지만, 중세적 전통을 완전히 탈피한 것은 아니었기 때문에 가치관의 변천과 혼란의 시대이자 윤리적·도덕적으로 부패하고 타락한 시대임을 드러내기도 했다. 예컨대 최초의 인문주의자 페트라르카(Petrarca, 1304~1374)는 르네상스 당시 도시사회의 외적 추악함과 사람들의 도덕적·윤리적 타락을 개탄하기도 하였다.

그러나 15세기 말부터 이탈리아 르네상스는 쇠퇴 조짐을 보이기 시작했다. 정치적으로는 1494년 이탈리아 전쟁으로 무질서가 도래했고 경제적으로는 지중해에서 대서양으로 무역로가 이동하며 이탈리아 도시국가들의 세계무역의 중심지로서의 지위가 상실되는 등 불황이 닥쳤다. 또한 이탈리아 르네상스 예술의 후원자로서 세상지향적이었던 로마 가톨릭 교회가 16세기 전반부터 교조주의, 금욕주의, 종교적 불관용을 점차 강화했는데, 그 목적은 점증하는 세속성과 육욕주의에 대항하고 이교도들에 대해 기독교의 위치를 강화하기 위한 것으로 1542년 금서목록의 발행 및 예술에 대한 엄격한 검열, 출판물 통제, 이교도들에 대한 화형은 그러한 변화를 보여주는 것이라 할 수 있다. 이러한 상황은 이탈리아 르네상스의 자유정신과는 양립불가능한 것으로 결국 이탈리아 르네상스는 전반적인 퇴조속에 서서히 알프스 이북(북서유럽)으로 넘어가고 있었다.

▌북서유럽의 르네상스▐

알프스 이남(이탈리아)의 르네상스가 주로 귀족이나 상층계급에 의해 감각적이며 탐미적인 경향을 띠었다면, 알프스 이북의 르네상스는 사회비판적이고 종교지향적인 성격을 드러냈다. 이는 알프스 이북의 봉건체제와 관련된 것이라 할 수 있는데, 프랑스 · 영국 · 독일 등의 지역에서는 봉건적 주종관계와 관습이 뿌리깊었고 농촌과 도시의 구별 역시 확실했으며 특히 신의 존재를 증명하고 기독교 교리를 체계화하고자 했던 스콜라 철학의 세력과 경향이 강했다. 북서유럽 르네상스는 각 나라가 처한 상황에 따라 다양한 모습을 띠었는데, 프랑스 같은 경우 라블레나 몽테뉴에게서 보듯 세속적 양태나 회의주의적 경향을 띠었다. 스페인의 식민통치를 받고 있었던 네덜란드의 경우에는 가톨릭 교회에 대한 비판으로 나타나기도 하였으며 독일의 경우 강한 종교적 색채를 띠며 나타났지만 곧바로 종교개혁에 휘말려 단명하고 말았다. 그러나 봉건제, 기독교의 쇠퇴에 따라 사회와 교육제도 등에 대한 더 큰 관심과 더불어 종교적 확신이 요구됨에 따라 북서 유럽 르네상스에서는 기존의 북서유럽적 전통 위에 이탈리아 르네상스의 이상이 접목됨으로써 기독교적 휴머니즘의 탄생으로 이어졌다. 즉, 북서유럽 인문주의자들은 중세의 스콜라 철학이 실생활에 아무런 가치도 없는 논리적 천착에만 골몰해 있다는 관점에는 동의했지만 실제적 지침을 순수한 성경, 종교적 가르침에서 구하고자 하였다. 따라서 그들은 고대로부터 지혜를 구했지만 북서유럽이 염두해두고 있던 고대는 이교적인 것이 아닌 기독교적인 것이었다.

그러나 1500년경에서 1525년에 이르기까지 강한 활력을 지녔던 기독교 휴머니즘은 프로테스탄티즘의 흥기로 그 전열이 흐트러지며 서서히 쇠퇴해 갔는데, 이는 하나의 아이러니이다. 기독교 휴머니스트들은 복음서가 문자그대로의 진리임을 강조하고 성직자의 부패와 종교적 의식주의를 비판함으로써 1517년 루터의 종교개혁의 길을 예비했지만 기독교 휴머니스트들은 루터와 더불어 가톨릭의 근본원리를 부정하는 노선에는 동참하지 않았다. 즉 기독교 휴머니스트들은 로마 가톨릭의 의식주의를 비판하고 내적 경건의 이상을 추구하면서도 여전히 가톨릭의 울타리안에 머물고자 했던 것이다. 그러나 시간이 흐르면서 가톨릭 지도자들은 그들에게 관용을 허락치 않았는데, 프로테스탄티즘과의 전쟁이 격화되면서 가톨릭의 종교관행에 관한 어떤 내부적 비판도 적을 돕는 행위로 비춰졌기 때문이다. 이러한 상황에서 에라스무스(Erasmus, 1466~1536)를 제외한 많은 기독교 휴머니스트들이 종교재판소에 의해 고통을 받았다. 결국 종교개혁과 함께 유럽은 프로테스탄트 세력과 가톨릭 세력으로 양분되었고 인문주의의 비판과 관용의 정신은 종교적 열정과 독단에 길을 비켜줄 수밖에 없었다.

▌르네상스 문화 ▌

일찍이 르네상스의 안내자 역할을 한 것은 3인의 이탈리아 작가들이었다. 그들 중 첫 번째 작가가 "르네상스의 새벽 별"로 지칭되는 단테(Dante)이다. 단테 이전 시대에는 모든 중요 서적이 가톨릭교회의 언어인 라틴어로 집필되어 있었다. 그러나 단테는 자신의 아름다운 시를 라틴어가 아닌 이탈리아어로 썼다. 비록 그가 쓴 시의 주제들은 중세적인 심원한 종교 감정을 반영한 것들이었으나 그가 새로운 언어를 사용한 것은 그의 근대성과 진보정신을 보여주는 것이라 하겠다.

또한 최초의 휴머니스트로 알려진 페트라르카(Petrarch) 역시 이탈리아어로 시를 썼다. 그는 법률을 공부하길 바랐던 아버지의 기대와 달리 오랫동안 방치해 두었던 고전고대의 자료를 수집하며 로마의 키케로와 베르길리우스 등을 연구하였다. 그는 로마의 스키피오를 대상으로 한『아프리카누스(Africanus)』를 썼지만 정작 그에게 명예를 안겨준 것은 애인 라우라(Laura)에게 쓴 근대적 감각의 애정시였다. 르네상스 학자들의 이러한 활동이 없었다면 그리스 · 로마에 대한 많은 고전적 지식이 영구히 사장되었을 것이다.

보카치오는 시를 쓰지 않았지만 이탈리아 산문 스타일을 개발한 활기찬 작가였다. 그는 피아메타(Fiammetta) 부인에 대한 연정으로『데카메론(Decameron)』을 썼는데 이는 당시의 사회와 도덕을 잘 반영하고 있다.

그런데 페트라르카에게서 보듯, 당시에는 그리스 · 로마의 자료를 수집하고 연구하는 것이 유행이었는데, 이렇게 고전을 읽고 연구하며 고전시대의 생활을 모방하려고 애썼던 사람들을 가리켜 휴머니스트(Humanists)라고 불렀다.

과거에 대한 지식이 풍부해지자 이탈리아의 학문은 큰 발전을 하였고 부유한 상인들은 서로 다투어 학문과 예술을 후원하였다. 이 방면의 선두주자는 피렌체시였는데, 피렌체의 메디치가는 플라톤 아카데미를 창설하여 학문과 예술을 장려하였다. 얼마 후에는 메디치가의 친척인 로렌조(Lorenzo)가 열렬히 학예 활동을 후원하였다. 율리우스 2세(Julius II)와 레오 10세(Leo X) 같은 몇몇 교황들도 예술가들을 후원하였다. 여기서 힘을 얻은 이탈리아의 여러 도시에서는 수많은 우수한 예술가들이 출현하였다.

또한 르네상스의 가장 두드러진 발전은 미술의 개화에 있었다. 중세의 회화와 조각은 거의 유치할 정도로 미숙했는데 이제 천재적인 미술가들이 대거 출현하여 유례없는 위대한 작품들을 만들어 냈다.

처음 등장한 미술의 대가는 피렌체의 지

▲ 메디치

오토(Giotto)였다. 그는 딱딱하고 형식적인 중세의 종교화를 떠나 진정한 자연의 모습을 그렸다. 피렌체에서는 그의 뒤를 이어 다른 대가들이 계속 출현하였다. 프라 필리포 리피(Fra Filippo Lippi), 보티첼리(Botticelli), 미켈란젤로(Michelangelo), 라파엘(Raphael), 레오나르도 다 빈치(Leonardo da Vinci) 등이 유명하다. 프라 필리포 리피는 세속적 인상이 가득한 거지 성직자로 매우 사실적인 그림을 그렸다. 보디첼리는 「비너스의 탄생」으로 유명하다. 미켈란젤로는 시스틴 성당의 천정화로 유명한데, 천지창조부터 노아의 홍수까지의 내용을 다룬 이 웅장한 그림은 바로크 시대의 회화 기법에 영향을 주었다. 그는 원래 조각가로 유명했는데 대표작은 사실적인 선의 윤곽이 뚜렷한 「다비드 상」, 「피에타」 등이 유명하다.

▲ 레오나르도 다 빈치

라파엘은 「마돈나」 그림으로 유명하였다. 레오나르도 다 빈치는 르네상스 시대 가장 재능있는 사람이라 할 수 있다. 그는 적어도 여섯 가지 분야에서 그 누구도 따를 수 없는 천재적인 자질을 보여주었다. 그는 회화에 있어 「모나리자」, 「최후의 만찬」 등의 걸작을 남긴 화가였으며 뛰어난 조각가이기도 했다. 그는 또한 건축가로서 밀라노, 파비아, 피아첸차에 있는 성당들을 포함하여 미의 극치를 이룬 르네상스 시대 많은 건물들을 설계하였다. 그는 여러 도시의 지배자들로부터 위촉을 받고 토목 및 공병 분야에서도 많은 봉사를 하였다. 그는 또한 훌륭한 시를 짓고 아름다운 음악을 작곡하였다. 마지막으로 그는 과학의 개척자였다. 그는 정확한 비행원칙을 터득하여 비행기를 설계하기

▲ 모나리자

도 하였다. 그러나 동력이 없었기 때문에 날지는 못하였다.

르네상스 시대에는 과학 분야에서도 괄목할 만한 진전이 이루어졌다. 사실, 중세인들은 자연현상의 원인과 결과에 대하여 별로 알려고 노력하지 않았다. 그들에게 가장 중요했던 것은 사후 영혼이 천국에 가는 문제였다. 이상한 일이 발생하면 그것은 인간들의 행위에 대한 하나님의 유쾌함과 불쾌함의 표시라고 생각했다.

그런데 우주관의 변화가 일어났다. 13세기에 와서 영국에 로저 베이컨(Roger Bacon)이란 과학자가 등장하였다. 그는 수도승이었지만 자연현상을 하나님의 작용으로 보지 않았다. 그는 사람들에게 실험의 가치를 주장하였다. 그는 직접 실험을 통하여 화약과 확대경의 용법을 포함한 많은 것을 생각해 냈다. 그는 자신이 깨달은 지식을 기초로 말 없는 마차, 돛 없이 움직이는 배, 공중을 나는 기계와 같은 여러 기이한 물건들을 예언하였다. 당시 사람들은 그가 악마와 결탁한 요술쟁이라고 생각하였다.

폴란드에는 니콜라스 코페르니쿠스(Nicolas Copernicus)라는 신부가 살았다. 그는 천체 관측을 통하여 지구는 구형으로 태양 주위를 돈다는 사실을 확신하였다. 사실, 헬레니즘 시대의 그리스인들도 이 사실을 알았지만 이후 오랫동안 그것은 망각되었었다. 코페르니쿠스의 지구 구형설은 지구는 평탄하고 천체가 지구 주위를 돈다고 믿었던 당시의 많은 사람들을 격분시켰다. 당연히 중세적인 우주관의 중심인 교회 당국에서도 그의 주장을 달가워하지 않았다. 하지만 그의 주장이 우주관에 대한 획기적 변화라는 점에서 후대 사람들은 사고의 근본적인 변화를 뜻하는 말로 "코페르니쿠스적 전환"이라는 말을 사용하고 있다.

▲ 코페르니쿠스

코페르니쿠스는 찬양을 받지 못하고 사망했으나 다른 천문학자들은 그의 설이 옳다는 것을 입증하였다. 이탈리아의 천문학자 갈릴레오(Galileo)는 망원경을 사용하여 천체를 관측한 결과 코페르니쿠스의 지구구형설과 지동설의 정확성을 확인하였다. 그는 곧 종교 재판소로부터 출두 명령을 받았다. 종교 재판소에서 그는 코페르니쿠스의 학설이 옳지 않다는 것과 지구가 우주의 중심이 된다는 것을 인정하도록 강요받았다. 목숨을 부지하기 위해 그는 시키는 대로 하였다. 그러나 그는 재판소에서 풀려 나오면서 혼잣말로 "그래도 지구는 돈다!"고 말하였다고 하는데 사실은 확인되지 않는다.

또 다른 영국인 프란시스 베이컨 경(Sir Francis Bacon)은 과

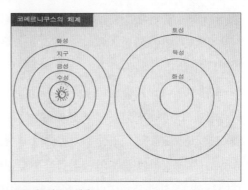

▲ 코페르니쿠스 체계

학에 실험적 방법을 도입하였다. 아리스토텔레스와 로저 베이컨 등 다른 과학자들도 실험을 행하였지만 프란시스 베이컨의 공헌은 전적으로 실험에만 입각한 체계적 개발에 있었다. 그의 생각은 무엇이든 직접 실험해 보지 않고는 진리로 받아들일 수 없다는 것이었다. 이후 과학자들은 모두 베이컨의 방법을 따랐다. 그러나 그는 어느 추운 겨울날 죽은 닭을 무릎에 올려놓고 냉동되어 가는 과정을 실험하다가 동사하고 말았다.

갈릴레오 역시 실험을 중시했는데, 그는 낙하하는 물체의 속도는 그 중량에 달려 있다고 말한 아리스토텔레스의 주장을 믿지 않았다. 그는 피사의 사탑에서 가벼운 공과 무거운 공을 동시에 낙하시켜 두 공이 같은 시간에 지면에 와 닿는 사실을 발견하였다. 그는 공기가 무게를 가지고 있다는 사실을 발견했고 온도계를 발명하기도 하였다. 그는 망원경을 발명하지는 않았으나 성능 좋은 망원경을 만들어 천체관측을 효과적으로 수행할 수 있었다. 르네상스 시대에는 현미경, 망원경, 인쇄술이 발명되었는데 특히 인쇄술의 발명으로 새로운 지식과 학문이 급속도로 전파되었다.

르네상스는 이탈리아에만 한정되지 않고 급기야 알프스를 넘어 중·서유럽 전역에 파급되었다. 스페인에는 세르반테스(Cervantes), 프랑스에서는 라블레(Rabelais), 영국에는 훨씬 후에 스펜서(Spencer), 셰익스피어(Shakespeare) 등 저명한 작가들이 출현하였다. 그들도 단테처럼 라틴어를 배격하고 모두 모국어를 사용하였다. 이런 과정을 통해 점차적으로 유럽의 언어들은 세련된 모습으로 발전되어 갔다.

또한 미술 역시 약 200년 동안 이탈리아에서 황금시대를 누린 뒤 또다시 북유럽에서 개화하였다. 스페인에서는 벨라스케스(Velasquez), 뮤릴로(Murillo), 엘 그레코(El Greco) 등 저명한 화가들이 출현했고 독일에서는 홀바인(Holbein), 뒤러(Durer)가 등장하여 불후의 걸작품들을 남겼다. 북유럽의 르네상스는 네덜란드에서 그 절정에 달하였다. 17세기에 조그마한 해안국가인 네덜란드에서는 렘브란트(Rembrandt), 루벤스(Rubens), 반 다이크(Van Dyck) 등 탁월한 미술가들을 배출하였다.

네덜란드에서는 지적인 자각도 컸다. 이곳의 가장 유명한 인문주의자는 에라스무스였다. 그는 매우 종교적인 인물이었기 때문에 이탈리아의 인문주의자들과는 달랐다. 그러나 에라스무스는 교회의 결점을 간파하고 그것이 시정되기를 원하였다. 그는 그리스어로 된 신약성서를 연구하였고 그리스 원전과 가톨릭교회의 라틴어 판이 일치하지 않았다는 것을 발견하였다. 그는 교회를 돕기 위하여 그리스어 판을 발간했으나 라틴어 판의 권위를 실추시키는 결과를 자아냈다. 그는 또한 『우신예찬(The Praise of Folly)』을 저술하여 교회에서 시정해야 할 점과 성직자의 타락상을 밝혔다. 『우신예찬』 역시 건전한 의도에서 저술되었지만 그 결과는 교회의 위신을 저하시키게 되었다. 결과적으로 그는 교회의 진실하고 충성스러운 옹호자였으나 그 누구보다도 더 많은 해를 교회에 끼친 것이었다.

2. 종교개혁

▌종교개혁의 배경 ▌

종교개혁이 왜 일어났는가? 많은 사람들은 마르틴 루터(Martin Luther)에게 종교개혁의 공훈을 돌리고 있다. 하지만 '중세 천년 이상을 지배해온 이데올로기에 대한 변화가 한 사람의 영웅적 용기와 행동에 의해서만 가능했는가' 하는 것이 의문이다. 그 누구도 거부할 수 없는 거대한 시대적 흐름을 다른 길로 흐르도록 물고를 튼 루터는 분명 용기 있는 사람임에 틀림없다. 그러나 루터가 물고를 틀 수 있었던 것은 그만큼의 환경이 조성되어 있었음을 간과해서는 안될 것이다.

따라서 종교개혁은 중세 말기 유럽사회의 전면적인 변화과정 속에서 설명되어야 한다. 중세 말기의 가장 뚜렷한 변화는 가톨릭교회의 쇠퇴, 교황권의 약화, 봉건귀족의 약화, 왕권의 강화, 도시민을 중심으로 한 상공업 계층의 증대 등을 들 수 있다.

▲ 체자레 보르지아

십자군 운동이 사실상 실패한 후 가톨릭교회는 교황의 바빌론 유수(1309~1377), 교회의 대분열(1378~1417) 등으로 크게 쇠퇴했다. 이는 정치적으로 중앙집권을 추진하고 있던 강화된 왕권과 달리 교황권이 약해졌음을 말해주는 것이다. 가톨릭교회의 약화는 교황을 비롯한 성직자들의 도덕적 기강의 해이와 함께 더욱 심화되었다. 교황 알렉산더 6세(Alexander VI)는 스스로 자신의 조카라고 우겼지만 정작 아들인 체자레 보르지아(Cesare Borgia)의 재산과 사회적 지위획득을 위해 힘을 썼다.[5] 이러한 족벌주의적 성향은 르네상스기 교황들의 일반적인 성향이었다. 심지어 교황 레오 10세는 로마의 성베드로 성당의 수축을 위한 기금마련을 위해 성직을 매매하고 죄를 면해주는 면죄부(Indulgence)를 판매했다. 종교개혁의 도화선은 바로 루터가 이에 대한 부당함을 지적하고 반발하면서부터 마련되었다. 이러한 현상은 교회와 성직에 대한 반발을 야기하는 요인으로 작용했는데 그것은 교회내부에서의 개혁이 불가능한 가운데 외부로부터의 개혁인 종교개혁의 길을 요구하는 것이었다.

또한 지나치게 형식주의로 타락해 있는 가톨릭교회의 의식에 대한 비판이 강화되었다. 이미 중세에 내적 경건과 신과의 직접적 교통을 강조하는 종교운동이 있었고 르네상스기 휴머니스트들의 종교적 순수성의 회복을 위한 노

---

5) 마키아벨리는 그의 유명한 책 『군주론』의 모델로 체자레 보르지아를 삼았는데 그는 악랄한 권모술수의 달인이었다.

력은 종교개혁을 위한
사상적 배경으로 작용
했다.

　정치적인 면도 종교
개혁의 배경으로 작용
했다. 각국의 왕들은 14
세기 이후 중앙집권적
인 통일국가를 건설하
며 영토는 지배했으나
종교를 지배하지 못한

▲ 면죄부 판매

상태여서 교회를 국가적 통일달성에 장애물로 생각했다. 또한 중앙집권화를
실현하는데 많은 자금이 들었기 때문에 이때의 왕들은 소위 '돈의 궁핍' 현상
에 시달리고 있었고 자연적으로 교회와 수도원의 재산을 탐내게 되었다.

　사회경제적인 측면에서, 장원제도의 해체에 따라 농노로부터 해방된 농
민들은 10분의 1세와 같은 교회세에 회의적이었다. 더불어 상공업계층은 막
대한 교회의 재산을 자본화하고 싶어했다.

　이러한 상황에서 중
세 가톨릭에 대한 개혁
의 기운은 유럽 그 어디
에나 존재했지만 그것
이 가장 먼저 일어난 곳
은 독일 지방이다. 왜
하필 독일이었을까?

　화산이 마그마가 끓
어 넘치는 시기가 되어

▲ 교회에 바치는 10분의 1세

▲ '흔들리는 교회' 를 풍자한 당시의 삽화

야만 폭발하듯이 독일지방은 유럽의 다른 지역에 비해 종교개혁의 기운이 가장 무르익어 있었다. 우선 중세 이래로 독일지방은 제후들로 분리되어 정치적 분열상태가 지속되어 왔다는 사실이다. 중앙집권적 군주에 대해서는 로마교황이 간섭하기가 어려웠지만 통일이 이루어지지 않고 분열이 계속되는 곳에는 교황의 간섭이 용이했다. 따라서 통일되지 않은 느슨한 영방 국가의 형태를 띠고 있었던 독일지방(신성로마제국)은 교황청의 최고 착취 대상이었고 그래서 심지어 '교황청의 젖소' 로 불릴 정도였다. 여기에다 신성로마제국 황제 카알 5세는 친 교황적이었다. 또한 독일지방의 대표적인 거상인 야곱 후거(Jacob Hugger)는 교황청과 황제에게 밀착해 이권을 챙기고 있었다. 심지어 후거 가문은 교황청의 면죄부 판매를 대리하기도 했다.

이러한 배경하에서 교황청은 독일지방에 대한 면죄부 판매를 통해 다른 지역의 부족분까지 충당할 수 있었다. 이에 가장 심한 착취의 대상이 되었던 독일 농민층은 가톨릭교회의 착취와 봉건적 부담을 크게 혐오했다.

ㅣ위클리프와 후스ㅣ

사실 교회는 오래전부터 갈등과 분열 상태에 있었다. 즉, 325년 니케아 종교회의에서 신랄한 논쟁이 벌어진 후 아리우스파가 이단으로 몰려 교회에서 추방되었다. 591년 칼케돈 종교회의에서도 유사한 논쟁이 벌어져 일단의 무리가 이단으로 판정·추방되어 시리아, 아르메니아, 에티오피아 등에 콥트교회(Coptic Church)를 창설하였다.

그러나 교회의 가장 큰 분열은 십자군원정 직전에 발생하였다. 그것은 성상숭배문제를 둘러싼 로마 주교와 콘스탄티노플 주교 사이의 논쟁으로 비롯되었는데, 그 결과는 이전처럼 교회로부터 소집단이 떨어져 나간 것이 아니라 교회 자체가 둘로 양분되었다는 것이다. 즉, 로마의 주교인 교황을 수장으로 한 로마 가톨릭 교회와 콘스탄티노플 주교를 수장으로 하는 그리스 정교회로 분리된 것이다. 이때 갈라진 두 교회는 아직도 존재한다. 몇 가지 점에서 이들은 상이한 점이 있긴 하지만 많은 면에서 공통점을 갖고 있다. 우선 두 교회 모두 가톨릭교회이다. 서유럽인들이 관련되어 있는 한 이 분열은 큰 의미가 없었다. 말하자면 실제적으로 그들 모두는 교황을 정점으로 한 교회의 구성원들로 지냈다.

그러나 16세기 이후부터는 많은 기독교 교파가 등장하였다. 르네상스의 영향을 받아 이제는 교회 성직자들 이외에도 일반 서민층으로서 교육을 받은 사람들이 증가하였다. 1324년 마르시글리오(Marsiglio)와 존(John)이라는 두 이탈리아인은 『평화의 수호자』라는 책을 저술하여 교회가 종교 활동에만 전념해야 하고 정치문제에는 간섭하지 말며 나아가 교회는 평신도들이 관리하여야 한다고 주장하였다. 당시 이러한 주장은 교회가 보기에 급진적인 생각이었다.

1320년경 옥스퍼드 대학의 교수였던 존 위클리프(John Wycliffe)는 교회에 정면으로 도전하였다. 그는 교회의 축재와 일부 성직자들의 세속적

▲ 위클리프

인 생활태도를 보고 분개하였다. 그는 또한 교회의 중재보다는 직접 성서를 통해 하나님의 인도를 받는 것이 바람직하다고 느꼈다. 그는 사유 끝에 몇 가지 놀라운 결론을 얻었다. 즉 "과거의 성물(聖物)들을 숭배하는 것은 무의미하다. 성지를 순례한다고 해서 반드시 우리의 영혼이 선해질 수 없다. 성직자들이 단순히 성례를 주관함으로써 신도들의 영혼을 구제할 수는 없다"는 결론을 내렸다. 그는 신도들이 스스로 구원받도록 하기 위하여 성서를 영어로 번역하였다. 그는 자신의 주장을 전파시키기 위해 롤라드(Lollards)라고 하는 순회 전도사들을 각처로 파견하였다. 이에 충격을 받은 교회 당국자들은 곧 위클리프를 이단으로 단정하여 그에게 엄한 벌을 가하려 했으나 교회 내부의 분쟁으로 그는 처형을 모면하였다. 그러나 교회는 이후 분쟁이 해결되자 자연사한 위클리프의 유골을 파내어 화형에 처하였다.

롤라드 전도사들은 위클리프의 주장을 유럽대륙에 전파하였는데 보헤미아 프라하대학 교수였던 존 후스(John Huss)에게 깊은 감명을 주었다. 그는 강의를 통해 위클리프의 주장을 전파하였고 마침내 큰 물의를 일으켜 몇몇 학생들과 교수들은 프라하를 떠나 독일에 가서 라이프치히(Leipzig)대학을 창설하였다. 후스는 강의와 설교를 계속하였다. 교황이 그를 파문하였지만 그는 파문장을 불태워버렸다. 그는 콘스탄츠 종교회의에 출두할 것을 명령받고 처음에는 이를 거부했지만 신변보호의 약속을 받고 그에 응했다. 그러나 역시 체포되어 전격적으로 화형을 당하고 말았다. 비록 화형을 당하였지만 후스의 영향력은 대단하여 그가 사망한 후 약 1세기 동안 그의 사상은 가톨릭교회의 강한 처벌에도 불구하고 계속 유럽에 떠돌았다.

▌루터의 종교개혁 ▌

마르틴 루터는 수도승이자 독일의 비텐베르크(Wittenberg)대학의 신학부 교수였다. 그는 후스의 사상에 감명을 받았으나 1517년까지는 침묵을 지켰다. 그런데 같은 해에 가톨릭교회의 한 대표가 교황 레오 10세의 명을 받고 비텐베르크를 방문해 면죄부를 판매하며 로마의 성당 건축을 위한 모금운동을 벌였다. 이에 루터는 더 이상 침묵할 수가 없었다. 그는 면죄부 판매를 신랄하게 비난하고 구원은 「로마서」 1장 17절의 내용인 "오직 믿음"에 의해 가능하다고 주장하면서 그의 유명한 95개조 반박문을 비텐베르크 대학에 게시하였다. 많은 사람들이 그것을 읽는 가운데 특히 당시 인쇄술의 발달에 힘입어 그의 주장은 급속도로 퍼져나갔다.

처음에 레오 10세는 루터의 행동을 "승려의 사소한 도전", 또는 "찻주전자 끓는 소리" 정도로 여겼다. 그러나 사태가 심상치 않게 돌아가고 있는 것을 본 교황은 당시 최고로 지식이 풍부한 성직자인 에크(Eck) 공작을 보내 그와 이야기를 하게 하였다. 에크는 루터의 생각이 후스의 그것과 대동소이하다는 것을 깨닫게 되었다. 교황은 루터에게 그가 말한 것을 취소할 것을 명령했지만 그는 교황의 교서를 불태웠다. 이에 교황은 그를 파문하였다. 이어 그는 당시 막강한 권력을 행사한 황제 카알 5세로 하여금 루터를 보름스 회의에 출두시켜 지금까지 한 말을 모두 취소할 것을 명령했지만, 루터는 이를 거부하였다. 루터와 교회 사이의 갈등이 심화되는 가운데 루터 신변상의 위험을 깨달은 친구인 작센 공작 프리드리히는 이 반항적인 수도승을 납치하여 흥분이 가라앉을 때까지 바르트부르크(Wartburg)성에 피신시켰는데, 이곳에서 루터는 성서를 독일어로 번역하였다.

루터가 바르트부르크 성에서 지내는 동안 독일지방에는 몇 가지 변화가 일어났다. 독일 귀족들은 교회가 시민들에게 직접 영향력을 행사하고 있는 것을 못마땅하게 여겼다. 또한 서민층은 선행이나 성례를 강조하지 않고 믿음 하나만으로 천국에 들어갈 수 있다고 한 루터의 가르침을 믿었다. 이제 루터를 따르는 신도들이 급증하여 황제나 교회당국에서도 이들을 탄압할 수 없게 되었다. 그리하여 1526년에 개최된 로마 가톨릭 교회의 대집회에서 투표를 행한 결과 루터교는 인정되었다. 그러나 이후 종교적 관용을 찬성했던 투표가 철회되었기 때문에 루터의 추종자들은 강력히 항의하였고, 이후부터 루터교도들은 프로테스탄트(Protestant, 항의하는 자)라고 불리워졌다.

루터는 여러 가지 결점을 가진 인물이기도 하였다. 그는 결혼하지 않기로 맹세했던 사람이었으나 똑같은 맹세를 했던 어느 수녀와 결혼하기도 했다. 또한 그는 당시 유명한 인문주의자 에라스무스와 영국왕 헨리 8세에 대하여 가혹한 비판을 했기 때문에 그들로부터 적개심을 사기도 하였다. 더욱이 농민반란이 독일 전역을 휩쓸었을 때 그는 "그들이 만약 계속 난동을 부린다면 용서 없이 그들의 목을 미친개 다루듯 잘라버리는 것이 옳다"고 주장해 초기의 주요 추종세력이었던 농민들로 하여금 그에게 등을 돌리게 하기도 하였다. 그러나 이렇게 결함을 가진 종교인이었지만 그를 따르는 교도들은 많았다. 그는 프로테스탄트 운동의 선봉이었던 것이다.

▲ 루터

▌쯔빙글리와 칼뱅의 종교개혁 ▌

울리히 쯔빙글리(Ulrich Zwingli)는 원래 스위스 인쇄업자였는데 루터로부터 큰 감명을 받았다. 그는 스위스에 개혁교회를 세우고 신도들을 규합하여 1529년까지 스위스 국토의 2분의 1 이상이 쯔빙글리의 세력권 밑에 들어왔다. 같은 해에 가톨릭을 신봉하는 주(州)와 개혁교회를 받드는 주 사이에 전쟁이 발생하였다. 쯔빙글리는 전사했지만 그렇다고 가톨릭 측이 승리한 것은 아니었다. 지성적이고 온건한 스위스인들은 평화조약을 맺고 주마다 자체의 종교를 선택할 수 있는 권리를 가지게 했다.

▲ 쯔빙글리

그동안 프랑스에서는 장 칼뱅 (Jean Calvin)이라는 또 다른 프로테스탄트 지도자가 등장하였는데, 법률가였던 그는 에라스무스와 루터의 작품들을 읽고 크게 감명을 받았다. 칼뱅은 가톨릭 국가인 프랑스의 박해를 피해 스위스로 망명하였다. 1536년 스위스에서 그는 자신의 유명한 책인『기독교강요(The Institute of the Christian Religion)』를 저술하였다. 그는 루터와 마찬가지로 인간영혼의 구원은 착한 행동이나 성스러운 예배를 통해 얻을 수 없다고 믿고 오직 성서중심주의를 내세웠으나 루터와 달리 인간영혼은 믿음에 의해서만 구원받는다고 생각하지 않았다.

그에 의하면 인간의 모든 영혼은 태어나기 전부터 이미 하느님의 축복을 받았던가 또는 저주를 받았다고 한다. 그래서 저주받은 사람은 아무리 선행을 쌓아도 아무 소용이 없었다. 이러한 그의 주장은 소위 예정설(Predestination)로 이해되는데 이는 인간은 하나님의 뜻대로 미리 운명이 정해져 태어나고 나약한 인간들은 하나님의 뜻을 알 수 없기 때문에 현실세계에서 성실하고 근면하며 엄격한 도덕을 지키고 죄를 범하지 않는 생활을 해야 한다고 강조하였다. 이렇게 살다보면 필요 이상의 더 많은 생산물이 생겨날 것인데 이에 대해 칼뱅

▲ 칼뱅

은 가톨릭교회와 전혀 다른 해석을 하였다. 즉 중세 가톨릭에서는 이윤추구는 악덕이라 했지만 칼뱅은 이를 "하나님의 축복"이며 개인적으로 소유해도 무방하다고 주장했다. 자연적으로 칼뱅의 주장은 많은 신도들, 특히 상공업에 종사하는 사람들의 대대적인 지지를 받게 되었다. 그리하여 칼뱅파는 르네상스 이후 유럽 전역에서 성장하는 상공업의 발전과 더불어 급속하게 번져나갔다.[6] 칼뱅은 쯔빙글리의 개혁교회 신도들을 모두 흡수했고 프랑스에도 위그노(Huguenots)로 알려진 신도들을 거느렸다. 스코틀랜드에서는 장로교도(Presbyterians), 네덜란드는 고이센(Geussen), 영국에는 청교도(Puritans)라고 부르는 칼뱅파가 형성되었다.

▎영국의 종교개혁 ▎

루터와 칼뱅에 의한 종교개혁과 달리 영국의 종교개혁은 종교적인 측면이 아닌 다른 측면에서 이루어졌다. 즉, 16세기에 헨리 8세는 형의 미망인인 캐

---

6) 막스 베버(Max Weber)는 『프로테스탄트 윤리와 자본주의 정신』이라는 책에서 자본주의의 출발이 칼뱅의 교리에 있다고 주장하였다.

더린(Catherine)과 결혼하였다. 그러나 왕은 자신보다 연상이었던 캐더린이 메리 튜더(Mary Tudor)라는 딸 하나밖에 낳지 못하자 그녀와의 이혼을 원하였다. 당시 교황은 헨리 8세의 형수와의 혼인을 특별히 허락해 주었지만 이혼에 대해서는 적극 반대하였다.

그러나 헨리는 쉽사리 물러서는 성품이 아니었다. 그는 가톨릭교회가 영국에 점유하고 있던 엄청난 양의 토지를 몰수할 수 있는 기회를 오랫동안 엿보고 있었다. 그는 가톨릭과 관계를 끊고 시녀 앤 볼린(Anne Boleyn)과 결혼하며, 영국국교회(The Church of England, Anglican Church, Anglicanism)를 창설하였다. 그러면서 의회로 하여금 교회의 수장을 영국 국왕으로 한다는 수장령(Act of Supremacy)을 발표하게 하여 헨리 8세 자신이 영국교회의 우두머리가 되었다. 국교의 예배의식은 라틴어 대신 영어로 행하는 등 몇 가지 변화가 있었으나 국교는 가톨릭과 똑같이 주교, 대주교 등 성직 명칭을 그대로 보유하고 있었다. 말하자면 영국국교는 프로테스탄트라기보다 로마 가톨릭 교회의 모습을 더 많이 띠고 있었다.

앤 볼린과 결혼하고 3년이 지난 후 결혼생활에 싫증이 난 헨리 8세는 왕비가 엘리자베스(Elizabeth)라는 딸 하나밖에 낳지 못하자 그녀가 자신에게 충성을 다하지 않

▲ 헨리 8세

는다는 이유를 들어 참수형에 처해버렸다. 그 후 헨리 8세는 계속해서 4명의 여인과 결혼하였다. 이들 중 첫 번째 왕비가 에드워드 왕자를 낳고(후에 에드워드 6세로 즉위) 곧 사망하였다. 두 번째 왕비는 곧 이혼 당했고 세 번째 왕비는 앤 볼린처럼 처형되었으며 마지막 왕비만이 헨리보다 더 오래 사는 데 성공하였다.

▌가톨릭 교회의 개혁 ▌

우리는 보통 프로테스탄트 교파들로 분리된 종교적인 대변동을 종교개혁이라고 알고 있다. 그러나 가톨릭교회로부터 이탈한 행동을 프로테스탄트의 반란으로 보고 종교개혁을 가톨릭의 자체 개혁에 국한시키는 말로 해석하는 경우도 있다.

가톨릭의 지도자들은 자체의 개혁이 필요하다는 것을 확실히 깨닫고 있었다. 이러한 인식은 루터와 다른 프로테스탄트들이 비판의 소리를 내기 이전부터 존재하였다. 가톨릭교회의 자체 정화의 첫 단계로는 16세기 스페인에 창

▲ 예수회 창설

설된 종교재판소를 들 수 있다. 이곳에서는 성직자들의 비행을 다스리고 이단자들을 처리하였으며, 때로는 고문을 통해 이교도들을 개종시키기도 하였다. 따라서 마녀사냥은 이 시기부터 한동안 중세 때보다 훨씬 자주 일어났다.

더욱이 가톨릭 내부의 세속화가 심화되어 가자 1534년 스페인의 기사 이그나티우스 로욜라(Ignatius Loyola)가 등장하여 순결, 청빈, 복종을 모토로 하는 예수회(Society of Jesus, Jesuit Society)를 창설하였다. 이 단체는 선교와 종교교육에 전력했고 이들의 영향력은 전 세계로 파급되었다. 이들은 무대를 전 세계로 설정하고 청소년 교육, 신앙심 확립, 선교활동, 군주와 제후에 대한 봉사를 통한 국제정치에서의 외교활동 등을 통해 그 영향력을 확대하였다.

로마 가톨릭의 자체정화 노력은 교황들이 솔선하지는 않았지만 1541년 교황 바울 3세(Paul Ⅲ) 때 이탈된 프로테스탄트들을 다시 가톨릭교회로 귀환하도록 하는 노력으로 이어졌다. 그는 독일의 라티스본에서 대종교회의를 개최하였다. 이곳에서 가톨릭 지도자들과 프로테스탄트 지도자들은 서로 우호적인 분위기에서 당면한 문제들을 토의하였다. 그러나 서로 양보를 많이 했지만 움직일 수 없는 기본 신조들은 서로 포기할 수 없었기 때문에 회의는 실패로 끝났다. 그 이후 가톨릭과 프로테스탄트는 서로 다른 길을 갔던 것이다. 1545년에는 트렌토 공의회가 열려 1563년까지 계속되었다. 8년간에 걸친 회의 결과 가톨릭 내부에 있던 온갖 부조리가 파헤쳐지고 따라서 가톨릭의 폐습은 폐지되거나 개혁되었다. 그러나 동시에 이 공의회는 가톨릭교회의 우위를 재확인하였기 때문에 프로테스탄트와의 갈등의 씨앗이 되었다.

❙종교전쟁❙

라티스본 종교회의의 결렬과 트렌토 공의회에서의 가톨릭교회의 우위정책은 급기야 가톨릭교도들과 프로테스탄트교도들 사이의 충돌로 비화되었다.

최초 분쟁은 신성로마제국에서 발생하였다. 이곳의 군소 국가들의 지배자들은 대부분 프로테스탄트 교도로 전향했고 백성들도 그들을 따랐다. 많은 프로테스탄트 국가들은 공동방위를 위하여 동맹 체제를 이룩하였다. 그러나 가톨릭을 신봉했던 황제 카알 5세는 제국 내 모든 국민을 가톨릭교도로 만들 결심을 하고 1546년 프로테스탄트 동맹국들에게 도전하였다.

황제는 싸움마다 이겼지만 강제로 백성들을 가톨릭교도로 전향시킬 수는 없었다. 그리하여 1555년 그는 아우구스부르크(Augusburg) 조약을 체결하고 제국을 가톨릭 지구와 프로테스탄트 지구로 구분하였다. 조약에 따르면 각국의 군주들은 가톨릭과 루터파 중에서 하나를 택할 자유를 얻었지만, 사실 백성들의 신앙은 이미 고정되어 있었기 때문에 군주가 강요할 성질의 것이 아니었다.

당시 카알 5세는 여러 나라를 다스리고 있었다. 그는 신성로마제국의 황제였을 뿐만 아니라 스페인과 네덜란드도 통치하고 있었다. 그의 가문인 합스부르크 왕가는 전통적으로 결혼정책에 의해서 얻고 싶은 땅을 병합하는 정책을 써왔다. 그런데 1556년 카알 5세는 갑자기 제위를 포기하였다. 그리고 그는 황제자리를 동생 페르디난드 1세(Ferdinand I)에게 물려주었다. 그의 아들은 스페인의 왕위를 계승해 필립 2세(Philip II)가 되었으며 동시에 네덜란드의 왕위를 겸하였다.

필립 2세는 아버지처럼 열렬한 가톨릭 신자였다. 그는 네덜란드의 국민들 대다수가 프로테스탄트들 것을 보고 실망하였다. 특히 저지대 주민들인 네덜란드인들은 애국심도 강렬하였다. 그러나 필립 2세는 유화정책을 쓸 줄 몰랐다. 그는 네덜란드에 가혹한 총독들을 파견하여 이교도를 박멸하고 가혹한 세금을 부과하여 충성심을 제고하고자 하였다. 때마침 잔혹하기 이를 때 없는 알바(Alva)공이 총독이 되었고 그는 특별 재판소를 설치하여 프로테스탄트들을 무자비하게 처형하였다.

그러자 네덜란드인들은 북부지역 지도자인 윌리엄(William)의 영도 아래 무기를 들고 스페인 군과 싸웠다. 이들 대부분은 칼뱅파인 고이센들이었다. 얼마 후 남부 네덜란드도 그에 가세하였다. 그러나 그들 대부분은 가톨릭교도들이었기 때문에 일시적인 반역행위로 끝났다. 필립 2세는 네덜란드의 두 세력이 연합하여 대항한다는 소식을 듣고 파르마(Parma)공을 보내 반란을 진압하게 하였다. 그는 남북 간의 종교의 차이, 언어의 차이(북부는 독일어에 가까운 언어를 사용하였고 남부는 프랑스어와 비슷한 언어를 사용하였다), 일상생활의 차이를 교묘히 이용하여 남부를 다시 스페인의 지배 아래 두는 데 성공하였다. 하지만 북부는 계속 저항하였고 1609년에 조약이 체결되어 투쟁은 일단락되었다. 그리고 1648년 네덜란드는 베스트팔렌조약에 의해 정식으로 독립을 인정받았다. 얼마 후에 네덜란드 북부는 윌리엄을 중심으로 한 네덜란드 공화국이 되었고 공화국은 후에 네덜란드 왕국으로 바뀌었다. 왕국의 지배자들은 윌리엄을 선두로 한 오렌지 가문의 출신들이다. 남부는 후에 오스트리아의 영토로 되었다가 다시 벨기에 왕국으로 독립하였다.

필립 2세가 네덜란드 북부를 끝내 지배하지 못했던 것은 영국과의 관계가 불편했던 데에도 원인이 있었다. 영국의 헨리 8세의 왕위는 에드워드 6세가 계승했지만 오래가지 못하여 누나인 메리튜더가 계승했지만 그녀는 가톨릭 정책을 실시하여 프로테스탄트를 가혹하게 탄압하였다. 메리 여왕은 독실한 가톨릭신자였을 뿐만 아니라 스페인 왕 필립 2세의 아내이기도 하였다. 여왕은 남편의 비위를 맞추기 위해서 남편이 원한다면 무엇이든 하였다. 1557년 여왕은 남편이 원하는 대로 프랑스와 전쟁을 벌였지만 그 결과는 프랑스 내 마지막 영국 영토였던 칼레를 잃고 만 것뿐이었다. 영국은 앞으로 영구히 가톨릭 국가가 될 전망이 보였지만 메리 여왕이 사망하자 상황은 돌변하였다. 영국의 왕위는 메리 여왕의 이복동생인 엘리자베스에게 돌아갔다. 프로테스탄트였던 그녀는 형부인 필립 2세의 청혼을 물리치고 독신으로 지냈다. 또한 그녀는 영국국교를 부활시킴으로써 스페인의 필립 2세를 경악하게 만들었다.

필립 2세는 처제인 엘리자베스 여왕을 증오하였다. 왜냐하면 영국은 스페인 상선을 노략질하는 네덜란드 해적들에게 항구를 개방하였을 뿐만 아니라 여왕은 네덜란드인들을 몰래 원조하기도 하였던 것이다. 심지어 영국 해적인 프란시스 드레이크(Francis Drake) 등을 지원하여 식민지에서 보화를 싣고 오는 스페인 상선들을 약탈하도록 하였다. 이에 필립은 엘리자베스 대신 가톨릭교도인 스코틀랜드의 메리 스튜어트(Mary Stuart)를 왕좌에 앉힐 계략을 꾸몄으나 메리가 처형되자 낙심하였다. 격분한 필립은 영국을 정복할 결심을 했지만 그의 영국정복 계획은 완전한 실패로 돌아가고 말았다. 왜냐하면 스페인의 '무적함대(Invincible Armada)'는 프란시스 드레이크의 맹렬한 공격을 받고 1년이나 걸려 영국 해협에 도달하였지만 찰스 하워드 제독과 프란시스 드레이크경이 이끄는 영국함대에 의해 무적함대가 크게 격파되었기 때문이다. 거기에다 폭풍을 만나 많은 스페인 전함들이 침몰당하였다. 무적함대의 파멸은 스페인 해상권의 종말을 의미하였고 이후 해상권은 영국의 것이 되어 2차 세계대전에 이르기까지 변동이 없었다.

가톨릭교도와 프로테스탄트의 갈등은 프랑스에서 가장 심하였다. 위그노는 프랑스의 칼뱅파 프로테스탄트들을 일컫는 말인데, 이 말은 장엄한 성사를 중요하게 여기는 가톨릭교도들이 의식과는 관계없이 항아리들이 모여 있는 것처럼 단순히 옹기종기 모여 생활하는 신교도들을 경멸해서 부른 말이라고 한다. 16세기 전반 프랑스에서는 전통적인 가톨릭의 강세 속에 이들 칼뱅파 신교도들이 탄압정책에도 불구하고 다양한 조직을 통해 도시민, 부농, 상공시민을 비롯, 왕족과 유력한 귀족에게까지 침투하여 만만치 않은 정치세력으로 등장했다.

그리하여 프랑스 내 가톨릭과 프로테스탄트의 갈등은 앙리 2세 이후 발루아 왕가의 마지막 왕들을 거치며 폭발했다. 전통적인 가톨릭 신봉자였던 앙리 2세와 왕비 메디치 출신의 카트린느(Catherine de Medich)에게는 5명의 자녀가 있었는데, 왕자를 얻지 못하고 차례차례 왕이 된 프랑스와 2세, 샤를르 9세, 앙리 3세, 그리고 이들의 동생으로 왕이 되지 못한 알랑송 공작 및 마고 공주가 그들이다.[7] 발루아 왕가는 프랑스 내 대귀족들의 세력균형 위에서 왕권을 행사하고 있었다. 그런데 1559년 앙리 2세가 죽고 어린 아들 프랑스와 2세가 집권을 하자 왕비의 삼촌이 되는 공작 기즈(Guise)가 세력을 확대하였다. 기즈 공은 열광적인 가톨릭 신봉자로 왕권을 배경으로 신교세력을 탄압했다. 그러나 프랑스의 프로테스탄트들은 프랑스 전체 인구의 단 10%에 지나지 않는 소수였으나 부유하고 활동적인 도시상공 시민층과, 전통적인 부농계급들이 중심이 되어 있어 수에 비해 그 영향력은 훨씬 컸다. 여기에 명문가문으로 나바르(Navarre)의 왕 앙리가 프로테스탄트였고 제독 콜리니(Coligny) 역시 프로테스탄트의 지도자였다.

따라서 프랑스의 가톨릭과 프로테스탄트 간의 갈등은 근본적으로 볼 때 종교의 갈등이었지만 그 내부에는 귀족간의 갈등, 귀족과 왕권의 갈등, 왕위계승문제, 국제적 외교문제(영국은 신교를, 스페인은 구교를 지원했다) 등 복잡한 문제가 얽혀있었다.

그런 중에 프랑스와가 2년 만에 죽고 그의 동생 샤를르 9세가 왕이 되었다. 하지만 샤를르 9세는 열 살밖에 되지 않았고 자연히 권력은 어머니인 카트린느에게 넘어갔다. 섭정을 이끈 카트린느 역시 극단적 가톨릭 신봉자로서 귀족들 간의 혹은 가톨릭과 프로테스탄트의 갈등 사이에서 아들의 왕권강화를 위해 위그노들에게 제한적이었지만 종교적 자유를 허용했다. 그러나 카트

---

7) 영화 '여왕마고'는 위그노 전쟁을 소재로 하여 만들어졌다. 왕의 딸이며 왕의 여동생이고 또 왕의 아내인 마고는 진정한 의미에서 여왕이 아닌가라는 의미에서 영화의 제목을 '여왕마고'로 택한 것이 아닌가 생각한다.

▲ 앙리 4세

린느의 이러한 조치는 기즈공을 비롯한 프랑스 가톨릭 세력들의 강한 불만을 샀고 결국 양파 간의 전쟁이 발생했다.

1562년 기즈공의 바시에서의 위그노에 대한 공격을 시작으로 프랑스의 종교 갈등은 증폭되었다. 약 10년이 넘는 유혈 갈등은 결국 두 세력 간의 타협의 창구를 찾게 만들었다. 바로 위그노 세력과 가톨릭 세력의 혼인정책이었다. 위그노에서는 나바르의 왕 앙리를, 가톨릭에서는 마고를 내세웠다. 결혼식 날은 1572년 성 바르톨로뮤(St. Bartholomew)를 기리는 제일로 정했다. 결혼식을 축하하기 위해 많은 신교도들이 파리로 모여들었고 이날 8월 24일의 새벽 종소리를 시작으로 가톨릭교도에 의한 프로테스탄트들에 대한 무자비한 학살이 자행되었다. 카트린느와 기즈의 치밀한 사전음모 아래 위그노 지도자 콜리니를 비롯하여 약 2천 명 이상이 살해되었는데 이를 '성 바르톨로뮤 대학살'이라 부른다.

그 후 강경파인 기즈는 1576년 가톨릭 동맹을 결성하는 등 위그노에 대한 탄압을 계속했으나 샤를르 9세를 이은 앙리 3세는 세력 확대를 두려워하여 기즈공을 살해했다. 이에 격분한 가톨릭 세력들은 앙리 3세를 살해했고 프랑스의 왕권은 나바르의 왕 앙리에게 주어져 그가 앙리 4세가 되었다. 그러나 앙리 4세는 위그노였다. 1589년 왕이 된 앙리 4세는 계속되는 신구교의 갈등을 치유하기 위해 가톨릭으로 개종했다. 그는 보다 크고 위대한 정책을 위해 가톨릭 세력으로 간섭을 일삼는 스페인과의 전쟁을 종결시키는 등 약 10년 동안의 준비 끝에 1598년 가톨릭은 물론 모든 프로테스탄트 세력에게 종교적

신앙의 자유와 정치적 권리를 허용하는 칙령을 반포하였다. 바로 이것이 낭트
칙령(Edict of Nantes)이다. 비록 그 후에도 약간의 갈등이 있었으나 이로써 사실상
의 프랑스에서의 종교전쟁은 끝이 났다. 앙리 4세는 프랑스 내의 갈등을 극복
하고 약화된 왕권 회복을 토대로 프랑스의 전성기인 태양왕 루이 14세 시대의
서막을 열었다.

▌30년전쟁 ▌

그러나 가장 길고도 무자비했던 종교전쟁은 역시 30년전쟁(The Thirty Years'
War)이었다. 이 전쟁은 신성로마제국 내에서 이루어졌지만 유럽의 열강들이
총출동한 최초의 국제전쟁 같은 양상을 나타냈다.
전쟁의 출발은 보헤미아에서 일어났다. 당시 보헤미아는 지금의 체코슬로

▲ 성 바르톨로뮤 대학살(1572. 8. 24)

▲ 30년전쟁에 대한 풍자

바키아 지역의 일부로 신
성로마제국 내에 편입되어
있었다. 열광적인 페르디
난트 2세(Ferdinand II)가 황제
가 되자 그는 제국을 가톨
릭 국가로 만들 생각을 하
였다. 그런데 보헤미아 지
방에는 아우구스부르크 조
약에 의하여 루터교를 신
봉하고 있었던 프로테스탄
트들도 많았다.

황제의 사자들이 보헤미아의 프라
하에 도착하여 프로테스탄트 반대운동
을 벌이려 하자 이곳의 프로테스탄트
귀족들은 그들을 붙잡아 왕궁의 창밖으
로 내쳐버렸다. 이 사실을 보고 받은 황
제는 바바리아의 왕인 막시밀리안
(Maximilian)의 도움을 받아 보헤미아를
침공하였다.

▲ 페르디난트 2세

갑작스레 침략을 당한 보헤미아인들
은 이들의 공격에 제대로 대항하지 못하
고 패전하였다. 페르디난트 2세는 곧 정
복지에서 프로테스탄트들을 박멸하고 저
항하는 자들의 재산을 몰수하였다. 사실
이 전쟁은 덴마크의 왕이면서 프로테스

탄트였던 크리스천 4세(Christian IV)가 제국을 침입해 들어오지 않았다면 여기서 끝났을지도 모른다. 그는 독일지역 프로테스탄트 귀족들의 도움을 이용하여 제국의 일부를 병합하고자 하는 야심이 있었다. 이에 황제 페르디난트는 발렌스타인(Wallenstein)이라는 보헤미아의 유능한 모험가를 시켜 덴마크 군을 물리치게 하였다.

발렌스타인은 루터(Lutter)전투에서 덴마크 군을 격퇴시키고 나아가 발트해 연안에 있는 덴마크 영토의 일부를 점령하였다. 그는 황제에게 신앙의 자유가 허락되는 좀 더 강력한 제국을 만들 것을 건의하였다. 그러나 열렬한 가톨릭 신자였던 페르디난트는 발렌스타인을 해고하고 프로테스탄트를 계속 탄압했기 때문에 프로테스탄트들은 또다시 싸울 것을 결심하였다.

이때 스웨덴의 왕 구스타부스 아돌푸스(Gustavus Adolphus)가 전쟁에 개입하여 프로테스탄트 편을 들었다. 두 차례에 걸친 전투에서 스웨덴 군은 승전했고 신성로마제국의 사령관인 틸리(Tilly)는 전사하였다. 이제 제국 내 다수의 프로테스탄트 국가들은 스웨덴 편을 들었다. 이에 놀란 페르디난트는 다시 발렌스타인과 그의 용병들을 고용하였으나 발렌스타인은 루첸(Lutzen)전투에서 패전했고 스웨덴의 왕 역시 전사하였다. 이어 발렌스타인은 자기 부하에게 살해당하였지만 전세는 제국 측에 유리하게 작용하였다. 이때 페르디난트는 프로테스탄트에 대한 강압정책을 철회했기 때문에 그들로부터 도전을 받을 염려가 없었다. 이에 스웨덴 군은 결국 평화조약을 체결하고 본국으로 돌아갔다.

▲ 구스타부스 아돌푸스

그러나 이 전쟁은 앞으로 13년이나 더 계속되었다. 지금까지는 가톨릭 대 프로테스탄트의 싸움이었으나 앞으로는 단순한 종교가 아니라 영토와 정치 문제를 두고 싸움이 전개되었다. 당시 프랑스의 실력자는 프랑스 절대왕정의 왕권강화에 애를 쓰고 있었던 추기경 출신의 리슐리외(Richelieu)였다. 그는 프랑스의 경쟁 왕가인 합스부르크 왕가가 서남쪽에 있는 스페인과 동부에 있는 신성로마제국의 두 나라를 모두 다스리고 있다는 사실에 위협을 느끼고 있었다. 따라서 내심 합스부르크 왕가의 파멸을 도모하였던 그는 스웨덴, 네덜란드, 이탈리아의 사보이 공국과 동맹하여 1635년 독일지방과 스페인을 공격하였다. 로마교황의 최고고문인 추기경 리슐리외가 가톨릭 황제에게 선전포고함으로써 이제 전쟁의 종교적인 성격은 완전히 배제되고 말았다. 전쟁은 한동안 스페인과 프랑스 국경지대에서도 진행되었지만 전투의 대부분은 신성로마제국 내에서 이루어졌다. 그 결과 제국 인구의 약 절반이 사망했으며 살아남은 자들도 질병과 기아 등으로 혹독한 생활을 해야만 했다. 결국 1648년 베스트팔렌 조약이 체결되어 30년전쟁은 끝이 났다.

이 조약에 의하여 프랑스는 동쪽으로 국경을 넓혔고 스웨덴은 제국의 북부해안 지대의 일부를 얻었다. 하지만 신성로마제국은 상당히 쇠약해졌고 프랑스와 스웨덴은 제국에 대한 발언권을 얻었다. 스페인은 네덜란드의 독립을 승인하지 않을 수 없었고 합스부르크 왕가는 스위스에 대한 이권을 포기해야 하였다. 제국 내에서는 다시 한 번 아우구스부르크 조약의 조건이 확대 실시되어 제후국의 지배자들은 자기 뜻대로 종교를 선택할 수 있게 되었다. 이러한 결과로 끝이 난 30년전쟁은 근대적인 국가체제, 세력균형, 근대적 외교 활동 등 최초로 근대적인 성격의 국제적 외교관계를 낳게 했다.

3. 유럽의 팽창

｜팽창의 배경｜

중세 초 유럽인들의 세계는 매우 협소하였다. 토지에 매여 살 수밖에 없었던 농노들은 자신들이 사는 지역 밖으로는 가본 적이 거의 없었다. 농노들은 장원의 주인인 영주의 영역을 일탈하는 것이 금지되어 있었기 때문이다. 그러나 기사나 귀족의 세계는 좀 더 넓었다. 때때로 그들은 마상경기에 출전한다든가 또는 방문을 목적으로 이웃 주군의 성으로 여행할 수 있었다.

중세 중기에는 북유럽의 노르만족들이 길게 만든 바이킹 배를 타고 여러 곳을 항해하였다. 또한 신앙이 돈독한 기독교인들은 물론 새로운 영지를 찾거나 경제적 이익을 찾고자 하는 사람들이 성지순례를 구실로 전쟁을 시작하면서 보다 넓은 세계로의 견문을 넓힐 수 있었다. 하지만 십자군원정을 떠났던 사람들은 거리에 대한 개념과 방향감각이 거의 없었다. 따라서 그들은 행군 도중 도시가 시야에 나타나기만 하면 "저곳이 예루살렘이냐"고 물어보았다고 한다.

그러나 십자군원정이 끝날 무렵 유럽인들은 유럽대륙은 물론 서남아시아와 북부 아프리카 지방에 대해 상당히 익숙해 있었다. 그들은 십자군 원정으로부터 돌아온 병사들을 통하여 옷감, 향신료, 사치품 등 동방의 우수한 물건들을 보고 큰 자극을 받았다. 특히 그들은 주식이었던 밀과 보리 등의 곡물에 기생하는 유독성 깜부기병인 맥각중독(ergotism)으로 그 생산량이 크게 하락하자 자연적으로 육식을 많이 하게 되었고 그에 따라 후추로 대표되는 향신료를 절대적으로 필요로 하게 되었다. 따라서 중세인들은 향신료를 비롯한 동방의 물자들에 대해 탐을 냈고 이후 상인들은 유럽인들의 이러한 요구에 응하여 동방의 값진 산물들을 구입해 왔다. 문제는 향신료가 인도를 비롯한 동양에서만 생산된다는 점이었다. 또한 그동안의 동방무역의 대부분이 아라비아 상인을 통해 유럽에 전달되는 중계무역의 형태이다 보니 당시 유럽인들은 동방산 물자에 대해 상당한 비용을 치를 수밖에 없는 입장이었다. 이러한 상황에서 동방무역에 뛰어든 유럽인들 중 특히 지중해 해상권 중심에 놓여 있던 이탈리아의 베네치아와 제노아 등 항구도시의 상인들이 선두를 달렸다.

마르코 폴로

베네치아 상인들 가운데 니콜로 폴로(Niccolo Polo)와 마페오 폴로(Maffeo Polo)라는 두 형제가 있었다. 1260년 그들은 동지중해 방면에서 가장 큰 무역항구인 콘스탄티노플에서 활동하고 있었다. 이곳에서 그들은 머나먼 동방에서 흘러들어온 진기한 물건들을 보고 아직 유럽인들 중 누구도 직접 가보지 못한 신비의 나라를 탐험하기로 결심하였다. 그들은 마침내 카스피해 동부에 위치한 보카라에 도착했고 이곳에서 당시 중국을 지배하고 있었던 쿠빌라이 칸(Kublai Khan)의 신하들을 만났다. 그들은 황제 쿠빌라이의 명령으로 임무를 수행하고 있던 참이었다. 폴로 형제는 이들을 따라 동쪽으로 3천 마일을 여행하여 북경에 도착하였다.

쿠빌라이 황제는 중국대륙을 지배하고 그 세력을 서쪽으로까지 미치고 있었지만 그때 처음으로 유럽인들을 보았다. 폴로 형제는 황제가 모르는 유럽인들의 생활풍습을 이야기해 줌으로써 황제를 기쁘게 하였다. 황제는 특히 유럽의 기독교에 관한 이야기를 듣고 지대한 관심을 나타냈다. 황제는 폴로 형제에게 로마교황에게 보내는 친서를 맡겼는데, 그 내용은 유럽에서 100명의 기독교 선교사를 중국에 보내 기독교를 가르치게 하고 유럽의 생활을 중국에 소개해 줄 것을 요청하는 글이었다.

1269년 폴로 형제가 이탈리아에 돌아왔을 때 로마교회는 새로운 교황 선출 문제로 옥신각신하고 있었다. 결국 2년 후인 1271년에 그레고리 10세가 새 교황으로 선출되었다. 교황은 여러 가지 이유로 100명의 선교사를 보내지 못하고 대신 2명의 탁발승만 중국에 파견하였다. 그러나 그들은 여행길이 너무나 멀고 위험해서 도중에 이탈리아로 되돌아오고 말았다.

그러나 탁발승과 여행을 같이 시작했던 폴로 형제는 동쪽으로 여행을 계속하여 3년 6개월 만에 다시 북경에 도착하였다. 당시 니콜로 폴로는 17세였던 아들 마르코 폴로(Marco Polo)를 동반하였다. 비록 어린 나이였지만 마르코 폴로는 남달리 예민한 관찰력과 기억력을 가지고 있었다. 쿠빌라이 황제는 이 젊은이를 총애하였다. 세월이 흐르자 그는 황제로부터 더욱 신임을 얻

▲ 마르코 폴로

어 여러 지역에 황제의 사신으로 파견되기도 하였다. 마르코 폴로와 그의 아버지 형제는 황제의 은덕을 입어 거대한 재산을 쌓았다. 그러나 황제는 그들이 본국에 돌아가는 것을 허락하지 않았다.

그들은 중국 땅에서 17년 동안 살다가 우연한 기회에 본국으로 돌아올 수 있었다. 당시 페르시아의 왕이 아내를 잃고 몽고의 공주를 왕비로 맞이하고자 했는데, 쿠빌라이 황제는 육로로 공주를 페르시아에 보내는 것은 위험하다고 생각하고 폴로 일가에게 해로를 통해 공주를 모시고 가라는 명령을 내렸던 것이다. 그들은 약 2년이 걸려 페르시아에 도착했는데 그때 이미 페르시아 왕은 사망하고 없었다. 그러나 왕위를 계승한 새로운 왕이 공주를 아내로 맞이했고, 임무를 완수한 폴로 일가는 여행을 계속하여 1295년에 베네치아에 도착하였다.

베네치아로 돌아온 마르코 폴로는 다니는 곳곳마다 자신이 여행하면서 보고 들은 온갖 진기한 이야기를 생생하게 들려주었다. 그런데 1298년 이탈리아 해상권을 놓고 베네치아와 제노아 사이에 대해전이 발생하였다. 베네치아는 패전했고 마르코 폴로는 적군의 포로가 되었다. 이때 그는 작가인 루스티치아노(Rusticiano)와 같은 감옥에 투옥되었다. 그는 마르코 폴로로부터 온갖 진귀한 여행담을 듣고 그것을 기록하여 남겼는데, 후에 이 기록은 『동방견문록』이라는 책으로 발간되어 읽힘으로써 많은 유럽인들로 하여금 동방을 동경하게 만들었다. 또한 그에 영향을 받은 많은 상인들 역시 직접 동방으로 가서 중국, 인도, 동인도 제도와 교역하기를 원하였다.

그리하여 동방으로부터 향신료, 귀금속, 목재, 옷감, 사치품 등이 수입되었다. 특히 동인도 산물로 알려진 향료는 육식에 절대적으로 필요한 방부제 역할을 했을 뿐만 아니라 맛의 증진과 일종의 최음제로서 그 수요가 급증하였다. 그러나 이러한 동방무역에 있어 아라비아 상인들로 알려진 오스만 터키인들은 일종의 장애물이었다. 그들은 이탈리아의 무역로를 차단하고 자신들이 직접 동방과 교역을 했기 때문에 자연 유럽에서는 동방 산물이 희귀해지게 되었다.

▌포르투갈의 탐험과 식민 활동 ▌

지중해를 통한 동방무역을 수행하
는 데 있어 가장 어려움을 겪은 나라는
포르투갈이었다. 왜냐하면 당시 동방
무역은 이탈리아의 베네치아, 제노아
등이 독점했고 터키인들이 중도에서
상업 활동을 방해했기 때문이다. 이와
같은 상황 아래 포르투갈은 지중해를
통한 무역로의 개척이 불가능하다는
것을 깨달았다. 따라서 포르투갈은 중
도에 육지를 통과하지 않고 해로만을

▲ 포루투갈 상선

통해서 동방과 무역할 수 있는 길을 모색하기에 이르렀다. 이러한 뱃길이 개
척될 경우 그들은 베네치아, 제노아, 터키인들과 충돌하지 않고 동방과 교역
할 수 있게 될 것이었다.

이러한 새로운 무역로의 개척에 있어서 선구자 역할을 담당한 이가 '항해
왕자' 헨리(Henry)이다. 1394년에 태어나 1466년에 사망한 그는 궁정에서 열리
는 호화로운 연회에는 참석하지 않고 항상 바닷가에 있는 높은 탑 위에 올라
가 지리학자들과 해도를 펼쳐놓고 장시간 토론하곤 하였다. 그러나 그는 직
접 탐험 길에 오르지는 않았다.

헨리는 탐험대를 보내 마데이라 제도와 서아프리카의 기니 해안지대를 발
견하였다. 이곳에 포르투갈은 영구적인 식민지를 건설하여 열대산물의 수송

▲ 헨리 왕자

과 노예 매매를 행하였다. 그러나 아직 포르투갈은 동방으로 가는 항로를 발견하지 못하였다.

그러던 중 1486년 모험심이 강한 바르톨로뮤 디아스(Bartholomew Diaz)가 아프리카 서쪽 해안을 따라 항해하였다. 도중에 그의 배는 포르투갈로 돌아오려 했으나 큰 폭풍을 만나 남쪽으로 밀려내려 가다 아프리카 남단에 도달하였다. 그는 이곳을 포르투갈령으로 만들고 "폭풍의 곳"으로 명명하였다. 그러나 이 소식을 전해들은 포르투갈 왕은 아프리카 남단에 도착함으로써 동방으로 가는 항로 발견의 희망이 생겼다 하여 그곳을 "희망봉(the Cape of the Good Hope)"이라고 다시 명명하였다.

그리고 마침내 1498년 바스코 다 가마(Vasco da Gama)라는 포르투갈 선원이 희망봉을 돌아 계속 동쪽으로 항해하여 인도양을 건너 인도에 도달하였다. 항해를 시작한 지 10개월 12일 만에 인도의 캘리컷항에 도착한 것이다. 이곳에서 그들은 푸대접을 받았지만 바스코 다 가마는 본국으로 귀환할 때 향신료와 귀금속을 가득 싣고 돌아왔다. 이렇게 해서 포르투갈은 동방으로 가는 인도 항로를 발견하게 되었다. 그러나 당시 인도는 이슬람교도들이 지배하고 있었기 때문에 포루투갈은 인도무역에 큰 어려움을 가지고 있었다. 이슬람교도들은 교역 차 인도에 온 포르투갈 상인들을 살해하거나 그들의 상선을 침몰시키기도 하였던 것이다. 그리하여 1510년 포르투갈 해군은 이슬람교도들과 싸워 많은 항구를 점령하기도 하였다.

1500년에 또 다른 포르투갈 탐험대가 카브랄(Cabral)의 지휘 아래 남쪽으로 항해해 갔다. 그들 또한 폭풍을 만나 서쪽으로 밀려내려 가다 어느 열대 지방에 착륙하였는데, 카브랄은 이 지역 역시 포르투갈령으로 삼고 브라질(Brazil)이라 명명하였다. 브라질은 남아메리카 대륙에서 포르투갈이 개척한 유일한 식민지였다.

포르투갈은 이제 대(大)상업제국을 건설하기 위해 인도, 말레이 반도, 동인도 제도, 브라질에 무역 거점들을 설치하였다. 그리하여 포르투갈은 유럽의 팽창과정에서 가장 먼저 부강한 국가 대열에 들어갈 수 있었다.

▌스페인의 탐험과 식민 활동 ▌

포르투갈과 인접해 있으면서 항상 경쟁 상태에 있었던 스페인은 제노아의 항해사인 크리스토퍼 콜럼버스(Christopher Columbus)로 인하여 탐험에 관한 관심이 깊어졌다. 콜럼버스는 당시 지구가 둥글다고 믿은 유일한 사람은 아니었으나 몸소 체험을 통해 그것을 입증하려고 시도했던 사람이었다. 그는 서쪽을 계속해서 항해하면 분명히 동방의 부국들에 도달하리라고 믿었다. 그는 또한 지구는 그리 크지 않기 때문에 단기간의 항해로 목적지에 도달할 수 있으리라 믿었다. 그 역시 향신료를 비롯한 동방산물에 대해 관심이 많았고 이를 직접 조달할 수 있기를 기대하고 있었다. 그러나 그는 당시 향신료 생산의 본고장인 아시아에 가려면 알려지지 않은 거대한 대륙인 아메리카 대륙을 거쳐야 한다는 사실을 알지 못하였다.

콜럼버스는 항해를 통해 펼쳐질 미래에 대한 모험심과 용기는 소유하였지만 부유하지는 않았다. 그는 처음에 포르투갈 왕 존 2세에게 도움을 요청하였다. 그러나 왕은 콜럼버스의 계획을 듣고서 "허풍선이 몽상가"가 아닌가하고 의심하였다. 콜럼버스는 자신의 계획을 이웃 스페인의 페르디난드 5세와 여왕 이사벨에게 설명하고 도움을 청하였다. 그러나 당시 스페인은 그라나다에서 이슬람 세력과 전쟁을 치르고 있을 때라 이를 거절하였지만, 그라나다 함락 후에는 혈기왕성하고 자신감 넘치는 콜럼버스의 계획에 동의하였다. 그러나 스페인의 왕과 여왕은 콜럼버스가 성공하리라고는 크게 기대하지 않았기 때문에 항해를 위한 최소한의 비용을 마련해 주었다.

1492년 8월 3일 콜럼버스와 그의 선원들은 스페인의 팔로스 항을 떠나 카나리아 섬에 잠깐 머물렀다 다시 서쪽으로 항해하였다. 수주일 동안 항해를 했으나 육지가 나타나지 않았기 때문에 선원들은 점차 공포심을 느꼈다. 그러나 10월 21일에 섬이 나타나 콜럼버스와 선원들은 그곳에 상륙하였다. 콜럼버스는 왕의 이름으로 그 섬을 취하고 산살바도르(San Salvador)로 명명하였다. 콜럼버스는 그 섬을 인도의 섬 중 하나라고 믿고 구리 빛의 그곳 원주민들을 가리켜 인디언(Indians)이라고 불렀다. 왜냐하면 콜럼버스는 당초 인도로 간다고 생각했고 따라서 자신이 도착한 곳이 인도 동쪽의 어느 지점이라 생각했기 때문이었다. 그들은 계속 항해하면서 바하마와, 지팡구(일본)라 생각한 쿠바 및 아이티 등에 기항하였다. 아이티에 기항할 때 세 척의 배들 중 산타마리아(Santa Maria)가 침몰하였기 때문에 이 배에 탔던 42명의 선원들은 아이티섬에 내려 식민지를 건설하였다. 그리고 콜럼버스는 나머지 선원들과 함께 스페인으로 돌아왔다.

콜럼버스의 항해는 대성공이었다. 그는 아시아 해안에서 떨어진 섬나라들을 발견하였다고 확신하

▲ 콜럼버스

였다. 하지만 그는 큰 항구와 대도시들이 없는 것을 의심하고 그 후 세 차례에 걸쳐 추가 탐험을 실시했지만, 당시 이곳이 유럽인들에게 알려지지 않은 신세계였다는 사실은 결코 알지 못하였다.

콜럼버스 이후 신대륙에는 대규모의 식민 활동이 전개되었다. 비록 콜럼버스가 처음에 식민했던 아이티 섬은 인디언들에게 다시 빼앗겼지만 서인도 제도를 중심으로 스페인은 많은 식민지를 건설하였다. 얼마 지나지 않아 그들은 새로운 발견을 통해 근처에 있는 대륙들이 아시아가 아니라 신세계인 것을 깨닫게 되었다. 예컨대 푸에르토리코의 총독인 폰세 데 레온(Ponce de Leon)은 신화에 나오는 "젊어지는 샘"을 찾아 다녔는데 그런 샘을 찾아내지는 못했지만 플로리다 반도를 발견하고 그곳을 스페인의 영토로 만들었다. 또 다른 탐험가

▲ 산타마리아 호

▲ 아메리고 베스푸치

▲ 코르테스

발보아(Balboa)는 파나마 지협을 건너가서 큰 바다가 있는 것을 발견하였다. 그는 이 바다를 남해(지금의 태평양)라 부르고 이 바다와 인근의 도서들을 스페인의 소유로 만들었다.

그동안 이탈리아의 항해사인 아메리고 베스푸치(Americus Vespucius)는 네 차례에 걸쳐 신세계를 왕래하였다. 그는 비록 새로운 것을 발견하진 못했어도 주의 깊게 관찰한 바를 글로 적어 두었다. 후에 이 글을 읽은 사람들은 신세계를 발견한 사람이 아메리고라고 믿었다. 그리고 어느 독일인 지리학자는 자신이 쓴 책에서 아메리고의 이름을 따 신세계를 아메리카라고 부르는 것이 어떻겠느냐는 제안을 하였는데, 그 후부터 서반구의 두 대륙을 북아메리카와 남아메리카로 부르게 되었다.

또 다른 탐험가 코르테스(Cortez)는 쿠바에서 결성한 탐험대를 이끌고 멕시코 동쪽해안에 상륙하였다. 그들은 격렬한 싸움 끝에 아즈텍 왕국을 정복하여 많은 금은보화를 탈취하였다. 몇 년 후 피사로(Pizarro)는 남아메리카에 상륙하여 아즈텍 왕국보다 더 부유한 페루의 잉카 왕국을 정복하였다.

페르디난드 마젤란(Ferdinand Magellan)은
신대륙을 건너 서쪽으로 가서 동방과 교역
할 수 있는 길을 모색하였다. 마젤란은 포
르투갈인이었지만 스페인을 위해 봉사하
였다. 1519년 그는 5척의 함대를 거느리고
신대륙을 통한 무역로를 찾아 떠났다. 그
는 남아메리카 해안을 따라 남으로 항해하
였다. 드디어 그는 남아메리카 남단에서
자신이 찾던 대륙을 통해 서쪽으로 항해할
수 있는 매우 좁은 길인 마젤란해협을 발
견하였다. 그러나 그 통로는 너무 위험해
서 배 한 척은 되돌아갔고 또 한 척은 파선

▲ 마젤란

되었다. 그러나 남은 배들은 항해를 계속하여 드디어 서쪽의 큰 바다를 발견
했는데 마침 바다가 잔잔했으므로 그 큰 바다를 가리켜 '조용한 바다' 라는
의미에서 태평양(the Pacific Ocean)이라고 명명하였다.

마젤란은 태평양이 얼마만큼 넓은지 알지 못한 채 항해를 계속하였다. 그
러나 얼마 후 물과 식량 부족으로 다수의 사람이 사망하였고 그들은 곧 어느
군도에 착륙하였다. 이곳에서 그들이 먹고 마시는 동안 섬의 주민들이 배에
서 모든 것을 훔쳐 갔다. 마젤란은 이 사건으로 그곳을 라드로네스(Ladrones),
말하자면 도둑(robbers)으로 칭하고 스페인의 영토로 만들었다. 마젤란과 그의
부하들은 계속해서 서쪽으로 항해를 하다가 여러 섬이 중첩해 있는 지역에
도달하여 그곳을 스페인령으로 삼고 후에 스페인 왕 필립 2세의 이름을 따
필리핀(Philippines)이라 명명하였다. 마젤란은 이곳에서 원주민들과 싸우다 사
망하였고 살아남은 부하들은 남은 배들을 이끌고 계속 항해하여 동인도 제도
에 상륙하였다. 이곳에서 그들은 많은 향신료를 구입해 유럽으로 가지고 갈

수 있었는데, 1522년 270명의 선원들 중 단지 8명만이 3년 6개월의 항해를 마치고 스페인 항구로 돌아왔다. 결국 그들은 최초의 세계 일주를 성취한 것이었다. 배는 다섯 척이 떠나 단 한 척만 귀환했지만 배에 싣고 온 향신료는 높은 가격에 팔렸기 때문에 탐험대에 투자했던 상인들은 큰 이익을 보았다.

오늘날 미국 남부의 대부분은 스페인의 헤르난도 데 소토(Hernando de Soto)와 프란시스코 데 코로나도(Francisco de Coronado)의 탐험으로 세상에 알려졌다. 데 소토는 그의 부하들과 함께 1539년 플로리다에 상륙하여 부유한 도시들을 정복하기 위해 서북쪽을 탐험하였다. 1541년 그들은 도시를 발견하지 못한 채 미시시피강에 도달하였다. 미시시피를 건너간 스페인 사람들은 도시를 찾아 계속해서 서쪽으로 향하였다. 그러나 데 소토는 그토록 찾고자 한 도시를 발견하지 못하였고 인디언들의 공격을 받아 미시시피강 언덕에서 사망하였다. 그의 부하들은 방향을 틀어 남쪽으로 내려오다가 지금의 멕시코에 있는 스페

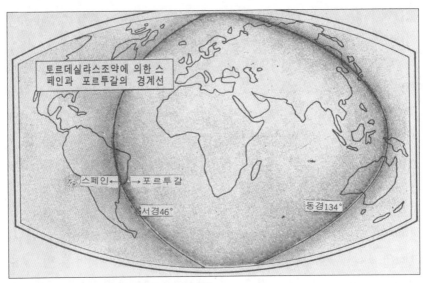

▲ 토르데실라스 조약에 의한 스페인과 포르투갈의 경계

인 정착지에 도착하였다. 한편 코로나도와 그의 부하들은 멕시코를 떠나 북쪽으로 전설의 7도시를 찾아 떠났다. 그들은 지금의 애리조나로부터 캔자스까지 광대한 평원을 돌아다녔지만 단 하나의 도시도 발견하지 못하였다. 코로나도가 파견한 두 탐험대 중 하나는 서쪽으로 탐험하여 콜로라도 강에 이르렀고 다른 탐험대는 서북쪽으로 올라가다가 그랜드 캐니언에 도달하였다.

스페인은 이러한 탐험을 통해 신세계의 광대한 땅을 소유하였다. 서인도제도의 대부분과 브라질을 제외한 남아메리카 전역 및 중앙아프리카, 멕시코, 플로리다로부터 캘리포니아에 이르기까지 모두 스페인령이 되었다. 따라서 이들 지역에는 스페인어가 통용되고 로마 가톨릭교가 확립되었다. 스페인의 대대적인 성공은 이미 브라질을 영유하고 있던 포르투갈과의 갈등으로 이어졌고 결국 두 나라의 새로운 영토에 대한 경쟁은 교황 알렉산더 6세가 1493년에 제시한 교황경계선 및 이듬해 체결된 토르데실라스 조약으로 일단락되었다.

초기에 스페인 사람들은 신대륙에서 인디언들을 가혹하게 대우하였다. 그러나 얼마 후에는 스페인 선교사들의 노력으로 이들에 대한 대우가 많이 개선되었다. 선교사들은 포교 활동을 통해 많은 개종자들을 얻었고 교육기관들을 창설했던 것이다. 스페인 사람들은 대부분 부의 축적과 선교 사업이라는 두 가지 목표 아래 아메리카를 탐험했는데 그들은 이 목표를 둘 다 달성하였다. 특히 스페인은 멕시코 지역의 아즈텍과 페루의 잉카로부터 많은 금과 은을 싣고 와 일약 부국이 되었는데, 이는 결국 유럽열강들의 욕심을 자극하여 네덜란드, 프랑스, 영국 등의 탐험과 식민 활동으로 이어졌다.

▌프랑스의 탐험과 식민 활동 ▌

16세기 초까지만 하더라도 신대륙을 점령하여 이익을 본 나라는 서유럽의 변방이라 할 수 있는 포르투갈과 스페인뿐이었다. 그러나 이후 중세 말의 봉건 영주들의 세력을 누르고 절대주의 체제의 기틀을 마련하던 프랑스 역시 이에 뒤질세라 1534년에 국왕 프랑스와 1세의 명으로 아메리카 탐험대를 파견하였다. 탐험대장 자크 카르티에(Jacques Cartier)는 캐나다의 퀘백 지방인 세인트 로렌스만과 그 하구를 발견하고 이곳을 프랑스령으로 만들려 했으나 실패하였다.

이후 1555년 프랑스 상공업 세력으로 구성된 일단의 위그노들이 남아메리카 브라질의 리오 데 자네이로 부근에 정착하고 2년 동안 거주하였다. 그러나 그들은 종교분쟁의 발생과 그곳을 이미 점유하고 있었던 포르투갈의 공격을 받고 철수하였다. 1562년 또 다른 위그노 탐험대가 신대륙으로 건너갔다. 이들은 장 리볼트(Jean Ribailt)의 영도 아래 오늘날 사우스캐롤라이나 지역인 샤를르 요새를 건설하였다. 2년 뒤에 또 다른 위그노 집단이 샤를르 요새에 이주해 왔지만 리볼트와 그의 부하들은 정착지를 떠나고 없었다. 이들은 남쪽으로 내려와 플로리다의 세인트 존 강가에 이르러 카롤린 요새를 건설하고 방황하던 리볼트와 그의 추종자들을 규합하였다. 그러나 스페인인들은 프랑스인들이 자기들 영내에 들어왔다고 분개하여 페드로 메넨데스(Pedro Menendez)의 지휘 아래 카롤린 요새를 공격하고 주민들을 학살하였다. 그리고 메넨데스는 1565년 프랑스인들의 플로리다 식민지 건설을 막기 위해 세인트 어거스틴(St. Augustine)이라는 스페인 정착지를 건설하였다. 하지만 3년 후인 1568년 프랑스 탐험대는 세인트 어거스틴을 공격하고 스페인인들을 사살하였다. 그러나 세인트 어거스틴은 파괴되지 않고 그대로 남아 지금까지 미국에서 가장 오래된 도시 중의 하나가 되었다.

1603년 사뮈엘 드 샹플렝(Samuel de Champlain)은 세인트 로렌스 강을 탐사한 후 이듬해에 아카디아에 로얄 요새를 건설했고 1608년에는 아메리카 대륙에서 가장 오래된 퀘벡을 건설하였다. 그 후에도 그는 세인트 로렌스 강과 오대호 일대를 계속 탐험하여 북아메리카에서의 프랑스의 위치를 굳혔다. 그는 이로쿠아족(Iroquois) 인디언과 사이가 좋지 않았기 때문에 프랑스의 세력이 많이 위축되는 실수를 범하기도 하였지만 "새로운 프랑스를 연 시조"로 추앙받았다.

이제 오대호 지역을 확고히 장악한 프랑스인들은 남하하기 시작하였다. 1682년 라살(La Salla)은 미시시피강을 따라 남하해 강 입구에까지 도달하여 강과 그 주변 토지를 프랑스의 영토로 만들었다. 북아메리카의 6분의 1에 해당하는 이 방대한 지역을 그는 당시 프랑스 왕 루이 14세의 영예를 기리기 위해 루이지애나(Louisana)라고 명명하였다. 미시시피강 입구가 발견되자 프랑스의 탐험가들과 이주자들은 멕시코만을 건너 새로운 남쪽 땅으로 접근하기 시작하였다. 그러나 1684년 라살은 강의 위치를 잊어버려 방황하다 지금의 텍사스 부근에서 피살되었고 이로써 그의 식민 활동은 중단되었다. 그러나 15년 뒤인 1699년에 프랑스인들은 미시시피주에 있는 빌록시에 성공적으로 정착했고 1718년에 뉴올리언스를 건설하였다. 이제 프랑스는 미시시피 하류에서도 확고한 거점을 확립하였다.

많은 점에서 아메리카의 프랑스 식민지는 성격상 스페인의 그것과 흡사하였다. 프랑스인들 역시 선교와 부의 축적이 핵심적 목표였다. 그들은 선교 사업에 성공했고 또한 모피 거래로 많은 부를 축적하였다. 이들은 스페인 사람들이 그랬던 것처럼 일부 정착민들을 제외하고 그곳에 영구적으로 영주하려는 의도가 없었기 때문에 당연히 그들 가족들은 구대륙에 남아 있었다.

프랑스인들은 기아나(Guiana)의 일부, 서인도 제도의 일부, 아프리카 서해안 지대에 영토를 확보하고 인도에도 세력을 미쳤다. 1664년엔 프랑스의 동인도회사가 창설되었고 인도 각처에 많은 무역소의 설치 및 요새구축, 군대 주둔 등으로 상업 활동을 보호하고 세력을 확장하였다. 비록 스페인과 포르투갈보다 늦게 출발하였지만 프랑스는 발달된 무기를 사용하여 큰 이권을 획득하였다. 특히 인도에서 프랑스인들은 현지 많은 왕들이 제각기 소국들을 지배하며 격심한 전쟁을 하는 상황에서 그들로부터 거액의 돈을 받고 대신 싸워주기도 하였다. 프랑스 식민정부는 이러한 행위를 공식적으로 인정하였다. 1741년 유능한 뒤플렉스(Dupleix)는 총독이 되어 인도의 무굴 제국을 약화시키고 인도를 프랑스 지배하에 두고자 했다.

▌네덜란드의 탐험과 식민 활동 ▌

네덜란드는 스페인으로부터 독립하기 전부터 원거리 무역에 종사하고 있었다. 네덜란드인들은 원래 야심만만한 해양인들로 식민지 획득을 통한 부의 축적을 갈망하고 있었다.

네덜란드는 두 가지 사건에 힘입어 일약 상업부국으로 성장할 수 있었다. 하나는 1580년 포르투갈과 스페인의 병합으로 그로 인해 기존 포르투갈의 활발했던 식민지 무역은 대단히 위축되었다. 다른 하나는 1588년 스페인의 무적함대가 영국 해군에게 참패당한 사건인데, 이러한 일련의 사건들은 네덜란드가 일어설 수 있는 좋은 기회가 되었다.

1602년 네덜란드는 동인도회사를 창설하여 동인도 제도의 무역을 촉진시켰다. 네덜란드 함대는 인도양을 통해 동쪽으로 항해하면서 스페인 함대의 저항을 물리쳤다. 막강한 해군의 도움을 받은 네덜란드인들은 포르투갈의 무역 거점들을 점령하여 네덜란드의 요새로 만들었다. 또한 희망봉, 말레이 반도, 인도, 대만, 중국과 일본 해안 등에도 네덜란드의 거점들이 구축되었다. 네덜란드는 능숙하게 바다를 다스리는 능력으로 단시일에 걸쳐 세계에서 가장 부유한 국가 중의 하나로 성장하였다.

1640년 포르투갈은 반란을 일으켜 스페인의 지배에서 벗어났으나 네덜란드에게 빼앗긴 그들의 식민지들을 다시 회복시킬 능력은 없었다. 네덜란드인들은 1609년 영국인 헨리 허드슨(Henry Hudson)의 지휘 아래 새로운 무역로를 발견하기 위해 아메리카 대륙으로 출범하였다. 그는 새로운 무역로를 발견하진 못했으나 자연적으로 형성된 넓은 항구를 가진 곳과 허드슨강을 발견하고 이들을 네덜란드령으로 하였다. 뉴네덜란드(New Netherlands)라 명명된 이곳으로 많은 네덜란드인들이 이주하였다. 그들이 건설한 마을 중 가장 유명했던 것이 뉴암스텔담(New Amsterdam)인데, 이곳이 성장하여 뉴욕시가 되었다.

▎영국의 탐험과 식민 활동 ▎

일찍부터 식민지와 무역로 개척에 힘을 썼지만 포르투갈, 스페인, 프랑스, 네덜란드보다 다소 늦게 출발한 영국이 본격적인 탐험에 나선 것은 헨리 7세 때였다. 1597년 헨리 7세는 이탈리아 출신의 존 캐봇(John Cabot)을 선장으로 삼아 동방 무역로를 찾아내게 하였다. 그는 영국에서 곧바로 서쪽으로 항해하여 북미대륙에 도달하였다. 존 캐봇은 콜럼버스가 그랬던 것처럼 이곳이 아시아 대륙의 한 곳인줄 알고 영국에 돌아와 왕에게 그대로 보고하였다. 다음 해 캐봇은 다시 서쪽으로 항해하여 북미 연안지대를 탐사하였다. 그 후 50년 동안 영국은 탐험대를 파견하지 않았다. 1558년 엘리자베스 1세가 즉위하자 영국은 다시 탐험에 관심을 가지게 되었는데 이제는 탐험의 목적도 변하였다. 과거에는 동방으로 가는 새로운 뱃길을 발견하여 동방산물을 손쉽게 구입하는 것이 목적이었으나 이제는 식민지 획득과 상업상의 이윤추구가 그 목적이었다.

그리하여 엘리자베스 여왕의 은밀한 후원을 받은 해적 프란시스 드레이크는 존 호킨스(John Hawkins)와 더불어 아메리카에 있는 스페인 식민지에 노예를

▲ 드레이크

판매하려 하였다. 그러나 이러한 행위는 스페인 국법에 위배되는 일이었기 때문에 드레이크와 호킨스는 스페인 함대에게 잡혔다가 겨우 탈출하여 자신들이 가지고 있던 많은 물자와 선박들을 빼앗기고 말았다. 그 후 드레이크는 평생 동안 스페인을 괴롭히고 영국 투자자들의 이익을 보호하기 위해 헌신적으로 노력하였다. 심지어 엘리자베스 여왕까지 그의 사업에 투자할 정도였다. 스페인의 항의에도 불구하고 여왕은 드레이크에게 기사 작위를 수여하기까지 했다. 드레이크와 그의 "해적(Sea-dogs)"들은 스페인 식민지를 계속 공략하고 상선을 습격하였다. 스페인 왕 필립은 프로테스탄트 국가인 영국을 견제해 오던 차에 드레이크의 무모한 약탈 행위에 격분하여 영국정복을 기도하였다. 그러나 1588년 영국은 드레이크를 앞세워 스페인의 무적함대를 격파하고 스페인으로부터 제해권을 빼앗았다. 이 사건은 그 후 영국이 세계 해상권을 장악하고 19세기 "해가 지지 않는 나라"로 성장하는 데 결정적인 계기가 되었다.

그 후 월터 롤리(Walter Raleigh)을 포함한 영국인들은 로노크에 식민지 건설을 시도했지만 실패하였다. 그러나 1507년에 영국의 "신사탐험단(gentlemen-adventurers)"이 제임스 타운에 정착하였는데 이것이 성공적으로 발전하여 버지니아라고 부르는 식민지가 만들어졌다. 그리고 1620년 영국왕 제임스 1세의 박해를 피해 필그림(Pilgrim)으로 알려진 분리파 교도들이 아메리카로 건너가 플리머스에 정착하였는데 얼마 후 이곳은 성공회에 도전하여 영국에서 추방당한 청교도들이 건설한 매사추세츠 식민지에 합병되었다. 매사추세츠 식민지인들은 부근에 로드아일랜드, 코네티컷, 뉴햄프셔 식민지들을 건설하였다.

또한 영국에서 건너온 일단
의 가톨릭교도들이 메릴랜
드 식민지를 건립했고 퀘이
커 교도들은 펜실베이니아
식민지를 건설하였다. 남쪽
으로 캐롤라이나와 조지아
식민지는 상인들이 건설하
였다. 북아메리카의 북부에
는 또 다른 형태의 영국 식
민지가 있었다. 이 땅은
1610년 헨리 허드슨(Henry
Hudson)이 영국령으로 삼았
던 곳이었다. 이 광대한 지
역에서 영국의 사냥꾼과 상
인들이 무역소를 설치하고
거래하였다.

영국의 아메리카 식민

▲ 엘리자베스 1세

지는 여러 면에서 네덜란드
의 그것과 흡사하였지만 상업적 이익에 가장 큰 가치를 둔 네덜란드와 달리
영국인들은 영구적 정착을 위해 노력하였다. 그리하여 아메리카 대륙에 식민
지를 건설하고 난 후 얼마 지나지 않아 영국인들은 그들보다 앞서 식민지 개
척에 나선 다른 나라들보다 훨씬 많은 사람들을 신대륙에서 생활할 수 있게
하였다.

그 외에도 1600년에서 1700년 사이에 영국은 버뮤다 군도, 서인도 제도
의 일부, 자메이카, 온두라스, 가나의 일부, 아프리카 서해안의 일부를 식민

화하였다. 영국은 인도에서도 많은 무역소를 설치하여 프랑스와 경쟁하면서 비록 출발은 늦었지만 가장 강력한 식민지 보유국 중 하나로 부상하였다.

▌식민지 획득 경쟁 ▌

포르투갈, 스페인, 네델란드, 프랑스, 영국으로 이어진 팽창의 종착점은 이들 유럽 열강들의 식민지 획득 경쟁이었는데, 이는 서로 무력을 행사하는 전쟁으로 발전하는 것이 상례였다. 네델란드는 이 방면에서 가장 앞장섰다. 네델란드의 함대는 포르투갈령 동인도 제도를 무력으로 쟁취했고 아메리카 대륙에 진출해 있었던 네델란드인들은 스웨덴 식민지를 정복하였다.

영국은 네델란드가 스페인으로부터 독립하는 것을 도왔지만 두 나라 사이에는 곧 불화가 발생하였다. 네델란드 제국은 비대해졌고 네델란드의 해운업체들은 영국의 그것을 압도하였다. 그 결과 1652년에서 1674년 사이 3차에 걸쳐 두 나라 간에는 소규모의 상업전쟁이 벌어졌다. 이 세 차례의 전쟁을 치르는 동안 영국은 인도와 실론에 있는 네델란드 영토의 일부를 빼앗고 아메리카의 네델란드 식민지를 정복하였다. 이로써 아메리카 대륙의 네델란드 식민지는 곧 영국의 식민지가 되어 뉴욕, 뉴저지, 델라웨어의 세 개 식민지로 변형되었다. 그리하여 남아메리카에 있는 가나의 일부를 할양받기는 하였으나 네델란드는 신대륙에서 더 이상의 식민지를 보유하지 못하였다.

당시 프랑스는 태양왕 루이 14세가 통치하고 있었다. 그의 적수는 네델란드였다. 그는 1667년과 1672년 2회에 걸쳐 네델란드를 침공하였다. 네델란드는 필사적인 응전으로 두 번의 위기를 모두 모면했고 그들의 지도자 오렌지공 윌리엄은 늘 복수의 기회만을 노리고 있었다. 1689년 드디어 기회가 왔다. 영국에서는 제임스 2세가 폐위되고 그의 딸의 남편을 왕으로 삼고자 했다. 따라서 공주의 남편이었던 오렌지 공 윌리엄이 영국 왕위에 올랐으며 제임스 2세는 프랑스로 망명하여 루이 14세에게 도움을 청하였다.

루이 14세는 전쟁이 아닌 적절한 위협을 가함으로써 영토를 획득하는 데 재미를 붙이고 있었다. 이에 위험을 느낀 오스트리아, 스웨덴, 스페인, 네덜란드, 신성로마제국은 공동방위를 목적으로 아우구스부르크 동맹을 맺었는데, 영국의 윌리엄 3세가 이 동맹에 가담하자 곧 전쟁이 일어나고 말았다.

전쟁은 1689년에 시작하여 8년 동안이나 계속되었다. 루이 14세는 리스위크(Ryswick)조약을 맺고 프랑스가 점유했던 유럽 영토의 대부분을 포기했으나 프랑스 식민지에는 변동이 없었다. 그러나 루이 14세는 평화주의자가 아니라 프랑스의 이익을 위해 분쟁을 마다하지 않는 절대군주였다. 1700년 스페인의 왕이 직계 없이 사망하자 왕위는 루이 14세의 손자인 앙쥬의 필립에게 돌아갔다. 이에 유럽의 다른 나라들은 놀라지 않을 수가 없었다. 이렇게 되면 한 왕가에서 강력한 두 나라를 다스리게 되는 것이기 때문이었다. 1702년에는 영국의 윌리엄 3세가 사망하자 의회는 왕비 메리의 여동생인 앤(Anne)을 여왕으로 선출하였다. 그러나 루이 14세는 제임스 2세가 영국의 왕이 되어야 한다고 선언하며 전쟁을 불사하겠다고 공포했다. 이에 영국의 외교력으로 오스트리아, 프로이센, 신성로마제국, 네덜란드는 대불동맹을 맺고 프랑스에 대항하였다. 이로써 1702년에서 1713년까지 계속된 스페인 왕위계승전쟁이 발발하였다.

이 전쟁은 단지 한 곳에서만 국한된 것이 아니라 여러 곳에서 전개되었고 결국 유트레히트 조약(Utrecht)체결로 끝이 났다. 이로써 필립 5세는 두 나라의 왕위를 동시에 겸하는 일은 없을 것이라는 조건하에 스페인의 왕이 되었고 앤은 영국의 여왕이 되었다. 그리고 유럽에는 약간의 영토상의 변화가 나타나 영국은 지브롤터를 획득하였고 오스트리아는 네덜란드의 일부를 얻었다. 그리고 식민지에서 영국은 프랑스령 아카디아주와 뉴펀들랜드를 얻었다.

그리고 프랑스의 루이 14세가 사망하고 27년 동안 평화 기간이 도래했으나 프로이센의 프리드리히 대제(Frederick Great)의 등장으로 식민지를 둘러싼 전쟁이 다시 일어났다. 즉, 오스트리아의 황제가 사망하자 공주인 마리아 테레지아(Maria Theresa)가 아버지를 계승하였는데, 프로이센의 프리드리히 대제는 처음에 오스트리아의 여황제에게 평화적인 방법을 사용하였다. 그는 오스트리아에게 실레지아를 양여해주면 그 대신 오스트리아를 외세로부터 보호해주겠노라고 제의하였다. 마리아 테레지아는 이 제안을 거절했고 프리드리히는 군대를 몰아 실레지아로 진격하였다. 프로이센의 공격에 동조하여 프랑스, 스페인, 바바리아 등이 "무방비" 상태인 실레지아를 탈취하겠다는 야욕을 품고 쳐들어왔다. 그러나 놀랍게도 마리아 테레지아의 국민들은 힘을 합쳐 국가를 방어하였다.

오스트리아 왕위계승전쟁으로 알려진 이 전쟁은 1740년에 발발하여 8년 동안 계속되었다. 영국은 스페인과 적대관계에 있었기 때문에 우연하게도 오스트리아를 편들어 주고 있는 꼴이었다. 뿐만 아니라 영국은 스페인의 세 동맹국인 프로이센, 바바리아, 프랑스와도 싸우지 않을 수 없게 되었다.

그러나 유럽에서의 전쟁은 치열했으나 결정적인 결과는 나타나지 않았다. 오스트리아는 최선을 다해 적들의 공격을 방어했지만 프로이센을 실레지아에서 쫓아낼 수는 없었다. 아메리카 식민지에는 조지아로부터 온 영국군이 스페인령의 세인트 어거스틴을 빼앗으려고 노력했으나 실패하였고 매사추세츠에서 온 영국군은 프랑스 해군기지인 루이스벅을 점령하는 데 성공하였다. 인도에서는 프랑스의 총독 뒤플렉스가 영국의 마드라스시를 점령하였다. 마침내 1748년 엑스-라-샤펠 조약(Aix-la-Chapelle)이 체결되었다. 마리아 테레지아는 실레지아를 프리드리히 대제에게 양도하고 몇 개의 작은 영토들은 다른 적국들에게 할양해야 했다. 그 대신 마리아 테레지아는 오스트리아의 제위에 올랐다. 그리고 그동안 오스트리아가 식민지에서 탈취했던 영토들을 본래 소유국에게 반환토록 하였다.

식민지 획득을 위한 전쟁은 여기서 그치지 않고 더 큰 전쟁으로 이어졌는데, 그것은 북아메리카에서 시작하여 유럽 열강들이 식민지를 보유하고 있는 전세계로 확대되었다. 유럽에서는 이를 7년전쟁(1756~1763)이라고 한다. 전쟁의 직접적인 원인은 오하이오 계곡지대를 놓고 영국과 프랑스가 각기 소유권을 주장한 데 있었다. 오스트리아 왕위계승 전쟁이 끝난 이후 유럽은 마리아 테레지아가 실레지아를 회복시키기 위해 동맹국들을 규합하려 하자 다시 긴장하였다. 이미 오스트리아와 러시아는 프로이센에 대해 비밀조약을 체결하고 있는 상태였다. 이제 북아메리카에서 전쟁이 터졌다는 소문이 들려오자 영국과 프랑스는 다투어 동맹국들을 찾았다. 영국왕 조지 2세는 마리아 테레지아에게 동맹관계를 맺자고 제의를 했으나 거절당하였다. 이에 영국왕은 태도를 돌변하여 그동안 적대관계에 있었던 프로이센과 손을 잡았다. 프랑스는 프로이센과 제휴하려 했으나 영국이 선수를 썼기 때문에 불가피하게 오스트리아와 동맹을 맺었다. 유럽열강들이 이권을 놓고 오늘의 적이 내일의 동지가 되는 이러한 상황을 두고 역사는 "외교혁명(Diplomatic Revolution)"이라고 부른다.

유럽의 전쟁은 프로이센의 프리드리히 대제가 영토를 빼앗으려는 의도에서 발발하였다. 신성로마제국과 러시아는 오스트리아와 함께 프랑스 편을 들었다. 영국은 군사적으로 프로이센을 크게 도울 수는 없었으나 경제적으로 원조하였다. 프리드리히 대제는 그의 탁월한 지략을 사용하여 훌륭한 전과를 올렸다. 그러나 1760년 전세는 뒤바뀌어 프로이센의 수도 베를린이 러시아 군에게 점령돼 불타버렸다. 거기에다가 영국왕 조지 3세는 근시안적 판단하에 프로이센 원조를 중단했기 때문에 프로이센은 절망상태에 빠지지 않을 수 없었다. 그러나 러시아의 엘리자베타(Elizaveta)여제가 사망하자 그의 뒤를 이은 표트르 3세(Pyotr III)는 태도를 돌변하여 프리드리히 대제의 편을 들어 주었다. 그러나 표트르 3세가 암살되고 에카테리나 여제가 즉위함으로써 러시아는 다시 변절하고 말았다. 그러나 프리드리히 대제는 이미 표트르 3세의 원조에 힘입어 국력을 회복했던 터라 전세는 교착상태에 빠졌다.

인도에서도 영국과 프랑스가 투쟁하였다. 초기에 프랑스군은 뒤플렉스의 지휘 아래 영국의 무역소 대부분을 접수하고 영국군의 마지막 거점이었던 트리키노폴리까지 포위하였다. 이때 인도에 사무원으로 와 있던 로버트 클라이브(Robert Clive)는 마드라스의 빈민촌을 돌아다니며 모병한 군대를 이끌고 프랑스군과 싸워 프랑스군의 거점인 아르코를 함락하였다. 트리키노폴리를 포위하고 있던 프랑스군은 아르코로 달려왔으나 클라이브에 의해 격파되었다. 게다가 프랑스 정부는 뒤플렉스를 소환했기 때문에 인도에서의 프랑스 세력은 크게 위축되고 말았다. 클라이브는 점차 인도에서 프랑스 세력을 누르고 지배권을 확립해 갔다. 클라이브는 동시에 벵갈국의 거대한 군대와 대결하지 않으면 안되었다. 클라이브는 이들에게 빼앗겼던 캘거타를 탈환하고 결정적인 플래시(Plassey)전투를 통해 벵갈군을 분쇄하였다. 이제 남은 것은 인도를 대영제국에 병합하는 일 뿐이었다. 그러나 몇 년 뒤 클라이브는 인도의 어느 귀족으로부터 뇌물을 받았다는 이유로 본국에 송환되었다가 치욕을 참지 못해 자결하고 말았다.

아메리카의 전황은 처음에는 프랑스에게 유리하였다. 그러나 영국의 신임수상인 피트(Pitt)는 전세를 역전시켰다. 그는 무능한 지휘관들을 전부 유능한 군인들로 대체하여 이들의 지휘 아래 프랑스인들의 도시와 요새를 거의 다 점령하였다. 1762년에는 영국 함대가 쿠바의 하바나항을 공격하여 점령했으며 또 다른 영국의 원정대는 스페인이 점유하고 있었던 필리핀 군도도 점령하였다.

1763년에 파리조약이 체결되어 전쟁은 일단락되었다. 프랑스는 미시시피강 동부지역의 대부분을 영국에 양도하였고 스페인은 필리핀과 쿠바를 다시 영유하는 대신 플로리다를 영국에게 넘겨주었다. 프랑스는 스페인이 보여준 미약한 조력에 보답하기 위해 뉴올리언스와 루이지애나의 일부를 스페인에게 양도하였다 인도에서 프랑스는 5개의 무역소를 제외한 모든 영토를 영국에 양도하였다. 이제 영국은 프랑스의 간섭 없이 모든 인도를 지배할 수 있게 되었던 것이다. 프랑스는 또한 프랑스령 서인도 제도 중 하나인 작은 섬과 아프리카 서부에 있는 프랑스 영토의 일부를 영국에게 넘겨주었다. 반면 유럽에서는 영토상의 변동은 없었고 다만 프리드리히 대제가 실레지아를 계속 영유하였을 뿐이다.

▌유럽 중심 세계사의 성립 및 팽창의 결과 ▌

유럽의 팽창은 인류의 역사전반에 지대한 영향을 초래했다. 특히 유럽세계의 역사·문화적 중심이 종래의 지중해 부근에서 대서양과 태평양으로 확대되었다는 점에서 그러하다. 그동안 인류 문화는 그리스와 이탈리아를 중심으로 하는 지중해 문화권에서 포르투갈, 스페인, 네덜란드, 프랑스, 영국 등으로 확대되는 대서양과 태평양 문화권으로 이동해 갔다. 이러한 활동으로 유럽에서 동양으로 가는 새로운 항로 및 신대륙이라는 새로운 지역이 발견됨에 따라 지리적인 입장에서 진정한 의미의 세계사가 성립되었다고 할 수 있겠다.

또한 새로운 항로의 개척과 신대륙의 발견의 결과 유럽무역의 해외시장확대, "콜럼부스의 교환(Columbus Exchange)"이라고 일컬을 정도의 동서 간의 교역산물의 다양성 및 양적 증대와 같은 각 나라 상업 활동의 확대는 자본을 축적시키는 결과를 가져왔다. 이러한 자본의 축적은 17세기 초 영국, 네덜란드, 프랑스 등에서 동인도회사라는 일종의 기업형태의 조직으로 이어져 더욱 활발해졌다. 유럽의 팽창 이후 나타난 이러한 결과를 소위 상업혁명(the Commercial

Revolution)이라고 일컫는다.

유럽 각국의 자본의 축적은 화폐의 유통을 원활하게 만들었는데, 특히 이는 스페인의 신대륙 공략으로 페루와 멕시코 등지에서 대량의 금과 은을 유럽으로 유입되게 만들었다. 오늘날과 같이 화폐유통에 관한 중앙은행의 통제기구가 마련되어 있지 않았던 시대임을 고려할 때 금과 은을 사기 위한 많은 양의 화폐발행은 금과 은의 가격 하락과 동시에 다른 산물의 물가 앙등을 초래하는 것이었다. 이를 가격혁명(the Price Revolution)이라 하는데 이는 고정된 수입에 의존하는 지주와 임금노동자에게 불리하게 작용했던 반면, 상대적으로 상인과 생산업자, 신흥자본가에게는 유리하게 작용했다.

유럽의 여러 나라들이 상업활동의 확대를 통해 막대한 이익을 추구하고 새로운 땅을 차지하려는 무한경쟁의 시대 속에 놓이게 됨으로써 이제 지상과제는 낮은 가격과 다량의 원료확보를 가능케 할 식민지확보였다. 그러나 식민지 확보경쟁이 점점 격화되는 가운데 상황은 단순한 원료 공급지를 넘어 강대국이 약소국을 지배하는 이른바 제국주의로 나아갔다. 그 결과 서양의 세력이 동양으로 점점 퍼져간다는 의미의 서세동점(西勢東漸)이 구체화되었다. 그러나 서세동점은 단순한 지배의 개념을 넘어 서양의 학문과 기술의 전달 및 기독교의 전파 같은 문화적 개념도 포함하고 있었다.

제6장

절대주의 시대의 유럽

1. 절대주의란 무엇인가

▌ 절대주의의 의미 ▌

　　프랑스와 영국의 사례를 통해서 보면 절대주의(Absolutism)는 중세 말 근대 초에 나타난 사회·경제적 산물로서 봉건적 요소와 근대적 요소가 혼재된 것이었다. 즉, 절대왕권은 점차 그 세력이 약화되어 가던 봉건귀족과 반대로 세력이 점점 강화되어 가던 신흥계층인 부르주아 사이의 세력균형에 입각·성립된 것으로, 그 안에는 신분제적인 위계 및 사유재산화한 특권, 그리고 왕을 둘러싼 귀족과 부르주아의 갈등 및 잔재된 봉건적 부담 같은 것들이 내재되어 있었고 이는 많은 혼란과 갈등을 야기해 이후 시민혁명의 구조적 요인을 이루었다.

　　그렇다면 절대주의란 무엇인가? 일반적으로 그것은 'despotism'이나 'tyranny'와 같은 의미에서 전제정치 일반을 지칭하는 것이다. 그러나 역사적 관점에서 절대주의란 역사발전상의 특정시기, 특정지역에서 형성된 역사적 정치체제나 사회체제를 말하는데, 바로 16~18세기 유럽에서 봉건귀족의 지방분권적 정치체제를 지양하고 국왕권력을 중심으로 국가적 통일이 이루어진 전제정치체제를 말한다. 주지하듯이, 중세 말 화폐경제의 발전에 따른 장원체제의 붕괴와 지리상의 '발견'으로 급속히 성장한 세력은 상공업계층이다. 이들 세력은 왕권 강화의 배경으로 작용하는데, 왜냐하면 이 당시 각국의 군주는 신흥 시민계층과 결합하여 봉건귀족 세력을 약화시키고 자신의 권력을 증대시키려 했기 때문이다. 시민계층 또한 광범위한 상업활동을 원활히 전개하기 위해서는 군주의 보호가 필요하였기 때문에 양자 사이의 결합은 자연스럽게 이루어질 수 있었다. 따라서 이 시기 강력한 전제군주권력으로서의 절대왕권은 쇠퇴하는 봉건귀족세력과 상공업을 바탕으로 성장하고 있었던 시민계층이라는 이중적이고 이질적인 두 집단의 세력균형 위에서 형성된 것이라 할 수 있다. 또한 그러한 의미에서 절대주의 시대란 16~18세기 유럽사회가 중세적인 봉건사회에서 벗어나 근대 시민사회로 옮겨가는 과도기적인 시기라 할 수 있다.

▎절대주의의 이데올로기 및 제도 ▎

이 시기 군주권의 강화는 무엇보다도 튼튼한 재정을 바탕으로 하는 것이었는데, 이것을 가능케 했던 이데올로기가 상업을 중시하는 이념과 정책으로서의 중상주의(Mercantilism)였다. 중상주의의 목표는 국내 부의 양을 증진시켜 군주권을 강화하고 나아가 국가적 힘을 대내외적으로 강화하는 데 있었다. 따라서 중상주의는 국가권력과 경제활동의 결탁가능성을 내포하고 있었다. 또한 왕권신수설은 절대군주권의 정당한 신성불가침을 주장하는 정치적 이데올로기로서 그에 따르면, 왕의 권력은 신으로부터 유래하고 군주정은 모든 정체 중 가장 오래되고 가장 자연스러운 것으로 국왕은 오직 신에 대해서만 책임지고 국민에게는 책임을 지지 않는 자유로운 존재였다.

　이러한 이데올로기의 뒷받침하에 절대왕정은 여러 제도를 통해 유지되었는데, 우선 군주는 관료제도를 통해 자신의 의지를 관철하고 특히 지방 귀족세력을 견제해 최고통치권을 확립하려 하였다. 또한 그는 상비군제도를 통하여 군사력을 독점함으로써 봉건적인 기사제도에 입각해 있던 귀족들의 세력을 무력화시키고자 했다. 더불어 재정확보를 위한 전국적인 조세제도 및 보편적 기준 수립을 위한 전국적인 사법제도를 통해 중앙집권화를 이룩하고자 했다.

2. 프랑스의 절대주의

┃앙리 4세와 루이 13세┃

프랑스의 절대주의는 프랑수아 1세, 앙리 2세, 프랑수아 2세, 샤를 9세, 앙리 3세 같은 발루아 왕조의 마지막 시기 왕들에서 앙리 4세, 루이 13세, 루이 14세 같은 부르봉 왕조의 왕들로 이어지며 수립되었다. 특히 부르봉 왕조의 등장은 프랑스 절대주의 역사에서 대단히 중요하다고 할 수 있는데, 1598년 낭트 칙령을 발표해 신교도들에게 신앙의 자유를 허용한 앙리 4세는, 종교분쟁으로 인한 혼란 및 분열을 극복하고 농업 및 견직물 공업을 비롯한 산업발달을 꾀하는 가운데 왕권을 강화해 절대왕정의 토대를 마련하였다.

1610년 앙리 4세를 계승해 왕위에 오른 루이 13세는 미성년인 관계로 한동안 모후의 섭정에 의지하는데, 신분별 의회인 삼부회의 해산에서 드러나듯, 이 시기 프랑스에서는 왕권의 동요 및 혼란의 징조가 나타나기도 하였다. 그러나 1617년 루이 13세가 친정을 시작하고 1622년 추기경이면서 현실적 정치가였던 리슐리외(Richelieu)가 재상으로서 국정을 담당하게 되자 국가 체제

▲ 리슐리외

가 정비되고 왕권은 확고한 기반을 구축하게 되었다. 특히 리슐리외는 두 가지 목표를 가지고 있었는데, 그 하나는 왕을 프랑스의 절대군주로 키우는 일이며, 다른 하나는 프랑스를 유럽에서 최고의 강대국으로 만들어 놓는 일이었다. 그리하여 그는 아직도 남아있는 지방분권적인 귀족들을 억압하고 종교적으로는 가톨릭을 강화하고 프로테스탄트인 위그노를 압박함으로써 루이 13세의 위세를 더욱 높였다. 또한 대외적으로도 그는 유럽의 여러 전쟁에 참전하여 개인의 신앙을 초월한 국익의 추구로서 이웃 국가들과의 실리적 동맹을 통해 프랑스를 유럽의 강대국으로 부각시켰다. 예컨대 그는 30년전쟁(1618~1648)에 개입하여 독일 지역의 신교도를 지원함으로써 오스트리아 합스부르크 왕실의 세력을 약화시키고 프랑스의 국익을 증진시키는 데 성공하였다.

▎루이 14세 ▎

▲ 루이 14세

　루이 13세의 사후인 1643년, 불과 5세의 루이 14세(1643~1715)가 즉위하였다. 이에 이탈리아 출신의 추기경으로서 리슐리외를 계승한 마자랭(Mazarin)이 재상이 되어 루이 14세의 미성년기를 보좌하였다. 마자랭은 어린 루이 14세를 보좌하면서 18년 동안 프랑스의 권력을 장악하고 국정을 운영하였다. 리슐리외와 마찬가지로 그 역시 궁극적으로는 왕과 국가의 힘을 증진시키고자 노력했지만, 루이 14세의 미성년기 파리 고등 법원과 귀족들은 이른바 '프롱드(fronde) 난'(1648~1653)을 일으켜 부르봉 왕권에 반란을 일으키기도 했다. 하지만 이 난은 부르봉 왕권에 대한 귀족세력의 최후의 반항으로서 결국 마자랭에 의해 진압되어 오히려 루이 14세 이후 부르봉 절대왕권 확립의 길을 터놓는 계기가 되었다.

　1661년 마자랭이 사망한 후, 23세의 루이 14세는 재상을 두지 않고 친정을 시작하였다. 이후 그는 절대군주로서의 체제를 정비하여 프랑스의 절대주의를 대표하는 전제군주가 되었다. 일찍 일어나고 밤늦게까지 국가 대소사를 위해 노력한 군주였던 그는 궁정 내 여러 회의 및 지방 지사제를 통하여 중앙집권화를 기도하였고, 뛰어난 두뇌를 가지지는 않았지만 상당히 현명한 군주로서 유능한 장관들을 참모로 기용하였다. 당시 재무총감으로 기용되어 전형적인 중상주의 정책을 채택했던 콜베르(Colbert)는 가능한 한 세금을 인상하지 않고 국가수입을 증대시키고자 노력하였다.[8] 그리하여 그는 농업의 진흥과 함께 뒤떨어진 프랑스 공업의 육성과 보호, 상업의 발전, 적극적인 해외진출을 통한 국제무역의 증진과 해외 식민지의 획득에 전력하였다. 그 결과 17세

▲ 콜베르

기 후반 프랑스의 국부와 국력은 크게 증대하였다. 또한 루이 14세는 루부아(Louvois)를 국방장관으로 등용하여 군 지휘관들의 선출 및 능률적인 육군을 재조직하게 함으로써 프랑스군을 유럽 최강의 군대로 만들게 하였다.[9] 또한 엔지니어인 보방(Vauban)은 적군이 침공할 수 없는 튼튼한 요새를 만들어 프랑스군을 더욱 막강하게 만들었다.

루이 14세는 역대 어느 나라 어느 왕보다 강한 자신감을 가

8) 콜베르는 정치적으로 독립한 국가는 경제적으로도 독립해야 된다고 주장하면서 국가재정을 증대시키는 데 혼신을 다하였다. 그는 적절한 제도에 의한 수입의 증대, 경제적인 예산지출, 과세의 균등, 농업과 공업부분에 대한 지원 등을 통해 지출을 줄이고 수입을 증대시키는 경제정책을 실시하였다. 콜베르의 이러한 경제정책은 중상주의(Mercantilism)의 2단계인 무역차액제도와 비슷하다는 점에서 콜베르주의(Colbertism)라 한다. 중상주의의 1단계는 중금주의이며 3단계는 식민지개척단계이다.
9) 루부아는 프랑스 군대를 유럽 최초의 상비군으로 거듭나게 만들었다. 그는 정부가 훈련을 실시하게 하였고 군인들에게 봉급과 제복을 지급하였으며 군기강도 확립하였다. 또한 그는 20만에 달하는 예비군을 창설하여 국가 비상시를 준비하였다.

지고 있었다. 그에게 왕권신수설은 절대적인 진리에 가까운 하나의 복음이었다. 주교 보슈에(Bossuet)는 절대적인 루이 14세에게 접근하여 기회를 잃지 않고 "왕은 보통 사람들과 같은 출신이 아니라 신이 선출한 존재로서 프랑스를 위대하게 만들 사명을 가지고 있다"고 역설하였다. 루이는 자신의 위대성을 너무나 확신했기 때문에 그의 신하들이 자기를 어떻게 보느냐에 대해서는 조금도 개의치 않았고 소신대로 일하였다. 그는 조금도 어색해 하지 않고 "나는 곧 국가다"라고 말하였다고 한다.

이러한 국부 및 국력의 증대를 배경으로 루이 14세 치세는, 라신(Racine), 코르네유(Corneille), 몰리에르(Moliere) 같은 극작가들에 의한 고전문학 및 바로크 예술로 대변되는 프랑스 문화의 황금기를 맞이하였는데 파리 교외에 건축된

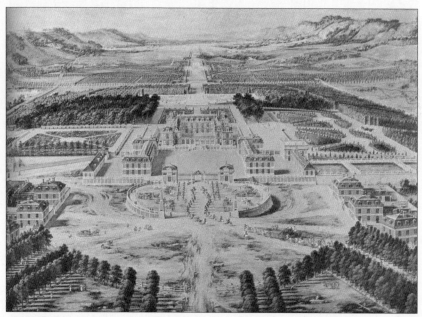

▲ 베르사유 궁전

베르사유(Versailles) 궁전은 그 정점이라 할 수 있다. 베르사유 궁전을 중심으로 한 호화롭고 세련된 궁정생활은 유럽 각국 군주들의 본보기가 되었고 프랑스어는 당시 유럽 외교계 및 사교계의 언어였다.

그러나 루이 14세는 결코 스스로 인정해 본 일은 없지만 역사적으로 볼 때 커다란 실수들을 범하였다. 첫째로 그는 무모한 대외전쟁을 많이 벌였다. 그는 자신의 영광과 프랑스의 국력을 과시하여 많은 인명을 희생시키고 거액의 전쟁비용을 지출했으나 그 결과로 얻은 것은 별로 없었다. 또한 엄청난 비용을 들여 새로운 궁전을 지었는데 이 또한 대외전쟁과 더불어 국가재정을 낭비하게 되는 중요한 계기가 되었다. 그의 치명적인 또 하나의 큰 실수는 일찍이 조부인 앙리 4세가 신교도들에게 신앙의 자유를 인정해 준 낭트칙령을 1685년 철회한 것이었다. 그 결과 프랑스의 종교정책은 가톨릭을 옹호하는 쪽으로 기울어졌고 이에 유능한 기술자 및 상공인이었던 위그노들이 대거 외국으로 망명하여 프랑스의 산업은 크게 위축되고 말았다. 이리하여 루이 14세가 사망할 무렵 프랑스의 영광은 기울고 재정은 부채에 시달렸으며 절대주의의 모순은 더욱 표면화되었다.

루이 14세는 무려 72년 동안 프랑스를 통치하고 1715년에 사망하였다. 그의 아들과 손자는 먼저 죽었기 때문에 왕위는 증손자에게 돌아갔다. 루이 15세 역시 5세의 나이로 왕이 되었다. 루이 14세는 죽음을 맞이하여 루이 15세에게 이렇게 말하였다. "너는 이제 위대한 왕이 될 것이다. 그러나 건축을 좋아하고 전쟁을 사랑하는 내 취미는 본받지 말아다오. 이웃 나라들과 평화롭게 지내도록 노력하는 것이 좋다. 국민들에게는 세금부담을 될 수 있으면 줄여주도록 노력하여라." 이 말은 절대군주의 치부를 들어내는 솔직한 충고였으나 루이 15세는 이를 귀담아 듣지 않았다. 루이 15세는 증조할아버지가 죽어가면서 삼갈 것을 부탁한 건축, 사치, 쾌락, 전쟁에 국가의 자원을 소모하였다. 따라서 국가 재정난은 날로 심각해 갔다. 게다가 루이 15세는 나태한 왕이었다. 그는 항상 베르사유 궁전에서 화려한 옷을 입은 귀족들과 어울려 지내기를 좋아하였다. 그럼에도 그는 마치 앞으로 일어날 무서운 사건을 예견이나 하듯이 이렇게 말하였다고 한다. "내 뒤를 잇는 왕은 벼락을 맞을 거야!" 루이 15세를 이은 루이 16세[10]는 프랑스 혁명으로 할아버지의 예언에 따라 벼락보다 더 심한 죽음을 당하였으니 바로 단두대에 의한 처형이 그것이다.

---

10) 황태자 루이는 오스트리아 공주 마리 앙투아네트(Marie Antonette)와 결혼하였다. 루이는 폭식가였고 종종 사냥을 즐겼다. 그는 매일 일기를 썼는데 전날의 일을 아침에 기록하였다. 결혼식 날 저녁 루이 16세는 신부를 거들떠보지도 않고 차려진 진수성찬을 탐닉하는 데 온 힘을 쏟았다. 할아버지는 그에게 "애야, 오늘 저녁을 위해 그만 먹거라"라고 했는데, 루이는 "괜찮아요. 저는 먹는 것이 좋아요"라고 말하였다. 그리고 첫날밤을 지낸 후 루이의 일기는 "아무 일 없었다"였다. 사실상 루이 16세는 성적으로 정상이 아니었다. 신부 마리는 결혼식 첫날부터 과부 아닌 과부였던 것이다. 그래서 그녀는 구중궁궐에서 세월을 보낼 일을 찾았는데 그것은 포커 게임, 연극, 개 기르기 등이었다. 루이 16세는 후에 왕비의 개들을 위한 궁전을 따로 지어 주었다.

3. 영국의 절대주의와 혁명

┃튜더 시대 영국 절대주의의 발전┃

프랑스의 루이 14세가 유럽 대륙에서 확고한 절대주의체제를 유지하고 있는 동안 영국에서 왕권은 의회세력에 의해 곤경에 처하였다. 즉, 1215년 대헌장의 수립에서 보듯, 13세기 이래 영국에서는 대의정치가 상당한 힘을 발휘해 왔고 따라서 의회를 무시한 어떠한 왕정도 그 생명이 길지 못한 실정이었다. 더욱이 영국은 프랑스와 달리 외세의 침략으로부터 안전한 지리적 조건 때문에 군대유지 및 과세문제, 또는 행정상 강력한 권력집중을 허용하는 문제에 있어서 프랑스만큼 왕의 자의성을 그대로 받아들일 필요가 덜 했다고 할 수 있다. 그러나 16~17세기에 이르러 영국 역시 절대주의를 추구하며 왕권의 강력한 집중화를 시도하게 되는데, 그 기초는 튜더(Todor) 왕조 시대에 마련되었다고 할 수 있다. 헨리 7세, 헨리 8세, 엘리자베스 1세 같은 튜더 시대 왕들은 의회와 충돌하지 않고 때로는 교묘한 수단을 사용하여 서서히 왕권을 신장시켜 나갔다.

헨리 7세(1485~1509) 시대에 영국의 봉건귀족세력은 장미전쟁으로 인하여 크게 약화되어 있었고 대다수 백성들은 무질서한 봉건체제가 아닌 강력한 왕권에서 질서와 안정을 희망하고 있었다. 이러한 시대적 분위기 속에서 헨리 7세는 귀족 영토의 몰수와 같은 일련의 행동을 통해 귀족세력의 약화를 위해 노력하였다. 또한 그는 국왕 측근의 중신회의인 추밀원을 강화하고 추밀원 내에 성실청(Court of Star Chamber)[11] 설치하는 등 관료기구를 강화하였고 해운산업 보호 및 특권회사의 설립, 그리고 공업을 보호함으로써 중상주의 경제정책을 실시하기도 하였다.

종교개혁으로 절대주의의 기반을 다진 헨리 8세(1509~1547)는 중앙정부를 개혁하였고 왕비와의 이혼문제를 계기로 단행하였던 종교개혁 과정에서는 수도원을 해산하여 그 토지를 자신의 측근과 왕권 지지자들에게 나누어 주었다.

헨리 7세, 헨리 8세로 이어져 온 영국의 절대주의는 엘리자베스 1세(1558~1603) 치세에 최절정기를 맞이하는데, 엘리자베스 1세는 신교적인 영국 국교회를 확립시켜 종교 면에서의 국민적 통합을 추구하였고 관료기구를 정비하여 젠트리(gentry)를 대거 기용하였다. 또한 그녀는 그레샴(Gresham)의 진언에 따라 화폐제도를 개혁했을 뿐만 아니라 도제법과 구빈법도 제정하였다. 중상주의 정책을 본격적으로 시행하기도 한 그녀는 1588년 스페인의 무적함대를 격파한 데 이어 1600년 동인도회사를 설립하였고, 북아메리카 동해안에 버지니아 식민지를 건설하기도 하였다. 엘리자베스 1세의 빛나는 치세는 윌리엄 셰익스피어(William Shakespeare), 벤 존슨(Ben Jonson), 존 플레처(John Fletcher), 크리

---

11) 성실청은 헨리 7세가 설치한 특별법정으로 법정으로 사용하는 방 천정에 별이 그려져 있는 데서 그 이름이 유래하였다. 원래는 추밀원의 특별위원회로서 왕국의 각종 법정들을 감독하는 임무를 맡았으나 신속한 재판진행을 위해 배심원을 비롯한 보통법의 절차를 생략하고 피고의 권리를 무시할 수 있었다. 튜더왕조 초기에 성실청은 재판이 빠르고 비교적 공정하며 비용이 덜 들어 이용자가 많았으나, 17세기에 이르러 전제적인 절대왕권의 도구로 변하고 사법권의 남용 등으로 비난과 공격의 대상이 되었다.

스토퍼 말로우(Christopher Marlowe) 같은 대문인의 출현에서 보듯 활기찬 문화부
흥으로 이어졌는데, 당시 여왕은 이들 작가들과 어울리며 그들이 자신들의
저서를 직접 낭독하는 것을 경청하곤 하였다.

그러나 의회 및 백성들과의 원만한 관계를 바탕으로 절대왕정이 절정에
이르기는 했지만, 튜더 시대 영국은 여러 사회경제적 변화를 경험하기도 하
였다. 우선, 1520년대 이래의 인구증가는 농업생산을 자극해 기술개량 및 대
규모 경작지를 중심으로 경작지의 증가를 초래했다. 또한 모직물 공업을 육
성하고자 목양을 위해 울타리를 치는 소위 '인클로저(Enclosure)' 운동이 초래되
어 지주들은 소작인들을 몰아내고 넓은 땅에 울타리를 두른 후 양을 방목하
였다. 이로 말미암아 농촌의 공동체적 성격이 파괴되었는데, 토지로부터 추
방된 소농과 빈농들은 토지 없는 임금노동자로 전락했고, 이들 농업노동자들
을 고용해 지주들은 대규모 경작지를 자본주의적으로 경영하는 자본가적 차
지농으로 변모하였다. 이는 종래 농촌경제의 변화를 보여주는 것으로서 자급
자족적인 중세적 농업경제가 영리를 추구하는 근대적 농업으로 전환하였음
을 보여주는 것이다. 이러한 농업자본주의의 출현과 더불어 경제중심지로서
의 런던의 정치적 비중도 증가했는데, 16세기부터 17세기 초에 걸쳐 런던은
경제성장의 중요 국면 및 인구에 있어서 집중을 경험하였고 특히 각종 법정
이 집중됨으로써 법적 중심지로서 권력의 거대한 지레를 장악하였다. 이러한
분위기 속에 유력사회계층인 젠트리가 크게 성장하였다. 이상과 같은 사회경
제적 변화는 청교주의의 전파 및 교육의 확대와 더불어 한편으로는 전통적인
권력보유자들인 국왕 · 궁정인 · 고위성직자 및 귀족계급과, 다른 한편으로는
새로운 세력과의 사이에 마찰이 발생할 것이라는 것을 예고하는 것이었다.
따라서 엘리자베스 1세가 사망한 직후인 17세기 영국이 당면한 가장 중요한
정치적 과제는 새로운 세력을 어떻게 효율적으로 정치적 과정 속에 협동적으
로 참여시키느냐의 문제였다.

▌청교도 혁명▐

1603년 엘리자베스 1세가 사망함과 동시에 튜더 왕조가 단절되고 헨리 7세의 증손이자 메리 스튜어트의 아들인 스코틀랜드 왕 제임스 6세(James VI)가 영국 왕 제임스 1세(1603~1625)로 즉위하자, 절대왕권과 의회 및 국민과의 원만한 관계는 사라지게 되었다. 왕권신수설 이론가이자 가톨릭 교도이며 전제주의자였던 제임스 1세는 가톨릭을 부활시키고 왕권강화를 시도하였다. 이는 청교도 및 국교도, 의회세력과의 불가피한 충돌을 불러오는 것이었다. 당시 국왕과 의회의 관계에 있어 국왕이 의회를 무시할 수 없었던 이유는 의회가 재정원이었기 때문이다. 국왕이 임명한 관료가 세금을 징수했던 프랑스와 달리 영국에는 정비된 지방관료기구가 없었기 때문에 재정난에 봉착한 국왕은 의회의 동의를 얻어 과세해야만 했다. 특히 제임스 1세 이후 스튜어트 왕조는 프랑스와 동맹관계를 유지하고 있으면서 유럽 대륙의 전쟁에 수시로 개입했기 때문에 항상 재정난에 시달렸다. 따라서 많은 실수를 했음에도 불구하고 백성들로부터의 전면적인 도전은 받지 않았던 제임스 1세는, 금전 및 세금, 그리고 종교문제에 있어서 항상 의회와 불편한 관계를 유지했다. 특히 친가톨릭 정책을 썼던 그는 청교도들과 심각한 갈등을 벌였는데, 당시 종교적 박해를 견디지 못한 청교도들은 아메리카로 이주해 매사추세츠 식민지를 건설하기도 하였다.

1625년 제임스 1세가 사망하자 그의 아들인 찰스 1세(Charles I)가 왕위를 계승하였다. 찰스 1세는 강력한 전제주의 정책으로 의회와의 대립을 격화시키며 영국을 혁명으로 몰아넣었는데, 1628년 그는 재정난 타개를 목적으로 의회를 소집해 새로운 과세를 요구하였다.

그러나 찰스 1세는 의회의 동의를 얻지못한 채 의회가 제출한 권리청원(Petition of Rights)에 마지못해 승인했는데, 권리청원의 내용은, 첫째 의회의 동의 없는 과세는 있을 수 없고, 둘째 법에 의하지 않는 체포·구금을 금지하며, 셋째 백성의 의사에 반하는 군대의 민가숙영을 금지하고, 넷째 군법에 의한 일반인의 재판을 금지하는 것이다. 의회의 완강한 반항에 직면한 찰스 1세는 결국 1629년 의회를 해산하고 이후 11년간 의회를 소집하지 않은 채 자의적인 전제정치를 실시하였다. 특히 그는 선박세의 과세와 같이 의회의 승인 없는 과세를 하였는데, 연안방어가 필요할 때 연안민들에게 부과되었던 선박세가 이제는 내륙의 도시들에서도 전국적이고 정상적인 세금으로 징수되게 된 것이다. 또한 그는 국교주의를 강화함으로써 청교도들을 박해하였고 결국 1640년 스코틀랜드 장로교파들이 영국 국교회의 강요에 대한 반발로 반란

▲ 찰스 1세

을 일으키자 그에 대한 전비조달을 위해 의회를 소집했다. 하지만 의회는 왕의 요청을 거부하며 불만을 토로하는 가운데 국왕 대권남용의 정지를 요구했다. 그리하여 의회는 소집된 지 1개월도 되지 않아 해산되었는데, 이를 단기의회(Short Parliament)라 한다.

그러나 찰스 1세는 재개된 스코틀랜드와의 전투에서 패해 다시 전비 마련을 위한 의회를 소집할 수밖에 없었다. 이에 1640년 11월 3일부터 1660년 3월 15일까지 의회가 열렸는데 이를 장기의회(Long Parliament)라 한다. 장기의회

는 절대왕정을 제한하는 혁명적인 입법안들을 제안해 가결시켰는데, 선박세와 같은 부당과세의 폐지, 성실청과 같은 왕권의 특별법정 해체, 강압적인 국교회 정책의 철회, 왕의 소집 없이도 3년에 한 번 의회를 개최할 수 있다는 3년 회기법(Triennial Act)의 통과 및 의회 승인 없이 의회를 해산하거나 정지할 수 없다는 것이 그것이다. 이는 의회의 지위와 권한이 강화되었음을 보여주는 것들이다. 더욱이 의회는 그동안의 실정에 대한 책임을 물어 로드(William Laud) 대주교 및 스트라포드(Strafford) 백작을 처형하였다.

이러한 의회의 요구를 부분적으로 수용한 찰스 1세는 군대를 이용해 의회를 굴복시키기 위해 의회와의 대립을 격화시켰고, 결국 1642년 국왕과 의회 사이에 내란이 일어났는데 이를 가리켜 청교도 혁명(1642~1649)이라 한다. 왕과 의회 사이의 대립이 격화됨에 따라 왕당파와 의회파가 서로 왕과 의회를 옹호하며 형성되었다. 종교적으로 가톨릭 교도이자 국교도 중심이었던 왕당

▲ 왕당파와 의학파

파는 비교적 후진지역인 영국 북부 및 서부에서 우세했는데, 그들은 봉건귀족과 고위성직자, 대상인, 보수적인 농민들로 구성되어 있었다. 반면 종교적으로 청교도 중심이었던 의회파는 런던을 중심으로 인구 밀집지역이었던 영국 동부 및 남부의 주요도시에서 우세한 가운데 진보적인 귀족과 도시 중소상공업자 및 자영농민층으로 구성되어 있었다.

내란의 처음 2년은 왕당파가 우세했다. 그러나 이후의 전쟁에서는 의회파가 왕당파를 압도하며 우위를 확보해나갔는데, 특히 젠트리 출신의 열렬한 청교도였던 크롬웰(Oilver Cromwell, 1599~1658)은 철기군을 중심으로 한 신형군을 조직해 1645년 네스비(Nesby) 전투에서 승리하며 1차 내란을 수습하였다.

그러나 의회파는 내란 후의 새로운 질서를 어떻게 수립할 것인가를 놓고 분열할 수밖에 없었고 그러한 과정에서 결국 의회파는 장로파와 독립파, 수평파로 분열하게 되었다. 지주귀족 및 상층시민들로 구성되어 의회 다수파를 형성했던 장로파는 장로제의 확립 및 입헌왕정을 주장했다. 반면, 산업자본가 및 독점을 반대하는 상인들, 그리고 봉건지주의 해체를 희망했던 근대적 지주들로 구성된 독립파는 의회군의 핵심으로서 신앙과 상공업의 자유 및 제한선거제에 입각한 공화정을 주장했다.

독립파 내에서 파생된 수평파는 의회군의 하층부에 세력기반을 두고 있으면서 철저한 사회경제의 민주화 및 인민주권, 보통선거제에 입각한 공화정을 주장했다.

이러한 상황에서 1648년 찰스 1세가 스코틀랜드로 탈출, 그곳의 장로파와 합작해 반혁명군을 조직하며 제2차 내란이 발생하였다. 이에 크롬웰을 중심으로 독립파는 의회군 내부의 대립을 해소하며 스코틀

▲ 크롬웰

랜드를 격파하고 찰스 1세를 체포하였다. 그리고 그해 12월 프라이드의 숙청 (Pride Purge)을 통해 의회 내 장로파 의원을 추방한 후 60여 명의 남은 의원들로 잔여의회(Rump Parliament)를 구성하였다. 1649년 독립파 지배하의 의회는 찰스 1 세를 처형하고 국왕과 상원 없는 일원제의 자유공화국 수립을 선포하였다. 또 한 그와 더불어 가톨릭과 영국 국교를 제외한 모든 프로테스탄트에 대해 신앙 의 자유를 선포했다.

그러나 왕자 찰스를 옹립하기 위한 스코틀랜드의 봉기 및 아일랜드 가톨 릭 교도들의 반란, 그리고 독립파와 수평파 간의 대립이 표면화되는 등 혼란 이 이어졌다. 이에 크롬웰은 아일랜드의 반란을 진압하고 스코틀랜드 난을 평정해 왕자 찰스를 프랑스로 추방했으며 1651년에는 항해조례를 발표해 네 덜란드의 중개무역에 타격을 가하기도 하였다. 그러나 혼란을 수습하고 영국 에 질서를 회복시키기 위한 크롬웰의 정치는 군대를 배경으로 한 독재정치로 서 이는 1653년 잔여의회의 해산 및 통치장전(Instrument of Government)의 제정을 통해 그 스스로가 호국경(Protectorate)에 취임함으로써 명백히 드러났다. 또한 그는 산업자본가 및 근대적 지주를 위해 봉건적 장애를 제거해 영국 자본주 의의 기초를 수립했고 엄격한 청교주의에 입각한 통치를 함으로써 도덕적 · 윤리적으로 해가 되는 극장 및 주점, 오락장들을 폐쇄하였다.

크롬웰의 이러한 호국경 정치는 영국에 질서를 가져와 표면상으로는 평온 이 유지되도록 하였다. 그러나 1658년 9월 크롬웰이 사망하고 그의 아들인 리처드 크롬웰이 호국경에 취임했지만 리처드는 아버지와 달리 군대와 의회 를 통제하는 데 실패함으로써 1659년 5월 사퇴했다. 결국 호국경 정치에 대 한 불만이 팽배한 가운데 찰세 1세의 아들을 국왕으로 추대함으로써 왕정복 고가 이루어진 결과 1660년 찰스 2세(1660~1685)의 즉위와 더불어 왕당파가 다 시 득세하게 되었다.

▌명예혁명 ▌

1660년 찰스 1세의 아들 찰스 2세(Charles II)가 오랜 망명생활을 접고 왕좌에 복귀하였다. 그는 왕정복고와 동시에 발포된 클라렌든 법(Clarendon Code, 1661~1665)으로 비국교도, 특히 청교도들에게 모든 공직에서의 추방과 같은 제약을 가하였다. 더욱이 그는 처형당한 부친의 원수를 갚는다는 명목하에 죽은 크롬웰의 시체를 무덤에서 꺼내 다시 처형하기도 하였다. 국왕의 복귀와 함께 주교들도 복귀하여 영국 국교회는 다시 활기를 찾았다. 하지만 영국이 1640년의 상태로 되돌아가기에는 이미 때가 늦었다. 예컨대 국왕대권을 관장했던 성실청은 여전히 회복되지 못했고 국왕의 과세권 역시 찰스 2세에게 부여되지 않았다. 엄격한 청교도의 영웅시대는 지나갔으나 청교도 혁명의 유산은 영국사회에 엄연히 존속하고 있었던 것이다.

찰스 2세 치하에서 의회 내에는 국왕을 지지하는 민권파와 국왕의 전제정치를 배격하는 기사파가 형성되었는데, 1670년 의회의 주도권은 민권파에게로 넘어갔다. 그리고 1679년 민권파는 인신보호율(Habeas Corpus Act)을 제정했는데, 인신보호율이란 부당한 체포 및 구금을 금지하고, 중죄인을 제외한 구금된 자는 일정기간(20일) 내에 재판해 그 죄목을 명시할 것을 규정한 법률로서 대헌장, 권리청원과 함께 영국 헌정사상 개인의 자유를 보호하는 법률이라 할 수 있다.

더욱이 찰스 2세 치하에서 일종의 현대적 정당제도가 처음 출현했다. 즉, 1679년 민권파는 찰스 2세의 동생인 제임스의 왕위 계승권을 빼앗는 법안을 의회에 제출했는데, 이 법안을 토론하는 과정에서 민권파는 자본가와 비국교도, 특히 청교도의 지지를 얻어 휘그(Whig) 당으로, 귀족·지주 등의 지지를 얻은 기사파는 토리(Tory)당으로 불리워졌다. 양 당은 19세기에 각각 보수당과 자유당으로 개칭되어 제1차 세계대전 이후 노동당이 출현하기 전까지 영국의 양대 정당으로 활약하였다.

　　1681년 누구의 간섭도 받지 않고 전권을 행사하기로 결심한 찰스 2세는 의회를 해산하고 휘그당을 탄압하는 가운데, 왕권에 대한 비판을 금지하고 국고의 돈을 낭비하였다. 그러나 그는 영국의 가톨릭으로의 복귀와 전제적 왕권의 확립에 대한 꿈을 이루지 못하고 1685년 갑자기 사망하였고, 왕위는 그의 동생인 제임스 2세(James II, 1685~1688)에게로 이어졌다. 사실 제임스 2세는 왕의 재목이 아니었다. 왕권신수설의 신봉자였던 그는 스코틀랜드 반란진압을 위해 모집되었던 상비군을 보존하고 심사율을 무시하며 가톨릭 세력을 문무요직에 등용하는 등 전제정치와 가톨릭의 부활을 시도하였다. 이에 토리와 휘그 양 당은 제임스 2세의 딸로 신교도인 메리와 그녀의 남편인 네덜란드 총독 윌리엄을 영국의 왕으로 옹립하고자 시도하였다. 사태의 불리함을 깨달은 제임스 2세는 1688년 11월 프랑스로 망명하였는데, 이렇게 '피를 흘리지 않고' 무난히 통치자가 바뀌었다 하여 이를 명예혁명(Glorious Revolution)이라 한다.

　　1689년 1월 윌리엄 3세(1689~1702)와 메리 2세(1689~1697)가 영국의 공동왕으로 추대되었다. 혁명의 성공과 함께 의회가 제출한 권리장전(Bill of Rights)이 승인되었는데, 그 핵심 내용은 영국 국교회에 속하는 영국왕은 의회 승인 없이 법을 집행하고 정지할 수 없고 의회의 동의 없이 자의적으로 과세하는 것을 금지하며, 의회에서의 언론의 자유가 보장되고 모든 법이 공정하게 적용되어야 한다는 것이다. 권리장전은 가톨릭 교도의 왕위계승을 금지시켜 왕권을 크게 제약했으며 상대적으로 의회의 우위를 확보해 준 것이었다.

　　1702년 메리의 동생 앤(Anne, 1702~1714)이 왕위에 즉위하였다. 왜냐하면 왕비 메리가 자녀를 낳지 못하고 사망하자 의회는 왕위계승령(Act of settlement)을 통과시켜 메리의 동생 앤으로 하여금 왕위를 잇게 했던 것이다. 그러나 앤 여왕역시 자녀가 없었으므로 이미 마련된 왕위 계승법에 따라 왕관은 앤 여왕의 사촌인 독일 하노버가의 소피아(Sophia)공주에게 돌아갔으나 소피아 역시 오래 살지 못하고 왕위는 그의 아들인 하노버 공 조지 1세(George I, 1714~1727)가 계승하였다. 그럼으로써 현재까지 영국의 왕위는 그의 후손들로 이어지고 있다.

1714년 독일인으로 즉위한 조지 1세는 영어를 잘 하지 못해 정치에 무관심했는데 이러한 상황은 그의 뒤를 이은 조지 2세(George II)도 마찬가지였다. 따라서 하노버가의 왕들은 국왕이라는 관점에서 보면 무능하였다고 할 수 있으나 영국의 발전을 위해서는 오히려 다행이었다. 국왕이 개인적 위력을 떨치던 시대가 지나가고 의회정치가 발전되는 현실에서 국왕이 아무런 일도 하지 않음으로써 오히려 자연적인 공헌을 하였다고 볼 수 있다. 또한 이는 "국왕은 군림하되 통치하지 않는다"는 원칙의 수립으로 이어져 왕을 대신해 정부와 의회가 국정 전반을 책임지는 이른바 내각책임제도를 탄생시켰다.

제7장

시민혁명과 산업혁명

1. 미국의 독립혁명

식민지 획득 전쟁에서 영국은 비록 늦게 출발했지만 가장 중요한 한 가지 이유로 최후 승리자가 되었다. 그것은 스페인, 프랑스, 네덜란드 등이 새로운 개척지를 단순한 봉건제도의 연장선상으로 생각한 반면 영국은 그곳을 뿌리 내려 살아가야 하는 새로운 생활터전으로 보았다는 점이다. 영국은 단순한 원료 공급지와 해외시장 개척, 무역활동의 개념을 넘어 말 그대로 식민(植民)을 목적으로 하였기 때문에 다른 나라에 비해 보다 적극적으로 대응하였다. 그 결과 세계 제일의 식민제국이 된 영국은 19세기에 이르러 "해가 지지 않는 나라"가 되었다.

그러나 사실 치열했던 7년 전쟁이 끝난 뒤 얼마 지나지 않아 영국은 매우 귀중한 식민지의 일부를 잃었다. 그것은 영국이 유럽의 열강과 싸우다가 빼앗긴 것이 아니라 식민지 개척자들이 모국인 영국과 싸워 쟁취해 간 것이었다.

일찍이 식민지 개척자들은 아메리카 대륙에 도착한 이후 약 150년 동안 인디언과 프랑스를 상대로 싸워 왔다. 그들은 어려운 환경 속에서도 대서양이라는 지리적 한계로 인하여 모국인 영국의 원조를 기대할 수 없었다. 따라서 아메리카 식민지에 대한 영국의 관심은 점차 엷어져 간 반면 아메리카 대륙의 식민지 개척자들은 남의 도움을 기대하지 않는 독립적인 국민으로 성장해 갔다.

이런 상황에서 영국왕 조지 3세(George Ⅲ)는 그동안 다소 무관심했던 아메리카 식민지에 대해 간섭하기 시작하였다. 그는 당시 수차례에 걸친 대외 전쟁으로 인한 거액의 채무를 상환하기 위해 식민지로부터 막대한 세금을 거두어야겠다는 생각을 하였다. 동시에 조지 3세는 식민지는 모국의 이익을 위해 봉사해야 한다는 중상주의적 경제이론에 깊은 감명을 받았다. 그리하여 7년 전쟁이 끝난 18세기 중반 이후부터 그는 식민지인들의 반발이 예상되는 법률들을 만들어 아메리카 식민지에 부과하였다. 그러한 법률들 중 가장 물의를 빚었던 것은 각종 과세에 관한 조항들이었다. 식민지인들은 그들 나름대로 세금을 부과하면서 본국 의회에 자신들의 대표를 보내지 못하고 있는 처지였

▲ 독립선언서에 서명하는 건국의 아버지들

기 때문에 영국의회에서 그들에게 세금을 부과한다는 것은 부당한 처사라고 생각하고 있었다.

아메리카 식민지인들의 이러한 불만은 그들로 하여금 독립을 선언하게 만들었고 나아가 모국 군대와의 교전으로 이어졌다. 급기야 영국은 1775년부터 1781년까지 독립군 총사령관 조지 워싱턴(George Washington)의 지휘 아래 결속한 식민지인들과의 전쟁에 돌입하였다. 전쟁 초기 이제 막 독립한 미국인들은 장비의 부족 및 대부분 민병대로 이루어진 군인들의 경험부족 등 모든 상황이 불리한 입장에 처해 있었다. 그러나 트렌턴, 사라토가 전투 등에서 승전을 하자 그동안 관망하고 있었던 프랑스, 스페인, 네덜란드가 미국을 원조하였다. 1781년 마침내 콘월리스(Cornwallis) 장군이 돌이킬 수 없는 실수를 범함으로써 영국군은 버지니아 요크타운 반도의 한쪽 구석으로 몰리게 되었고, 미국군대와 프랑스 함대의 중간 지점에 위치한 그곳을 벗어날 수 없게 되자 항복하고 말았다.

그리하여 미국은 1783년 파리조약의 체결과 더불어 독립을 획득했고, 스페인과 프랑스는 미국 독립전쟁의 원조에 대한 대가로 각각 플로리다 및 서인도제도의 두 개섬, 인도의 몇몇 무역소, 아프리카 서안지대의 일부를 양도받았다.

영국은 미국의 독립을 계기로 영국의 식민지들인 캐나다, 오스트레일리아, 뉴질랜드, 남아프리카 지역 주민들의 권리를 향상시

▲ 조지 워싱턴

켜 주었는데, 오늘날 이들 대부분은 사실상 독립된 나라들로서 느슨한 형태의 영국 연방 속에 속해 있다.

2. 프랑스 혁명

▌구체제의 모순 ▌

인류의 보편적인 가치 중 가장 기본적이고 중요한 가치인 자유와 평등은 언제부터 구체화되었을까? 사실 오늘날 대부분의 민주주의를 정치체제로 택하고 있는 많은 나라들에서 너무나 당연하게 인정되는 이러한 가치가 중요하게 부각된 때는 1789년 프랑스 혁명시기였다. 프랑스 혁명은 그동안 이념적으로만 생각되고 논의되었던 자유와 평등 및 형제애의 가치를 정치 현실에 적용하여 구체적으로 실현시켜나간 인류의 고귀한 경험이다.

그런데 이러한 프랑스 혁명의 배경과 원인을 이야기할 때 반드시 언급하는 것이 있다. 바로 구체제의 모순이다. 하지만 구체제의 모순은 당시 특권을 누렸던 왕이나 왕족 및 귀족, 성직자들에게는 모순이 아니었다. 그들의 특권은 특권이 아닌 당연한 관례이자 전통이었다. 그러나 그것을 당연한 관례나 전통의 개념을 넘어 엄청난 특권으로 보는 사람이 많아지는 현실에서 그것은 타도의 대상이 될 수밖에 없었다. 따라서 프랑스 혁명은 처음에 제1신분인 성직자와 제2신분인 귀족 등의 특권계급에 속하지 못하는 사람들인 제3신분(부르주아, 중산농민, 빈농, 소작농, 무산 시민 등) 중 주로 부르주아층에 의해 주도되었다가 나중에는 다수의 민중이 주도하는 혁명으로 그 성격을 달리하였다.

그렇다면 당시 구체제의 모순이란 구체적으로 무엇인가? 그것은 부의 심각한 불균형에 있었다. 당시 제1, 2신분은 프랑스 전체 인구 중 약 1.3%에 지나지 않았지만 그들이 소유한 토지는 약 30%에 달했다. 그럼에도 이들 특권층은 거의 모든 세금에서 면제되었고 교회, 군대, 정부 내의 고위 관직을 독점하고 있었다.

따라서 구체제의 모순 중 가장 악랄한 모순은 바로 세금제도와 그 운영에 있어서의 모순이었다. 성직자는 재산과 관련된 모든 세금으로부터 면제되었을 뿐만 아니라 토지는 물론 생산이 있는 모든 것의 10분의 1세를 거두어 들였고 귀족들은 토지의 직접세인 타이유세(taille)를 비롯한 거의 모든 재산세로부터 면제되어 있었다. 이에 반해 제3신분은 타이유세, 10분의 1세, 인두세,

▲ 농민을 착취하는 제1, 2신분

각종 소득세 등과 같은 직접세는 물론 혁명 전 가장 원성을 샀던 세금인 염세(gabelle)와 같은 간접세 등의 부담을 지고 있었다. 특히 염세와 관련하여 1, 2신분에게는 면세가 되었지만, 제3신분은 7세 이상이면 1년에 7파운드 이상의 소금을 사야만했다. 이런 상황에서 정부 전매염은 실제 소금 값보다 10배가 비쌌고 소금 밀매는 철저히 금지되었다. 혁명이 일어나기 전 3년 동안 밀매염을 취급하다 매년 3만 명이 투옥되었고 그 중 500명 이상이 단두대(guillotine)에서 처형되었다.

▮ 계몽사상 ▮

그렇다면 이러한 구체제의 모순을 당연히 시정해야 한다고 생각한 제3신분은 어떤 사람들이었는가? 그들은 당시 상층 부르주아에서 하층 무산시민에 이르기까지 프랑스 인구의 약 90%를 차지하고 있었다. 그중 법률가 · 의사 · 교사 · 문인 · 상점주 · 수공업자 등의 부르주아는 농민들을 비롯한 무산 시민과는 달리 교육 수준이 상당했고 사회적 지위의 향상과 정치적 참여에 대한 열망이 높았다. 이들은 일반 대중의 저항의식을 고취시키고 혁명을 정당화하는 디드로, 달랑베르 등 여러 백과전서파는 물론 볼테르, 몽테스키외, 루소 등의 계몽사상을 무기로 삼아 혁명의 기치를 올렸다.

아마도 구체제에 대한 가장 신랄한 비평가는 볼테르(Voltaire)였을 것이다. 그는 매우 혹독한 글을 써서 귀족들의 부조리를 비난하였다. 한때 그는 귀족들로부터 많은 매를 얻어맞고 영국으로 피신한 적도 있었다. 영국으로 건너간 볼테르는 영국의 민주적 · 자유주의적 사상에 깊은 감명을 받았으며 본국에 돌아와서는 많은 책을 저술하여 부패한 정부와 귀족들을 강도 높게 비판하였다.

디드로(Diderot)는 백과전서를 편찬하여 프랑스 국민들에게 정부에 대한 새로운 비판정신을 심어 주었다. 이 백과전서에는 많은 프랑스의 석학들이 기고하였다. 정부에서는 백과전서의 배포를 중지시키기까지 했지만 오히려 그것이 자극이 되어 많은 프랑스 국민들이 이를 구해 탐독하였다.

몽테스키외(Montesquieu)는 『법의 정신』을 저술하여 "정부는 국민들에게 봉사하기 위하여 존재한다"는 것을 역설하였다.[12]

펜을 무기로 사용했던 또 한 사람은 장자크 루소(Jean-Jacques Rousseau)였다. 그는 볼테르보다는 덜 이론적이었으나 더욱 열정적이었다. 루소는 인간의 본성은 선하다고 주장했으며 인간이 악한 일을 하게 되는 것은 문명이 복잡하고 인공적인 데 원인이 있기 때문에 인간은 "고귀한 야만상태"로 복귀해야할 것이라고 역설했던 것이다. 그의 저서 중 가장 유명한 것은 『사회계약론(The Social Contract)』인데 여기서 그는 정부는 국민에게 봉사하기 위해서 존재하며 만일 정부가 이 기능을 상실한다면 백성들에 의해 타도되는 것이 마땅하

▲ 루소

다고 주장하였다. 또한 루소는 1762년 불후의 명작 『에밀』에서 "위기가 다가온다. 혁명의 세기가 다가왔다"고 예언했다.

루소와 같은 예언과 비판은 줄을 이었다. 혁명이 일어나기 5년 전인 1784년에 혁명 전 프랑스 사회의 모순을 통렬히 비판하는 보마르셰(Beaumarchais, 1732~1799)의 두 편의 희곡이 초연된다. 하나는 『세빌랴의 이발사(Le Barbier de Sville)』이고 다른 하나는 『피가로의 결혼(Le Mariage de Figaro)』이다. 사실 보마르셰는 4년 전인

---

12) 몽테스키외의 『법의 정신』은 바다를 건너 미국에까지 영향을 미쳐 1787년 미합중국의 헌법을 기초하는 데 귀중한 자료가 되기도 하였다.

1780년 『피가로의 결혼』을 완성하고 그것이 연극으로 만들어지기를 바랐지만 당국의 검열로 허락되지 않았다. 하지만 연극광인 마리 앙투아네트가 루이 16세를 졸라 4월 27일 파리에서 이 연극이 초연되자 대대적인 인기를 끌었다. 이 단순한 연애극은 귀족을 통렬히 비판하고 있어 혁명을 예고하였다.

5막 3장에서 피가로는 다음과 같이 독백하고 있다.

> 백작나리, 나리는 사람들이 나리를 받들어 준다고 해서 정말 자기가 훌륭한 인물이라고 생각하시겠죠! 귀족, 재산, 훈장, 지위, 이러한 것들로 의기양양 하시겠죠! 그러나 그만한 보배를 얻기 위해 나리는 대체 무슨 일을 했습니까? 단지 태어날 때 들인 수고뿐이지 않습니까? 거기에다 인간으로도 지극히 평범하고요.

『피가로의 결혼』은 "노래로 끝나는 것이 세상사"로 되어 있었지만 관객들은 "대포로 끝나는 세상사"로 불렀다.

▲ 보마르셰

▲ 오페라 "피가로의 결혼"

▌재정위기 ▌

이러한 배경 속에 혁명의 직접적인 원인이 발생했다. 바로 재정 파탄이 그것이다. 혁명이 발생하기 1년 전인 1788년 루이 16세 정부의 예산보고서는 당시 프랑스 정부의 재정이 얼마나 열악했는지를 여실히 보여주고 있다. 당시 프랑스의 세출은 6억 2천 9백만 리브르이고 세입이 5억 3백만 리브르로 적자가 1억 2천 6백만 리브르였다. 세출의 내용은 궁정 비용이 약 6%, 일반 회계가 19%, 육해군 및 외교비용이 26%, 나머지 국채의 이자 및 상환비용이 3억 1천 8백만 리브르로 세출의 약 50%를 차지하였다.

한마디로 프랑스의 정부재정은 바닥이었다. 국왕으로서 루이 16세는 파산 위기에 처한 국가재정을 공고히 할 필요가 있었다. 초기에 그는 유능한 인물인 튀르고(Turgot), 네케르(Necker), 칼론느(Calonne)를 재무장관에 임명하여 재정파탄의 위기를 극복하려 애썼으나 왕비 마리 앙투아네트와 귀족들의 반대로 실패하고 만다. 그중 칼론느의 정책이었던 명사회(Assembly of the Notables)[13])가 실패로 끝나면서 루이 16세는 어쩔 수 없이 1302년에 만들어져 사용되어 오다가 1614년 군주들의 절대권력을 행사하기 위해 중단시켜 버린 삼부회를 소집하게 되었다.

▌삼부회 ▌

1789년 5월 5일 화요일에 삼부회의 개회식이 선언되었다. 그러나 회의는

---

13) 명사회는 고위 성직자, 대영주, 고등법관 등의 특권층들로 구성되어 있었는데, 그들로부터 파탄난 재정의 치유를 바란다는 것은 우스운 일이었다.

진행되지 않았다. 마치 오늘날 국회에서 국회의 원 구성을 놓고 정당 간에 이
전투구를 하는 것과 비슷했다. 어느 정당 출신이 의장을 할 것인가, 상임 위
원장은 어느 당이 많이 차지할 것인가. 속칭 말하는 좋은 상임위는 어느 당의
누가 많이 들어 갈 것인가. 이런 문제를 놓고 정작 해결해야 할 본질적인 문
제는 상정도 하지 못하고 세월만 보내는 상황이었다.

　1789년 5월의 프랑스 삼부회도 그러했다. 이유는 너무나 단순했다. 투표
방법을 두고 '신분별로 할 것인가?' 아니면 '머리수별로 할 것인가?' 가 문제
였다. 중세 이후 1614년까지 삼부회는 왕의 세금 결정에 대한 단순한 추인에
지나지 않았기 때문에 그 투표 방법은 신분별로 이루어졌다. 따라서 늘 특
권층인 성직자와 귀족은 2표를 얻었고 특권층이 아닌 제3신분은 1표를 얻어
구체제의 모순이 점철되어 왔던 것이다.

　그러나 175년간 열리지 않았던 삼부회가 다시 열린 1789년에는 제3신분의
사정이 이전과 같지 않았다. 당시 제1신분이 298명, 제2신분이 270명으로 568
명이었지만 제3신분의 대표는 598명이었다. 이제 제3신분은 신분별 투표를 하
여 늘 지는 게임을 할 수 없었다. 그들은 머리 수대로 투표를 하자고 고집했고
12일 동안 그것에 대한 논란만 계속되
었다.

▲ 제3신분

▌국민의회 ▌

　드디어 6월 17일 제3신분 대표들은
제3신분에 호의적이던 소수의 성직자
대표들과 함께 국민의회(National Assembly)
를 선포하여 이것이 프랑스 국민을 대

표하는 유일한 기구임을 선언했다. 그러나 귀족과 왕의 방해로 베르사유의 회의장소가 폐쇄되자 그들은 인근에 있는 테니스코트로 몰려가 새로운 헌법이 만들어질 때까지 해산하지 않을 것을 서약하였다. 하는 수 없이 왕은 국민의회를 승인하였다. 혁명이 시작되었다.

그러나 왕과 귀족의 승인은 거짓이었고 베르사유에 군대가 집결했다. 이는 인근 파리시민들을 자극했고 왕의 무력탄압으로부터 국민의회를 지켜야 한다는 주장이 강하게 나왔다. 그들은 자치 위원회인 파리 코뮌을 만들어 스스로 무장하고 파리의 시정부를 접수하였다. 이어 7월 14일에 무기를 찾던 과격 민중들이 절대주의의 상징이었던 바스티유 감옥을 탈취하는 사건이 일어났다. 바스티유 감옥 습격에 대한 소식은 루이 16세의 신하이자 친구였던 리앙쿠르(Liancourt) 공작에 의해 한밤중에 왕에게 전달되었다. 자고 있는 루이 16세를 깨우자 루이는 "그러니까 폭동이 일어났다는 말입니까?"라고 물었고, 리앙쿠르의 답은 "아닙니다. 폐하, 혁명입니다!"였다. 이 사건은 혁명에 폭력

▲ 바스티유의 습격

이 개입되기 시작했으며, 그 성격이 부르주아에서 민중으로의 변화를 예고하고 있었다.

바스티유 습격은 프랑스 전국을 공포의 도가니로 몰아넣었다. 지방 도시는 물론 농촌 구석구석까지 파리 코뮌을 모방한 자치 위원회와 민병대가 조직되어 귀족과 왕의 혁명 저지 음모에 대응했다. 특별한 무기가 없는 시골 마을에서는 민중들이 호미, 식칼, 갈퀴 등으로 무장하고 반혁명 세력의 공격에 대비했다. 극도의 불안 속에서 그들은 영주의 저택이나 귀족의 성을 습격하여 불을 지르고 약탈했다. 공포가 휘몰아치는 가운데, 귀족들은 저마다 봉건적 특권의 포기를 선언했고 8월 4일 국민의회는 '봉건제를 폐지한다'는 공식 선언을 했다.

혁명이 전국적으로 확산되자 국민의회는 혁명의 원리와 이념을 필요로 했고 그것은 8월 24일 「인간과 시민의 권리선언」으로 구체화되어 나왔다. 이 문서는 제1조 "인간은 자유롭게, 그리고 평등한 권리를 갖고 태어났으며 늘 그렇게 살아간다"는 내용을 시작으로 전문 17개조로 구성되었다. 이는 봉건제의 종말을 알리는 동시에 미래사회의 서막을 알려주는 문서였다.

그러나 루이 16세는 이중게임을 하고 있었고 10월 5일 성난 민중들은 다수의 여장을 한 혁명적 부르주아 남자들의 선동에 의해 왕과 왕비가 살고 있는 베르사유 궁전으로 몰려가 "빵을 달라, 아니면 죽음을 달라"고 외쳤다. 이 때 몰려오는 민중을 보고 왕비 마리 앙투아네트가 한 것으로 알려진 유명한

▲ 마리 앙투아네트

말이 있는데, 그것은 "빵이 없으면 과자를 먹지?"라는 말이다. 이는 참으로 시대착오적인 말이라 할 수 있다. 이제 왕과 왕비는 베르사유 궁전을 떠나 혁명의 본고장인 파리의 튈르리 궁으로 거처를 옮기지 않을 수가 없었다. 그것은 일종의 가택연금이었다.

▌입법의회▐

민중들의 표현대로 "빵집 주인과 그 마누라와 빵집 아이들"을 파리에 가택연금 시킨 후 국민의회는 1791년 9월 새로운 헌법을 만들어 입법의회(Legislative Assembly)에 넘겨주고 혁명 초기의 막을 내렸다. 그러나 입법의회는 이미 혁명의 모든 부분에서 큰 역할을 담당하고 있던 하층 민중들의 바람을 수용하지 못한 의회였다. 입법의회에서는 3일간의 노동임금에 해당하는 직접

▲ 10월 5일 사건

세를 낼 수 있는 단 400만 명만이 참정권을 가질 수 있었고 그들 중 10일간의 임금에 해당하는 납세자라야만 선거인이 되어 입법의회 의원을 뽑을 수 있었던 것이다. 또한 입법의회 의원이 될 수 있는 자격은 54프랑의 세금을 납부할 수 있는 유산계급이어야 했다. 이처럼 재산 자격을 부여한 입법의회는 혁명이 더욱 가속화되기를 바라는 민중들에게 큰 불만을 사게 되었다.

이런 상황에서 혁명에 기름을 붓는 사건이 발생했는데 그것은 국왕 루이 16세와 왕비가 오스트리아로 도망을 치다가 실패한 사건이다. 이는 국왕과 왕비에 대한 국민들의 불신을 더욱 가중시켰고 급기야 군주제 폐지론이 강한 힘을 얻게 되었다.

1792년 4월 프랑스의 과격한 상황을 지켜보던 프로이센과 오스트리아를 중심으로 한 유럽 동맹군이 프랑스를 상대로 전쟁을 일으켰다. 입법의회에 대한 불만과 왕에 대한 불신이 팽배한 가운데 왕과 왕비가 망명귀족 및 외국

▲ 루이 16세의 도망 실패 후 다시 파리로 이송되는 모습

군대와 내통을 했다는 의심 속에 프랑스군이 외국군에게 패배했다는 소식이 파리에 퍼졌고 성난 군중들은 왕이 있는 튈르리 궁으로 침입하여 왕을 위협하였다.

7월에 프로이센군 사령관 브라운슈바이크(Braunschweig)가 프랑스의 혁명분자들을 위협하고 왕권의 재확립을 천명하는 성명서를 발표했는데, 그것은 혁명의 과격화를 더욱 촉진시키고 왕의 지위를 완전히 절망적인 상태로 몰아가는 결과를 초래했다. 과격파들은 국왕과 귀족들이 외국과 공모를 한 것으로 보았고 심지어 낯선 누군가를 만나면 간첩이나 배신자가 아닌가를 의심했다.

▮국민공회▮

1792년 8월에 과격파와 파리의 하층 민중의 지지로 구성된 파리 코뮌이 대규모 반란을 주도했다. 그들은 입법의회 내 온건세력들을 위협해 의회에서 추방했고 왕궁에 침입해 루이 16세를 체포하여 왕정을 폐지시켰다. 이 과정에서 스위스 용병으로 구성된 친위대 800명이 사망했으며 왕족 및 반혁명적 귀족과 봉건적 특권을 포기하지 않은 많은 성직자들 수천 명이 살해 또는 체포되었다. 이어 그들은 9월 22일에 부르주아 중심의 입법의회를 해산시키고 과격파 민중 중심의 국민공회(National Convention)를 선포하여 당통(Georges Jacques Danton, 1759~1794)을 수반으로 혁명정부를 수립하였다. 그럼으로써 프랑스 제1공화정이 탄생하였다. 혁명은 이제 수공업자, 소상점주 등의 소시민층 및 하층 민중을 중심으로 한 상퀼로트(sans-culottes)[14]의 지지로 진행되었다. 혁명의

14) 퀼로트는 귀족들이 입는 바지인데 이 옷을 입고 다니는 사람의 신분을 상징하기도 했다. 따라서 '바지도 입지 못하는 놈들'의 의미를 가진 상퀼로트는 귀족들이 퀼로트도 입지 못하는 하층민중들이 혁명을 주도하는 것을 비난하여 한 말이다.

민중화가 시작된 것이다.

이제 당통을 중심으로 하는 혁명정부는 두 가지의 큰 당면 문제를 해결해야 했다. 하나는 프랑스의 혁명을 방해하고 침략을 감행하고 있는 외국과의 전쟁수행이고, 다른 하나는 국왕을 비롯한 국내의 반혁명 세력을 처단하고 혁명을 완수하는 일이었다.

조국 프랑스가 위기에 처해 있다는 의식 속에 프랑스 전역에서 의용군들이 파리로 모여들었다. 그들은 아직도 신음하는 유럽 왕정의 공세에 대비해 자유의 물결로 무장했고 수많은 민중들의 죽음으로 얻

▲ 당통

은 고귀한 자유를 지키고자 했다. 그들은 모든 지배자에 대한 총궐기를 촉구했고 고통받는 모든 인민의 친구이자 압제자의 적임을 선언했다. 당시 프랑스 국민들은 자유의 제단에 기꺼이 자신들을 희생하겠노라고 소리 높여 외쳤다. 격렬함이 천지를 뒤흔드는 순간에 그들을 함께 묶어주는 노래가 등장했다. 그들은 그 노래를 통해 이제 막 맛보기 시작한 인간의 고귀한 자유를 지켜야 한다는 신념 속에 더욱 격렬하고 비장한 각오를 하였다. 의용군 대위 루제 드 리즐(Rouget de Lisle)이 만든 "라인강 수비대의 노래"가 그것이다. 이 노래를 프랑스 남부 마르세유 출신의 의용병들이 파리로 입성하며 목청껏 불렀다. 이 노래의 가사에는 프랑스 혁명의 이상인 자유와 평등에 대한 불타는 흥분과 의기가 잘 나타나 있다. 이 노래가 오늘날 프랑스의 국가(國歌)이다.

라 마르세이예즈(La Marseillaise)

나가자 조국의 아들딸이여
영광의 날이 왔도다!
독재에 항거하는 우리의
피묻은 깃발을 날린다.
피묻은 깃발을 날린다!
보라! 저기 압제자의 야비한 무리들의 칼이
우리의 형제 자매와 우리의 처자를 죽인다.
무기를 들어라!
대오를 지어라!
나가자! 나가자! 우리 함께
압제자의 피로 옷소매를 적시자!

성스럽다 조국애!
복수에 불타는 우리들의 팔에 의지하라!
자유여, 사랑하는 자유여!
너를 지키는 자들과 함께 싸워라!

　　전쟁터로 떠나는 프랑스군에게는 식량, 군화, 군복, 무기가 충분하지 않았다. 그러나 프랑스를 위협하는 적을 물리치는 데 굶주림과 갈증은 아무것도 아니었다. 그들은 공화정신의 선봉인 위대한 조국 프랑스에 자유의 왕관을 기대했다. 전쟁터로 떠나는 프랑스의 청년에게 정부수반 당통은 "조국이 적을 무찌르고 승리를 얻기 위해 필수 불가결한 것은 첫째도, 둘째도, 셋째도 용맹과감한 정신이다"고 외쳤다. 군중들 사이에서 당통의 인기는 하늘을 찔렀다.

국민공회는 왕을 비롯한 반혁명 세력을 처단하는 일도 게을리하지 않았다. 9월 학살로 알려진 사건으로 투옥중인 반혁명세력과 비선서성직자, 그리고 그들과 내통을 했다는 의심이 가는 사람들 2,000명 이상이 무차별 살해되었다. 이때 희생된 사람들 중 67%가 비정치범이었는데 이는 공포정치를 예견하는 사건이었다.

이제 왕을 어떻게 처리할 것인가? 혁명 열기의 고조 속에 과격 세력인 공화주의자들이 국민공회를 이끌었다. 그중에서 부유한 부르주아를 대변하는 지롱드당(Girondins)과 소시민층 및 민중을 세력기반으로 하고 있는 자코뱅당(Jacobins)이 대결하였다. 의회에서 지롱드당원들은 주로 오른쪽에 자리를 했고 자코뱅당은 왼쪽에 위치했다. 왼쪽은 오른쪽보다 자리가 높은 곳에 위치해 자코뱅

▲ 루이 16세의 처형

당을 일명 산악당(Montagnards)이라고도 부른다. 그 후부터 자코뱅과 같이 과격한 세력을 좌파라고 부르고 온건세력을 우파라고 부르고 있다. 어쨌든 국민공회 내에서 루이 16세의 처형문제를 놓고 두 세력이 첨예하게 대립하였다. 국왕의 처형을 강하게 주장하는 자코뱅당의 당통을 상대로 지롱드당원들이 9월 학살에 대한 책임을 추궁하자, 그는 약간의 위축감을 느꼈지만 뒤이은 발미(Valmy)에서의 승전보가 그로 하여금 다시 혁명의 기치를 높이게 해주었다. 논란 끝에 루이 16세의 사형이 결정되고 1793년 1월 21일 기요틴(Guillotin)에 의해 사형이 집행되었다. 왕의 처형을 가장 강하게 이끌어 간 사람이 바로 로베스피에르(Robespierre)였다. 왕은 그동안의 왕정이 저지른 온갖 죄를 목으로 보상한 것이다. 국왕의 피비린내가 채 가시지 않은 기요틴 위에서 혁명의 지도자 당통은 군중들에게 소리 높여 외쳤다. "유럽의 국왕들은 우리들을 향해 도전할 것이다. 우리들은 국왕의 목을 내동댕이치고 그들과 맞서 싸우자." 군중들의 우레와 같은 환호가 뒤따랐다. 그러나 어느 인간이 자신의 운명을 예견할 수 있겠는가. 왕이 죽고 1년이 조금 지난 후 당통 역시 이 단두대에서 목을 잘려야 했다.

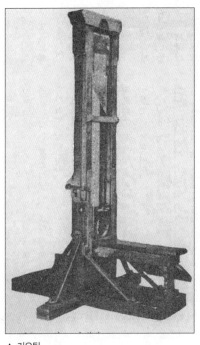

▲ 기요틴

▎자코뱅당의 집권과 공포정치 ▎

국왕의 처형, 외국과의 전쟁, 보

수적인 방데(La Vendee)지방의 반혁명 움직임은 자코뱅당의 위치를 더욱 공고하게 해주었다. 이제 그들은 반혁명 분자들을 처단하고 전쟁을 보다 효과적으로 이끌기 위해 다양한 제도적 장치를 마련했다. '순찰의원' 80명을 임명

▲ 혁명 재판소

하여 반혁명 세력을 감시토록 했으며 보안위원회(Committee of the General Security), 혁명재판소(Revolutionary Tribunal), 공안위원회(Committee of the Public Security)를 설치하여 공포정치를 준비했다. 이제 자코뱅당의 적(敵)은 멀리 있지 않았다. 우선 그들의 적은 국민공회 내의 온건세력인 지롱드당원들이었다. 혁명을 주도해 왔음에도 불구하고 여전히 가난하여 단순히 먹고사는 문제에 급급했던 파리 민중들은 자코뱅당의 사주를 받고 국민공회에 침입하여 지롱드당원을 추방하고 숙청했다.

드디어 자코뱅당이 권력을 독점했다. 그리고 과격한 소시민과 민중의 지지를 한 몸에 받고 있었던 로베스피에르가 부상하였다. 그는 공안위원회를 비롯한 혁명의 장치를 이용하여 왕비 마리 앙투아네트를 비롯한 반혁명분자와

▲ 자코뱅의 숙청냄비

남아 있는 지롱드당원을 전격적으로 처형했다. 파리에서만 5,000명 이상이 처형되었고 지방에서는 20,000명 이상이 단두대의 이슬로 사라졌다. 로베스피에르는 청렴 그 자체였고 그의 별명은 '청렴결백한(Incorruptible)'이었다. 그는 반(反)기독교 운동을 실시하여 성상을 파괴하고 교회를 폐쇄한 후 그곳에서 이성축제를 열었다. 또한 귀족차림의 복장을 금지하고 상퀼로트를 일반화했다. 귀족적인 두발모양도 사라졌고 귀족의 성이나 왕궁의 요리사들도 추방되었다. 역사의 아이러니이지만 이것은 프랑스 요리를 중심으로 하는 레스토랑이 성행하게 되는 계기가 되었다. 요리사들은 대부분 지방 출신인 자코뱅당원과 그들을 지지하는 민중들을 상대로 음식을 만들어 팔았던 것이다.

▌당통의 죽음 ▌

급기야 로베스피에르는 사람들이 자유롭고, 지나친 부나 빈곤 없이 평등하게 생활하며 도덕적으로 깨끗하고 사심 없이 살 수 있는 '덕(德)의 공화국'을 수립하고자 하였다. 그래서 그는 1794년 4월, 혁명 초기와 달리 미온적으로 변하여 어느 정도 부르주아를 대변하고 있었던 혁명동지 당통을 반혁명분자로 몰아 단두대로 보냈다. 로베스피에르는 자신을 과격한 테러분자로 모는 당통을 더 이상 좌시할 수 없었던 것이다.

권불십년(權不十年)이요, 화무십일홍(花無十日紅)이라 했던가. 절대 권력은 무상했다. 이제 '최고 존재'가 된 로베스피에르는 공포정치를 더욱 강화했다. 그러나 "지나치게 맑은 물에는 고기가 살지 못한다"고 했던가. 지나친 도덕과 광신적 이념에 의해 오늘의 동지가 단두대로 가는 것을 본 국민공회 내의 의원들은 로베스피에르를 처단하기로 모의하고 연설을 하고 있던 그를 향해 "독재자를 타도하라"고 외쳤다. 그리하여 동료 당통을 죽인 지 3개월이 지난

1794년 7월 27일, 그 역시 동료 의원들의 탄핵을 받고 체포되어 충실한 협력 자였던 생 쥐스트(Saint-Just), 쿠통(Couthon)과 더불어 기요틴에서 죽임을 당하였다(테르미도르반동).

로베스피에르의 실각과 함께 혁명의 과격화는 사라지고 부르주아 유산계 급을 중심으로 하는 500인회와 5명으로 구성된 총재정부가 형성되어 온건노 선을 걷게 되었다. 대부분 중도파였던 500인회는 위로는 귀족을 중심으로 하 는 왕당파에게, 아래로는 민중을 대변하는 자코뱅의 후예들에게 끊임없는 정 치적 공격을 받게 되었다.

동서고금을 막론하고 국내정치가 안정되어 있을 때는 군인층의 등장이 어 렵다. 하지만 국내의 정치적 혼란이 가중되는 시기에 대외전쟁을 통한 군사 적 성공은 군인으로 하여 금 국가를 책임지겠다는 욕심을 가지게 한다. 로마 의 카이사르가, 고려의 이 성계가, 스페인의 프랑코 가, 한국의 박정희와 전두 환이 그러했다. 파리의 폭 동은 끊일 날이 없었다. 이 때 출현한 자가 바로 젊은 포병장교인 나폴레옹 보나 파르트(Napoleon Bonaparte)였 다. 나폴레옹은 파리의 폭 도들을 무력으로 해산시킴 으로써 첫 명성을 얻고 승 승장구했다. 급기야 나폴

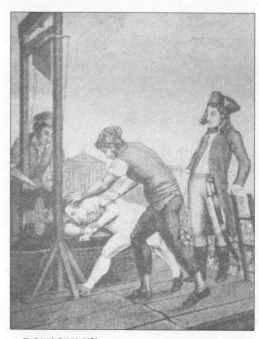

▲ 로베스피에르의 처형

레옹은 군사 쿠데타를 통해 권력을 장악했다.

▍혁명과 나폴레옹 ▍

혁명이 진행되는 동안 프랑스는 대외적으로도 전쟁을 치루어야 했는데, 유럽열강들은 대불동맹을 맺어 프랑스를 공격하였다. 왜냐하면 보수적인 다른 나라의 지배자들은 프랑스의 혁명사상과 자유주의 사상을 그들의 권력은 물론 국가의 안위까지 좌우하는 몹시 위험한 사상이라고 판단했기 때문이었다. 그러나 프랑스군과 군부는 위대한 국가를 건설하기 위한 혁명과 더불어 전쟁을 하면서 세력이 점점 강화되었다. 이러한 기회를 정확히 포착하여 출세한 자가 바로 나폴레옹 보나파르트였다. 1796년 총재정부는 나폴레옹을 이탈리아 주둔 프랑스군 사령관으로 임명하였다. 이곳에서 그는 오스트리아와 사르디니아군을 격파하는 실력을 발휘하였다. 결국 캄포 포르미오(Campo Formio) 조약이 체결되어 오스트리아는 이탈리아 북부에 대한 영유권을 포기하였고 그들의 모든 영토는 두 개의 작은 공화국이 되어 프랑스의 지배하에

▲ 나폴레옹

들어오게 되었다. 나폴레옹은 영웅이 되어 대대적인 환영을 받으며 파리로 개선하였다.

▲ 넬슨 제독

군사적으로 성공가두를 달리게 된 나폴레옹은 유럽에서 가장 강력한 도전세력으로 여겨졌던 영국의 식민지를 정복할 계획을 세웠다. 이를 위해 그는 먼저 이집트를 공략했으나 승전이 임박했을 때 넬슨 (Nelson)제독이 이끄는 영국 함대의 기습공격으로 큰 피해를 입고 퇴각하였다.

해전에 패한 나폴레옹은 영국함대의 감시를 피해 은밀히 프랑스로 돌아왔다. 그동안 열강들은 새로운 대불동맹을 결성하고 그가 애써 점령하여 확보한 영토들을 침공하고 있었다. 순간적으로 위기를 느낀 나폴레옹은 이집트 전투에서 승리를 했다고 거짓선전을 하였다. 승리 소식을 접한 프랑스 시민들은 젊은 나폴레옹을 프랑스의 구원자로 찬양하였다. 그는 이 기회를 이용, 쿠데타를 일으켜 여전히 혼란 속에 있는 총재정부를 전복시키고 새로운 통령정부를 수립하였다. 그리고 자신이 3인의 통령 중 제1통령이 되어 실권을 장악하였다.

나폴레옹은 분명 군사적 천재였다. 그는 프랑스의 정권을 장악하기 무섭게 전쟁에 돌입하였다. 1800년에 그는 마렝고 전투에서 오스트리아군을 크게 격파했고 1802년에는 프랑스의 끈질긴 적국인 영국과 평화조약을 체결하기도 하였다.

▲ 나폴레옹의 쿠데타 장면

1799년 나폴레옹이 제1통령이 되었을 때 그의 임기는 10년이었다. 그러나 1802년에 그는 스스로 종신통령이 되었고, 1804년에는 황제로 등극하였다. 당시 프랑스 국민들은 성공을 경험해보지 못했던 체제인 피비린내나는 공화국에 대해 염증을 느껴 한 사람의 강력한 지배자가 나타나 주기를 내심 바라고 있었다. 이제 나폴레옹은 황제가 되었고 프랑스는 슬그머니 새로운 '구체제' 하에 빠져 들어갔다.

그동안 나폴레옹은 몇 가지 개혁을 단행하였다. 1801년 그는 혁명가들에게 추방되었던 가톨릭교도들과 화해했으며 교황과의 협약을 통해 주교 선출권을 소유하고 하급성직자로만 임명된 주교들에게 정부에서 봉급을 지급하도록 조치하였다. 그는 혁명의 불길을 피해 망명한 귀족들의 귀국을 허용하고 혁명정부가 몰수한 그들의 재산도 돌려주었다. 또한 잡다한 기존법률들을 정리하고 새로운 것들을 첨가하여 나폴레옹 법전(Code Nepoleon)으로 편찬하였다. 또한 그는 전국적으로 도로들을 건설하고 많은 대학들을 설립하기도 하였다.

그러나 1802년부터 시작된 평화는 오래 지속되지 못하고 1803년 프랑스는 다시 전쟁의 소용돌이 속에 휘말리게 되었다. 이번에는 영국, 러시아, 오스트리아, 스웨덴과 대전하였다. 막강한 프랑스 육군이 영국해협에 집결하여 공격 태세를 취했으나 영국함대의 위력을 잘 알고 있었던 나폴레옹은 무모한 행동을 피할 수밖에 없었다. 대신 그는 해안에 집결한 군대의 방향을 틀어 오스트리아군을 격파하고 항복을 받았다. 몇 주일 후 나폴레옹은 아우스테리츠 전투에서 오스트리아 · 러시아 연합군을 무찌르고 강화조약을 맺었다.

그러나 나폴레옹군은 육전에는 강했으나 해전에는 약하였다. 1805년에 나폴레옹은 넬슨이 이끄는 영국함대를 맞아 싸우다가 트라팔가 해전에서 대패하였다. 넬슨은 죽음으로 조국을 지켜냈다. 이 전쟁을 계기로 프랑스 해군력은 크게 위축되었다.

▲ 나폴레옹 시대의 유럽

실망한 나폴레옹은 이제 독일지방에 대한 공략을 시도하였다. 이에 독일 국민들은 크게 반발했고 날로 번영을 하고 있었던 프로이센은 프랑스에 선전포고하였다. 작센과 러시아도 프로이센의 편을 들었다. 이에 다시 한 번 유럽대륙은 전란에 휩싸이고 말았다. 막강한 나폴레옹은 예나 전투에서 프로이센군을, 프리드란드에서 러시아군을 격파하였다. 결국 틸지트(Tilsit) 조약에 의해 프로이센은 소국의 지위로 떨어졌고 러시아는 프랑스의 동맹국이 되었다. 조약체결을 위한 협상은 니이멘강의 뗏목 위에서 이루어졌는데 기록에 따르면, 프랑스의 황제 나폴레옹과 러시아의 알렉산더 1세는 위풍당당하게 뗏목에 앉아 있었고 프로이센의 프리드리히 빌헬름 3세(Frederick William Ⅲ)는 강 언덕에 앉아 통곡하고 있었다고 한다. 그리고 나폴레옹은 거의 명목상으로 남아 있던 신성로마제국을 해체시키고 그곳을 라인연방(Rheinbund)으로 묶어버렸다.

그러나 나폴레옹의 가장 끈질긴 적은 영국이었다. 영국은 여러 차례에 걸친 대불동맹을 맺는 데 주도적인 역할을 했었는데, 그러한 영국의 해군력을 나폴레옹은 당해 낼 도리가 없었다. 나폴레옹은 영국을 무력으로 정복하지 못하면 경제적으로라도 파멸시켜야 한다고 생각했다. 그는 당시 유럽의 열강들은 모두 프랑스의 그늘 밑에 있기 때문에 이들에게 영국상품을 구입하지 못하게 하면 영국경제는 자동적으로 파탄날 것이라고 믿었던 것이다. 1806년 결국 나폴레옹은 영국의 항구로 통하는 해상을 봉쇄하는 조치를 취하였는데, 러시아의 알렉산더 1세도 이 계획에 동의했다.

1812년은 황제 나폴레옹의 위세가 가장 충천했던 해였다. 그는 거의 전 유럽대륙을 통치하다시피 하였다. 그는 이미 8년 동안이나 황제 노릇을 했고, 첫 부인인 조세핀(Josephine)과 이혼하고 오스트리아의 공주인 마리아 루이제

▲ 나폴레옹과 조세핀

(Maria Luise)와 재혼하는 등 그의 장래는 오직 영광만이 기약되는 것처럼 보였다.

그러나 나폴레옹의 영광은 계속되지 않았다. 나폴레옹은 러시아의 알렉산더 1세와의 갈등으로 1812년 봄에 대군을 이끌고 러시아를 침략하였다. 나폴레옹으로서는 단순히 러시아에게 교훈을 주기 위함이었다. 그러나 오히려 나폴레옹이 큰 교훈을 받았다. 비록 그는 모스크바로 향하는 중에 보로디노 전투에서 대승을 거두고 모스크바를 점령하기까지 했으나 소득은 별로 없었다. 나폴레옹은 알렉산더 1세가 협상을 제의하기를 기대했으나 러시아 황제는 침묵을 지켰다. 겨울철이 되자 나폴레옹은 철군하기 시작하였다. 러시아의 추위와 러시아군의 계속적인 공격으로 프랑스군의 사상자는 급증하였다. 이 무모한 전쟁으로 무려 30만 명의 프랑스군이 희생되었다.

나폴레옹의 패전 소식을 들은 영국, 러시아, 프로이센, 오스트리아는 용기를 얻어 제4차 대불동맹을 맺고 프랑스에 선전포고하였다. 그리고 나폴레옹군은 연합군과의 라이프치히 전투에서 결정적으로 패하였다. 파리로 퇴각한 나폴레옹은 적군에게 항복하고 지중해에 있는 엘바섬으로 유배되었다.

나폴레옹 제국이 붕괴하자 승전국들은 오스트리아 수도 빈에서 회의를 열고 전후 문제들을 토의하였다. 당시 빈 회의를 주도했던 오스트리아의 수상 메테르니히(Metternich)의 목적은 프랑스의 혁명정신인 자유와 평등과 조국애를 말살하고 유럽이 전통적인 구체제로 돌아가도록 하는 데 있었다. 그러나 열강들은 서로 자신들만의 이권을 위해 다투었기 때문에 이 기회를 틈타 나폴레옹은 엘바 섬을 탈출하여 프랑스에 상륙하였다. 동맹국들이 옹립했던 프랑스의 국왕 루이 18세는 군대를 파견해 나폴레옹을 체포케 했으나 군인들은 나폴레옹에 합세하여 파리로 진격하였다. 그리하여 루이 18세는 국외로 망명하고 나폴레옹은 "100일 천하"를 누렸다. 같은 회의석상에 있었지만 서로 반목을 거듭하던 국가들은 그제서야 정신을 차리고 숙적인 프랑스 정복에 힘을 모았다. 1815년 7월 15일 워털루 전투에서 프랑스군은 영국과 프로이센 동맹

군에게 패함으로써 결국 나폴레옹은 세인트 헬레나 섬의 외로운 혼이 되고
말았다.

　나폴레옹은 자의에서든 타이에서든 프랑스 혁명의 이념인 자유, 평등, 조
국애를 유럽의 다른 나라로 전파하였다. 이는 유럽뿐만 아니라 이후 세계의
여러 나라들에게 그동안의 억압과 차별을 딛고 자유정신과 국민정신을 일깨
우게 하는 계기가 되었다. 그리하여 19세기는 자유와 국민을 양대 축으로 삼
아 더욱 다양해진 목소리와 이를 무시하는 시대착오적인 세력이 서로 갈등하
는 시기가 되었다.

3. 산업혁명

프랑스 혁명과 더불어 서양 근대사회 발전에 중요한 계기를 제공하고 인류사회를 근본적으로 변화시킨 또 하나의 큰 물줄기는 산업혁명이다. 주지하듯이, 1750년대 영국에서 시작된 산업혁명은 각종 기계의 발명 및 기술혁신으로 시작되었다. 이러한 의미에서 산업혁명은 "생산기술의 발전으로 인한 생산력의 비약적인 발전"으로 정의될 수 있을 것이다. 그러나 산업혁명은 이를 넘어서는 보다 포괄적인 면모를 지니고 있었다. 즉, 산업혁명은 르네상스 이래 지속되어온 세계에 대한 인간의 합리적 태도 및 무한한 지배의 욕구, 유럽의 지리적 팽창 이후인 1500~1850년에 이르기까지 누적된 모든 발전과 경제적 변화의 복합적 결과였다. 또한 전 산업분야에 파급된 산업혁명은 정치 · 경제 · 사회구조에 큰 변화를 야기하며 인간생활의 총체적 변화를 가져온 역사적 과정이었다.

대체적으로 18세기에 들어 산업혁명(Industrial Revolution)[15]을 자극하는 여러 요인들이 발생하였는데 인구의 급증, 자유농의 증가, 인클로저 운동, 농업인

구의 감소, 도시인구의 급증, 노동인구의 증가, 산업 예비군의 급증 등이 그
것이다. 하지만 그 출발은 인구의 급증에 따른 의생활의 근본적 변화의 필요
성으로부터 시작되었다. 즉, 1700년 600만이었던 영국 인구가 1800년에는
900만으로 늘어났다. 이러한 인구의 급증 현상은 비단 영국만이 아니었고 유
럽사회 전반에 나타난 현상이었다. 인구의 급증은 농업생산량의 증대로 이어
져 식생활을 충족시켜주었지만 문제는 의생활에서 나타났다. 당시까지 대부

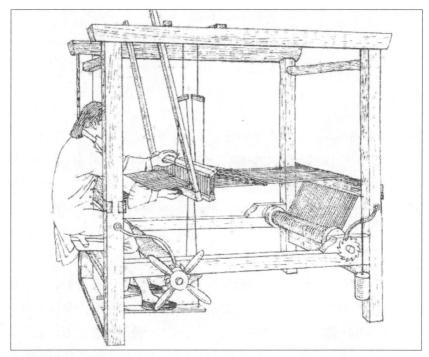

▲ 산업혁명 이전의 베틀

15) '산업혁명'이라는 말은 영국의 역사가 아놀드 토인비(Aenold Toynbee)의 삼촌인 또 다른 아놀드 토인비가
1884년 *Lectures on the Industrial Revolution of the 18th Century in England*라는 책에서 처음으로 사용하
였다. 그 후 이 용어는 사회 전반에 걸쳐 보다 광범위하게 적용되었다.

분 유럽의 주류를 이룬 옷의 재료는 동물의 털이나 가죽으로 만든 모직물이었다. 하지만 늘어나는 수요로 인해 모직물 공급은 한정될 수밖에 없었고 이는 다른 종류의 옷감을 찾도록 했다.

18세기 초만 해도 유럽의 직조기술은 중세의 그것과 특별한 차이가 없었다. 고급제품과 사치품은 도시의 능력 있는 장인들이 생산한 반면 조잡한 천과 옷감은 대부분 가내에서 수공업으로 생산되었다. 이러한 현상은 도시보다 농촌지역에서 특히 그러하였다. 농가는 모두 직기와 물레바퀴를 소유하고 있었다. 실을 짜고 피륙을 짜는 이 두 가지 일은 농촌 소녀들의 필수 업무 중 하나였다. 피륙은 판매용이 아니라 주로 가내소비용이었다. 그 결과 산업혁명 이전의 유럽인들이 입던 의복은 거의 모두 손으로 짠 "홈스펀(Homespun)" 천으로 만들어졌다.

시간이 흐르면서 유럽에서 자본을 가진 자들이 이들 부녀자들에세 원료를 공급하여 피륙을 생산케 하고 그 대가를 지불하는 가내 제조업이 등장하게 되었다. 옷감을 만드는 기본재료는 값비싼 모직물에서 면화를 원료로 한 면직물로 바뀌었다. 문제는 면화에서 옷감을 만들어내는 공정이었는데 초기에는 이 과정이 일일이 수작업으로 이루어졌다.

18세기 중엽이 되면서 이러한 가내 공업적 생산방식은 점점 사라져 갔다. 즉, 1733년 존 케이(John Key)가 "나르는 북"이라는 비사를 발명하였는데, 이것이 1760년대에 면직에 적용되어 면포 생산이 배가되었다. 그러나 이것은 실의 품귀현상을 낳아 실 값의 폭등으로 이어졌다. 여기서 실을 대량생산할

▲ 양털을 깎는 농민

수 있는 방적기의 발명이 촉구되었다. 1764~1767년 사이에 제임스 하그리브스(James Hargreaves)는 다축 방적기를 발명하여 실의 생산을 급증시켰으나 실의 힘이 약했기 때문에 효과가 크지 않았다. 1768년에 리처드 아크라이트(Richard Arkwright)가 수력 연사기(Water Frame)를 발명하여 힘이 강한 실의 제조에 성공하였다. 이 기계는 수력을 동력으로 사용했기 때문에 강가에 공장이 세워졌다. 1779년 사무엘 크롬턴(Samuel Crompton)은 주추 정방기(Mule)를 발명하여 정교하고도 가는 실의 방사에 성공하였다. 정방의 기계화와 공장생산으로 원사는 생산과잉을 보였지만 이에 반하여 직기는 케이의 "나르는 북"에서 더 진전하지 않았기 때문에 직기와 방적은 불균형을 이루었다. 그러나 1716년 카트라이트(Cartwright)는 방직기(Power Loom)를 발명하여 양자의 균형을 이룩하였다. 카트라이트는 제임스 와트(James Watt)의 증기기관의 동력을 이용하여 역직기를 만들었다.

산업혁명은 이러한 방직공업의 기계화와 더불어 근대 산업의 2대 축이라할 수 있는 동력산업과 철강산업의 발달을 가져왔고 이어 교통과 통신업의 발달도 가져왔다.

그러나 기계가 발명되었지만 일반 가정에서는 이러한 기계를 구입할 수 없었고, 결국 기계를 대량 구입하고 많은 노동자들을 고용하는 공장이 등장하게 되었다. 공장제 기계공업이 그것이다. 공장에서의 작업조건은 특히 불량하였다. 공장들은 대부분 불결하고 환기도 안 되었으며 기계들은 조잡하여 사고가 나기 쉬웠다. 작업시간은 길어 대체로 별을 보며 출근해서 별을 보며 퇴근하였다. 공장에서는 대부분 부녀자들이 일했고 간혹 7세나 8세의 아동들도 섞여 일하였다. 임금은 참혹할 정도로 낮았다. 그러나 고용주의 유일한 목표는 돈 버는 데 있었기 때문에 직공들의 복지문제는 고려조차 되지 않았다.

산업혁명의 핵심은 바로 이와 같이 가내수공업에서 대규모 공장제 제조업으로 전환된 것에 있다. 산업혁명으로 사람들의 생활수준이 향상된 것은 사실이지만 그것의 산물로서 인간사회에는 두 개의 계층이 생겨나게 되었다.

생산수단인 자본과 장비를 가지고 있는 자본가층과 무산자인 노동자층이 그들이다. 생산성의 증대 또는 이윤의 극대화를 꾀했던 자본가는 이전 시대에 비해 보다 적극적으로 노동과정을 조직하고 통제하게 되었다. 생산의 극대화를 꾀하는 자본가는 자신에게 종속된 노동자의 존재를 요구하는 것이다. 따라서 대규모 공장에서 일하게 된 노동자들은 자신들의 작업리듬이 아니라 기계의 리듬과 이윤확대를 꾀하는 자본가들의 의도에 따라 규제받게 되었다. 그러나 자본주의 사회는 소수의 자본가와 대다수 노동자들로 구성되었고 여기서 양자 간의 갈등은 심각한 사회문제 내지는 체제 내적인 모순을 야기할 수밖에 없었다.

요컨대 18세기 영국에서 시작된 산업혁명은 새로운 기계의 발명과 기술혁신을 통해 공장제라는 새로운 생산형태를 가져와 농업중심적 산업구조를 공업중심적 산업구조로 전환함으로써 인류의 생산력이 비약적이고도 지속적으로 발전된 산업상의 대변혁이었다. 이후 산업혁명은 전 세계적으로 파급되는데, 프랑스 · 독일 · 미국이 늦어도 19세기 중엽부터 본격적인 공업화의 길로 들어섰고 19세기 말에는 일본 · 러시아에서도 선발 공업국들로부터 도입된 생산기술을 바탕으로 산업화가 이루어졌으며 20세기에는 비유럽 국가들에서도 선진국의 영향 아래 산업화가 이루어지게 되었다. 그러면서 인류사회는 농업중심적 산업구조에서 공업중심적 산업구조로의 전환을 경험하게 되는데, 이는 인류의 전반적인 생산력을 크게 향상시켜 인류에게 풍요한 사회를 약속했고 인류의 오랜 과제였던 빈곤을 퇴치할 수 있는 수단과 기반을 마련해주기도 하였다. 이렇게 발전된 체제는 여러 가지 문제점에도 불구하고 오늘날까지 존속하고 있다. 특히 산업기술문명은 자본주의와 사회주의라는 체제의 차이, 선진국과 저개발국가라는 발전 정도의 차이를 막론하고 인간의 생활과 사고를 지배하는 공통된 배경을 이루었고 이런 점에서 산업혁명은 아직도 진행 중이라 할 수 있다.

제8장

자유주의와 민족주의의 발전

1. 빈 체제와 자유주의의 발전

┃빈 체제┃

프랑스를 상대로 승리를 한 유럽의 전승국 지도자들은 비록 승리는 하였지만 미국 독립혁명과 프랑스 혁명을 거쳐 나폴레옹에 의해 전파된 자유주

▲ 빈 회의

의, 민족주의 같은 사상이 자신들의 나라에도 파급될 것을 두려워했다. 이에 1814년 나폴레옹을 엘바 섬으로 귀양 보낸 유럽 지배자들은 오스트리아의 수도 빈에 모여 세계 최초로 진정한 의미의 대규모 국제회의를 개최했다. 프랑스의 대표로는 탈레랑(Talleyrand)이 참석하였는데, 상식적으로는 패전국인 프랑스에서 대표가 파견될 수 없는 일이었으나 탈레랑의 탁월한 능력은 이러한 상식을 초월하였다. 탈레랑은 회의에 참가한 각국의 지도자에게 자신들의 진정한 적은 나폴레옹과 혁명분자들이지 프랑스 자체는 아니라고 역설하였다. 사실 탈레랑은 원래 루이 16세를 보좌하다 다시 나폴레옹을 추종했던 일종의 회색분자였다. 따라서 나폴레옹도 그를 가리켜 "더러운 비단 양말 같은 친구"라고 혹평한 바가 있었다.

빈 회의의 목표는 세 가지였다. 첫째로 전승국에 대한 보상문제였다. 러시아는 폴란드 국토의 대부분을 얻었고 프로이센은 작센 지방과 라인강 유역

▲ 빈 체제하의 유럽

의 일부를, 오스트리아는 이탈리아의 롬바르디아와 베네치아를 얻었다. 영국은 지중해의 몰타와 인도양의 실론, 그리고 희망봉을 차지하였다. 둘째는 프랑스 혁명 이전의 구체제로의 복귀문제였다. 결과적으로 프랑스, 스페인, 나폴리 왕국에는 부르봉 왕가가 복귀되었고 사르데냐와 독일 지방에도 혁명 이전의 군주가 다시 집권하였다. 교황도 교황령을 다시 회복할 수 있었다. 셋째는 보장의 원칙이었는데, 또다시 구체제가 전복되는 일은 없어야 했다. 따라서 프랑스의 세력을 견제하기 위해 프랑스 동쪽 국경지대에 강력한 국가들이 형성되었다. 벨기에와 네덜란드를 합쳐 하나의 국가로 통일시켰고 프로이센의 국토는 라인강 유역에까지 확대되었다.

더욱 중요한 사실은 열강들이 협력외교라는 명분 아래 오스트리아 · 러시아 · 프로이센 · 영국을 회원으로 하는 4국 동맹(Quadruple Alliance)[16]인 집단안전보장체제를 수립하였다는 것인데, 이는 오스트리아의 메테르니히(Metternich)가 주동했던 것으로 군주제를 옹호하고 자유주의를 분쇄시키는 것이 목표였다.

▲ 메테르니히

16) 이 동맹은 1818년 프랑스의 가입으로 5국 동맹이 되었다. 러시아 황제 알렉산더 1세는 각국 군주들이 기독교의 사랑과 정의와 평화의 원리를 존중하자는 취지하에 신성동맹(Holy Alliance)을 제안해 만들었다.

▌빈 체제에 대한 반발 ▌

처음 얼마 동안 메테르니히 체제는 원만하게 진행되었다. 그러나 프랑스 혁명과 나폴레옹 시대를 거치며 성장해 있었던 유럽 사회의 자유주의 물결을 막을 수는 없었다. 또한 독일과 이탈리아를 중심으로 하는 민족주의 물결 역시 변화된 시대를 무시한 시대착오적인 메테르니히 체제를 와해시키는 데 핵심으로 등장했다.

1817년 독일의 자유와 통일을 바라는 학생들이 부르센샤프텐(Burshenschaften)이라는 조합을 조직해 루터의 종교개혁 300주년과 라이프찌히 전투 승전기념 4주년을 기념하며 바로 루터의 저항 장소였던 바르트부르크 성에서 대대적인 집회를 가졌다. 이 집회에서 예나 대학생들은 루터를 흉내 내며 반동서적들을 불태웠고, 대학생 칼 잔트(Karl Sand)는 알렉산더 1세의 정보원이었던 코쩨부(Kotzebue)를 암살하였다. 이에 당국은 군대를 파견하여 학생조합을 해체하고 신문을 검열하였으며 대학교수들을 파면시켰다.

비교적 자유적인 성향이 강한 영국에서도 자유사상은 탄압을 받았다. 영국 의회는 인신보호율을 철회하였고 언론과 출판과 집회의 자유를 제한하였다.

1820년에 스페인에서는 전제적인 페르난도 7세에 대한 반란이 발생하였다. 왜냐하면 1812년 스페인은 자유주의적 헌법을 공포하였는데 이를 페르난도 7세가 철회시켰기 때문이었다. 이에 놀란 유럽 협력외교 회원국들은 이탈리아의 베로나에서 회합을 갖고 스페인의 봉기를 탄압할 것을 결정했으며 결국 프랑스군이 스페인에 들어가 반란을 진압하였다.

아직 통일이 되지 않았던 이탈리아의 나폴리와 시칠리아에서도 군주의 절대권을 반대하는 자유주의적인 헌법제정이 요구되었다. 그러나 이것 역시 오스트리아 군대가 출동하여 진압되었다.

아메리카 대륙 등 해외의 많은 식민지를 보유하고 있었던 스페인의 페르난도 7세는 막강한 유럽 협력체제의 힘을 빌어 반역적인 식민지인 중남미의 여러 나라를 다시 억누르고자 했으나 영국의 반대에 직면했다. 자유주의 성향이 유럽 어느 곳보다 신장되어 있었던 영국은 스페인의 세력 신장을 원치 않았던 것이다. 또한 영국은 중미의 여러 나라들과 통상하여 많은 이익을 얻고 있었기 때문에 빈 체제의 원칙을 지키기가 어려웠다. 이에 한발 더 나아가 영국은 아메리카 대륙에서의 활동을 위해 미국 정부에 공동보조를 취할 것을 제의하였다. 그러나 당시 미국의 먼로(Monroe)대통령은 소위 먼로주의(Monroe Doctrine)를 선언하여 아메리카 대륙에 대한 유럽은 물론 그 어떤 세력의 간섭도 배제시켰다. 이는 단순히 유럽의 협력 외교체제 자체를 반대하는 것이었지만 세월이 지나면서 먼로주의는 고립주의와 불간섭 원칙이라는 미국외교의 하나의 축으로서 기능하였다. 결과적으로 스페인 식민지들은 독립을 얻었으며 러시아의 태평양 방면으로의 진출 야욕도 저지되었다. 따라서 유럽의 협력체제도 크게 약화될 수밖에 없었다.

1821년에는 그리스에서 혁명이 발생하였다. 이번에는 유럽의 열강들이 난처한 입장에 빠지게 되었다. 왜냐하면 그리스는 기독교 국가인 데 반하여 그리스를 지배하고 있던 터키는 이슬람 국가였기 때문이었다. 영국의 시인 바이런(Byron)은 그리스의 독립을 돕기 위하여 직접 그리스로 건너가 터키군과 싸우기까지 하였다. 러시아는 전통적인 남하정책을 실현시키기 위해 그리스의 기독교도를 보호한다는 구실 아래 영국이 공동으로 그리스 문제에 간섭할 것을 주장하였다. 결국 영국의 외교적인 노력이 결실을 보아 영국·러시아·프랑스가 연합하여 터키군을 나바리노 전투에서 격파하였다. 1829년 3국은 그리스의 독립을 선언함으로써 스스로 유럽의 반동체제를 와해시켰다.

▌19세기 프랑스의 자유주의 ▌

프랑스가 완전히 구체제에서 벗어나 자유주의 국가로 성장하기 위해서는 몇 차례의 혁명을 더 겪어야만 했다. 나폴레옹이 몰락한 후 프랑스에는 빈 체제의 원칙에 따라 부르봉 왕정이 복고되어 루이 16세의 동생인 루이 18세가 즉위하였다. 그는 가능한 무사안일주의를 취했기 때문에 혁명 이전의 프랑스 군주들과 같은 전제정치를 행하지는 않았다. 그러나 국민들 중에는 그를 반대하는 몇 개의 집단들이 있었다. 어떤 집단은 프랑스에 공화정을 수립할 것을 원했고 또 다른 집단은 좀 더 강력한 형태의 절대군주체제를 원하였다. 그러나 루이 18세는 그럭저럭 충분한 재위기간을 누리고 1824년에 사망하였다.

그의 뒤를 이어 동생인 샤를르 10세가 즉위하였다. 샤를르는 전왕과 달리 왕이 되자마자 국민들의 권리를 축소시키고 귀족과 성직자들의 권한을 확대해주기 시작하였다. 그는 1814년 나폴레옹이 헌법에 명시했던 자녀상속권의 균분제를 무시하고 다시 장자상속제를 부활시켰다. 또한 그는 국민들의 투표권을 대폭 제한하였고 신문들에 대해서는 준엄한 검열을 실시했다. 프랑스는 마치 혁명 이전 구체제의 상태로 환원되는 것처럼 보였다. 샤를르 10세의 이와 같은 보수반동정치는 혁명 이후 19세기 초에 이미 성장해 있는 프랑스 국민들의 자유정신을 심하게 억압했기 때문에 의회는 국왕에게 반기를 들었다. 이에 샤를르는 의회를 해산시키고 출판의 자유를 금지했으며 중산계급의 참정권을 봉쇄시키는 등 스스로 혁명을 자초했다.

이에 반대파들은 반(反)국왕선언을 발표하고 하층민중들에게 레지스탕스 활동을 고취시켰다. 보수적인 정부를 상대로 한 레지스탕스는 공화주의자, 하원의원, 중소상공업자, 지식인, 학생, 노동자 등의 호응을 얻었다. 이리하여 7월 혁명이 진행되었는데 7월 27일부터 29일까지 3일에 걸쳐 정부군과 바리케이드전이 전개되어 왕궁과 많은 건물들이 민중에게 점령되었다. 7월

혁명으로 부르봉가의 마지막 왕인 샤를르는 영국으로 망명하였다.

자유주의자들은 라파예트(Lafayette)를 중심으로 파리 위원회를 조직하였다. 그러나 이 위원회는 자체의 힘으로 민중이 바라는 공화정을 실시할 만한 실력을 갖추지 못하고 있었다. 결국 자유주의자들은 시민적 의회주의에 바탕을 둔 입헌군주제를 선택하여 오를레앙 공작 루이 필립(Louis Philippe)에게 사태 수습을 맡겼다. 루이 필립은 묘한 성격의 소유자였다. 그는 키가 매우 작았으며 국민들에게 서민적으로 보이기 위해 항상 녹색의 우산을 팔에 걸고 파리를 돌아다녔다. 처음에 그는 아직 무르익지 않은 공화국을 원치는 않으나 지나친 전제정치는 반대하는 프랑스의 이상적인 군주처럼 보였다. 그는 새로운 헌법을 제정하여 출판의 자유를 보장하였다.

▲ 7월 혁명

▲ 위선적인 루이 필립

　루이 필립은 18년 동안 통치하였다. 그동안 국민들 사이에서는 불만이 발생하여 전제정치를 원하는 사람과 공화정을 원하는 사람들이 각기 기존 정부를 비판하기 시작하였다. 거기에다 새롭게 사회주의자들이 나타나 "국가는 모든 산업을 인수하여 이를 노동자들의 이익을 위해 경영해야 한다"고 주장하기에 이르렀다. 엄청난 비판에 직면한 "시민의 왕"은 초기의 본분을 망각하고 전제적인 군주로 돌변하였다. 루이 필립은 출판검열을 철저히 했고 투표권도 제한했으며 정치집회를 금지하였다. 이에 공화주의자들을 중심으로 사회주의자와 하층민중들이 합세하여 1848년 2월 왕권에 반기를 들었다. 2월 혁명으로 알려진 이 사건에서 결국 정부군이 패하고 국왕은 도망쳤으며 공화국이 선포되었다. 제2공화정하에서 9명이 정권을 잡았는데 그중 4명은 루이 블랑(Louis Blanc)을 따르는 사회주의자들이었고 5명은 민주공화주의자들이었다.

먼저 양보한 쪽은 공화주의자들로 그들은 사회주의자들에게 루이 블랑이 주창한 "국립공장"[17]을 시행해 보도록 기회를 주었다. 그러나 전국적으로 실업자들이 대거 파리로 몰려드는 결과만 낳았다. 결국 파리는 사회주의자들의 집결지처럼 되어 대혼란이 발생했고 시민들의 생명과 재산은 위협을 받게 되었다. 어쩔 수 없이 신정부는 국립공장을 폐지하였다. 이에 파리의 과격한 노동자들을 중심으로 6월 폭동(June Days)이 일어나는 등 수차례에 걸친 폭동으로 약 1만 명 이상이 사망하였다.

이처럼 사회주의자들의 국립공장이 실패하자 1848년 11월에 새로운 헌법이 제정되어 프랑스 제3공화국이 탄생되었다. 프랑스 제3공화국은 언론과 종교의 완전한 자유를 선포하였다. 또한 대통령제를 채택했고 대통령을 보좌하는 입법기관으로 일원제가 성립되었다. 대통령으로 당선된 사람은 나폴레옹 보나파르트의 조카인 루이 나폴레옹(Louis Napoleon)이었다. 대통령이 된 루이 나폴레옹은 탁월한 연설을 통해 국민들의 신뢰와 지지를 받았다. 하지만 그는 야심가였다. 1851년 그는 대통령 임기가 거

▲ 나폴레옹 3세

---

17) 루이 블랑은 프랑스 노동자들의 지지를 받는 언론인으로 그는 "모든 노동자들이 일할 수 있고 그 이윤을 균등하게 분배할 수 있는 국립공장"을 건설하자고 주장했다.

의 만료되어 가는 12월 2일 군대를 동원하여 정부의 중요기관들을 모두 장악하고 반대자들을 체포·투옥시켰으며 입법부를 해체해 버렸다. 그리고는 플래카드를 쳐들고 지금 더 좋은 정부를 수립하기 위해 개혁 중이니 시민들은 안심하라고 선전하였다. 며칠 후 그는 프랑스 국민들에게 자신에 대한 신임투표를 실시하여 절대다수의 표를 얻었다. 그는 프랑스의 새 헌법을 공포하고 대통령의 임기를 10년으로 연장시켰으나 그것으로 만족하지 않았다. 그는 실권을 장악한 지 채 1년도 되지 않아 국민투표를 실시하고 정식으로 황제가 되어 나폴레옹 3세(Napoleon III)로 즉위하였다. 이로써 프랑스 제2제정이 탄생했다.

나폴레옹 3세는 유식하고 좋은 아이디어가 많은 황제였다. 그는 귀족들과 상인들에게 여러 가지 특혜를 주어 환심을 얻었고 노동자층에게도 주택을 마련해 준다든가 노동조합 같은 것을 결성케 해서 삶의 의욕을 고취시켜 주었다. 또한 그는 파리시의 조경사업과 재건사업을 벌여 많은 노동자들에게 일자리를 제공해 주었고 가톨릭 주교들에게 우호정책을 실시하여 인심을 얻기도 하였다.

황제는 나폴레옹 보나파르트가 그랬던 것처럼 프랑스의 영광은 전쟁을 통해 얻을 수 있다고 믿었다. 1853년 때마침 러시아가 터키를 침공하자 프랑스, 영국, 사르데냐는 터키의 편을 들었다. 전투의 대부분은 흑해로 뻗친 러시아 영토인 크림반도에서 전개되었기 때문에 이를 크림전쟁이라 부른다. 치열한 전투 끝에 결국 연합군이 승리하였고 1856년 나폴레옹 3세는 파리 평화회의에서 주빈 노릇을 하였다. 크림전쟁이 끝난 후 3년 만에 나폴레옹 3세는 다시 프랑스인을 전쟁터로 이끌었다. 그는 당시 오스트리아의 지배로부터 독립을 얻기 위해 오스트리아와 전쟁을 벌이고 있었던 이탈리아의 사르데냐를 편들어 싸웠다. 그러나 황제는 전장에서 전사한 병사들의 끔찍한 장면에 심한 역겨움을 느껴 프랑스군을 이탈리아에서 철수시키고 말았다.

나폴레옹 3세가 소신대로 국가를 통치하였다면 아무 일도 없었겠지만 왕비 외제니(Eugenie)와 신하들은 계속 황제에게 보나파르트와 같이 이전의 프랑스의 영광을 되찾도록 촉구하였다. 나폴레옹 3세는 점차 엄격해져서 국민들의 자유를 제한하기 시작하였다. 그는 대외적으로 위세를 보이기 위해 무모한 대외전쟁을 수차례 감행함으로써 몰락을 자초하였다. 그는 멕시코 왕조에 막시밀리안(Maximilian)대공을 앉혀 놓았었다. 당시 미국은 남북전쟁을 치르느라 이에 간섭할 수 없었기 때문에 나폴레옹 3세의 책략은 성공적이었다. 그러나 전쟁이 끝나고 미군들이 멕시코에 파병되자 프랑스군은 철수할 수밖에 없었고, 막시밀리안은 체포되어 멕시코의 "신하들"에게 처형당하고 말았다.

나폴레옹 3세의 무모함은 프로이센과의 관계에서도 드러났는데 당시 프로이센은 비스마르크(Bismarck)의 영도 아래 점차 유럽의 강대국으로 성장하고 있었다. 그는 대외적으로 냉혹한 정책을 세웠고 1870년 그의 정책이 프랑스의 그것과 충돌했을 때 보불전쟁(Franco-Prussian War)이 발발하였다. 전투준비가 되어 있던 프로이센과 달리 프랑스는 그렇지 못하였고, 결국 나폴레옹 3세는 세당 전투에서 포로가 되었다. 프랑스군은 계속 싸웠으나 대세는 이미 기울어져 있었다. 프랑스는 프로이센이 내민 굴욕적

▲ 비스마르크

인 항복문서에 서명했고 알자스와 로렌 지역을 프로이센에게 양도할 수밖에 없었다. 결국 나폴레옹 3세의 대외정책은 완전히 실패로 돌아가고 정권마저 붕괴되고 말았다. 패전 소식에 격노한 민중 앞에 제2제정은 다시 붕괴되고 제3공화국이 수립되었다.

2. 민족주의와 각국의 발전

┃이탈리아의 통일┃

　　프랑스 혁명과 나폴레옹 시대는 여러 나라의 민족정신을 자극하기도 하였다. 19세기 초까지 이탈리아는 여러 군소국으로 분해되어 전제국인 공국들과 왕국들의 형태를 취하고 있었다. 또 몇 개의 국가는 오스트리아 합스부르크가의 지배를 받고 있었다. 이러한 상황 아래에서 이탈리아는 정치적 통일이 불가능했고 문화적인 전통만을 공유하였다.

　　지리적으로 보면 이탈리아 북부에는 오스트리아의 지배를 받는 롬바르드와 베네치아가 있었고 서북부에는 사르데냐 왕국이 있었다. 그리고 그 아래 파르마(Parma)와 모데나(Modena) 공국이 있었다. 이탈리아 남부에는 나폴리 왕국이 지배하고 있었다. 당시 이탈리아 통일의 가장 큰 장애물은 오스트리아의 메테르니히였는데, 1820년 나폴리와 시실리 왕국의 반란 및 1831년 파르마·모데나 공국의 혁명 실패가 그 좋은 예이다. 이들 혁명의 배후에는 이탈

▲ 마치니

리아의 자유주의적 비밀애국단체인 카르보나리(Carbonari)가 큰 역할을 하였다. 이들의 활동은 과거 로마의 번영을 상기시키는 이탈리아 부흥운동(risorgimento)에 큰 영향을 주었다.

이탈리아 통일운동은 마치니(Mazzini), 카부르, 가리발디라는 3인에 의해 다양하게 전개되었다. 공화주의자 마치니는 종래의 카르보나리를 변경하여 40세 이하 청년 지식층으로 구성된 청년 이탈리아당을 조직하여 활동하면서 이탈리아 공화국 수립을 꿈꾸었다. 또한 지오베르띠(Gioberti)와 같은 연방주의자는 각각 자유주의적 헌법을 가진 국가의 연합으로 교황이 중심이 되는 통일국가를 이상적으로 생각하였다. 이에 더하여 사르데냐 왕국을 중심으로 이탈리아 통일을 염원하는 강력한 자유주의자들도 있었다.

당시 이탈리아는 거의 대부분 오스트리아의 지배를 받고 있었다고 해도 과언이 아니었는데 그중 가장 지배를 덜 받았던 나라가 사르데냐였다. 사르데냐 국왕 찰스 알버트(Charles Albert)는 자유주의적인 헌법을 제정하였고 1848년에는 오스트리아에 대항하여 싸웠다. 1849년에는 빅토르 엠마누엘 2세(Victor Emmanuel II)가 왕위를 계승하였는데, 그는 반동주의 시대에도 불구하고 자유주의 헌법을 계속 유지하였고, 카부르(Cavour) 백작 같은 유능하고 현실적인 인물을 등용하여 국내정비와 함께 이탈리아 통일사업을 수행하도록 하였다.

카부르는 마치니와 달리 철저한 현실주의자였다. 서두르지 않았던 그는 우선 먼저 사르데냐를 모범국가로 만드는 데 심혈을 기울였다. 그는 시민들의 자유를 보장해 주고 도로, 철도, 항구 등의 사회간접자본을 건설하였다.

이와 같은 국가의 시범정책을 통하여 그는 이탈리아의 여러 나라들로부터 많은 추종자들을 얻을 수 있었다.

국내의 개혁정책을 성공적으로 이끈 카부르는 이제 관심을 외국으로 돌렸다. 그는 프랑스의 나폴레옹 3세로부터 도움을 얻을 수 있을 것이라고 생각하였다. 그리하여 1885년 크림전쟁이 발발하자 그는 프랑스, 영국, 터키를 편들어 러시아군과 싸웠다. 비록 소수의 사르데냐군이 파병되었지만 그들은 러시아와 대적해 잘 싸웠다. 그 결과 카부르는 1856년 파리 평화회담에도 참석할 수 있었고 토의와 연설로써 이탈리아 통일의 필요성을 역설하여 나폴레옹 3세를 크게 감동시켰다. 그리고 결국 그는 1858년 남프랑스 어느 마을에서 나폴레옹 3세와의 비밀 협상을 통해 만약 오스트리아가 사르데냐를 침략한다면 원조해 주겠다는 약속을 받아냈다.

이제 카부르에게 남은 숙제는 오스트리아로 하여금 사르데냐를 침략하게 만드는 일이었다. 카부르의 철저한 계산 아래 오스트리아에 대한 도발행위가 감행되자 1859년 프란츠 요제프 1세(Francis Joseph I)는 샤르데냐에 무장해제를 명령하였고 이에 거부하는 사르데냐를 침공하였다. 마젠타와 솔페리노에서 대전투가 벌어졌다. 프랑스와 사르데냐 연합군은 두 차례 모두 승전하였다. 카부르의 교묘한 계획은 완전히 성공하는 것처럼 보였다. 그러나 그는 나폴레옹 3세의 변덕을 미처 깨닫지 못했다. 나폴레옹 3세는 솔페리노 전쟁터를 둘러보고 갑자기 프랑스군을 철수시켰기 때문에 어쩔 수 없이 카부르는 오스트리아와 평화조약을 체결하였고 오스트리아는 베네치아를 보유하고 사르데냐는 롬바르드만을 양도받았다. 그 후 이탈리아의 여러 나라들은 프랑스의 보호아래 사르데냐와의 합병문제를 투표로서 결정하였다. 그 결과 모든 국가들이 사르데냐에 병합되는 것을 찬성하였다.

이제 베네치아만을 제외하고 북부 이탈리아 전역은 사르데냐의 빅토르 엠마누엘 2세의 영도 아래 통일되었고 남은 국가들은 나폴리, 시실리, 그리고 교황령이었다. 나폴레옹 3세는 당시 교황 피우스 9세와 절친한 사이였기 때문에 교황령을 병합하는 일은 어려운 문제였다.

마치니와 카부르에 이어 이탈리아 통일운동을 이끈 세 번째 인물은 주세페 가리발디(Giuseppe Garibaldi)였다. 가리발디는 사상가나 정치가가 아니었고 전장에서 적을 상대로 직접 싸우는 투사였다. 그는 의용군을 이끌고 남이 알지 못하는 사이에 감쪽같이 시칠리아 왕국을 점령하였으며 다시 남으로 진격하여 모든 이탈리아를 정복하였다. 그는 1,000명의 "붉은 셔츠(red shirts)"를 이끌고 12만 4천 명의 적군과 싸워 승리하였다. 가리발디의 군대는 나폴리와 시칠리아를 정복한 후에 로마로 진격해 올라갔다. 이러한 가리발디의 이탈리아 통일 의도는 좋은 것이었으나 만약 로마를 정복하게 된다면 나폴레옹 3세는 이를 방관하지 않을 것이었다. 결국 가리발디는 엠마누엘 왕에게 설득되어 군인을 그만두고 자신의 조그만 농장으로 은퇴하였다. 하지만 1861년 3월 17일 사르데냐 왕국은 이탈리아 왕국으로 국명을 바꾸고 빅토르 엠마누엘 2세가 왕으로 즉위하였다. 카부르의 꿈이 실현된 것이다.

1866년 오스트리아와 프로이센 전쟁이 터졌을 때 이탈리아는 원조요청이 없었음에도 불구하고 프로이센을 도와주었다. 그 공으로 이탈리아는 베네치아를 병합할 수 있었다. 1870년에는 프랑스와 프로이센이 전쟁을 벌인 틈을 타서 이탈리아군은 교황령들을 재빨리 점령해 이를 이탈리아 왕국에 병합했고 교황은 로마의 일부인 바티칸시로 들어갔다.

1929년 베니토 무솔리니(Benito Mussolini)는 교황과 협정을 맺어 바티칸 공화국을 독립시켜 주었다. 그리고 로마 가톨릭 교회를 국교로 인정하는 대신 무솔리니는 교황으로부터 이탈리아의 지배권을 승인받았다. 또한 무솔리니 정부는 1870년 교황으로부터 빼앗은 토지에 대한 보상으로 9,000만 달러를 가톨릭 교회에 지불하였다.

독일의 통일

중세 이후부터 독일지방은 수많은 국가로 분리되어 있었다. 비록 신성로마제국이라는 느슨한 형태의 동질성은 보유하고 있었으나 나폴레옹의 침략을 받기 전까지는 개별 국가로 존재하였다. 따라서 독일인들의 민족의식은 이탈리아인들과 마찬가지로 나폴레옹으로부터 받은 굴욕적인 패배감에서부터 싹텄다고 할 수 있다. 즉, 나폴레옹은 파죽지세로 독일지방을 침략하였고 1807년 프로이센은 굴욕적인 틸지트 조약의 체결로 2등급 국가로 떨어지고 말았다. 이러한 절망 상태에서 새로운 애국사상이 두 지도자 시타인(Stein)과 하르덴베르크(Hardenberg)의 영감 어린 지도 아래 발흥하였다. 프로이센은 이들의 영도를 받고 절망의 심연에서 원위치로 회복하여 나폴레옹을 패전시키는 데 큰 역할을 하였다. 그리하여 빈 회의에서 프로이센은 작센 지방 등 값진 영토들을 획득할 수 있었다.

1848년은 유럽혁명의 해였다. 프랑스에서는 국왕 루이 필립이 추방당하고 제2공화국이 만들어졌고 이탈리아에서는 마치니 등 애국자들이 정부와 오스트리아에 대해 반기를 들고 이탈리아 공화국을 세우려고 노력하였다. 프로이센에서도 혁명이 발생하여 프리드리히 빌헬름 4세가 국민들에게 헌법제정을 약속하였다. 그러나 독일 국민들은 그 이상을 요구하였다. 그들은 1848년과 1849년에 프랑크푸르트에서 대회의를 열고 통일된 독일제국의 건설을 모색하였다.

그러나 이러한 생각은 오스트리아의 지배자들을 불쾌하게 만들었다. 오스트리아를 의식한 프리드리히 빌헬름 4세는 급히 제국건설에 대한 관심이 없음을 표명하였다. 1850년 그는 약속대로 프로이센 헌법을 제정하고 일정액의 재산 소유자들에게 약간의 권리를 부여하였다. 그것은 결코 민주적인 헌법은 아니었으나 헌법이 전혀 없는 것보다는 나았다. 그러나 프리드리히 빌헬름 4세의 제위를 물려받은 빌헬름 1세는 새로운 헌법에 대하여 만족할 수 없었다. 그는 왕으로서의 권한을 강화하는 데 군대의 필요성을 절실히 느꼈고, 이를 위해 거액의 자금을 필요로 하였다. 그러나 상원에서는 군대강화 법안을 통과시켰으나 중산계급을 대표하는 하원에서는 이를 거부하였다.

이러한 절망적인 상태에서 독일 지방의 전통적 토지귀족인 융커(Junker) 출신의 오토 폰 비스마르크(Otto von Bismarck)라는 불세출의 인물이 나타났다. 1862년 왕은 비스마르크를 신임하여 그를 재상으로 삼았다. 재상이 된 비스마르크는 하원을 무시하고 군대강화법안을 그대로 시행함으로써 국왕에게 보답하였다. 그는 의회에 나가 하원의 항의를 무시해 버렸다. 이로써 프로이센의 군대는 대폭 증원되고 근대화되었다. 막강한 새로운 군사령관으로는 탁월한 몰트케(Moltke) 장군이 임명되었다. 비스마르크는 목적 달성을 위해서는 수단과 방법을 가리지 않았다. 그는 의회에서 "현재의 대문제는 연설이나 다수결에 의해서가 아니라 오직 철과 피로서 해결이 가능하다"고 역설하였다. 그의 목표는 독일연방에서 오스트리아를 제외한 모든 독일 국가들을 프로이센 주도 아래 통일시키는 것이었다.

비스마르크의 일차적인 목표는 매우 완곡하지만 오스트리아를 정확하게 겨냥한 것이었다. 덴마크 남단에는 슐레스비히와 홀슈타인이라는 두 개의 작은 독일 국가가 있었는데, 1852년 이 지역은 덴마크가 지배하되 병합하지 않기로 결정되어 있었다. 그러나 1863년 덴마크의 크리스천 2세(Christian II)는 이 두 나라를 덴마크 왕국에 병합해 버리는 실수를 범하였다. 비스마르크는 오스트리아와 함께 덴마크군을 쳐부수고 두 독일국가를 공동으로 점령하였다. 비스마르크는 치밀한 계획 아래 오스트리아를 끌어들여 함께 싸웠던 것으로 그는 다시 고의적으로 두 나라의 영유권을 놓고 분쟁을 일으켰다. 대부분의 다른 독일 국가들은 오스트리아를 편들었다. 그러나 프로이센은 이미 전투 태세를 갖추고 있었고, 비스마르크 또한 열강들과 비밀조약을 통해 독일 문제에 간섭하지 않겠다는 약속을 받아 놓고 있었다. 1870년 드디어 프로이센은 오스트리아와 전쟁을 벌여 불과 7주 만에 오스트리아를 항복시켰다. 이 전쟁에서 비스마르크는 오스트리아군과 달리 대포를 비롯한 우수한 무기와 조립식 교량을 사용하여 승리를 일치감치 선점하였다.[18]

비스마르크는 패전국인 오스트리아에 관대하였다. 그는 베네치아를 전쟁에 동조한 이탈리아에게 넘겨주고 오스트리아 정부로부터 소액의 배상금만 받았다. 그리고 오스트리아와 남부 지방만 제외하고 북독일 연방을 건설하였다. 독일 남부의 여러 국가는 1867년에 북독일 연방과 군사동맹을 맺었다.

▲ 박람회에 출품된 독일 대포

18) 비스마르크가 강력한 철혈정책을 추진하게 된 배경에는 알프레드 크루프(Alfred Kruppe)라는 철강회사 사장이 있다. 그는 조그만 수저를 만드는 공장을 강력한 대포를 만드는 공장으로 변모시켜 독일 통일의 밑거름이 되었다. 1851년 영국 수정궁에서 제1회 국제박람회가 열렸을 때 프로이센의 출품작은 크루프가 만든 6파운드 짜리 대형 대포였다. 당시 프로이센의 최대 적이었던 오스트리아, 프랑스 등의 관계자들은 이를 보고 비웃었다고 한다. 하지만 몇 년 후 두 나라는 이 대포에 항복을 하고 말았다.

UNE MÈRE NE FERAIT PAS DAVANTAGE!

▲ 독일의 군비확장

이제 독일 통일에 유일한 걸림돌은 프랑스였다. 비스마르크는 나폴레옹 3세가 독일 남부의 여러 나라를 프랑스에 병합할 야욕을 품고 있다는 것을 공공연하게 선전하여 독일 남부 여러 나라들을 경악하게 만들었다. 비스마르크는 나폴레옹 3세의 허영심을 교묘히 이용하여 그에게 도전적 태도를 취함으로써 갈등이 야기되기를 기대했다. 결국 1870년 스페인 왕위계승 문제가 계기가 되어 보불전쟁이 발생했다. 소위 엠스 전문사건(Ems Dispatch)으로 알려진 문제가 발생하였다. 당시 프로이센의 왕은 엠스에서 휴식을 취하고 있었는데, 독일계 호헨촐레른가의 레오폴드(Leopold) 공작이 왕위계승을 거부했음에도 불구하고, 프랑스 대사는 프로이센 왕을 방문해 앞으로 독일계가 스페인 왕이 되어서는 안 된다는 것을 확답받고자 하였다. 이에 프로이센 왕은 그 내용을 재상인 비스마르크에게 전송했고 비스마르크는 이를 교묘히 이용하여 프로이센 국민은 물론 프랑스 국민의 감정을 흔들어 놓았다. 프로이센군은 능률적인 전략과 전술로 프랑스 전선을 돌파하고 파리를 향하여 진군하였다. 이 전쟁에서 나폴레옹 3세는 교두보로 생각했던 세당을 단지 6주만에 프로이센군에게 넘겨주고 자신은 포로가 되었다. 프랑스는 이 소식을 접하고 제정을 폐하고 제3공화국을 수립하였다. 프랑스의 제3공화국은 화의안을 내놓았으나 비스마르크는 만족하지 않았다. 프랑스는 총력을 기울여 프로이센군과 대전했으나 수세에 몰려 결국 1871년 파리가 점령되었다. 비스마르크는 비상한 외교수완으로 유럽의 여러 나라가 이 전쟁에 간섭하지 못하도록 이미 조치를 취해 두고 있었다. 말하자면 프로이센의 승리 배경에는 무

력의 작용도 있었으나 특히 비스마르크의
국제적 외교수단도 간과할 수 없는 것이다.

▲ 빌헬름 1세

결국 프랑스의 패배로 독일 남부지역
에 있는 여러 나라들은 프로이센에 가담하
게 되었고 프로이센은 프랑스로부터 알자
스와 로렌의 대부분과 거액의 배상금을 받
아냈다. 1871년 1월 18일 프로이센군이 파
리를 포위하고 있는 중에 프랑스는 프랑스
영광의 상징인 베르사유 궁전에서 승리한
적인 프로이센의 위세에 눌려 독일 제국의
탄생에 박수를 치지 않으면 안되었다. 신
성로마제국에 이어 프로이센 왕 빌헬름 1
세가 황제가 되어 독일 제2제국이 탄생되었다. 그리고 독일 국민이 오랫동안
갈망하던 통일이 달성되었다.

▎오스트리아―헝가리 제국▎

프로이센 · 오스트리아 전쟁 훨씬 이전에 오스트리아는 이미 그의 위력과
위신을 잃어 가고 있었다. 오스트리아는 신성로마제국에서 가장 중요한 역할
을 해왔고 오스트리아의 지배자는 당연히 신성로마제국의 황제가 되었다.
1806년 나폴레옹이 신성로마제국을 해체시키자 신성로마제국의 영토 대부
분이 오스트리아의 것이 되었다. 오스트리아는 당시까지 독일 지방의 많은
군소 국가는 물론 헝가리를 지배하고 있었다. 그러나 오스트리아제국은 신성
로마제국이 그랬던 것처럼 수많은 이민족까지 포함하여 너무 엉성하게 조직

되어 있었기 때문에 여러 나라로 해체될 수 있는 위험이 상존하였다.

1859년 대제국회의가 열려 오스트리아 제국의 강화방안이 논의되었으나 대혼란만 발생하였다. 오스트리아에서 독일어를 사용하는 국민들은 강력한 중앙집권 정부를 원하였고 비독일어 사용 국민들은 연방제국가를 형성하여 각각의 국가들이 자치정부를 수립할 수 있기를 원하였던 것이다.

우여곡절 끝에 1860년 오스트리아 황제는 제국 내 많은 국가들에게 자치권을 부여하는 법률을 공포하였다. 이러한 황제의 조치는 독일어를 사용하는 국민들에게 불만을 안겨주었기 때문에 또다시 갈등이 발생하였다. 1861년에는 새로운 헌법이 발포되어 제국에는 중앙정부가 수립되고 지방 자치제는 폐지되었다. 그러나 이번에는 비독일인인 마자르족 및 체코인 등이 불만을 표시하였고 결국 새 헌법은 다시 정지되었다.

1867년 오스트리아 · 프로이센 전쟁이 끝난 후에 또 다른 새로운 헌법이 만들어져 오스트리아-헝가리(Austria-Hungary)라는 이중제국이 창조되었다. 실제로 이것은 이중국가였다. 서부에 위치한 오스트리아는 황제와 대신들과 의회가 다스렸고 헝가리는 헝가리 의회와 헝가리 왕(오스트리아 황제)이 다스렸는데 대외 업무는 양국에서 파견한 60명의 대표로 이루어진 혼합의회에서 결정하였다.

프란츠 요제프 1세(Francis Joseph I)는 1848년에서 1916년까지 68년 동안 이 오스트리아-헝가리의 황제 노릇을 하였다. 새로운 정부는 오스트리아인과 마자르족인 헝가리인 사이에 평등하게 권리를 배분했으나 체코인, 슬로바키아인, 세르비아인 등에게는 동등한 권리를 부여하지 않았다.

❙ 벨기에, 노르웨이, 폴란드 ❙

1815년 빈 회의는 벨기에와 네덜란드를 하나의 나라로 통합시켜 놓았다.

결국 네덜란드의 윌리엄 1세가 통합국의 왕이 되어 벨기에는 사실상 네덜란드의 지배를 받게 되었다. 그러나 벨기에와 네덜란드는 서로 상이한 생활조건을 가진 나라들이었기 때문에 융화가 잘 이루어지지 않았다. 우선 네덜란드인은 대부분 프로테스탄트였고 언어와 문화 역시 게르만적이었으며 주로 상공업에 종사하였다. 반면 벨기에인은 대부분 가톨릭이었고 프랑스어를 사용했으며 문화도 프랑스적이었다. 벨기에는 또한 농업국이었다. 벨기에인들이 이러한 사정하에서 독립을 원한다는 것은 당연한 일이었다.

그런데 1830년 벨기에게 기회가 왔다. 프랑스에서는 7월 혁명이 일어나 반동적인 샤를르 10세가 쫓겨나고 민주적인 루이 필립이 왕이 되었다. 루이 필립은 민주적인 군주였기 때문에 벨기에를 동정하였고 독립국가 수립을 도왔다. 반면 영국은 무관심한 채로 있었고 러시아는 폴란드에서 발생한 반란 진압에 정신이 없었으며 오스트리아는 이탈리아를 지배하는 데 주력하였다. 게다가 유럽의 외교협력체제도 그리스의 독립으로 힘이 약화돼 있는 상태였다. 네덜란드의 윌리엄 1세도 강력한 군주가 못되어 속수무책이었다. 이에 벨기에인들은 쉽사리 독립국가를 건설하고 1831년에는 브뤼셀(Brussels)에 국회를 열어 레오폴드 1세(Leopold I)를 왕으로 즉위시켰다.

노르웨이도 빈 회의 결과 스웨덴의 지배를 받고 있었다. 그러나 그들의 국민주의적인 열망은 시간이 갈수록 강렬해져 갔고 결국 1905년에 노르웨이인들은 독립을 선포하였다. 다행스러웠던 것은 당시 강대국이었던 스웨덴이 평화를 알고 문화 또한 높은 나라였기 때문에 노르웨이인들을 무력으로 다스릴 생각이 없었다는 것이었다.

19세기에 유럽에서 가장 불행한 나라는 폴란드였다. 폴란드는 이미 프로이센·러시아·오스트리아에게 분할되어 있었고, 그중 특히 러시아의 지배를 받던 폴란드인들이 불행하였다. 그러나 이들에게는 비록 나라는 없어도 국민주의와 애국주의 정신이 계속 성장하고 있었다. 그리하여 1831년 프랑스와 벨기에의 성공적인 혁명에 자극받은 폴란드인들은 무장봉기하여 러시아 관리들을 추방하였다. 그러나 반동적이며 가혹한 러시아의 니콜라스 1세는 대규모의 진압군을 폴란드에 투입시켜 모든 저항세력을 분쇄하고 폴란드인들에게 더욱 심한 탄압정치를 행하였다. 결국 폴란드인들은 러시아 지배자의 노예와 별다를 것이 없었다.

제9장

19세기 노동운동과 사회주의

1. 노동조합의 성장

산업혁명 이후 공장제도가 성장하자 노동자층은 고통과 곤궁을 면하기 어려웠다. 노동자들은 무력했고 따로 조직이 없었으나 맹목적으로 순종하지는 않았다. 산업혁명기에 기계들이 영국에 나타나자 노동자들은 이에 항의했고 심지어 어떤 경우에는 항의 군중들이 폭도들로 변해 기계들을 파괴하기까지 하였다. 이러한 기계파괴운동을 러다이트 운동(Luddite Mouemeut)이라고 하는데 이는 영국 버밍햄의 러더(Lud)라는 직공이 노동자를 모아 공장의 기계를 파괴시킨 데서 연유한다. 그러나 공장들은 계속 건립되었고 거대한 산업혁명의 전진은 중단될 줄 몰랐다.

산업혁명이 진행되면서 공장들은 필요악적인 존재였다. 공장은 대부분 어둡고 비위생적이었으며 임금은 낮고 작업시간은 길었다. 이런 상황 아래 노동자들은 열악한 노동환경을 개선하고 자신들의 이익을 보호하기 위해 특별한 행동을 할 수밖에 없는 상태였다. 만약 개인적으로 시정을 요구하며 노동을 거부하면 당장에 해고될 것이지만 개인이 아닌 단체가 작업을 거부한다면 자본가도 이를 무시할 수 없게 될 것으로 보였다.

그리하여 19세기 초에 이르러 영국에는 많은 노동조합들이 결성되었다.

이에 이전과 같은 완전한 자유를 누리지 못한 자본가들은 막강한 영향력과 돈으로 의회에 압력을 가하여 노동조합을 폐지시키기 위한 조합법(Combination Laws)을 통과시켰다. 그에 따라 파업에 가담한 노동자는 벌금을 물거나 투옥되었다.

결국 초기의 노동조합들은 지하운동으로 방향을 선회하였다. 심지어 그들은 다른 사회단체나 오락단체로 변모하기도 하였다. 그들은 비밀집회를 열어 다양한 수단을 동원하여 의회에 압력을 가하였다. 이들의 대변자로 양복공이었던 프란시스 플레이스(Francis Place)란 사람이 등장하였다. 그는 극적인 호소로 노동자들의 고충을 대변하였고 결국 조합법은 취소되었다.

조합법의 취소로 더 많은 노동조합이 형성되었다. 20세기 초에는 영국에 약 1천 개 이상의 노동조합이 결성되어 있었다. 노동조합들은 각기 노동분야별로 조직되었다. 임금, 작업시간, 작업조건 등에 관하여 조합원들은 자본가에게 항의하고 타협을 할 수 있었다. 자본가가 이들의 요구를 거부하면 조합원들은 파업을 단행하였다. 이러한 노동조합은 영국은 물론 미국 등 다른 나라들에서도 결성되었다.

시간이 지나면서 소규모의 노동조합들은 대규모의 노동조합과 연합하여 더 큰 위력을 가질 수 있었다. 처음에 노동운동은 노동환경의 개선, 노동시간의 단축, 임금상승 등을 위한 단순한 투쟁이었으나 점차 그것은 노동자들의 정치참여 등 다른 많은 요소들과 뒤섞여 복잡하게 전개되어 나갔다.

19세기 말에 이르러 노동운동은 사회주의 사상과 접목되면서 노동자층을 대변하는 정치활동의 성격을 띠게 되었다. 1893년 영국의 하디(K. Hardie)는 노동당(Labor Party)을 창립하였고 일련의 마르크스주의자들을 중심으로 사회민주연맹(Social Democratic Federation)이 결성되었다. 또한 버나드 쇼(G. Bernard Shaw), 웰즈(H. G. Wells), 웹(Sidney Webb)부부 등의 지식인이 참여하는 페비언 협회(Fabian Society)가 결성되었는데 이 조직은 점진적 사회주의를 표방하였다.

2. 사회주의

| 공상적 사회주의 |

인간 사회에서 빈부의 차이를 없애고 경제적 평등을 이룩하려는 생각은 오래전부터 있어 왔다. 고대 그리스의 플라톤은 자신의 책 『공화국』에서 이상적인 사회를 설계하였고 원시기독교사회는 재산공유를 실천하고 있었다. 또한 봉건사회가 와해되는 과정에서 『유토피아』를 그린 토마스 모어 역시 이상사회를 구상하였다. 보올(J. Ball)이나 토마스 뮌처(Thomas Müntzer)같은 중세 말 농민지도자들도 기성사회를 부정하고 성서의 원리에 입각한 평등사회를 실현하려고 노력하였다. 그러나 이들의 사상은 다분히 종교적이고 윤리적인 테두리를 벗어나지 못하고 명확한 이론적 체계를 갖추지 못하였다.

그러나 산업혁명 이후의 급격한 사회적 변화는 이러한 문제를 다시 제기하였고 새로운 해결을 요구하였다. 산업혁명은 인간의 사회적 평등성을 깨뜨리고 소수의 독점적인 자본가 계층과 방대한 노동자 계층의 날카로운 대립을

▲ 로버트 오웬

가져오게 하여 사회불안을 증대시켰다. 이러한 불균형의 사회를 개선하고 사회정의와 인류 행복을 실현시키려는 움직임이 19세기에 적극적으로 나타났다. 이러한 현상을 공상적 사회주의(utopian socialism)라고 한다.

산업혁명 직후 노동자들의 생활은 비참하였다. 이러한 현실을 비판하고 불평등한 사회를 개선시키려고 노력한 일련의 사람들이 등장하였다. 영국의 선거권 확대운동인 차티스트 운동(Chartism)[19]의 고문으로서 그 이론적 배경을 마련한 로버트 오웬(Robert Owen)은 원래 가난한 집안 출신이었으나 후에 면방직업 분야에서 대성공을 거두어 스코틀랜드의 뉴 라나크에 2,000명의 노동자를 취업시키는 근대적인 대공장을 경영하였다. 그는 이상적인 공장경영을 실현하기 위해 먼저 노동자들을 계몽할 목적으로 유아원과 성인교육기관을 창설하였다. 또한 그는 노동자들을 위하여 협동조합 점포를 개설하고 필수품을 염가로 공급했으며 노동자들의 주택과 위생에도 관심을 기울였다. 불경기 때에는 자비를 투자하여 실업자의 증대를 미연에 방지하였다. 그의 성실과 실천력은 노동자들을 크게 감동시켜 작업능률 및 경영 면에서도 상당한 효과를 발휘했다. 이 공장의 명성은 유럽과 미국 등지에 널리 알려져 여러 나라의 지도자들이 뉴 라나크에 견학오기도 하였다.

그는 『사회에 관한 새로운 견해』라는 책을 저술하여 근대 사회주의의 출

---

19) 차티스트 운동은 「인민헌장(people chart)」을 통해 발표되었는데 내용은 다음과 같다. ① 21세 이상의 남자 전체에 의한 보통선거 실시 ② 해마다 선출되는 임기 1년의 의회 ③ 무기명 투표의 실시 ④ 하원의 재산자격제도 폐지 ⑤ 하원의원에 대한 세비 지급 ⑥ 인구에 의한 선거구의 조정으로 평등선거구제 실시 등이다.

발점을 마련하였다. 그것은 인간
이 가진 선천적인 개성의 존재를
인정하는 반면에 인간의 성격형
성에 미치는 사회환경을 중시하
여 환경개선의 필요성을 강조하
는 가운데 근대 유물론적 이론을
형성하고 새로운 사회관을 제시
하였다.

나아가 오웬은 나폴레옹 전쟁
으로 초래된 공황과 실업문제를

▲ 오웬이 세운 뉴 하모니

해결하고자 개인재산을 털어 신대륙에 공동사회를 건설하기로 하였다. 1824
년 그는 미국의 인디애나주에 뉴 하모니(New Harmony)라는 평등한 마을을 건설
하여 900명을 수용하고 이상적인 마을을 만들려고 했으나 실패하였다. 80세
에 이르기까지 오웬의 불굴의 투쟁은 산업혁명으로 두드러진 자본주의의 모
순을 비판하고 협동적인 사회주의를 실현하려는 것이었다. 오웬의 사상과 노
력은 차티스트 운동에 큰 영향을 끼쳤고 나아가 여러 사회주의 협동조합운동
에 큰 역할을 하였다.

생시몽(Saint Simon) 역시 대표적인 공상적 사회주의자인데, 그는 프랑스의
명문귀족 출신으로 어릴 때 계몽사상가로부터 교육을 받았고 후에 미국 독립
전쟁에도 참가하여 영국군과 싸우기도 하였다. 그는 프랑스 혁명이 가져온
파괴와 건설의 뒤얽힌 불안과 무질서 속에서 앞으로 다가올 산업혁명을 예견
하였다. 그는 우선 혁명의 무정부 상태를 극복하고 사회질서를 회복하는 것
을 중요한 과제로 생각하였다. 그리하여 그는 새로 등장한 산업계층에 도덕
적인 질서의 회복을 위탁하려고 하였다.

생시몽이 말하는 산업계층이란 사업가와 노동자의 구별을 두고 말한 것이 아니고 노동자는 물론 기업가, 상인, 은행가, 학자 등을 총망라한 것이었다. 그는 사회적 대립을 생산계급과 유한계급에서 찾았고 유한계급은 무위도식으로 국가에 손해를 끼친다고 생각하였다. 그는 노동권의 보장과 생활조건의 개선을 산업주에게 요청하였다. 또한 그는 국가의 산업주들이 합리적인 생산조직과 경영계획에 의하여 모든 국민에게 부를 균등하게 분배할 수 있어야 한다고 주장하였다.

이러한 사회적 평등을 실현하기 위해 그는 사회의 도덕적 체계와 종교적 체계를 재조직해야 한다고 생각하였다. 이것은 바로 '인문과학'을 창시하는 일이었다. 그가 생각하기에, 지금까지 인류는 '자연과학'만을 표준으로 체계를 세워왔고 인간의 사회와 역사에 관해서는 과학적인 체계가 이뤄지지 않았다. 그는 프랑스 혁명으로 '인간에 관한 과학'이 나타나게 되었다고 보았다. 그는 『인간과학에 관한 각서』, 『산업론』, 『산업자의 교리문답』 등의 저술을 남겼다.

▎과학적 사회주의 ▎

오웬과 생시몽이 지향하는 공상적 사회주의는 점진적이고 평화적인 발전 속에서 실현될 수 있는 것이었다. 따라서 이들의 주장은 자본주의의 모순을 치료하기에는 역부족으로 여겨졌고, 사회개혁을 위한 단순한 이상적인 주장이 아니라 혁명을 통한 자본주의 사회의 근본적인 변화를 요구하는 목소리가 등장하였다.

칼 마르크스(Karl Marx)는 기존의 사회주의라는 의미에 새로운 개념을 부여하였다. 그는 독일의 트레베스시의 출신으로 원래 희망은 대학교수가 되는 것이었다. 그러나 대학시절 그는 헤겔(Hegel) 좌파에 가담하여 포이에르바흐(L. A. Feuerbach)의 유물론 내지는 무신론 등의 영향을 받았다. 졸업 후 그는 라인신문에 취직하여 일을 하면서 기사를 통해 자본주의를 신랄하게 비판하다가 미움을 받아 여러 신문사의 주필자리를 전전하였고 결국은 외국으로 망명하였다. 마르크스는 이상론자가 아니라 일종의 투사였다. 그는 자신의 사상을 과학에 호소하여 스스로를 과학적 사회주의자라고 주장하였다.

1848년 몇 년에 걸친 감자기근으로 가난한 농민과 노동자들이 먹고사는 문제에 고통을 당하면서 혁명의 불길이 유럽사회를 뒤덮고 있을 때 마르크스는 프랑스에서 친구인 프리드리히 엥겔스(Friedrich Engels)와 더불어 유명한 『공산당 선언(The Communist Manifesto)』이라는 소책자를 발간하였다. 여기에서 그는 세계 노동자 계급의 투쟁을 불러일으켰다. 그는 "세계 노동자들이여, 봉기하라. 그대들이 잃은 것은 그대들을 얽어맨 쇠사슬뿐이다"라고 외쳤다.

마르크스는 노후를 영국에서 보내면서 자신의 역사철학이 내포된 『자본론(Das Kapital)』을 저술하였다. 그의 이론에 의하면 이 세상의 부는 인간노동의 산물이다. 즉 공장에서 제조된 상품과 그 상품을 판매하고 얻은 화폐는 물론 공장건물 자체도 모두 노동의 산물인 것이다. 그러므로 부는 마땅히 노동자들의 소유라고 보았다. 그런데도 불구하고 노동자들은 적은 임금만을 받고 남은 잉여가치는 노동자가 아닌 자본가에게 돌아가 결국 노동자는 자본가에게 착취를 당한 셈이었다.

그에 의하면 어느 시대를 막론하고 부유층이 국가의 권력을 장악하고 백성을 통치하여 왔다는 것이다. 예를 들어 중세에는 토지를 소유한 귀족들이 권력을 행사했으나 산업혁명으로 공장들이 나타나자 귀족들 대신 상인이나 자본가들이 정부의 권력을 장악하게 되었다는 것이다. 그러나 마르크스에 의하면 오래지 않아 진정한 부를 창조하는 노동자 계층이 권력을 장악할 때가 오리라는 것이다. 다시 말해 부가 쌓이면 쌓일수록 공장은 더욱 소수의 유력한 자본가들의 수중에 들어가는 반면 많은 노동자들은 더욱 빈곤해져 결국 인내의 한계점에 도달하게 되는데, 이들 노동자들이 봉기하여 자본가로부터 산업을 빼앗아 자신들을 위해 경영해야 한다는 주장이었다.

그러나 우리는 이러한 마르크스의 사상이 편견에 사로잡힌 주장이고 그의 예언도 사실과 부합하지 않고 있음을 알고 있다. 또한 마르크스와 엥겔스의 사상을 바탕으로 건설된 공산국가들 역시 거의 대부분 그 자체의 모순으로 지구상에서 막을 내렸다. 마르크스는 인간사회의 부가 소수에게 집중된다고 예언했으나 현재 부는 매우 광범위하게 분포되어 가고 있고 현재의 노동자들의 생활수준 역시 크게 향상되어 있다.

어쨌든 마르크스의 사상은 인간사회와 역사에 심각한 영향을 끼쳤다. 그 중 하나가 공산주의의 출현이었다. 공산주의는 확실히 생시몽이나 오웬의 주장과는 거리가 멀었다. 공산주의자들은 국가가 모든 것을 소유해야 하고 그들의 목표는 오직 혁명에 의해서만 달성될 수 있다고 주장하였다. 더 과격한 무정부주의자들은 정부나 법도 필요 없고 누구나 완전한 자유를 누려야 한다고 주장하였다. 그러나 20세기에 들어와 공산주의자들은 실제적으로 재산의 균등분배와 균등소비에 대한 개념을 포기하였다. 공산주의의 종주국이었던 러시아는 물론 많은 공산주의 국가들은 공산주의 이념을 떠나 자본주의적 시장경제를 채택하였다.

그러나 자본주의 국가를 표방하고 있는 나라에서도 사회주의적 개념은 많은 부분에서 채용되었다. 1880년대 독일의 비스마르크는 역사상 최초로 환자, 실업자, 무의탁노인들을 위한 사회보장을 실시하였다. 그 후 영국과 미국에서도 이러한 사회보장제가 실시되었다. 또한 미국에서는 전력 관리권을 국가가 인수하였다. 이렇게 볼 때 러시아 등 공산주의 국가에서만 산업을 국가가 소유하고 관리했던 것은 아니다. 1940년대와 1950년대 영국에서도 석탄, 전력, 통신 산업들은 국가에 의해 관리되었다.

3. 민주정치의 발전

┃민주정치와 영국 선거법 개정┃

　민주정치는 역사적으로 착실하게 발전하지 않았다. 고대 아테네의 남성 시민들은 국정에 강력한 발언권을 가지고 있었다. 중세에는 왕들과 귀족들만이 행정권을 행사했으며 일반 서민층은 여기서 완전히 제외되었다. 여성의 권리로 말하면 크레타 섬의 여성들이 남성들의 그것과 동등한 권리를 누린 것으로 보여진다.

　18세기 말 아메리카 식민지인들이 혁명을 일으켜 세운 정부는 아테네 이후의 최초의 민주주의 정부였다. 국정을 책임질 지도자를 국민이 선택할 수 있는 권한이 보장된 공화국의 탄생이 아메리카에서 이루어진 것이다.

　이러한 민주정치의 발전과 관련하여 영국의 경우를 언급하지 않을 수 없다. 영국의 민주정치는 대헌장, 권리청원, 권리장전, 의회의 발전, 혁명 등을 통해 꾸준히 발전해 왔으나 19세기 초에 이르러서도 많은 결함을 가지고 있었다. 물론 영국의 왕권은 많이 감소되고 의회가 실제의 권한을 장악하고 있었으나 의회는 아직 영국국민 전체가 아닌 일부의 국민만을 대표하고 있었다. 상원(The House of Lords)은 귀족과 성직자 대표들로 구성되어 있었고, 그들은 매우 보수적이어서 어떠한 변화나 발전을 원하지 않았다. 하원(The House of Commons)은 일반백성의 대표들로 구성되어 있었으나 여기에는 여러 가지 문제점이 있었다. 영국인들은 각 주에서 2인의 의원을, 소도시들에서도 각각 2인의 의원들을 선출하였다. 그런데 문제가 되는 점은 여러 주와 여러 도시가 인구와 중요성에 있어 서로 큰 차이를 보였다는 것이다. 또한 투표권도 일정한 기준의 토지를 소유한 자들에게만 부여되었다는 사실이다. 그런데 같은 도시라고 해도 산업혁명의 영향을 받아 매우 급성장한 곳이 있는가 하면 인구가 매우 적거나 전혀 사람이 살지 않는 도시들도 있었다. 더욱이 어떤 해안지방에 있던 도시는 바다에 침몰되어 버린 경우도 있었으나 이를 이용한 부유층과 권력자는 유령투표를 통해 손쉽게 의원으로 선출되는 경우도 있었다.

1831년 그레이(Gray) 수상이 이끈 휘그당은 선거법 개정안을 의회에 상정하고 부패한 선거구를 정리하려고 했으나 상원이 이를 거부하였다. 그러자 영국 전국에서 반란이 일어났다. 1832년 그레이 수상은 다시 한번 선거법 개정안을 의회에 내놓았다. 이 개정안은 하원을 통과했으나 또다시 상원에서 거부되었다. 다시 국내사정이 뒤숭숭해졌다. 그레이 수상의 요청으로 국왕 윌리엄 4세(William IV)는 상원에 개정안의 통과를 촉구했고 결국 개혁안은 통과되었다.

그 결과 57개에 달하는 부패선거구와 독점선거구가 그 기능을 상실하였고 30개의 소도시들은 각기 1명의 의원선출만 가능하게 되었다. 또한 대도시와 주에서는 선거 의원 수가 증가되었다. 투표권은 더욱 확대되어 일정기준의 주택이나 농토를 가진 부동산소유자에게 모두 부여되었다. 선거법 개정안의 통과로 상원은 하원의 존재를 새로이 인식하였다. 영국의회사상 처음으로 하원의 위치가 높이 부각되었던 것이다.

그러나 아직 여성과 가난한 자들에게는 투표권이 부여되지 않았다. 1866년 위대한 정치가 윌리엄 글래드스턴(W. Gladstone)은 투표권을 더욱 확대시키는 법안을 의회에 제출하였다. 그러나 같은 휘그당 내에서도 그것을 반대하는 자들이 많아 글래드스턴은 사직하고 말았다. 그러자 보수당이 득세하였다. 하원 보수당의 지도자는 벤저민 디즈레일리(Benjamin Disraeli)였다. 글래드스턴과 같이 디즈레일리 수상 역시 선거권 확대를 위해 노력하였다. 1867년에는 선거법 개정안이 의회를 통과하여 재산에 의한 자격제한이 완화되었다.

▲ 글랜드스턴

1868년에 디즈레일리의 보수당은 물러가고 글래드스턴이 이끄는 자유당이 다시 득세하였다. 1872년 글래드스턴은 비밀투표법을 통과시키고 1884년에는 또 다른 선거법 개정안을 통과시켜 주택 가격에 상관없이 자신 소유의 집을 가진 자들에게 모두 투표권을 부여하였다. 그러나 아직도 여성들에게는 투표권이 부여되지 않았다. 1885년에 이르러 다시 선거법 개정안이 통과되어 동등한 선거지구를 확정지었다. 말하자면 의원선거에 있어 인구비례제가 채택된 것이었다.

▲ 디즈레일리

4. 여성의 권리

　20세기 이전까지만 하더라도 세계의 모든 여성들은 열등한 존재로 취급되어 왔다. 여성에게는 투표권은 물론 대학입학자격이 부여되지 않았다. 여성들은 직업선택의 범위에도 한계가 있어 천직이나 단순한 일에만 국한되어 있었기 때문에 독립적인 생활을 하기가 어려웠다. 가정에서도 가부장적인 남성중심의 생활이 이루어졌으며 도덕적인 과오도 여성들에게만 지적되었다. 영국의 위대한 법률가인 블랙스톤(Blackstone)은 이러한 상태를 꼬집어 말하기를 "남편과 아내는 한 몸이지만 그 한 몸은 남편이다"라고 하였다.

　이러한 상황을 시정시키기 위한 첫 단계는 미국의 교육분야에서 그 선을 보였다. 엠마 윌라드(Emma Willard)와 메리 리온(Mary Lyon)은 여학교를 창설했고 또한 남녀공학제도가 소개되어 여성의 사회진출의 길이 열렸다. 그러나 교육분야를 제외한 다른 분야에서의 여성진출의 노력은 상당한 반대와 멸시를 받았다.

　1848년에는 사상 처음으로 뉴욕주에 있는 세네카 폴(Seneca Fall)에서 여성권리대회가 개최되었다. 여기에 참석한 여성대표들은 남성과 동등한 정치, 교육, 법률, 그리고 상업상의 권리를 요구하였다. 그러나 여성들은 그것을 이내 획득하지 못하였다.

　오히려 개인적으로 권리획득 투쟁을 벌인 여성들이 같은 여성들의 권리신장을 위해 크게 공헌하였다. 뉴욕에 사는 엘리자베스 블랙웰(Elizabeth Blackwell)은 여의사가 되기를 원했다. 뉴욕이나 필라델피아에 있는 의과대학에서는 여자들의 입학을 허가하지 않았기 때문에 엘리자베스는 천신만고 끝에 뉴욕주에 있는 어느 조그만 의과대학에 겨우 입학할 수 있었다. 그녀는 교수들과 학생들의 멸시를 받으면서도 꾸준히 학업을 쌓아 1849년에는 의사 자격을 획득하였다. 나아가 엘리자베스는 8년 후 남성들과 기존사회의 공격을 물리치고 조그마한 병원을 개설했고 그 후에 다시 여자의과대학을 창설하기에 이르렀다. 그녀의 개척정신에 힘입어 미국 내뿐만 아니라 세계 다른 주요국가들에서도 여의사의 길이 열리게 되었다.

아멜리아 젱크스 블루머(Amelia Jenks Bloomer)는 여성들의 의상을 개혁하여 여성들에게 바지를 입게 함으로써 처음으로 운동경기를 즐길 수 있게 하였다. 또한 여성들이 회사에 정식직원으로 근무하게 된 것은 1867년 숄즈(C. L. Sholes)가 타이프라이터를 발명한 이후부터였다. 처음에는 남자가 타이피스트 노릇을 했었다. 그러나 점차 타자 치는 일은 남성보다 여성에게 알맞은 업무로 여겨져 여성 타이프라이트들이 날로 증가하게 되었다.

여권운동 중 가장 큰 영역은 여성 투표권 획득 운동이었다. 1869년 안토니(Susan B. Anthony)는 흑인들뿐만 아니라 여성들에게도 투표권이 부여되어야 한다고 주장하였다. 같은 해에 와이오밍주의 여성들에게, 얼마 후에는 유타주의 여성들에게 투표권이 부여되었다. 1916년까지 미국서부 11개 주에 여성투표권이 부여되었고 1919년 수정헌법에 의해 비로소 미국 전역으로 확대되었다.

영국에서는 19세기 후반부터 많은 여성지도자들이 그들의 권익을 얻기위해 투쟁하였다. 제1차 세계대전 이후에 영국의회는 30세 이상의 여성들에게 투표권을 부여하는 법안을 통과시켰다. 1928년에는 남성들과 동등한 정치상의 여러 권리가 21세 이상되는 모든 여성들에게 부여되었다. 프랑스에서는 1945년에 와서야 여성들에게 투표권이 부여되었다.

제10장

제국주의와 제1차 세계대전

1. 제국주의의 배경

　인류의 역사에는 수많은 군주들과 영웅들이 다른 국가들을 침략하여 제국을 건설하려고 했던 사실이 존재한다. 페르시아 제국, 알렉산더 제국, 로마제국이 그러하다. 그러나 대체적으로 제국주의(Imperialism)는 1870년대 이후 자본주의가 발달한 국가들이 자기 나라의 이익을 추구하기 위해 약소국을 무력으로 침략하여 이를 식민지로 지배하려는 현상을 말한다. 이는 잉여자본의 해외투자를 위해 후진지역을 침탈했다는 점에서 단순한 상품시장이나 원료공급지로서의 식민지 획득과는 근본적으로 다르다.

　제국주의의 성립배경은 19세기 말 과학기술이 발달되고 산업혁명이 세계 여러 나라로 진전되는 가운데 독점자본주의와 금융자본주의를 경험하면서 자본주의가 크게 발달한 데 있다. 통일이 늦었던 독일과 이탈리아는 해외식민지를 개척하는 것이 국가경제에 도움을 주는 일이기도 하지만, 그보다는 국가의 위신을 높이는 일이라고 믿었다. 먼로주의로 고립주의를 유지하고 있었던 미국 역시 유럽 여러 나라들의 식민지 획득을 가만히 보고만 있을 수가 없었다. 미국으로부터 개항을 한 일본 역시 뒤늦게 제국주의 국가 대열에 참여하였다.

한편, 선진 유럽인들이 미개한 사회에 문명을 전하고 그들을 개화시켜야 한다는 신성한 인도주의적 의무감 역시 제국주의 성립배경에 중요한 영향을 미쳤다. 영국의 시인인 루드야드 키플링(Rudyard Kipling)은 "미개한 사람들을 지도하고 그들을 개화시키는 일은 '백인의 의무(white man' s burden)'"라고 하였다. 이러한 개념하에 제국주의 국가들은 군인에 앞서 선교사, 의사, 기술자, 기업가 등을 먼저 후진지역으로 들여보냈다. 그리하려 그들은 제국주의자들이 본격적으로 해외진출을 하기 위한 교두보를 확보해 두는 역할을 하였다.

2. 열강의 식민지 분할

▌아프리카 분할▐

　19세기 제국주의자들의 최대 활동영역은 아프리카였다. 아프리카에 대한 제국주의 침략 역시 미개한 지역을 개화시키고 복음을 전파시킨다는 미명 아래 선의의 선교사업으로부터 시작되었다.

　1866년 리빙스턴(D. Livingstone)은 아프리카 밀림지대를 탐험하던 도중에 종적을 감추어 버렸다. 당시 뉴욕 헤럴드의 기자 스탠리(H. M. Stanley)는 특파원 자격으로 리빙스턴의 생사문제를 알아보려고 아프리카로 갔다. 1873년 스탠리는 아프리카의 깊은 밀림지대에서 흑인들과 평화롭게 생활하고 있는 리빙스턴을 발견하였다. 스탠리는 리빙스턴에게 함께 문명사회로 귀환할 것을 종용했으나 리빙스턴은 이를 거부하였다. 스탠리는 아프리카에서 체험한 기이하고 놀라운 이야기를 문명사회에 실감나게 전하였다. 그는 특히 아프리카 내륙지방에서 생산되는 고가의 상아와 고무나무에 대해 선전하여 제국주의자들의 구미를 돋구었다.

벨기에의 국왕 레오폴드 2세(Leopold II)는 여기에 자극을 받고 아프리카의 콩고지방을 탈취하여 그곳의 부를 독점할 계획을 세웠다. 이미 15세기 말 바르톨로뮤 디아스와 바스코 다 가마 등의 탐험을 통해 포르투갈, 스페인 등은 아프리카 해안지대에 소규모의 식민지들을 건설하고 있었다. 또한 프랑스는 1827년 알제리를 무력으로 항복시키고 그곳을 프랑스의 영토로 만들었다. 이와 같이 아프리카의 일부지역은 이미 열강들의 소유가 되어 있었지만, 아프리카의 큰 땅덩어리 대부분은 아직 손도 대지 않은 채 그대로 남아 있었다.

1879년 레오폴드 2세는 스탠리를 아프리카의 콩고로 파견하여 그곳을 자신의 소유로 만들게 하였다. 얼마 후에 콩고의 일부는 프랑스에게 빼앗겼지만 1885년에 레오폴드는 콩고자유국(Cong Free State)을 건설하여 식민지로 만들었다. 콩고는 영토적으로 볼 때 독일, 프랑스, 네덜란드, 벨기에를 통합한 규모의 2배가 넘는 큰 지역이다. 레오폴드는 이곳에서 고무와 상아를 착취하고 흑인들에게는 무거운 과세를 부과하였다. 1908년 이곳에 분쟁이 발생하여 국호는 '벨기에령 콩고'로 바뀌고 토착민들에 대한 대우도 다소 개선되었다.

아프리카 남단에는 1486년 포르투갈의 디아스가 발견한 희망봉이 있다. 그곳은 처음에는 포르투갈이 소유했으나 이후에는 네덜란드가 차지하였다. 그러다가 나폴레옹 전쟁 때 다시 영국이 점령하였다. 이미 이 지역에는 네덜란드의 농민들이 안착하여 농업을 영위하고 있었는데 이들을 보어인(Boers)이라고 불렀다. 1833년 영국정부는 식민지에서의 노예사용을 금지했기 때문에 흑인노예를 사용하던 보어인들은 북쪽의 내륙지역으로 이주할 수밖에 없었다. 그들은 이곳에 트랜스발(Tranvaal) 공화국과 오렌지 자유국(Orange Free State)을 건설하였다. 1867년에는 이 지역 내 킴벌리라는 곳에서 다이아몬드가 발견되었다.

1870년에는 영국의 유능한 사업가 세실 로즈(Cecil Rhodes)가 남아프리카에 나타나 다이아몬드광산을 모두 인수하고 부근의 금광지역까지 수중에 넣었다. 그는 이것으로 만족하지 않고 희망봉에서 이집트의 카이로를 연결하는 철도건설을 구상하였다. 그는 수단과 방법을 가리지 않고 닥치는 대로 아프리카의 땅덩이들을 침식하였다. 때때로 그는 무력을 사용하는 대신 뇌물공세를 하기도 하였다. 예를 들어 그는 흑인촌장에게 한 척의 배를 주고 그 대신 영국의 몇 배나 되는 큰 땅덩이를 받아 내기도 했다. 획득한 땅은 그의 이름을 따 로디지아(Rhodesia)라고 불렀다.

그는 또한 보어인들이 건립한 트랜스발 공화국과 오렌지 자유국을 전복시킬 야심을 품었다. 1895년 그는 친구인 제임슨(Jameson)을 원정대의 책임자로 파견했으나 실패하였다. 그러나 1899년 보어인들과 영국정부 사이에 이른바 보어전쟁(The Boer War)이 발생하여 3년 동안의 고전 끝에 영국이 승리하였다. 1902년 영국은 트랜스발 공화국과 오렌지 자유국을 식민지화하여 남아프리카연방을 조직하였다. 그러나 세실 로즈는 종전 50일 전에 사망하고 말았다.

지중해가 바라보이는 아프리카 북부지역은 역사를 통하여 세계사의 중요한 역할을 했으나 근대에는 인도항로의 발견으로 유럽과 아시아를 연결하는 기능이 약화되었다. 그 후 터키의 지배를 받는 동안에도 별로 주목할 만한 발전을 이루지 못하였다. 그러나 이집트만은 나폴레옹 이후 정권을 장악한 마호메트 알리(Mehmet Ali)와 그의 후계자들에 의해 많은 개혁이 시도되어 독립과 근대화를 위한 노력이 경주되었다. 이집트에는 근대적 군대의 창설, 공장, 도로, 관개시설의 건설, 특히 중요한 산물인 면화의 개량과 그 증산을 위해 주로 프랑스 자본이 들어왔다. 이렇게 되자 지배국이었던 터키에 대해서는 상당히 독립적인 지위를 유지할 수 있었으나, 서유럽에 대해서는 금융적으로 종속되는 경향이 점차 짙어졌다. 1869년에 개통된 수에즈 운하도 아시아와의 가장 가까운 통로를 장악하여 영국에 대항하려던 나폴레옹 3세의 보호 밑에서 프랑스의 레셉스(F. M. de Leaseps)가 착안한 것으로 그 자금도 프랑스와 이집트가 각각 절반씩 부담하였다.

수에즈 운하가 개통되고 남북전쟁으로 미국산 면화가 유럽으로 들어가지 못하게 되자 면화를 중심으로 하는 이집트 생산의 상품과 농작물은 비약적으로 증대되었다. 그러나 한편 국내의 개혁과 군대 유지 등을 위한 방대한 재정지출은 국고를 고갈시켜 1875년 국왕 이스마일 파샤(Ismail Pasha)는 자기 소유의 주식을 팔지 않으면 안되었다. 더욱이 그는 수도 카이로를 가장 아름다운 도시로 미화하기 위해서도 막대한 자금이 필요했다.

원래 영국은 수에즈 운하에 대해 냉담했으나 당시의 수상 디즈레일리(Disraeli)는 이 정보를 듣자 곧 수에즈 운하의 주식을 매입하여 프랑스와 함께 이집트 국정에 큰 발언권을 가지게 되었다. 영국은 곧바로 이집트의 재정을 관리하고 일일이 모든 내정에 간섭하기 시작하였다.

이와 같은 유럽세력의 진출에 대해 1882년 농민출신의 군인 아라비(Arabi)는 국민적인 반란을 일으켰으나, 영국군은 무력간섭을 행하여 7월에는 알렉산드리아를 폭격하고 9월에는 수에즈 운하까지 점령해 버렸다. 영국은 이때 프랑스가 간섭하지 않는 것을 이용해 계속 군대를 이집트에 주둔시키고 재정관리권까지 독점하여 저항을 계속하는 이집트인들을 무자비하게 탄압함으로써 이집트를 완전히 지배하게 되었다. 더 나아가 영국은 남진하여 아프리카를 종단하려 했는데, 수단 지방의 이른바 마흐디(Mahdi)의 반란 때문에 그 전진은 차단되고 말았다.

한편 이집트를 잃은 프랑스는 서부 지중해의 연안에 발판을 구축하게 되었다. 즉 1830년 7월혁명 이전부터 착수하고 있던 알제리 정복사업은 수천의 인명과 거액의 비용을 들인 끝에 일단락되었다. 프랑스는 알제리 옆에 있는 튀니지에서도 국왕의 재정권을 이용해 영국과 이탈리아와 함께 재정권을 장악하고 침략정책을 펴나갔다. 프랑스는 1881년에는 튀니지를 완전히 점령했는데 튀니지 점령은 1878년 베를린 회의에서 비밀리에 승인되었다.

아프리카에 대한 영국과 프랑스 양국의 대립관계는 머지않아 양국 간의

불화와 갈등으로 진전되었
다. 영국은 한때 수단에서
남진을 저지당한 바 있었
으나 1896년부터는 다시
카이로와 케이프타운 사이
의 종단철도 건설을 계획
했고 프랑스는 튀니지를
정복한 후 사하라 사막을
넘고 광대한 프랑스령 수
단 식민지를 건설하고 있

▲ 파쇼다 사건

었다. 그러나 곧 동부해안과의 횡단계획을 착수하기 시작하였으므로 영국의
종단정책과 프랑스의 횡단정책은 동부 수단에서 상호 충돌하여 이른바 파쇼
다 사건을 일으키게 되었다.

　1898년 9월 콩고지방에서 나일강 상류를 향하여 진출한 프랑스의 마르샹
(Marchand) 대위와 수단의 반란을 무력으로 진압하면서 나일강을 거슬러 올라
간 영국의 키치너(Kitchener) 장군이 수단 남부의 파쇼다라는 곳에서 서로 충돌
하였다. 키치너는 프랑스군의 철수를 요구하였으나 마르샹은 듣지 않았으므
로 교섭은 본국으로 이관되어 한때 정세는 매우 험악하였다. 그러나 다음 해
프랑스가 양보함으로써 양국관계는 일단락되었다. 이때 영국은 이집트와 수
단 지방의 공동통치조약을 체결하고 경제적으로 영향이 많은 나일강 상류지
방을 사실상 지배하게 되었다. 그런데 이것은 후에 이집트의 반영국적인 민
족운동을 일으키게 만든 하나의 원인이 되었다.

　1880년대에는 독일도 해외진출을 시작하여 동아프리카 · 서남아프리카 ·
카메룬 · 토고 등을 영유하였다. 통일 후의 이탈리아도 북아프리카 해안의 튀
니지를 노렸으나 프랑스가 선수를 썼기 때문에 포기하고 그 대신 동부해안의

에리트레아를 획득하고 나아가서는 동아프리카의 소말리아를 보호령으로 만들었다. 이탈리아는 1889년 에티오피아의 왕위를 노리고 있던 메넬리크와 우찰리(Uccialli)조약을 맺어 그곳을 완전 정복하려다가 프랑스와 대립하게 되었다. 1893년에는 프랑스의 압력을 받아 에티오피아가 우찰리 조약을 폐기해버리자 이탈리아군은 에티오피아를 침입하였으나 크게 패하여 에티오피아의 완전한 독립을 승인하지 않을 수 없었다.

▮아시아 및 태평양 지역의 분할 ▮

아프리카 주민들은 일부를 제외하고는 철저한 미개민족들이었다는 점과 아프리카의 풍부한 자연환경으로 말미암아 그곳은 암흑의 대륙 이외의 것으로는 이해되지 않았기 때문에 아프리카는 제국주의 열강의 야욕을 만족시키기에 좋은 대상이 되었다. 그러나 이와 달리 아시아 대륙은 그 주민이 결코 미개민족이 아니었을 뿐만 아니라, 중국과 인도를 중심으로 아시아의 문화권은 오랜 전통과 문화를 가지고 있었다. 그런데도 불구하고 아시아 대륙도 전반적으로 약간의 차이는 있었으나 결과적으로 아프리카 분할이 빚어낸 것과 같은 비극을 당하고 말았다.

먼저 인도는 이미 17세기 초부터 당시 중상주의 정책을 취하고 있던 영국의 착취의 대상이 되었으며 동인도회사가 현지기관으로서 활약하였다. 그러나 19세기 이전 영국은 인도의 일부만을 차지했고 대부분은 인도의 토후들이 실권을 장악하고 있었기 때문에 19세기 초기까지 동인도회사의 대인도 정책은 여러 독립 토후국에 대한 불간섭정책에서 벗어나지 않았다.

그러나 산업혁명에 의한 영국의 경제적 발전은 인도정책에 대전환을 가져오게 만들었다. 1814년 이후 영국의 대인도 정책은 적극적인 방향으로 전개되었다. 영국은 우선 독립 토후국과 동맹 또는 협정을 체결하여 각 토후국의 독립을 승인하는 동시에 회사의 통제를 받게 하였다. 그러나 독립 토후국의 실정이 있을 경우 또는 직계의 왕자가 없을 때는 그 토후국을 영국령으로 편입시켜 버렸다. 또한 영국에 대해 적대행위를 취하는 토후국은 가혹하게 탄압하였다. 그 결과 동인도회사의 토착용병이 주체가 된 세포이(Sepoy)반란이 일어났다. 이 반란이 진압된 1858년부터 인도는 회사의 통치에서 벗어나 영국국왕의 통치하에 들어가게 되었고 영국 수상 디즈레일리에 의해 빅토리아(Victoria) 여왕은 인도 여황제(Empress of India)의 칭호를 얻었으며 인도는 1876년 인도제국이 되었다. 또한 영국은 국경의 안전을 위하여 오늘날 미얀마인 버마를 병합하였다.

프랑스는 영국과 더불어 인도침략에 착수했으나 18세기 중엽에는 완전히 영국세력에 밀려났기 때문에 그 손해를 19세기부터 인도차이나에서 회복하려 하였다. 인도차이나와 프랑스와의 관계는 루이 14세 때부터 시작되었으나 18세기에 이르러 프랑스는 인도차이나를 노리고 있는 다른 식민지 국가를 압도하였고 19세기에는 그 세력이 더욱 강화되어 나폴레옹 3세 때 새로운 차원의 식민제국으로 두각을 나타내었다.

1857년 프랑스는 안남 토벌을 목적으로 스페인과 동맹을 맺어 연합함대를 파견하여 코친 차이나의 일부를 획득하였고 10년 후에는 코친 차이나의 모든 지배권을 확립하기에 이르렀다. 1860년에는 그 옆에 있는 캄보디아의 왕위 쟁탈전을 계기로 이에 간섭하여 캄보디아 왕국과 보호조약을 체결하였다. 프랑스는 그 후 안남을 독립국으로 승인했으나 사실 그것은 프랑스의 보호국이었다. 당시 청나라 왕조는 안남에 대한 종주권을 주장하여 마침내 프랑스와 청나라 사이에 전쟁이 일어났다. 그 결과 안남에 대한 프랑스의 보호권과 통킹의 점령이 공인되었다. 이제 프랑스는 인도차이나를 기지로 삼고 그 세력을 중국 남부까지 뻗을 수 있게 되었다. 나아가 프랑스는 서북방에 있는 사이암에 대해서는 메콩강 서쪽의 라오스 지방을 강력히 요구하여 이 지방을 점령하게 되었다.

한편 러시아는 영국과 프랑스에 지지 않고 아시아 전역에 세력을 확장하기 위해 노력하였다. 러시아는 서부유럽의 나라들과 여러 조건들이 같지 않았으므로 지리적으로 타민족에게 정복되지 않으려면 힘을 길러 정복국가가 되어야 한다는 생각을 가지고 있었다. 일찍이 표트르 대제 시기에 러시아의 근대화가 시작되어 성과를 거둔 이후 이러한 정복정책은 점차 노골화되어 갔고 일정한 방향을 가지게 되었다. 러시아는 대외발전에 필요한 항만이 없는 내륙국가였기 때문에 무엇보다도 해외로 진출하기 위한 기지가 필요하였다. 1721년에는 스웨덴으로부터 발트해 동해안을 점유하고 또 폴란드를 분할하여 약간의 영역을 넓혔으나 서방으로의 발전은 아직 달성되지 못하였다. 더욱이 러시아가 보스포러스와 다르다넬스 해협을 통과하여 지중해 방면에 진로를 개척하는 것은 쉬운 일이 아니었다. 이 해협은 영국의 이해가 얽혀있는 곳이었기 때문이었다. 1827년 러시아는 코카서스(Caucasus)로부터 남하하여 페르시아와 싸워 이겨 토지를 얻고 이후 계속 싸워 영역을 넓혀갔다. 러시아는 또한 카스피해 동부지역과 중앙아시아 방면에 침입하여 이를 정복했으나 여기서는 영국과 충돌하여 세력확장이 결코 쉽지 않았다.

그에 비해 러시아의 동방진출은 비교적 용이하였다. 러시아는 동부 시베리아를 쉽게 정복하고 남하를 도모하여 만주지방에 침입하였다. 청나라 왕조와 충돌하게 된 러시아는 네르친스크(Nertchinsk) 조약을 체결하고 남하 정책을 일시 중단하지 않을 수 없었다.

동양최고의 문명지역이라 할 수 있는 중국도 19세기에 들어와서는 제국주의 여러 나라들의 세력경쟁 무대로 변해 버렸다. 당시 중국에는 한(漢)민족이 아닌 만주(滿洲)족의 청나라 왕조가 군림하고 있었다. 중국 침략의 단서는 1840년 영국이 일으킨 아편전쟁이었다. 아편전쟁에 의해 체결된 남경조약으로 영국은 홍콩을 얻었다. 뒤이어 일어난 애로(Arrow)호 사건으로 영국과 프랑스의 연합군은 두 차례나 수도 북경을 공격하여 북경조약을 체결하였고 영국은 구룡반도를 얻었다.

한편 네르친스크 조약에 의해 남하가 제지되었던 러시아는 1847년 무라비에프(Muraviev)가 동부 시베리아 총독으로 취임하자 또다시 남하를 개시하였다. 1853년 러시아는 흑룡강과 천도열도를 탐험하였고 알렉산드로브스크 항구를 건설하였다. 이어 1854년 크림전쟁이 일어나자 영국과 프랑스의 동양함대는 시베리아 해안을 공격했으며 이를 계기로 러시아는 흑룡강의 방비를 튼튼히 하고 태평천국의 난과 영국과 프랑스 양국의 침략에 허덕이는 청나라 왕조를 위협하여 아이훈(Aigun)조약을 체결해 무혈로 흑룡강 이북의 땅을 탈취하였다. 같은 해에 러시아는 영국과 프랑스 연합군의 제1차 천진침입 기회를

▲ 아편을 피우고 있는 장면

포착하여 청나라와 천진조약을 체결하고 러시아 공사를 북경에 주재하도록 하였다. 얼마 후 영국과 프랑스 연합군이 다시 북경을 공격했으므로 러시아 공사 이그나치에프(Ignatiev)는 영국과 프랑스, 그리고 청나라의 거중조정에 힘을 써 그 대가로 연해주를 얻었다. 이듬해 드디어 러시아는 숙원이었던 부동항 블라디보스토크(Vladivostok)를 차지하고 이곳에 러시아의 동양함대를 주둔시켰다.

태평양 진출을 시도한 미국에 의해 개항된 일본은 명치유신(메이지유신)을 계기로 동양적 사고를 버리고 서구 근대화를 착실하게 진행하였다. 일본은 점차 그 국력을 강화하여 조선문제를 이유로 청나라와의 전쟁을 일으켰고 청나라가 패전하자 중국에 대한 침략적 태도를 노골적으로 드러냈다. 일본은 청일전쟁의 결과 요동반도를 얻었으나 러시아를 중심으로 한 독일과 프랑스의 간섭을 받아 이를 다시 청나라에 반환하지 않으면 안되었다. 그러나 러시아는 청나라와 여순과 대련을 조차하는 조약을 체결하여 만주경영에 종사하였다. 프랑스 또한 러시아, 독일, 프랑스 등의 3국 간섭의 보장 아래 광동, 광서, 운남성에서의 광산채굴권을 얻고 1899년에는 운남과 광서성에서의 철도부설권과 광주만의 조차를 획득하였다. 독일은 자국 선교사의 살해사건을 계기로 1897년 교주만의 조차권과 산동성 간의 철도부설권과 광산채굴권을 획득하였다. 영국은 1897년 운남성과 버마 사이의 철도부설권을 얻고 영국의 경제적 이익에 가장 크게 도움이 되는 양자강 연안지방을 보유할 수 있게 되었으며 러시아에 대항하기 위해 노력하였다.

이렇게 청일전쟁 후의 청나라의 위신은 낮아질 대로 낮아져 일부는 그 분할까지도 제창되는 형편이었다. 이에 대하여 영토적 관계에서 비교적 중국과 거리가 먼 미국은 1899년 중국에 대한 3원칙인 영토보전, 기회균등, 문호개방을 제창하여 이를 영·러·독·프·이·일 6개국으로 하여금 승인하도록 하였다.

비록 청나라는 열강의 침략을 받았으나, 외세에 대한 배타성이 점점 높아

져 1900년 드디어 의
화단 사건으로 폭발하
였다. 그러나 이것으
로 6개국의 공동 간섭
을 받아 또다시 청은
거액의 배상금을 지불
하게 되었다. 그러나
의화단 사건을 계기로

▲ 러일전쟁에 대한 풍자

열강의 중국침략은 무력침략에서 경제적 침략으로 전환되었다. 경제적 침략
에 있어 영국은 양자강 유역을, 러시아는 만주 지방을, 프랑스는 중국남부를,
독일은 산동성을 주요 세력권으로 삼았다. 그리고 1904년 러일전쟁의 결과
로 만주에서는 일본이 러시아를 대신하게 되고 미국의 자본주의적 진출도 인
정되어 현저하게 진행되었다.

아프리카 대륙과 아시아 대륙에 대한 제국주의 국가들의 침략행위가 감행
되고 있을 때 태평양의 산재한 섬들을 두고서도 영토쟁탈전이 벌어졌다. 이
방면에서는 영국이 가장 많은 수확을 거두었다. 1850년 범죄자들의 유배지
였던 오스트레일리아에서 금광이 발견되자 자유이민이 많아졌다. 또한 광산
외에도 유망한 목장지가 발견되어 양모의 생산이 번성하게 되자 오스트레일
리아의 개척은 활발해졌다. 동쪽에 있는 뉴질랜드는 1841년부터 조직적인 개
척이 시작되었다. 물론 이 식민지는 영국 자본주의가 아직 제국주의적 단계
에 올라가기 이전에 취득되어 초기 개척은 자유이민들에게 맡겨진 후에 자치
적인 식민지로 발전하여 후에는 태평양상의 영국 제국주의에 필요한 기지로
활용되었다. 영국은 1874년 피지의 여러 섬을 병합하고 나아가 보르네오 북
부와 사라와크를 보호령으로 만들었다.

독일 또한 태평양 방면에 진출하여 뉴기니섬의 북부를 점령하였으나 영국과 협정을 맺어 뉴기니는 영국, 독일, 네덜란드 3국에 분할되었고 독일은 뉴기니의 동북부와 인접의 많은 섬과 솔로몬 군도의 일부를 확보하였다. 독일은 1898년 미국과 스페인 전쟁에서 패전한 스페인으로부터 케롤라인, 마리아나, 팔라우 등의 여러 섬을 매수하였다. 대체로 독일은 태평양 상에서 광대한 지역에 걸쳐 식민지를 획득하였으나 적도 이남의 뉴기니, 비스마르크 등 여러 섬을 제외하고는 모두 작은 섬에 지나지 않아 산업상의 중요성은 그리 크지 않았다.

프랑스는 영국과 독일에 비해 태평양 방면에 크게 진출하지는 않았다. 그러나 식민지를 전혀 갖지 않은 것은 아니었다. 프랑스는 마르케서스 군도와 아이티를 점령하였고 프랑스 조사대의 학살을 구실로 뉴칼레도니아와 그 부근의 섬들을 점령하였다.

3. 제1차 세계대전의 배경

▎3제 동맹▎

제국주의적 식민지 획득경쟁은 처음부터 전쟁위험의 불씨를 안고 있었다. 19세기 말에서 20세기 초까지 유럽의 열강들은 서로 동맹을 체결하여 자국의 이익을 보호하면서 닥쳐올 수 있는 전쟁위협에 대비하였다.

독일의 비스마르크는 적극적으로 이러한 동맹관계를 주선하면서 국제관계의 우호증진에 심혈을 기울였다. 독일은 황제 빌헬름 1세 아래 강력한 제국으로 성장했고 프랑스의 영토였던 알자스와 로렌 지방을 독일지배하에 두었다. 비스마르크는 외교술을 발휘하여 적이었던 프랑스와 평화관계를 맺어 동맹체제 체결에 전념하였다. 그는 독일제국의 번영을 위해 프랑스가 제국보다는 온건한 공화국이 되기를 원하였다. 또한 프랑스인들의 영토상실에 대한 비통한 심정을 달래기 위해 프랑스로 하여금 대외 식민지 획득에 관심을 돌리도록 적극 노력하였다. 나아가 그는 러시아, 오스트리아, 독일의 3황제의 협력기구인 3제 동맹을 주도적으로 체결하였다.

그러나 3제 동맹은 오래 지속되지 않았다. 그것은 1872년에 결성되었지만 러시아와 오스트리아 정부 사이에 좋지 않은 감정이 발전하여 1875년경에는 완전히 돌아섰다. 러시아와 오스트리아는 각기 발칸반도의 여러 나라에 대한 세력확장을 열망했기 때문에 두 나라의 입장은 매우 미묘하였다. 1878년 러시아 대 터키의 싸움이 벌어졌을 때 두 나라 사이는 더욱 험악해져 갔다.

오스만 터키인들의 유럽 침입 이후 터키인들은 백인종의 슬라브계에 속하는 많은 발칸 주민들을 지배하고 있었다. 이 발칸인들은 슬라브계의 러시아인들과 매우 가까웠다. 1875년 슬라브계의 세르비아인, 몬테니그로인, 불가리아인들은 터키에 대해 반란을 일으켰고 이에 자동적으로 러시아가 개입했

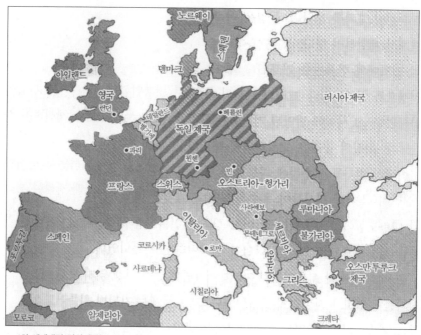

▲ 1차 세계대전 전의 유럽

기 때문에 러시아와 터키 사이의 전쟁은 불가피하였다. 이에 러시아는 터키를 급속히 굴복시키고 1878년 터키로 하여금 산스테파노(San Stefano) 조약에 서명케 하였다. 이 조약에 의거하여 세르비아, 몬테니그로, 루마니아는 독립국가가 되었고 불가리아는 새로운 영토를 얻어 실질적인 자치국이 되었다. 러시아는 카아스와 바툼 시를 얻고 배상금도 받았다.

오스트리아와 영국은 산스테파노 조약 내용이 매우 편파적이라고 생각하고 유럽열강들의 회의를 소집하여 이 문제를 다시 검토하고자 요구하였다. 결국 1878년 비스마르크의 주재 아래 베를린 회의가 개최되었다. 그 결과 러시아는 몇 가지 권리를 포기할 수밖에 없었고, 불가리아의 면적은 축소되었으며, 오스트리아는 터키의 속주였던 보스니아와 헤르체고비나의 관리권을 부여받았다. 터키의 영토였던 키프로스 섬은 영국에 양도되었다. 이와 같이 러시아의 전리품을 다른 열강들이 분할하였고 러시아의 몫은 그만큼 축소되었다. 이에 러시아의 황제 알렉산더 2세는 비스마르크에 대해 분노했고 3제 동맹은 마침내 와해되고 말았다. 이러한 3제 동맹 결성의 이면에는 비스마르크의 대 프랑스 안전판 정책이 그 중요한 요소로 되어 있던 바 이제 3제 동맹이 깨어지자 비스마르크는 또 다른 대 프랑스 안전판 정책을 모색하지 않으면 안 되었다.

❚3국 동맹과 3국 협상❚

비스마르크는 1879년 오스트리아와 2국 동맹을 체결, 프랑스와 러시아를 경계하여 만약 오스트리아가 러시아에게 침공을 받을 경우 독일은 반드시 오스트리아를 돕는다는 약속을 하였다. 또한 독일이 프랑스로부터 침공을 받을 경우 오스트리아는 중립을 지키도록 되어 있었다. 1882년에는 이탈리아가

여기에 가입함으로써 3국 동맹(Triple Alliance)이 성립되었다. 그래도 안심하지
못한 비스마르크는 1887년 러시아와 소위 재보장조약(Reinsurance Treaty)을 체결
했으나 1890년 비스마르크가 사직하자 이 조약은 효력이 없어졌다.

　　비스마르크는 철혈정책과 탁월한 권모술수로 유럽의 외교를 좌우했으나
비스마르크 체제는 처음부터 자체적인 갈등과 모순 때문에 붕괴될 위험이 존
재하였다. 왜냐하면 발칸 문제로 오스트리아는 러시아와 대립했으며 이탈리
아는 믿을 수 없는 나라였고 또한 독일이 해군력을 증강시킨 일은 영국을 자
극하여 결국 3국 동맹은 유럽의 열강들로 하여금 서로의 이해관계에 따라 결

▲ 3국 동맹

속하게 만드는 계기가 되었기 때문이다.

그동안 프랑스는 고립상태에서 벗어나지 못하다가 비스마르크가 퇴장한 후에 러시아와의 화해정책으로 양국관계를 호전시켜 1894년에는 비밀조약을 체결하기까지 하였다. 프랑스는 영국과도 우호관계를 맺었다.

그동안 프랑스와 영국은 여러 차례 숙적 관계에 있었으나 19세기 말부터는 통일 독일제국의 영향력이 커지자 영국과 독일이 새로운 적대관계에 놓이게 되었다. 특히 급속도로 이루어진 독일의 공업발전은 영국을 따라왔고 1890년부터 해군강화에 전력을 기울인 결과 조선경쟁에서도 영국을 위협하였다. 또한 신념이 강한 독일의 빌헬름 2세는 동방진출을 위하여 베를린-비잔틴-바그다드를 연결하는 3B 정책을 추진함으로써 영국의 3C 정책과 경쟁하였다. 이러한 상황 아래 영국과 프랑스는 점차 가까워져 1904년 영 · 불 협상이 체결되었고 1907년에는 영국과 러시아 사이에도 협상이 이루어져 결국 3국 협상이 성립되었다.

▌모로코와 발칸 문제 ▌

유럽열강들 사이에 긴장 상태가 짙어가고 있을 때 독일의 빌헬름 2세는 프랑스의 모로코 경영에 간섭함으로써 국제적 위기를 조성하였다. 모로코는 술탄(Sultan)이 지배하는 독립국이었으나 술탄이 돈이 없어 끝내 파산하자, 프랑스가 모로코 은행 관리권과 군사적 이권을 요구하였고 영국은 프랑스의 모로코에 대한 우월권을 인정하였다.

이에 독일 황제 빌헬름 2세는 모로코가 독립국임을 상기시키고 모로코 문제는 국제적 회의를 열어 결정하자고 주장하였다. 결국 스페인에서 국제회의가 열렸고 이 회의에서 영국은 프랑스의 입장을 지지해 주었기 때문에 프랑스와 스페인이 공동경찰권을 부여받아 모로코의 치안유지를 담당하였다. 1911년 모로코에서 반란이 일어나자 프랑스는 치안유지를 명분으로 군대를 파견하였으나 독일이 이를 위법행위라고 규탄하고 돌연 독일의 함대를 급파하였다. 긴장한 열강은 다시 회의를 개최하였는데 영국이 또다시 프랑스를 지지하여 독일은 하는 수 없이 굴복하고 말았다. 독일은 모로코 문제를 놓고 두 번씩이나 외교전에서 패배한 셈이 되었다.

발칸반도에는 또다시 문제가 생겨났다. 발칸은 러시아, 오스트리아, 영국 3국 사이의 이해관계가 얽혀 있는 곳이었다. 그런데 종래와 달리 영국이 두려워하는 적은 러시아가 아니라 강력한 독일이었다. 거기에다 영국과 러시아는 3국 협상을 통해 동맹국이 되어 있었다. 원래 발칸지방은 "유럽의 화약고 (Powder barrel of Europe)"로 알려져 있는 곳이었다. 이 지역의 세르비아, 불가리아, 보스니아, 루마니아, 몬테니그로 등 작은 국가들이 독일은 물론 오스트리아와 가깝게 지냈다. 그러나 이들 중 세르비아만은 러시아와 가까웠다.

▲ "누구에게 모로코를?" 모로코 문제를 풍자한 삽화

세르비아는 터키의 국력이 약화되면 보스니아와 헤르체고비나를 병합할 야심을 품고 있었으나 1908년 오스트리아가 이 두 나라를 먼저 병합해 버리고 말았다. 이때 러시아는 세르비아 편을 들었고 독일은 오스트리아 편을 들었다. 러시아는 아직 전투준비가 완료되지 않았기 때문에 세르비아에게 행복한 장래만을 기약할 뿐이었다.

얼마 후에 발칸에서 분쟁이 재연되었다. 1912년 몬테니그로는 터키에 대하여 독립투쟁을 일으켰다. 이에 발칸의 여러 나라들은 몬테니그로와 합세하여 터키군을 무찔러 승전하였다. 세르비아와 몬테니그로 군은 아드리아 해안지대를 점유하였으나 오스트리아는 세르비아가 강대해지는 것을 원치 않았다. 오스트리아는 이 점령지역으로부터 이들 두 나라의 군대가 즉시 철수할 것을 강력히 요구하였다. 결국 런던에서 평화회담이 열려 그 분쟁지역은 아무 국가에도 속하지 않고 알바니아라는 새로운 국가가 형성되었다.

이제 민족의식이 강하게 성장하게 된 발칸의 여러 나라들이 터키와 싸워 독립을 획득하였지만 그

▲ 발칸문제

들은 서로 화합하지 못하였고 결국 1913년에 발칸전쟁이 발생하였다. 이번에는 세르비아, 그리스, 몬테니그로, 루마니아, 터키가 연합하여 불가리아를 침공하였다. 조약에 의하여 세르비아, 그리스, 루마니아는 불가리아로부터 발칸지역의 영토를 획득하였다. 그러나 이번에도 세계전쟁으로 발전하지는 않았다.

4. 전쟁의 양상

  1914년 6월 28일 세계가 두려워하던 세계대전이 일어났다. 6월 28일 오스트리아의 황태자 프란츠 페르디난트(Francis Ferdinand) 대공이 보스니아의 사라예보에서 한 젊은이의 권총 저격으로 살해되었다. 저격범을 체포하여 고문을 한 결과 세르비아의 팽창주의를 지지하고 오스트리아에 반대하는 비밀당원임이 드러났다. 그 후 수주간 아무 일도 일어나지 않았다. 그러나 7월 23일 오스트리아 정부는 세르비아 정부에 강력히 항의하고 일방적인 요구조건을 최후통첩으로 보냈다. 영국과 독일은 전쟁을 피하기 위해 이 사건에 간여했으나 오스트리아는 7월 28일 세르비아에 선전포고하였다.

  러시아는 오랫동안 세르비아를 비롯하여 슬라브 국가들과 우호관계를 유지해왔기 때문에 세르비아를 돕고자 급히 군대를 동원하였다. 독일은 러시아의 군대동원을 즉각 중지할 것을 경고했으나 이에 응하지 않았으므로 8월 1일 러시아에게 선전포고하고 8월 3일에는 프랑스에 선전포고하였다. 독일은 러시아가 동원체제를 완료하기 전에 먼저 적으로 등장할 프랑스를 격멸할 계획을 세웠다. 독일은 우선 중립국인 벨기에를 공격하였다. 벨기에는 영국해협에서 가까운 거리에 위치해 있었기 때문에 벨기에가 공격을 받았다는 사실은 영국 안보상 큰 위협이 아닐 수 없었다. 당황한 영국은 독일에 선전포고하였다. 그 후 캐나다, 오스트레일리아 등도 영국 편에 서 싸웠으며 일본은 1902년 영·일 동맹을 계기로 몇몇 독일 식민지를 탈취하였다.

1914년 말 터키는 독일 측에 가담하여 다르다넬스 해협을 봉쇄하여 러시아 함대의 진로를 차단해 버렸다. 그동안 독일 편이었던 이탈리아는 1915년에 영국과 프랑스 편에 가담하고 여기에 루마니아가 합세하였으며, 불가리아는 독일 편에 가담하였다.

독일군은 예상외로 강력한 벨기에의 저항으로 인해 프랑스로의 진입이 얼마간 지연되었다. 얼마 후 독일군이 파리 외곽까지 쳐내려 왔으나 프랑스의 조프르(Joffre)장군의 강력한 반격으로 전황은 교착상태에 빠졌다. 동부전선에서 러시아의 군대가 독일로 진격해 내려왔으나 일단 독일의 힌덴부르크 (Hindenburg)장군에게 격퇴되었다가 얼마 후에는 양편 모두 교착상태에 들어갔

▲ 힌덴부르크

다. 이탈리아는 연합군 측에 가담했으나 별로 큰 영향력은 행사하지 못하였다. 1915년 여름에는 연합군 측이 대작전을 벌여 주요 군사 통로인 다르다넬스 해협을 쟁취하려고 기도했으나 독일과 터키의 저항으로 실패하고 말았다.

발칸에서는 동맹국이 좀 더 우세하였다. 조그마한 세르비아는 오스트리아에 점령당하지 않다가 불가리아가 참전하는 바람에 항복하고 말았다. 이어 오스트리아와 불가리아군은 루마니아에

침입하여 항복을 받고 유류 및 식량 등 많은 물자를 탈취하였다.

1916년 독일은 서부전선에서 대공세를 취했으나 실패하였고 얼마 후에 영국은 탱크를 사용하여 승세를 보였으나 1917년에 독일도 탱크를 제작해 냈기 때문에 전세는 다시금 교착상태에 빠지고 말았다.

전쟁은 육전보다 해전이 더 치열하였다. 그러나 독일해군은 영국해군의 위력을 능가할 수 없었기 때문에 연합군 측은 해로를 자유롭게 이용할 수 있었다. 해전에 실패한 독일은 공군력으로 적을 격파하기로 전략을 바꾸었다.

그동안 미국은 중립을 지켰으나 미국의 상선들이 독일 잠수함의 어뢰공격을 받고 격침되는 일이 빈번해지자 윌슨 대통령은 독일정부에 엄중 항의하였다. 1915년 5월 5일에는 영국 여객선 '루시타니아(Lusitania)호' 가 독일 잠수함의 어뢰공격을 받고 침몰되어 1,154명이 익사했는데 이들 중 114명은 미국인들이었다. 그 뿐만 아니라 독일은 멕시코인들에게 대미적대 감정을 불러일으키도록 하는 등 교란작전을 폈기 때문에 1917년 4월 6일 미국은 더 이상 참지 못하고 참전하였다. 물론 미국의 1차 대전의 참전 배경에는 산업혁명 이후 급속도로 발전한 미국의 산업화의 결과를 외부에서 시험해보는 것도 있었다. 사실상 당시 미국의 산업주의자들이 중립을 고집하던 윌슨 행정부에게 참전을 강력히 요구하였다.

1917년 러시아에서는 공산당 혁명이 일어나 이 전쟁을 '제국주의 전쟁' 으로 규정한 레닌이 집권하고 더 이상의 참전을 거부하였다. 그러나 독일은 계속 러시아를 침공하였으므로 1918년

▲ 미군 모병 포스터

3월 레닌은 부득이 독일과 조약을 체결하고 러시아의 값진 땅의 일부를 독일에게 양도하였다.

1918년 5월 이후 독일은 연합군에게 서너 차례 대공세를 취했으나 모두 실패로 돌아갔다. 10월 20일에는 미군 120만 명이 프랑스 국내에서 독일군과 전투를 감행했고 11월 6일에는 스당을 점령하였다. 막강한 물자를 동반한 미군이 참여하자 동맹국의 군대는 각처에서 패전을 거듭하였다. 1918년 연합군은 불가리아를 공격하여 항복을 받고 같은 해 10월에는 팔레스티나 지방에서 터키군과 회전하여 대승을 거두었다. 또한 이탈리아에서는 이미 연합군이 오스트리아군을 격파하여 항복을 받았다. 이제 남은 나라는 독일뿐이었다. 독일의 빌헬름 2세는 네덜란드로 망명하였고 독일정부는 1918년 11월 11일에 연합군에 항복하였다. 결국 4년 이상 계속된 제1차 세계대전은 전사자 1,300만, 부상자 2,200만이라는 막대한 인명손실을 내고 그 막을 내렸다.

5. 전쟁의 결과

▌14개 조항 ▌

1919년 1월 18일 참전국들은 파리의 베르사유에 모여 강화회의를 열었다. 이미 1918년 1월 8일에는 미국대통령 윌슨이 14개 조의 강화조건을 미국의회에 제출한 바 있었다. 이번 파리 강화회의 때에도 윌슨 대통령은 이 14개 조항을 토의의 중심과제로 삼았다. 독일과 연합군은 쌍방 모두 이 14개 조를 검토했으며 독일은 그 내용이 공정한 것을 믿고 항복했던 것이다. 이 14개 조의 내용을 요약하면 다음과 같다.

첫째, 비밀외교의 금지로서 모든 조약, 협상, 회의는 만인이 알도록 개방하자는 것으로 각국 대표들 대부분이 이 안에 반대하였다. 따라서 파리 평화회담은 극히 폐쇄적으로 진행되었다.

둘째, 해상의 자유문제로 이것은 전시에 중립국이 자유롭게 해상무역 활동을 하게 하자는 것이었다. 그러나 세계 제1의 해군력을 가진 영국이 반대하

▲ 베르사유조약 조인식

여 부결되었다.

셋째, 관세장벽의 철폐로 국가상호 간 관세를 인하하여 무역의 자유화를 기하자는 것이었으나 역시 부결되었다.

넷째, 군비축소 문제로 결과적으로 이 조항은 독일과 오스트리아에게만 적용되었다.

다섯째, 해외식민지의 재조정으로 이 문제는 사실 식민지 때문에 전란이 발생하는 것을 방지하기 위해 식민지 소유를 공평하게 하자는 것인데, 대표들은 오히려 동맹국의 식민지들을 몰수하는 데만 급급하였다.

여섯째, 러시아의 국경문제인데 결국 독일이 점령했던 러시아 영토는 다시 러시아에 반환되었다.

일곱째, 벨기에의 회복문제인데 이는 쉽게 해결되었다.

여덟째, 알자스 · 로렌 지역을 프랑스에 반환하는 문제로 이것도 쉽게 해결되었다.

아홉째, 이탈리아 국경의 변경문제인데 결과적으로 오스트리아와 헝가리의 일부가 이탈리아에게 환급되고 이 밖에 오스트리아령의 일부가 이탈리아에 귀속되었다. 그러나 당시 이탈리아의 오를란도(Orland)수상은 더 많은 땅을 요구하다가 윌슨 대통령이 듣지 않으므로 퇴장해 버리고 말았다.

열 번째, 오스트리아와 헝가리 제국 내의 민족자결의 문제인데 결과적으로 오스트리아와 헝가리는 개별국가가 되고 새로 체코슬로바키아와 유고슬라비아가 탄생하였다.

열한 번째, 발칸의 여러 나라들의 재조정 문제로 불가리아와 터키는 에게해 북부해안지역을 그리스에게 양도하였다. 여기에 충격을 받은 무스타파 케말(Mustafa Kemal)은 쇠약한 술탄정부를 전복시키고 터키 공화국을 수립하였다.

열두 번째, 터키의 지배하에 있던 민족들의 해방문제였다. 이 문제는 일부 해결되었다. 특히 지중해 동쪽의 기독교도들은 터키의 지배를 벗어났고 이라크, 팔레스티나, 요르단, 시리아, 레바논이 탄생하였다. 이들 국가들은 처음에 영국과 프랑스의 위임통치령으로 되어 있다가 1940년대에 와서야 독립을 획득하였다.

열세 번째, 폴란드의 독립문제였다. 이 문제는 잘 해결되었다.

마지막 조항은 국제연맹(The League of Nations)의 설치문제였다. 강화회의에서의 윌슨의 최대 관심사는 세계 평화 및 독립과 안보를 위한 기구인 국제연맹의 설치문제에 있었다.

프랑스는 국제연맹에 초국가적인 국제군대를 둘 것을 주장했으나 윌슨의 반대로 좌절되었다. 새로 탄생된 국제연맹은 국제평화의 유지, 국제협력, 국제분쟁의 평화적 해결을 그 주요 기능으로 하였다. 전쟁이 끝난 후 세계는 국제연맹의 보호 아래 평화시대를 즐기리라고 믿었다. 그러나 그것은 헛된 꿈에 지나지 않았다.

베르사유체제의 기본정신은 14개 조항의 많은 부분을 포함하고 있는 것으로 자기 나라 문제는 자기 스스로가 해결한다는 민족자결의 원칙이 중심이었다. 이것은 100년 전 나폴레옹 체제를 대신하여 유럽이 규정한 국가간섭을 위주로 하는 빈 체제와는 달리 불간섭의 원칙이 그 핵심을 이루었다.

베르사유조약 내용에는 결과적으로 패전국 독일이 볼 때 처음과 다른 내용들이 포함되었다. 독일군은 육군 10만 명, 군함 36척, 잠수함과 공군 금지 등으로 한정될 것이며 무려 300만 달러에 달하는 거액의 배상금을 지불해야 하는 내용이 포함되어 있었다. 이는 아무리 패전국이라고 하더라도 독일인들에게는 치욕적인 조약으로 여겨졌다.[20] 한편으로 이것은 약 50년 전 비스마르크에 패배한 프랑스가 베르사유에서 굴욕적인 조약을 체결한 것에 대한 보복의 성격도 있었다. 프랑스가 배상금 지불의 지연을 문제삼아 1923년 독일의 탄광지역인 루르 지방을 점령한 사건은 융커를 비롯한 독일인의 자존심을 자극하는 계기가 되었다.

20) 독일에서는 이 조약을 '베르사유 명령(Versailies Diktat)'이라고까지 했다.

6. 베르사유체제

▌평화를 위한 노력 ▌

어마어마한 전쟁을 경험한 인류는 지난 세기 동안 지나친 간섭정책이 서로 간의 불신을 쌓았고 그 결과가 전쟁으로 나타나게 되었다고 생각하였다. 이에 더 이상의 간섭정책보다는 불간섭이 세계평화와 인류발전에 기여할 것이라고 생각하였다. 미국의 외교정책 역시 고립주의를 선택하였다. 그러나 한편으로는 전쟁을 하지 않으려고 많은 노력을 동반하였다.

윌슨 대통령의 14개 조항 중에는 범세계적인 무장해제에 관한 것이 포함되어 있었다. 1921년 미국의 하딩(Harding)대통령은 워싱턴에서 해군군축회담을 개최하여 영 · 미 · 일 · 프 · 이 5국의 주력선의 비율을 5 : 5 : 5 : 1.75 : 1.75로 할 것과 주력함의 최고 톤 수는 3만 5천 톤으로 하고 각국의 항공모함 총 톤 수는 미국과 영국이 각각 13만 5천 톤으로 일본이 8만 1천 톤으로 프랑스와 이탈리아가 각각 6만 톤을 초과하지 않을 것 등을 협정하였다.

이 워싱턴 군비축소회담 이외에도 9대 강대국 회의와 4대 강대국 태평양 회의가 개최되었다. 9대 강대국 회의에서는 중국인들에 의한 모든 중국영토의 지배권이 보장되었고 또한 중국의 모든 항구들은 개방되어야 한다는 것이 결정되었다. 그리고 일본은 중국에게 산동반도를 반환해야만 하였다. 4대국 태평양회의에서는 태평양 상의 식민지들에게 발생하는 모든 문제는 공동으로 평화롭게 해결하기로 결정하였다. 이 회담 결과 영·일 동맹은 폐기되었다. 또한 이 회담에서는 독가스 사용을 금지하였고 잠수함의 민간상선에 대한 공격을 불법화하였다. 그러나 군비축소에 대한 문제에 있어서는 의견의 일치를 보지 못하였다.

1927년 프랑스는 미국에게 그 어떤 전쟁이라도 불법화하자는 조약을 체결하자고 제안하였다. 미국은 두 나라뿐만 아니라 전 세계의 모든 국가가 이 취지에 찬동하고 서명할 것을 촉구하였는데 이는 결국 켈로그-브리앙(Kellogg-Briand) 조약으로 발전하여 60개국 이상이 서명하였다. 그러나 미국의 국무장관 켈로그와 프랑스의 외무장관 브리앙 사이의 조약이 체결되는 중에 세계평화에 대한 전망은 점차 어두워져서 각국은 서로를 의심하며 두려워하기 시작하였다. 1927년에는 미국의 쿨리지(Coolidge) 대통령의 제의로 제네바에서 군축회담이 개최되었다. 그러나 이 회담에서 각국 대표들은 별 성의를 나타내지 않았다. 5년 후 이곳에서 다시 회담이 열렸으나 역시 성과가 없었다.

1930년에는 영국국왕 조지 5세의 주재 아래 런던에서 군축회담이 개최되었다. 이 회담은 어느 정도 성공적이어서 미·영·일은 전투함, 순양함, 구축함, 항공모함을 대폭 감축하는 조약을 체결하였다. 또한 이들은 1936년까지는 전투함과 항공모함의 건조를 중지하기로 약속하였다. 3국 사이의 주력함의 비율을 10 : 10 : 7로 하기로 하였다.

이탈리아와 프랑스는 이 회담에 참가하지 않았다. 이탈리아에서는 사회가 불안한 틈을 타서 1922년 베니토 무솔리니(Benito Mussolini)가 정권을 장악하고 독재정치를 실시하였다. 무솔리니는 군축에 관해서는 관심이 없었다. 프랑스로서는 이탈리아에 독재정권이 존재하는 한 군축은 감히 생각조차 할 수 없는 일이었다.

그런 중에 1935년에는 런던에서 제2차 군축회담이 열렸다. 그러나 무솔리니는 계속 군사력을 증강시키고 있었고 독일에서는 그와 비슷한 독재자인 아돌프 히틀러(Adolf Hitler)가 나치당의 수령으로 정권을 장악하고 군사력 증강에 혈안이 되어 있었다. 아시아에서는 일본이 기회가 있을 때마다 구실을 붙여 중국에 파병을 감행하고 있었다. 그리고 제2차 런던회담에서 일본은 해군력의 소유비율을 미·영과 동등하게 할 것을 요구하다가 거부당하자 퇴장해 버리고 말았다. 그 후부터 미국과 영국 그리고 프랑스는 지금까지 지켜오던 해군력 축소정책을 버리고 오히려 경쟁적으로 해군력 증강에 열을 내기 시작하였다.

독일과 이탈리아, 그리고 일본이 군비를 증강시키고 전보다 더욱 공격적인 태도를 보이자 국제연맹은 더 이상 세계평화를 보장할 수 없는 처지에 빠졌다. 미국의 클라렌스 스트레이트(Clarence Streit)라는 정치학자는 『민주국가의 통합』이란 책을 저술하여 미국, 영국, 프랑스, 스웨덴, 노르웨이, 벨기에 기타 평화적 민주국가들의 통합국가를 이룩하자고 역설하였다. 위에 열거한 국가들은 과거 100

▲ 로마를 방문한 히틀러

년 동안 서로 평화롭게 지내온 것을 상기시키고 만약 이들 국가들이 단결하면 다른 나라가 감히 전쟁을 도발하지 못할 것이라고 주장하였다. 스트레이트의 이와 같은 주장은 많은 사람들의 공감을 불러일으켜 민주국가들의 통합운동을 활발히 전개시켰지만 다가온 또 다른 세계대전의 화염 속에 사라지고 말았다.

▌세계 대공황 ▌

건국 후 1920년대까지 미국은 자유방임주의(laissez-faireism)의 원리 속에서 꾸준한 발전을 거듭하였다. 미국은 19세기 말 산업화를 이룩하여 제국주의국가 반열에 우뚝 섰을 뿐만 아니라 1차 세계대전에서의 승리로 그 위상은 유럽의 여타 국가를 능가하게 되었다. 전후 1920년대는 자유방임주의 윤리인 개인주의, 자유경쟁, 자유기업, 근로윤리와 같은 중산계급적 혹은 부르주아적 가치들이 강조된 사회로 전통적인 자본주의 사회의 번영이 보장된 시대로 여겨졌다.

▲ 대공황을 상징하는 만화

그러나 1929년 10월 특별한 예고도 없이 갑자기 경제공황이 닥쳐왔다. 생산침체, 은행파산, 상거래 감소, 실업과 기아상태 증대 등 미국에서 시작된 경제적 위기가 세계적으로 퍼져 나가기 시작하였다. 공황이 왜 갑자기 몰려왔는지에 대한 정확한 규명은 아직도 논란이 없지 않으나 대체적으로 다음과 같은 이유로 설명될 수 있다.

첫째, 1920년대 미국경제가 다양성이 부족했다는 점이다. 당시 미국의 경제적 번영은 건축, 자동차 산업 등 기초산업에 국한되어 있었다. 다시 말해 재생산이 이루어지는 산업의 발전이 거의 없었고 산업 확장을 위한 기술혁신이 이루어지지 않았으므로 돈을 투자할 곳이 거의 없었다. 따라서 부동산 투기나 주식투기 같은 곳으로 돈이 몰렸고 결국 거품경제를 형성하여 폭발하게 된 것이다. 둘째, 당시 미국에는 지나치게 소비산업이 번성하였다. 영화, 자동차, 내구재 산업, 음식, 스포츠, 학문, 여행, 여성들의 사치품 등이 터무니없이 유행하였다. 셋째, 포디즘(Fordism)에 의한 대량생산-대량소비 시대의 도래로 대중사회가 도래했지만 여전히 구매력의 분배가 고르지. 못하였다. 1928년 미국의 국가 부의 35%가 단지 5%의 부유층에 집중되어 있었다. 넷째, 경제의 신용구조가 미약하였다. 은행은 부동산을 담보로 돈을 빌려 주었으나 부동산의 거품이 빠져 대출금을 상환하지 못하는 현상이 속출하였다. 이는 결국 은행파산으로 연결되었고 실업률 증대로 확대되었다. 다섯째, 국제무역에서의 미국상품에 대한 수요 격감이다. 전후 유럽은 외국으로부터의 물자구입이 거의 불가능하였다. 여섯째, 전후 배상금에 대한 처리문제로 미국은행은 채무와 배상금을 탕감해주거나 축소시켜 준 것이 아니라 유럽정부에 돈을 대부하여 빚을 탕감하도록 하였다.

공황은 미국에서 시작되었지만 그 영향은 세계적이었다. 절망 속에서 각국은 경제적 위기를 벗어나기 위해 새로운 경제정책을 실시하였다. 19세기에 팍스 브리타니카(Pax-Britainica)를 구가한 영국은 1차 대전을 계기로 많은 부분을 미국에게 내어주고 미국에서 불어닥친 대공황의 여파를 이겨내기가 어려웠다. 그리하여 영국은 지금까지의 자유무역을 포기하고 보호무역주의를 실시하였고 미국 역시 기존의 자유방임을 포기하고 정부간섭주의로 돌아섰다. 1933년 새로 대통령이 된 프랭클린 루스벨트(Franklin D. Roosevelt)는 새로운 경제체제 개념의 뉴딜(New Deal)정

▲ 음식을 배급받는 실업자들

책으로 불황을 극복하고자 노력하였다.[21] 비록 영국과 미국은 기존의 정책을 포기하고 새로운 정책을 채택하였지만 어디까지나 민주주의 틀 속에서 진행되는 것이었다.

그러나 독일과 이탈리아는 정부가 정권은 물론 경제의 모든 것을 지배하는 보다 강력한 국가통제경제를 실시하였다. 이탈리아에서는 파시스트의 무솔리니가 독일에서는 나치스의 히틀러가 각각의 온건세력과 민주세력을 몰락시키고 정권을 장악하여 국가의 경제적 지배를 강화하였다. 말하자면 대공황은 파시즘과 나치즘의 출현과 이들이 강력한 세력으로 성장하게 한 중요한 계기가 되었다. 독일과 이탈리아는 국내의 경제문제를 해결하는 방안으로 군국주의의 길을 선택하였다. 혁명을 겪은 러시아는 대체적으로 자국 내에서 문제를 해결하는 방안을 선택하였는데 5개년 계획을 통해 난국을 타개하고자 하였다. 경제공황은 일본에도 영향을 미쳤는데 일본 역시 이를 계기로 군부가 정권을 장악하여 호전적으로 문제를 해결하고자 하였다.

21) 뉴딜정책의 이론적 근거는 영국의 경제학자인 케인즈(Keynes)에 의해 도입된 케인즈이론(Keynesianism)이다. 이는 당시 미국인들에게는 거리가 먼 외래적 요소였다. 왜냐하면 이는 국가통제, 부의 재분배, 사회보장 등과 같은 유럽적 복지국가의 가치가 중시되었기 때문이다. 루즈벨트는 현실적으로 필요하다면 미국적 체제의 수정도 좋다고 주장하였다. 케인즈 이론은 불경기와 과소고용으로 경기가 침체될 때 국가가 국민경제의 핵심 투자가의 지위로 올라가 공공재정(적자재정 편성)을 늘이면 투자가 증대하고 경기가 부양되어 실업률이 하락되어 결과적으로 추가 수요창출이 일어나 적자재정으로 인한 공공부채를 청산하게 된다는 내용이다. 이는 경제를 국가주도(정부 간섭주의)로 간섭함으로써 수정 자본주의의 길을 터놓았다.

┃파시즘과 나치즘┃

이탈리아의 파시즘은(Facism)은 무솔리니가 언론인으로 활약하면서 우익 성향의 청년들을 모아 파스키(Fasci)라는 단체를 조직했는데 이는 고대로마의 권위의 상징인 도끼에 막대기를 맨 파스케스(Fasces)에서 유래되었다. 무솔리니는 이탈리아의 전쟁참전을 강력히 주장하였으며 스스로도 참전하였다가 1917년 제대 후 파스키를 전투연맹(Fasco di Combattimento)으로 바꾸었다. 이 단체는 1919년 파시스트당을 결성하였고 1922년에 정권을 장악하여 일당독재체제를 수립하였다.

이탈리아에 파시즘이 대두하게 된 배경에는 다음의 것들이 있다. 이탈리아는 통일이 늦어 다른 유럽 국가들에 비해 제국주의의 몫이 형편없는 상태였다. 1차 대전에서 독일에 의해 큰 타격을 입었지만 그 결과도 마찬가지였다. 경제기반이 약한 데다 전쟁 중 막대한 외채로 전후 실업이 늘고 식량이 부족했으며 폭동과 무질서가 난무하였다. 이러한 혼란 속에서 이탈리아에 더 많은 몫을 요구한 열렬한 민족주의자인 가브리엘 다눈찌오(Gabriele D' Annunzio)는 강력한 우익적 이데올로기로 피메우시를 점령하기도 하였다. 파시즘은 이탈리아에서 공산주의를 막고 산업을 부흥시키길 원하는 이탈리아 국민들의 소원에 부응하며 등장한 것이다.

1922년 10월 무솔리니

▲ 파시스트의 로마행진

는 이탈리아를 노동자들이나 공산주의자들로부터 구원하는 길은 파시스트에게 있다고 주장하면서 5만 명에 달하는 당원과 함께 로마로 행진하였다. 무솔리니는 국왕 엠마누엘 3세(Victor Emmanuel III)를 위협하여 수상이 되었다. 파시스트들은 선거법을 개정하여 정부권한을 강화하였으며 반대파를 탄압하고 언론과 출판의 자유를 박탈하였다.

파시스트 국가는 일종의 협동조합국가였다. 1929년에 파시스트 조합과 정부대표로 협의체를 구성하였는데 이를 통해 시민을 생산자로서 국가통치에 참여시켰다. 그러나 개인과 계급의 이익은 국가에 종속되어야 한다는 시각이 파시스트의 중심적 논리였다. 당연히 모든 경제활동을 국가가 통치하였으며 이것의 최대목표는 이탈리아의 자급자족(autarky)을 달성하는 것이었다. 파시즘의 이데올로기는 국가지상주의, 군국주의, 팽창주의 등이었다.[22]

독일의 나치즘(Nazism)은 1919년부터 제2차 세계대전이 종결될 때까지 독일의 극단적 민족운동을 지도하고 1933년 이후에는 독일 제3제국의 정권을 담당했던 것으로 히틀러가 조직한 국가사회주의독일노동당(National Sozialistische deutch Arbiter Partei)의 사상 및 행동원리이다.

나치즘의 대두 배경에는 다양한 요인이 존재한다. 우선 전후 독일의 현실에서 그 원인을 찾아볼 수 있다. 패전 이후 독일에는 스파르타시스트당(Spartacist)이 결성되어 사회주의적 좌익 활동이 전개되었다. 이들은 전쟁 전의 사회주의적 개혁주의 정책을 주장하여 급진적인 것으로 평가받았지만 전후에는 러시아 혁명에 고무된 독일 마르크스주의자들과 1919년 로자 룩셈부르크(Las Lumsemburg) 등이 프롤레타리아 혁명을 도모하면서 힘을 가지게 되었다. 그러나 이는 독일의 퇴역장교를 중심으로 하는 맹목적 군국주의자이자 애국주의

22) 교황청과 불화를 겪다가 1929년 Lateran 조약을 맺어 바티칸을 독립국가로 인정하고 가톨릭을 국교화하는 것과 교황측에서 이탈리아 왕국을 승인하고 그동안의 교황령을 포기한다는 데 합의를 보았다.

▲ 히틀러와 무솔리니

자로 구성된 자경단에 의해 분쇄되었다. 이러한 사회주의 활동은 나치스와 같은 우익 민족주의자들의 등장을 용이하게 해주었다. 또한 전후 성립된 바이마르 공화국이 그 역할을 하지 못한 데에도 그 원인이 있었는데, 공화국은 아무런 대책 없이 무턱대고 강화조약을 승인하였으며 민주주의의 경험이 없으면서도 민주주의를 성급하게 시행하였다. 또한 공화국은 언론출판의 자유, 법 앞의 평등, 노동권리 보장, 의무교육, 보통선거 등을 시행하였지만 전후 독일의 수많은 난제를 풀 수 있는 능력은 부족하였다.

이러한 난제 중에 전쟁 패배로 인해 대두된 독일국민의 수치심은 대단한 것이었다. 그동안 독일은 정치·문화적으로 높은 명성을 자랑하였다. 그러나 전쟁의 패배는 독일인을 아연실색하게 하였다. 전후 독일에는 "사회주의자와 유대인들에 의해 등뒤에서 칼에 찔렸다"는 악선전이 유행하여 독일인들로 하여금 대리 희생양을 찾게 만들었다. 여기에 치욕적인 조약이 있었는데, 독일군은 10만 명으로 강제 감축을 당했으며 거액의 배상금을 물어야 했다. 거기에다 프랑스의 루르 점령은 독일인의 자존심을 극도로 자극하는 계기가 되었다. 전후 경제적 악화는 인플레이션 심화, 심각한 실업문제, 화폐남발, 중산계급의 불만고조 등으로 새롭고 강력한 정부를 원하는 방향으로 국민들을 이끌어 갔다.

이러한 상황하에 등장한 히틀러는 1889년 오스트리아 하급 세무공무원 아들로 태어나 불행한 어린 시절을 지냈으며 1909년에 빈에서 미술대학 입학시험에 낙방하고 그 후부터 반유태주의 정치운동에 참가하였다. 그는 1차 대전에도 참가하였고 1923년 맥주홀 폭동사건(Beer Hall Putch)을 주도하여 실패하였다. 이때 체포된 그는 감옥에서 『나의 투쟁(Mein Kampft)』을 집필하였다. 여기에서 그는 유대인과 공산주의는 동일하며 독일의 적은 프랑스와 영국이고 강력한 지도력만이 독일을 구원할 수 있고 진정으로 아리안 민족만이 영광을 더할 수 있다고 주장하였다.

히틀러는 나약한 바이마르 공화국을 무너뜨리는 나치혁명을 시도하여 성공하였다. 그는 동조세력으로 우선 융커 중심의 우익 군국주의자들을 끌어들여 공산주의자들을 파괴하였으며, 나아가 농민과 여성을 끌어들여 생산의 중요성을 강조하면서 피와 땅(Blut und Boden)을 신성시하였다. 또한 중산층을 위해 산업부흥을 이끌었고 노동자를 위해 아우토반(autobane)과 같은 국가기반 산업을 주도하여 실업률을 하락시켰다. 히틀러의 나치당은 선거를 통한 혁명을 이끌었는데

▲ 나치에 희생당한 유대인의 신발

1928년 선거에서 단지 12석에 불과하던 것이 1930년 선거에서 107석을, 1932년 선거에서 230석을 확보하여 최대의석의 정당이 되었다. 히틀러는 자연적으로 수상에 등극하였고 1933년에 바이마르 공화국의 힌덴부르크가 하야하자 나치스의 하켄크로이츠(Haken kreuz) 깃발이 독일 의회에 게양되었다.

1934년 8월이 되자 히틀러는 총통(Fuhrer)이 되었고 나치스의 독재정치가 시작되었다. 지방에 대한 통제권을 확보하여 중앙에서 대관구 지도자(gauleters)를 파견하였다. 모든 관리들을 나치당원으로 교체하였는데 당내 규율유지와 철저하게 계산된 협박과 폭력을 통하여 대중을 통제한 일종의 군사조직 형태의 돌격대인 폭풍부대(StrurmAbteilung, SA)를 운영하였다. 이 조직은 반대세력을 억압하고 나치스가 독재권한을 확립하는 데 큰 역할을 하였지만 그 후에 만들어진 순수한 아리안 혈통의 히틀러 심복만으로 구성된 방위군단(Schutzstaffel, SS)에 되려 숙청되었다. 방위군단의 대부분은 후에 게슈타포로 알려진 비밀국가경찰(Geheime Staatspolizei)이 되어 히틀러의 독재와 그 후의 나치정권 유지에 큰 역할을 하였다.

나치스는 베르사유 조약에 대한 적대감과 세계 대공황의 여파에 따른 경제적 어려움이 가중되는 가운데 중산층, 융커, 노동자, 농민을 두루 포함하는 독일국민들로부터 광범위한 지지를 확보하였다. 여기에다 다수의 독일 지식인들이 침묵을 함으로써 나치스의 권력장악은 더욱 날개를 단 격이 되었다. 나치스의 국내정치는 교육, 예술, 종교, 경제 등 일상생활 전반에까지 철저한 통제체제 속에 운영되었고 대외정책은 아리안 민족의 생활공간(Lebenstraum) 확보를 주장하여 팽창주의 노선을 걸었다. 어떤 면에서 볼 때 영국, 미국, 소련, 프랑스 등이 나치스의 대외정책에 침묵을 함으로써 또 다른 세계 대전이 발발한 것이 아닌가 생각한다.

나치스는 반지성주의와 반민주주의의 성격을 띠고 있다. 또한 그것은 일당독재와 국가이성을 강조하여 파쇼체제를 정당화하였으며, 반자본주의 성격을 보여주었다. 나치스는 자본주의적 자유방임이 아닌 국가통제를 근본으로 하였다. 나아가 나치스는 반공산주의적이다. 나치스는 융커 등의 중산층이상의 이익을 대변하면서 사회주의나 공산주의 활동을 철저히 경계하였다. 더욱이 나치스는 반유태주의 성격이 농후하였다. 나치스는 전쟁패배와 경기침체의 책임을 유태인에게 돌려, 급기야 1935년 뉘른베르크법(Neremberg Act)을 만들어 유태인에 대한 차별정책을 시행하였다.

제11장

러시아 혁명

1. 제정 러시아

러시아는 유럽에서 가장 전제적이고 불행한 구체제를 오랫동안 유지해온 나라였다. 이반대제 이래로 러시아인들은 절대군주의 지배를 받았다. 짜르(Czar)라고 부르는 이들 황제들은 국가의 지상권을 장악했고 특권층은 소수의 귀족들의 그리스정교(Orthodoxy)의 성직자들로 구성되어 있었으며 국민들 대부분은 아직 해방되지 않은 농노로서 가난하고 무식하였다.

근대적인 러시아를 창시한 것은 1613년 로마노프(Michael Romanov)였다. 로마노프 왕조는 1917년 혁명으로 마지막 짜르 니콜라스 2세가 축출되기까지 러시아를 지배하였다. 로마노프 왕조의 여러 짜르 중 표트르 대제(Peter the Great)는 가장 주목할 만한 인물이다. 그는 신장이 6피트 9인치나 되는 장신이었다. 표트르는 세 가지 목적을 가지고 황제에 즉위하였다. 러시아의 서구화(Westernization)와 영구적인 부동항의 영유(Open Window)정책과 짜르의 절대적인 권력 확립이 그것이다. 그는 선진 서구유럽의 문물을 습득하기 위해 스스로 평범한 시민으로 여러 제국을 순방하면서 네덜란드의 조선소에서는 직접 작업을 하였고

▲ 표트르 대제

의사당 복도에 앉아 토의의 내용을 경청하기도 하였다.[23)

그러나 러시아 국내에 반란이 발생하였다는 소식을 듣고 그는 급히 귀환하여 주동자들을 직접 처형하고 그의 이상을 실천에 옮기기 시작하였다. 그는 군제를 개혁하고 무기와 군대조직을 근대화했으며 서구식 복장을 장려하여 복숭아뼈까지 내려오는 전통적인 러시아 복장의 착용을 금지하고 짧은 옷을 입게 했으며 긴 수염은 깎게 하였다. 그는 베르사유 궁전의 화려한 집회들을 목격하고 러시아에서도 그와 같은 것을 모방하려 했으나 귀족들이 찬성하지 않았다. 표트르는 특히 서구와 교통할 수 있는 항구를 얻기 위해 노력하였다. 그는 "러시아는 서향의 창이 필요하다"고 역설하였다. 이를 획득하기 위해 그는 스웨덴의 왕 카알 12세와 싸워 이기고 발트해 부근의 일부지역을 획득하였으며 이곳에 피나는 노력을 기울여 페테르스부르그(Petersburg)라는 도시를 건설하였다. 이것은 그의 "서향의 창"이었으며 오늘의 레닌그라드(Leningrad)가 되었다.

표트르 대제는 러시아의 국위는 향상시켰으나 백성들의 생활수준은 개선해 주지 못하였다. 표트르 대제의 사후 두 여제가 이 방면에 힘을 기울였다.

23) 대사절단의 일원으로 서구를 순방할 당시 표트르 대제의 이름은 Peter Mikailovitch이었다.

엘리자베타 여제는 전통적으로 유지되어온 가혹한 형법들을 약간 개선했고 에카테리나 여제는 남쪽과 서쪽으로 국토를 확장시켰다. 에카테리나는 또한 병원과 고아원들을 세워 불우한 백성들을 돌보는 일에도 관심을 기울였다. 하지만 그녀는 비록 농노들의 지위를 향상시키겠다고는 말은 하였으나 실제로 이를 이행하지는 않았다.

그 후 1801년에 등극한 알렉산더 1세는 러시아 농노들에 대하여 동정심은 많이 표했으나 실제로 그들에게 도움을 준 사실은 한 번도 없었다. 그는 또한 나폴레옹이 패전한 후 세계평화를 절실하게 원했으나 기껏 이룩해 놓은 일은 신성동맹이라고 하는 형식적인 조약을 체결한 것뿐이었다. 각국의 군주들은 기독교적인 정신으로 돌아가 서로 도우며 살자고 하는 것이 그 요지였다. 유럽의 열강들은 속으로는 알렉산더를 비웃었지만 그의 기분을 상하지 않게 하기 위해 조약에 서명했던 것이다. 영국 외상 카슬레이(Castlereagh)는 신성동맹을 일러 "가장 신비스럽고 무의미한 것"이라고 평가하기도 하였다. 알렉산더 1세는 스스로 한계를 드러낸 철저한 반동정치가인 오스트리아의 메테르니히의 영향을 받고 스스로 반동적이고 억압적인 정치를 하였다.

알렉산더 1세의 뒤를 이어 니콜라스 1세가 즉위하였다. 그는 절대군주가 되기를 원하면서 국내는 물론 폴란드의 반란을 무자비하게 진압하였다.[24] 그는 나라의 질서를 바로잡고 선정을 베풀기 위해서는 절대군주가 필요하며 백성들은 일체 정부에 대해 비판해서는 안 된다고 생각하였다. 그는 이것을 "니콜라스 체제"라고 불렀다. 니콜라스 1세는 터키를 점령하려고 시도함으로써 발생했던 크림전쟁 기간 중에 사망하였다.

그의 뒤를 이은 알렉산더 2세는 부친과는 달리 계몽적인 방법으로 러시아

---

24) 러시아의 자유를 위해 청년장교와 대학생, 그리고 양심적인 귀족들 중심의 비밀결사단체인 데카브리스트(Dekabrist)가 반란을 일으켰으나 곧 진압되었다.

를 통치할 것을 원하였다. 그는 영국, 프랑스, 이탈리아, 사르데냐와 평화조약을 맺고 전쟁을 종식시켰다. 그런 다음 그는 농노해방과 농토분배에 착수하였다. 그의 이러한 정책은 결국 귀족들의 농노에 대한 절대적인 지배권을 폐지시켰고 귀족들의 방대한 토지는 정부가 매입하여 농노들에게 분할하였다. 이것은 지금까지 있어 온 러시아의 여러 개혁 중 가장 위대한 개혁이었다. 그러나 그는 당시 무조건 정부를 반대하는 허무주의자들(nihilists)과 아나키스트들(anarchists) 때문에 고심하지 않을 수 없었다. 이들은 비밀결사를 조직하여 반정부 운동을 벌였다. 이에 알렉산더는 이들의 활동을 탄압함으로써 점차 반동적인 양상을 띠게 되었다. 그러나 알렉산더 2세는 러시아 헌법을 공

▲ 크림전쟁

포하기로 되어 있던 날에 암살당하고 말았다.

그의 아들 알렉산더 3세는 아버지의 죽음을 보고 자신의 "니콜라스 체제"를 부활시키기로 결심하였다. 왕은 짜르의 권력을 반대하는 사람들을 철저히 탄압했기 때문에 그가 재임했던 1881년에서 1894년까지 러시아 국민들은 가장 불행한 생활을 할 수밖에 없었다.[25]

러시아 최후의 짜르는 니콜라스 2세였다. 그는 장관들에게 억압정책을 동원할 것을 허용했고 출판물 검열 등의 탄압정치를 실시하였다. 짜르나 그의 장관들을 비판하는 자는 누구를 막론하고 감옥에 갇히거나 시베리아로 유형을 당하였다. 그는 러시아에 살던 수많은 유태인들을 무참히 학살하기도 하였다.

---

25) 러시아에는 근대적인 개혁을 담당할 중산 시민계층이 자라나지 못한 반면에 러시아 특유의 지식인층인 이른바 '인텔리겐차(Intelligentsia)'가 등장하여 러시아를 개혁하고자 했다. 러시아의 개혁이라는 하나의 목적을 가졌음에도 이들은 서구식으로 할 것인가, 아니면 슬라브식으로 할 것인가를 놓고 끊임없이 갈등하였다. 이들 중에는 순수한 문학이나 학문을 통한 개혁을 주장하는 사람들이 대부분이었으나 그중에는 혁명과 같은 직접적인 행동을 요구하는 사람들도 있었다. 또한 이들 중에는 데카브리스트 반란의 실패를 교훈 삼아 인민과의 괴리를 없애고자 직접 '인민 속으로'라는 의미의 브나로드 운동을 전개하기도 하였다.

2. 러시아 혁명

 1904년 러시아는 동아시아 패권을 놓고 일본과 전쟁을 하였다. 외견상으로는 러시아의 극동함대의 승리가 예상되었으나 실상 당시 러시아 군부는 매우 부패해 있었고 비능률적이었기 때문에 일본군에게 패전하였다. 전쟁의 패배는 러시아의 정치적 안정을 더욱 혼란 상태로 몰고 갔고 국민들의 생활은 더욱 악화되었다. 1905년 1월에 한 신부가 주동이 된 일단의 파업 노동자들이 짜르에게 선정을 요구했으나 '피의 일요일 사건'으로 알려진 짜르의 호위병에게 총격을 받고 많은 사람들이 희생되었다. 그 결과 짜르에 대한 반감은 더욱 커졌고 사회불안이 증대되었다. 1905년에는 수차에 걸친 민중봉기로 러시아 정부는 난관에 봉착하였다.

 니콜라스 2세는 위기가 도래한 것을 깨닫고 백성들에게 개혁을 약속하고 의회를 구성하여 민심을 수습하였다. 두마(Duma)라고 부르는 이 의회는 짜르와 장관들에게 입법을 건의할 수는 있었으나 그것을 통과시킬 수 있는 권한은 없었다. 그러나 이 두마도 오래지 않아 수시로 해산을 당하였다.

▲ 라스푸틴

1914년 러시아는 제1차 세계대전에 참가하여 독일군과 결전을 치렀다. 이번에도 러시아는 정부는 물론 군부의 부패와 무능을 드러냈다. 러시아군은 연전연패를 거듭했고 수많은 전사자가 나왔다. 라스푸틴(Rasputin)이란 교활한 신부는 음모와 모략을 일삼다가 귀족들에게 암살당하기도 하였다. 마침내 러시아의 상태는 극도로 악화되어 1917년 3월 국민들이 봉기하였다.

300년 동안 지속된 러시아의 로마노프 왕조는 전복되고 온건적 사회주의자인 케렌스키(Kerensky)가 정권을 장악하였다. 케렌스키의 영도 아래 사회주의 공화국이 탄생되었으나 그의 정부는 집권한 지 8개월 만에 레닌(Lenin)과 트로츠키(Trotsky)가 주도한 볼셰비키(Bolshevik)혁명을 통해 다시 전복되고 말았다. 1917년 11월 초에 대규모의 시위와 집회를 통해 혁명을 주도한 볼셰비키들은 러시아에 새로운 정치체제인 인민위원회(Council of People's Commissars)를 조직하고 산업의 국유화를 통한 공산정권을 수립하였다. 이들은 곧바로 독일과 휴전교섭에 들어갔고 이듬해 3월 브레스트–리토프스크 조약으로 전쟁에서 발을 뺐다.

러시아의 새로운 정부는 적어도 이론적으로는 구체제와는 반대적 입장을 취하였다. 짜르는 처형되고 귀족층은 사라졌다. 러시아의 민중은 곧 나라의 주인이요, 모든 정부의 활동은 이들의 이익을 위해 수행되는 것으로 생각되었다. 그러나 레닌의 통솔을 받는 소수 정치인들의 집단은 이전의 짜르 정부가 행사했던 강력하고 무자비한 권력과 똑같은 권한을 소유하였다. 국민들을 위한 정부를 창조하겠다던 약속은 점점 사라져 갔고 철저한 독재정권이 창조되었다. 1924년 레닌이 죽자 요셉 스탈린(Joseph Stalin)이 그의 정적인 트로츠키를 추방하고 정권을 잡았다. 스탈린은 독재정치를 또 다른 전제정치로 대치시켰을 뿐이었다. 1953년 스탈린

▲ 레닌

은 사망했으나 러시아의 독재정치는 변하지 않았다.

제12장

제2차 세계대전과 전후 세계

1. 전쟁의 배경

세계는 빈 체제 내에서 이루어졌던 국제 간섭주의를 버리고 베르사유체제에서는 불간섭의 원칙을 지켜나갔지만, 1920년대가 지나고 1930년대가 되자 또 다른 전운이 감돌아 많은 사람들은 대규모의 전쟁이 발생하리라는 것을 예측하고 있었다.

무솔리니는 공공연하게 다른 나라의 정복계획을 광고하면서 다녔다. 히틀러는 독일의 무장해제를 결정한 베르사유조약을 무시하고 군비증강과 전쟁준비에 혈안이 되어 있었다. 게다가 히틀러는 독일 내에 거주하는 유태인들을 무자비하게 탄압하고 학살함으로써 전 세계를 경악케 하였다. 일본은 기회가 있을 때마다 중국을 정복해 들어감으로써 국제연맹의 항의를 받고 있었다. 이탈리아는 1935년 에티오피아에 침략을 감행하였다. 에티오피아의 국왕 하일리 쎌라시에(Haile Selassie)는 국제연맹 회의장에서 이탈리아의 불법침략을 규탄하고 이를 저지해 줄 것을 호소하였다. 그러나 회의장 복도에 늘어선 이탈리아의 파쇼당원들이 휘파람을 불며 소란을 피움으로써 국왕의 연설

을 방해하였다. 이탈리아는 공개적으로 국제연맹을 비난했으나 국제연맹은
자체의 군대를 보유하지 못했으므로 사태를 방관할 수밖에 없었다. 결국
1936년 5월 에티오피아는 이탈리아의 속국이 되어 버리고 말았다.

독일은 그의 세력권을 점차 확대하려는 야욕을 품고 먼저 오스트리아에
손을 댔다. 1938년 히틀러는 무솔리니와 함께 로마 베를린 구축(Rome-Berlin Axis)
으로 알려진 동맹을 체결하고 있었기 때문에 쉽사리 이탈리아의 승인을 받고
오스트리아를 정복하여 독일의 속국으로 만들어 버렸다. 그러나 영국을 비롯
한 프랑스, 미국 등은 침묵하였다. 히틀러는 이어 체코슬로바키아와 리투아
니아의 항구인 메멜을 점령하였다. 그럼에도 서방국가들은 침묵하였다. 이탈
리아의 무솔리니도 여기에 자극을 받아 알바니아를 침입하여 이탈리아의 속
국으로 만들었다. 히틀러가 다음으로 노린 곳은 폴란드였다. 폴란드는 러시
아가 보호해 주어야 할 처지에 있었으나 이미 스탈린과 히틀러 사이에는 불
가침조약이 체결되어 있었다. 이것은 러시아가 아직 전쟁준비를 완료하지 못
하였다는 사실을 시사해 주는 것이었다. 이러한 국제정세를 파악한 폴란드인
들은 홀연히 고립된 위치를 느끼고 독일과 평화적으로 해결하고자 노력하였
다. 영국과 프랑스는 위기를 느끼고 만약 히틀러가 폴란드를 침공하면 영국
과 프랑스가 폴란드 측에서 독일군에 대항하겠다고 경고하였다. 이러한 경고
에도 히틀러는 확실한 악을 저지르면 확실한 대가가 있다는 것을 이미 너무
나 잘 알고 있었다.

히틀러의 지휘하에 1939년 9월 1일 독일군은 폴란드의 국경을 넘어 침입
해 들어갔다. 이틀 후에는 영국과 프랑스가 독일에 선전포고를 함으로써 세
계는 다시 대전의 소용돌이 속에 휘말려 들어갔다.

2. 전쟁의 양상

    독일은 불과 수주일 내에 폴란드를 정복하였다. 영국과 프랑스는 지역적 한계로 폴란드를 직접 도와줄 수 없었고 러시아는 폴란드를 보호해 주는 것은 고사하고 오히려 폴란드의 동부를 점령하여 이곳을 일종의 완충시대로 만들어 놓았다. 뿐만 아니라 스탈린은 자국을 보호하고 영토를 확장시키기 위하여 먼저 발트해 지역의 3국인 라트비아, 리투아니아, 에스토니아를 병합하고 핀란드와 싸워 몇 개의 작전지역을 탈취하였다.

    2차 대전 초기 서부전선에서는 수개월간 이렇다할 전쟁이 없었기 때문에 보통 이때를 '거짓 전쟁(phony War)' 시대라고 부른다. 프랑스에서는 동부 국경지대에 마지노선(Maginot Line)이라는 강력한 방어선을 구축하고 영국군과 더불어 독일군에 대항할 태세를 갖추었다. 그러나 독일군은 예상을 뒤엎고 돌연 중립국인 덴마크와 노르웨이를 침공하여 이를 점령하였다. 덴마크와 노르웨이를 점령한 독일은 북해지역에 주요 해군지기를 확보한 셈이므로 영국에게는 큰 위협이 아닐 수 없었다. 히틀러는 다시 두 중립국인 벨기에와 네덜란드를 침공하였다. 프랑스와 영국은 곧 두 나라에 파병했으나 강력한 독일의 기갑부대와 폭격부대의 위력을 당해낼 수가 없었다. 히틀러는 다시 한번 확실한 악을 실천하고 있었다.

결국 벨기에가 항복하자 독일군은 벨기에를 통해 직접 프랑스로 진격해 들어왔다. 프랑스의 방어선이 붕괴되자 프랑스 동북부에 주둔해 있던 영국군은 포위되어 전멸될 위험에 직면하게 되었다. 그러나 이를 구출해 내기 위해 영국은 모든 전투기와 전함을 총동원하였다.

▲ 독일군의 파리 입성

그동안 독일의 대규모 병력은 프랑스를 휩쓸었다. 독일군의 진격은 너무나 신속하고 맹렬했기 때문에 프랑스군은 조금도 저항할 수 없었다. 프랑스는 파리가 파괴되는 것을 피하기 위해 이를 비워둔 채 후퇴하였다. 이렇게 프랑스가 거의 절망상태에 빠져 있을 때 설상가상으로 이탈리아가 돌연 프랑스에 선전포고하면서 후방으로부터 프랑스를 공격하였다. 1940년 6월 22일 프랑스는 하는 수 없이 독일과 이탈리아에 항복하고 휴전조약을 체결하였다. 프랑스는 북부의 '점령된 지구(Occuoied France)'와 남부의 '점령되지 않은 지구'로 나뉘어 북부에는 독일군이 주둔하고 남부는 프랑스의 앙리 페탕(Henri Petain) 장군이 통치하였다. 얼마 후에는 독일이 전체 프랑스를 점령해버렸으나 프랑스군은 투쟁을 포기하지 않았으며 샤를 드골(Charles de Gaulle)과 같은 애국자들이 영국으로 건너가 임시정부를 수립하고 프랑스군 조직에 착수하였다.

또한 노르웨이, 덴마크, 폴란드, 네덜란드, 벨기에 등 독일 점령지역에서도 독일의 속박으로부터 벗어나기 위한 지하운동을 전개하였다. 이제 독일에 의해 점령되지 않은 나라는 영국뿐이었다. 독일의 히틀러는 영국을 점령하기 위해 대규모 폭격기를 동원하고 영국의 도시들을 연일 강타하여 인명과 재산상의 막대한 손해를 끼쳤다.

▲ 독일의 런던 공습

1940년 10월 영국의 챔벌린(Chamberlain) 수상이 물러나고 윈스턴 처칠(Winston Churchill)이 새로운 수상이 되어 강한 용기와 승리라는 명확한 목표를 가지고 독일에 대항하는 전투태세를 강화하였다.

그러나 이 시기에 알바니아에 주둔하

고 있던 이탈리아 군대가 갑자기 그리스를 공격하여 단숨에 이를 정복하려고 시도했으나 의외의 강한 반격 속에 알바니아로 후퇴하여 히틀러에게 도움을 요청하였다. 이에 응답한 히틀러군은 유고슬라비아를 경유하여 그리스로 진격해 들어갔다. 영국과 호주 군대가 전장에 파견되어 그리스를 도와 싸웠으나 막강한 독일군에 밀려 크레타로 퇴거하였다. 그러나 이곳도 안전지대는 못되었다. 독일의 낙하산부대는 사상최초로 공중으로부터 강하하여 크레타섬을 순식간에 점령해 버렸다. 연합군의 패잔병들은 다시 이집트로 도망가는 수밖에 없었다.

해상전투에서는 연합군 측이 약간 우세하였다. 지중해 전투에서 이탈리아 해군은 영국 해군에게 대패하는 등 구축국의 함대는 열세를 보였고 오직 독일의 잠수함만이 그 위력을 과시하고 있었다.

독일과 러시아가 10년 동안 유효한 불가침조약을 체결했음에도 불구하고 히틀러는 전격적으로 러시아를 침공하였다. 핀란드는 러시아에게 빼앗겼던 국토를 회복하기 위해 독일군에 가담하여 싸웠다. 이번에도 러시아는 옛날 나폴레옹 전쟁 때와 마찬가지로 초토화작전을 벌여 곡식이나 건물 등 기타 값나가는 물건들을 모두 태워버리며 후퇴하였다. 겨울이 되자 독일군은 더 이상의 진격을 계속할 수 없었다. 이러한 상황을 십분 이용한 러시아군은 총반격을 가하여 독일군에게 많은 타격을 가하였다. 그러나 이듬해 봄이 되자 움츠렸던 독일군이 다시 고개를 들고 모스크바로 향하는 심장부인 스탈린그라드를 공격하였다. 이에 러시아는 거의 패전의 위험에 봉착하게 되었으나 겨울철이 돌아오자 전세는 또다시 뒤바뀌었다.

원래 구축국은 독일과 이탈리아의 2개국이었으나 핀란드가 이에 가담하였고 후에는 헝가리, 루마니아, 불가리아가 가세하였다. 미국은 중립을 지키고 있었으나 연합군 측에 전략무기공급을 결심하고 영국에 구축함 50척을 공급해 주었다. 1941년에는 미국의 프랭클린 D. 루즈벨트 대통령과 영국의 처칠 수상이 뉴펀들랜드 근해 전투함 위에서 만나 대서양헌장으로 알려진 성명서를 작성하였다. 이 문서에서 그들은 반드시 구축국들을 물리치고 세계의 자유평화를 수립한다는 공동목표를 수립하였다.

그동안 일본은 아시아에서 그들의 침략행위를 더욱 노골화하고 있었다. 일본은 중국 이외 다른 지역에도 관심을 보이고 있었는데, 1940년에 독일 및 이탈리아와 조약을 체결하여 구축국의 일원이 되었고 얼마 후에 프랑스가 무력해진 틈을 이용하여 프랑스령 인도차이나 지역에 병력을 파병하였다. 일본군이 이곳을 점령하자 미국은 당황했고 일본이 또다시 타일랜드를 침략할 위험이 농후해지자 당시 미국 국무장관 코오델 헐(Cordell Hull)은 일본에 저지경고를 내렸다.

이에 일본의 평화사절이 미국에 급파되어 미국의 헐 장관과 소위 평화회담을 벌이고 있는 동안에 일본의 항공모함과 전투함들은 몰래 하와이로 항진하고 있었다. 결국 1941년 12월 7일 아무런 사전 예고 없이 일본의 전투기들이 미국의 해군기지인 진주만을 강타하였다. 그 결과 미국 전투함 8척과 수많은 소형선들이 파괴되거나 침몰되었다. 뿐만 아니라 너무 급작스러운 공격을 받았기 때문에 비행장에 있던 수백 대의 미군기가 이륙할 사이도 없이 파괴되고 또한 많은 군인들과 시민들이 사망하였다. 그러나 일본군은 하와이섬을 점령하지 않고 돌아갔다. 아마도 일본은 진주만을 폭격하여 미국함선들을 대거 파괴해 버림으로써 일본의 침략행위를 미국이 간섭하지 못하게 할 속셈을 가졌던 것으로 여겨진다.

그러나 다음 날 미국은 일본에 선전포고했고 영국도 일본에 선전포고하였다. 이어 12월 11일에 독일과 이탈리아도 미국에 선전포고하였다. 이때부터 연합군 측은 국제연합(United Nations)이라는 새 명칭을 채택하였다.

일본은 주로 필리핀, 괌, 웨이크 섬, 영국령 말라야, 네덜란드령 동인도제도, 홍콩, 타일랜드, 버마 등지를 공격하였다. 이들 지역에서는 미국, 영국,

네덜란드가 그들의 영토를 보호하기 위해 격렬하게 일본군과 싸웠다. 일본의 예상과는 달리 미국은 진주만에서의 피해로부터 재빨리 회복하였으며 수많은 전함과 항공모함을 총동원하여 일본의 군사기지들을 공격하였다. 또한 미국 잠수함들의 활약을 통해 일본의 해상교통이 두절됨으로써 일본인들은 기근과 원료부족으로 허덕이게 되었다.

얼마 후 국제연합 군대는 수세적 입장을 버리고 공세를 취하기 시작하였다. 1942년 맥아더(Mac Arthur)장군은 오스트레일리아에 많은 군 장비를 비축하고 전쟁에 대비하였다. 1942년 8월 맥아더 장군은 일본군에 대해 처음으로 공세를 취하였다. 당시 오스트레일리아 북방에 위치한 솔로몬 군도는 일본이 대 오스트레일리아 작전기지로 만들고 있는 중이었다. 결국 미국 해군과 연합군은 일본군과 격렬한 전투를 벌여 1943년 12월 솔로몬 군도를 탈환하였다. 솔로몬 군도에서 미군을 위시한 연합군이 일본군에 대한 소탕전을 계속 수행하는 동안 뉴기니에 있던 일본군은 비스마르크 해전에서 또다시 미군에게 패전하였다.

▲ 연합군 포스터

1942년은 전세가 뒤바뀌는 해였다. 점차적으로 연합군은 전투력을 강화해 나갔다. 특히 공군력을 증강시켜 오히려 독일의 그것을 능가하게 되었다. 이제는 예전과는 반대로 연합군의 폭탄이 독일영내에 투하되기 시작하였다. 1942년 11월 전투의 중심지역은 아프리카로 옮겨졌다. 북아프리카에서는 1940년 여름부터 전쟁이 계속되고 있었다. 즉 1940년에 리비아에 주둔하고 있던 이탈리아 군이 이집트를 침공하여 카이로로 진격했으나 영국군이 반격을 가하며 오히려 리비아로 진격해 들어갔다. 그러나 사막의 여우로 알려진 독일의 롬멜(Rommel)장군이 등장하여 영국군은 이집트 국경까지 밀리고 말았다. 이렇게 일진일퇴를 거듭하고 있는 동안 연합군 측의 대규모 함대는 아이젠하워(Eisenhower)장군의 지휘 아래 프랑스 식민지인 모로코와 알제리에 상륙하여 이곳을 점령하였다. 1943년 5월 구축국 군대가 완전히 붕괴되고 북아프리카 전역은 연합군의 수중에 들어오게 되었다. 이어 이탈리아의 시실리도 연합군에게 점령당하고 말았다.

이 무렵 이탈리아 본국에서는 피에트로 바돌리오(Pietro Badoglio)장군이 무솔리니를 타도하고 정권을 장악하였다. 1943년 9월 아이젠하워 지휘 아래 미국과 영국의 연합군은 시실리로부터 이탈리아로 쳐들어갔고 바돌리오 정부는 곧 항복하였다. 이로써 이탈리아는 구축진영으로부터 탈퇴하였으나 이탈리아 내의 독일군들은 항전을 계속하였다.

연합군의 반격작전이 성공함에 따라 국제평화에 대한 관심은 점차 증대되었다. 1943년 11월에 미국, 영국, 중국의 정상들은 카이로에 모여 일본이 항복할 때까지 전쟁을 계속하고 일본의 영토를 50년 전의 상태로 축소시키며 한국을 독립시킬 것과 만주와 대만은 중국에 환원할 것 등을 선언하였다. 다시 루즈벨트, 처칠, 스탈린은 테헤란에 모여 카이로 선언을 확인하는 동시에 전 세계에 희망과 승리를 약속하였다.

1943년 말 이탈리아 전선의 연합군은 어려운 동계작전을 수행하며 북방으로 진격하였다. 다음 해 6월 4일 연합군은 로마로 입성하였고 6월 6일에는 아이젠하워를 총지휘관으로 하는 연합군이 노르망디에 상륙하였다. 처음 49일간은 교두보의 구축과 확보에 주력했고 그것이 완결되자 연합군은 기록적으로 빠른 진격을 시작하여 8월 26일에는 파리에 입성하여 파리 시민들을 나치의 독재로부터 해방시켰다. 연합군의 일부는 프랑스 남부와 북부로 진출했으나 주력 부대는 라인강 방면으로 진격하여 9월 2일에는 벨기에에 진입하였다.

1943년 12월 솔로몬 군도를 공격한 연합군은 일본 국방의 제일선인 마리아나 군도와 필리핀을 위협하였다. 연합군은 1944년 4월 뉴기니를 공격했고 5월에는 웨이크섬에 상륙했으며 마샬 군도의 일부를 점령하였다. 6월에는 중앙 태평양 상의 지배권을 확립하는 동시에 1944년 말에는 사이판 기지로부터 B-29가 출격하여 일본본토를 폭격하였다. 맥아더 장군은 10월 레이테섬에 상륙하여 필리핀 공격을 개시하였다. 맥아더의 전진을 저지하려는 일본해군은 두 차례에 걸친 해전결과 치명적 손상을 입어 해전에서의 전의를 상실하고 말았다.

독일군은 영국과 미국의 공군에게 타격을 받았고 연합군이 노르망디에 상륙한 후 서부전선에 몰두해 있는 동안 러시아군은 도처에서 독일군을 격파하여 빠른 속도의 진격을 거듭하였다. 폴란드를 휩쓴 러시아군은 동프로이센을 공격하고 포메라니아에 침입하였으며 실레지엔을 점령하고 헝가리와 체코를 통해 북쪽을 향해 독일 중심부로 진격하였다.

1944년 10월 서부전선의 연합군은 아헨을 점령하고 루르, 자르 및 라인란트로 향할 태세를 갖추었다. 이 시기에 미국, 영국, 소련의 수뇌가 소련의 얄타에 회합하여 독일처리 문제와 전후의 계획을 논의하였다. 이 회담에서는 아직 정복되지 않은 독일이 미국, 영국, 프랑스, 소련의 4대 강국에게 분할되었다. 미군과 영국군은 독일 내 점령지의 동부한계선에 도달하였지만 러시아군으로 하여금 자기의 구역인 동부를 점령하도록 묵인하였다. 베를린은 러시아 구역 내에 위치해 있었기 때문에 베를린 점령은 러시아군의 임무였다.

1945년 4월 29일 무솔리니는 사형을 당하고 히틀러는 베를린 시가전 중 지하에서 자살하여 1945년 5월 8일 독일은 연합군에 무조건 항복하였다.

1945년 6월에는 포츠담 회담이 열려 스탈린, 처칠, 트루먼이 독일 통치 문제를 협의하였다. 이 회담은 일본이 무조건 항복해야 한다는 데 합의를 보았고 스탈린은 8월 15일 이전에 일본에 선전포고할 것을 비밀리에 약속하였다.

맥아더 장군의 필리핀 공략은 착실히 성공하여 1945년 2월에 마닐라가 미군의 손에 들어왔다. 마닐라 공방전이 전개되고 있을 때 미국은 일본본토의 입구인 이오지마와 오키나와를 점령하여 일본본토에 육박하였다. 8월 6일에 무서운 파괴력을 가진 원자탄이 히로시마에 투하되었다. 그것은 중량이 400파운드에 불과했으나 효력은 티엔티(TNT) 2만 톤에 해당하는 가공할 신무기였다. 이어 러시아가 돌연 태평양전쟁에 참가하여 만주 지방에 나가있던 일본군과 대전하였다. 8월 9일에는 두 번째 원자탄이 나가사키에 투하되었으며 8월 15일 일본은 무조건 항복하였다. 일본의 공식적인 항복은 1945년 9월 2일 미국의 전선 미주리호의 갑판 위에서 조인되었다. 이제 일본의 실질적인 행정권은 맥아더 장군의 수중에 들어가고 2차 세계대전은 종식되었다.

3. 전쟁의 결과 및 전후 세계

▌전후세계의 모색 ▌

제2차 세계대전은 유럽과 아시아에서 정치, 경제, 사회 할 것 없이 수많은 혼란을 유산으로 남겨놓았다고 할 수 있다. 예컨대 5천5백만 명이라는 희생자 수에서 보듯, 제2차 세계대전은 막대했던 물질적 손실은 차치하고라도 인류역사상 전쟁 사망자의 신기록을 갱신한 전쟁이었다. 이러한 전쟁이 끝난 다음 사상 유래 없는 전쟁 범죄자들에 대한 재판이 진행되었다. 독일의 지도자들은 독일민족이 세계의 민족 중에서 가장 우월한 종족이며 자신들이 정복한 피정복민들은 2등급 인종이라는 히틀러의 철학을 따라 폴란드인, 우크라이나인, 유태인 등 수많은 사람들을 학살하였다. 전범자들에 대한 재판은 1946년 독일의 뉘른베르크에서 개최되었다. 히틀러와 독일의 몇몇 고위지도자들은 이미 사망했으나 생존한 고위 나치당원 22명은 침략전쟁의 강행, 전쟁법규의 위반, 인간성에 대한 모독 등의 죄목으로 재판을 받았다. 이들 중 4

명은 풀려나고 18명은 유죄판결을 받았는데 그중 11명은 사형을 당하고 7명은 투옥되었다.

두 차례의 엄청난 전쟁을 경험한 인류는 이제 또다시 이러한 전쟁이 일어나는 것을 원치 않았다. 따라서 전쟁이 끝나기 전에 국제연맹 대신 더욱 강력한 국제평화협력기구의 창설이 절실히 요구되고 있었다. 1944년 여름 워싱턴에 미국, 영국, 소련, 중국의 대표들이 모여 평화를 보장할 수 있는 국제적인 기구 형성에 의견을 교환한 바 있었다. 대규모 국제회의가 1945년 4월 샌프란시스코에서 개최되어 두 달 동안 평화문제를 논의하였다. 이 회의에 49개국 대표들이 참석하여 열띤 토의를 벌인 끝에 국제연합 기구의 헌장이 완성되었다. 이 유엔헌장은 국제연맹의 성격과 흡사한 점이 많았지만 몇 가지 다른 특색을 지니고 있었다. 유엔헌장은 각국에서 파견하는 국제 경찰대를 조직하도록 규정하였다. 그러나 이와 같은 경찰대의 결성은 실현되지 않았다. 또 하나 유엔헌장 중 중요한 것은 유엔 안전보장이사회의 이사국들이 총회의 어떠한 결정이든 거부권을 행사할 수 있는 권한을 가진다는 점이었다.

그러나 세계평화는 그리 용이한 것이 아니었다. 전쟁이 끝나자마자 소련은 독일과 일본이 그랬던 것처럼 세력권 확대에 대한 야욕을 품었다. 헝가리, 루마니아, 체코슬로바키아, 불가리아, 폴란드에서 소련의 감시하에 정치적 자유가 사라지고 공산당이 정권을 장악하였다. 이들 소련의 위성국가들은 외부 세계와 관계를 끊고 국민들의 자유를 억압하였다. 이때 처칠은 "철의 장막(iorncurtain)"이란 말을 처음 사용하였다. 동유럽의 여러 국가 중 유고슬라비아는 점차 동유럽 공산권으로부터 이탈하여 서유럽 국가에 접근하여 미국, 영국, 프랑스의 원조를 받고 경제부흥에 착수하였다.

사실상 전후 영국과 프랑스는 전쟁에 너무 지쳐있었기 때문에 소련의 행동을 방관하는 수밖에 없었다. 국제연합은 아직 미성숙하여 그 조직이 견고하지 못하였다. 단지 미국만이 소련의 발호에 대처할 수 있는 힘을 가지고 있었다. 소련이 또다시 터키와 그리스에 대한 야욕을 나타냈기 때문에 미국의 트루먼 대통령은 위기감을 느끼고 터키와 그리스에 전략물자와 구호품을 공급할 것을 선언하였다. 얼마 후에 국무장관 마셜(George Marshall)이 미국의 경제원조를 표명하여 세계 빈곤국가들이 소련에 의존하는 위험을 불식시키고자 노력하였다.

점차적으로 소련과 서방 민주국가들과의 사이는 악화되기 시작하였다. 소련은 영국, 프랑스, 네덜란드 등 서방 강대국들의 식민지들을 교묘히 책동하여 민족주의 운동 등 분란을 일으켰다. 이집트, 인도, 버마, 인도네시아, 베트남, 캄보디아 등지에서의 분쟁은 모두 공산주의자들의 선동과 책동에 의한 것이었다. 또한 공산주의자들은 아프리카 지역까지 진출하여 케냐에서 마우마우(Mau Mau)테러단이 조직되어 영국인들을 무참히 학살하기도 하였다.

공산주의 소련의 위협이 날로 커져감에 따라 1949년에 자본주의 서방의 민주주의를 표방하는 여러 국가가 모여 북대서양조약기구(NATO)를 창설하였다. 그러나 여기에는 여러 국가를 통괄하는 중앙권력이 존재하지 않았기 때문에 그 기능 발휘에 문제점을 갖고 있었다. 1950년에 프랑스가 주창한 슈망계획(Schuman Plan)이 채용되어 서유럽 여러 나라들은 관세 없이 필요한 철, 강철, 석탄, 석회 등을 수입할 수 있게 되었다. 서방의 자본주의 국가들은 이것을 기반으로 단결하기를 희망하였다. 이에 소련은 동유럽 공산국가 간의 상호경제원조회의(Comecon)를 창설하고 1955년에 소련을 중심으로 바르샤바조약기구(WTO)를 설립하였다. 소련과의 경쟁이 심화되는 가운데에도 서방의 여러 나라들은 크게 불안해 하지 않았다. 그러나 이러한 태도는 1949년 소련이 원자탄을 보유하고 있다는 사실이 전해짐으로써 일축되었다. 미국은 원자탄의 위력보다 600배가 넘는 수소폭탄을 발명하였다. 소련도 곧 또 다른 핵무기를 만들어 냈다. 이제 세계는 미국의 핵우산과 소련의 핵우산 속에서 전쟁 아닌 또 다른 전쟁 소위 '냉전(Cold War)'을 치르게 되었다.

▌냉전과 탈냉전 ▌

　전쟁의 끝은 또 다른 전쟁의 시작이었다. 세계 헤게모니가 유럽에서 미국과 소련으로 이동됨으로써 힘의 공백상태에 따른 두 나라의 경쟁으로 중국, 그리스, 한국 등의 세계 각지에서 갈등이 심화되었다. 미국과 소련은 전후 경제의 어려움에 따른 복구 이데올로기의 차이는 물론 전후 세계에 대한 비전의 차이를 보였다. 미국은, 자본주의적 시장경제 체제하에 각 국가들이 군사적 동맹과 세력범위(spheres of influence)에 대한 전통적인 신념을 포기하고 국가들 간의 관계가 민주적인 절차를 통해 지배되는 동시에 모든 국가의 자결권의 보호자 및 분쟁의 조정자로 봉사할 국제기구를 지닌 세계를 구상하였다.

▲ 닉슨 대통령의 중국방문

이에 대해 소련은 공산주의적 집단경제 체제를 추구하였다. 핵무기의 개발경쟁에서 우주산업의 개발경쟁에까지 미국과 소련은 모든 것을 경쟁하였다. 서로가 국제사회에서 정의실현을 한다고 주장하면서 상대방을 제각기 악마로 보았다. 미국은 공산주의 침략을 두려워하여 세계에 도미노 현상이 일어나지 않을까 걱정했고 소련은 조지 케난(George F. Kennan)이 이야기한 자본주의의 포위(Containment Policy)를 두려워했다.

　그러나 한국전쟁의 종전과 스탈린의 사망은 냉전을 완화시키기 시작했다. 소련의 흐루시초프(Nikita S. Khrushchyov)는 스탈린 격하운동을 전개하면서 서

독과 국교를 정상화하고 미국을 방문하여 자본주의 국가와 평화공존정책을 실시하였다. 1966년 서독의 외무장관 빌리 브란트(Willy Brant)는 지난 아데나워 총리가 유일한 독일은 서독이라고 주장하면서 동독을 주권국가로 인정하는 나라와는 국교를 단절한다는 할슈타인 원칙(Hallstein Doctrine)을 포기하는 이른바 동방정책(Ostpolitik)을 실시하여 유럽의 긴장을 완화(detente)시켰다. 한때 베를린 장벽, 쿠바 미사일 사건, 베트남 전쟁 등의 위기감이 고조되었으나 긴장완화로 가는 세계사의 흐름은 지속되었다. 미국의 닉슨 대통령은 중국의 유엔가입을 승인하였고 소련과 전략무기협정(SALT)을 체결하였다.

1979년 소련의 아프가니스탄 공격으로 다시 한 번 갈등이 심화되었으나 동시에 긴장완화를 가져오는 다양한 요인들이 등장하였다. 제3세계, 중국과 소련의 노선갈등, 프랑스의 독자노선, 동유럽 국가의 자유화 물결 등은 긴장

▲ 베를린 장벽을 부수는 모습

을 완화시키는 데 중요한 역할을 하였다.

1985년 소련의 지도자로 등장한 고르바초프(Mikhail Gorbachv)는 젊은 개혁자 그룹을 중심으로 소련사회를 개혁해가고자 하였다. 그는 체제와 이념보다 국민들의 실질적인 생활에 더 큰 관심을 두었다. 그는 개방의 의미인 '글라디노스트(glasnost)'와 재편의 의미인 '페레스트로이카(perestroika)'를 주창하여 서방세계와의 평화공존의 분위기를 더욱 고조시켰다. 소련의 개방정책은 동유럽의 개방정책을 이끌었고 적어도 이론적으로는 냉전시대가 종결되었다.

참고문헌

E. 홉스봄, 강명세(옮김), 『1780년 이후의 민족과 민족주의』(창작과 비평사, 1994)

H. 피렌느, 강일휴(옮김), 『중세 유럽의 도시』(신서원, 1997)

M. 휴즈, 강철구(옮김), 『독일민족주의 1800~1945』(명경, 1995)

김경근, 『프랑스 근대사 연구』(한울, 1998)

A. 앤드루즈, 김경현(엮음), 『고대 그리스사』(이론과 실천, 1991)

S. 웨브, 김금수(옮김), 『영국 노동조합운동사』 상 · 하(형성사, 1990)

F. 하이혜하임, 김덕수(옮김), 『로마사』(현대지성사, 1999)

김덕수 · 송충기, 『역사속의 말 말속의 역사』(의암출판, 1994)

김복래, 『서양생활문화사』(대한교과서주식회사, 1999)

김부기 외, 『소련공산당의 몰락』(평민사, 1992)

김상태, 『절대주의 시대사 연구』(삼성기획, 1996)

시오노나나미, 김석희(옮김), 『로마인 이야기』 1~13(한길사)

앙리 미셸, 김용자(옮김), 『제2차 세계대전』(탐구당, 1986)

피에르 르누뱅, 김용자(옮김), 『제1차 세계대전』(탐구당)

F. 퓌레, 김응종(옮김), 『프랑스 혁명사』(일월서각, 1990)

M. 블로크, 김주식(옮김), 『프랑스 농촌사의 기본성격』(신서원, 1994)

김진웅 외, 『서양사의 이해』(학지사, 1994)

김현일 외(옮김), P. 앤더슨, 『절대주의 국가의 계보』(까치, 1993)

김형곤, 『영화로 배우는 서양사—영화가 역사를 만나게 된 이유』(선인, 2005)

민석홍, 『서양사개론』(삼영사, 1984)

E.M. 번즈, 박상익 · 손세호(옮김), 『서양문명의역사』 I~IV(소나무, 1995~1997)

참고문헌

배영수(편저), 『서양사 강의』(한울, 1992)

R. 샤르티에, 백인호(옮김), 『프랑스 혁명의 문화적 기원』(일월서각, 1998)

안드레스 힐그루버, 손상하(옮김), 『독일현대사(1945~1986)』(까치, 1991)

M. 칸즈, 손세호 외(옮김), 『영화로 본 새로운 역사』 1, 2(소나무, 1998)

안병직 외, 『유럽의 산업화와 노동계급』(까치, 1997)

E. 엔넬, 안성준(옮김), 『도시로 본 중세유럽』(한울, 1997)

양재열, 『서양의 역사와 문화 기행』(서림, 2004)

K.O. 모갠, 영국사학회(옮김), 『옥스퍼드 영국사』(한울, 1997)

A. J. 니콜스, 오인석(옮김), 『바이마르 공화국과 히틀러』(과학과 인간사, 1980)

P. 앤더슨, 유재건 · 한정숙(옮김), 『고대에서 봉건제로의 이행』(창작과 비평사, 1990)

J. 르 고프, 유희수(옮김), 『서양 중세 문명』(문학과 지성사, 1992)

F. 딜러쉬, 윤승준(옮김), 『새유럽의 역사』(까치, 1995)

B. H. 슬리허 반 바트, 이기영(옮김), 『서유럽 농업사』(까치, 1999)

권터 슈타인바흐, 이민수(옮김), 『세계를 바꾼 운명의 그 날들』(예담, 2003)

한스 크리스티안 후프, 이민수(옮김), 『역사의 비밀』(오늘의 책, 2000)

H. M. 포스탄, 이연규(옮김), 『중세의 경제와 사회』(청년사, 1989)

이영범 외, 『서양문화사』(양서원, 1991)

E. 홉스봄, 이용우(옮김), 『극단의 시대』(까치, 1997)

이인호 · 최선(옮김), 『인텔리겐찌야와 혁명』(홍성사)

R. R. 파머, 이주영 외(옮김), 『서양근대사』 1~3(삼지원, 1985)

이주영 외, 『현대유럽의 역사』(삼지원, 2002)

참고문헌

이주영, 『미국사』(대한교과서, 1997)

이주영, 『서양의 역사』(대한교과서주식회사, 1992)

임희완, 『서양사의 이해』(박영사, 1999)

J. 네루, 장명국(편역), 『세계사 편력』(석탑, 1982)

주경철, 『문화로 읽는 세계사』(사계절, 2005)

H. G. 웰스, 지명관(옮김), 『웰스의 세계문화사』(가람기획, 2003)

진원숙, 『서양사 산책』(신서원, 1997)

마이클하워드 외, 차하순 외(옮김), 『20세기의 역사』(가지않는 길, 2000)

차하순, 『서양사총론』(탐구당, 1976)

오에카즈미치 외, 채정자(옮김), 『다시보는 세계역사』 1, 2(친구, 1993)

E. 기번, 황건(옮김), 『로마 제국 쇠망사』(까치, 1991)

황혜성 외(옮김), 『미국인의 역사』 1~3(비봉출판사, 1998)

찾아보기

【ㄱ】

찾아보기

찾아보기

〔ㅂ〕

찾아보기

찾아보기

〈ㅇ〉

찾아보기

찾아보기

찾아보기

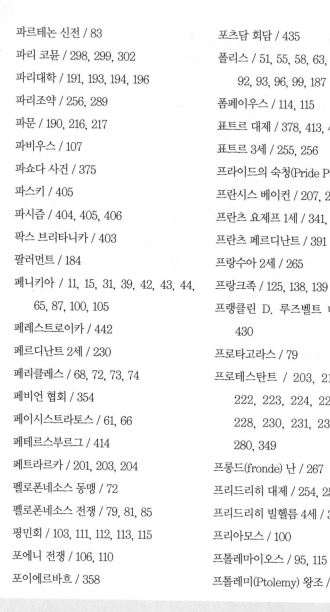

찾아보기

찾아보기

〖기타〗